스마트
인적자원
관리

Smart
Human Resource
Management

최진남 · 성선영 지음

생능

스마트 인적자원관리

초판인쇄 2024년 7월 2일
초판발행 2024년 7월 12일

지은이 최진남, 성선영
펴낸이 김승기, 김민정
펴낸곳 (주)생능 / **주소** 경기도 파주시 광인사길 143
출판사 등록일 2014년 1월 8일 / **신고번호** 제406-2014-000003호
대표전화 (031)955-0761 / **팩스** (031)955-0768
홈페이지 www.booksr.co.kr

책임편집 이종무 / **편집** 신성민, 최동진 / **디자인** 유준범, 노유안
마케팅 최복락, 김민수, 심수경, 차종필, 백수정, 송성환, 최태웅, 명하나
인쇄 · 제본 (주)상지사P&B

ISBN 979-11-86689-53-0 93320
정가 32,000원

머리말

　이 책은 인적자원관리를 전공하는 그리고 인적자원관리에 관심이 있는 Z세대 학생들에게 인적자원관리의 기초 지식을 쉽게 전달하고자 기획되었다. 외국 서적의 기계적 번역이 아니라 국내·외 사례들을 바탕으로 학생들이 인적자원관리의 핵심 개념과 이론들을 재미있게 학습할 수 있도록 하였으며, 인적자원관리와 관련된 이론과 최신 동향을 한국의 상황에 맞추어 재해석하고 한국 기업의 상황에 적용할 수 있도록 하였다. 특히, 취업준비생, 사회 초년생, 신입 직장인들에게 현실적으로 도움을 줄 수 있는 내용을 담고자 하였다.

　이 책의 가장 큰 특징은 일방적인 주입식·암기식 교육방식에서 벗어나 학생들이 적극적으로 학습 과정에 참여할 수 있도록 구성하였다는 점이다. 각 장마다 그룹 토론 문제를 제시함으로써 각 장에서 학습한 개념과 이론에 대해서 논의하고, 이를 현실에 적용해 봄으로써 이해력과 사고력을 높일 수 있도록 하였다. 각 장의 마지막에는 핵심 용어 정리 및 연습문제를 통해서 배운 것을 복습할 수 있도록 구성하였다.

　이 책은 총 네 부분으로 구성되어 있다.

(1) 제1부 "인적자원관리의 개념과 역사"에서는 인적자원관리의 개념과 전략적 인적자원관리로의 발전 그리고 인적자원관리를 설명하는 이론들과 인적자원계획에 대해서 설명하였다.

(2) 제2부 "인적자원관리의 세부 기능 Ⅰ"에서는 채용과 선발, 직무분석과 설계, 인적자원개발, 경력개발, 성과관리 및 보상관리를 학습함으로써 인적자원관리의 세부 기능들에 대해 학습할 수 있도록 하였다.

(3) 제3부 "인적자원관리의 세부 기능 Ⅱ"에서는 조직의 거시적 제도와 관련성이 높은 인적자원관리 분야인 노사관계관리, 안전관리와 복리후생에 대해 학습할 수 있도록 하였다.

(4) 제4부 "인적자원관리의 새로운 트렌드와 도전"에서는 오늘날 인적자원관리에서 중요한 역할을 하는 다양성관리 및 인적자원관리의 새로운 트렌드와 미래에 대한 고찰을 통해 향후 기업이 나아가야 할 방향에 대한 주제를 다루었다.

　　이 책에서는 20여 년 동안 저자들이 학생들에게 경영학을 가르치면서 쌓은 경험을 바탕으로 학생들이 지루하지 않고 재미있게 인적자원관리의 핵심 지식과 이론에 대해 학습할 수 있도록 저자들의 노하우가 담겨 있다. 인적자원관리의 핵심 개념과 최신 트렌드 파악을 위한 자료 수집과 정리에 많은 도움을 준 박수빈, 이성욱, 신정우, 조한규 학생에게 감사의 마음을 전한다. 이 책을 통해서 더 많은 학생들이 인적자원관리를 쉽게 이해하고 관련 지식을 함양하여 기업이 성장하는 데 동력을 불어넣어 기여할 수 있기를 바란다.

저자 최진남 · 성선영

강의계획안

주	강의 제목	강의 내용
1		강의 내용, 목표, 일정, 교수 소개
2	인적자원관리의 개념과 역사(1장)	인적자원관리의 개념 인적자원관리의 역할과 의의 인적자원관리의 역사와 발전
3	전략적 인적자원관리(2장)	전략적 인적자원관리의 개념 자원준거관점 AMO 모델 고성과업무관행
4	인적자원계획(3장)	인적자원계획의 개념 인적자원계획의 의의 역량의 개념 다양한 역량모델
5	채용과 선발(4장)	채용과 선발의 의의 채용과정 시 선발도구 적합성이론 적합성 관련의 다양한 이론
6	직무분석과 직무설계(5장)	직무분석의 개념과 의의 직무분석 과정 직무분석의 유형과 방법 직무설계 직무특성이론
7	인적자원개발(6장)	인적자원개발의 개념 인적자원이 조직의 핵심역량이 된 배경 교육요구도 평가 교육효과성 평가방법
8		중간고사
9	경력관리(7장)	경력관리의 개념 경력개발의 과정 경력개발과 진로선택 관련 이론 경력개발제도의 의의
10	성과관리(8장)	성과관리의 개념 성과관리의 목적 성과관리의 역사와 발전 시대별 성과관리의 장단점

11	보상관리(9장)	보상과 보상관리의 개념 보상의 의의 보상의 유형과 장단점 다양한 보상이론
12	노사관계관리(10장)	노사관계의 개념 노사관계에 대한 다양한 접근법 노동조합의 역사 노동자의 경영참여제도 부당노동행위
13	안전관리 및 복리후생(11장)	안전관리의 개념 산업재해 위험성평가 개념 복리후생
14	다양성관리(12장)	다양성의 개념 다양성의 유형 다양성이 조직에 갖는 의의 다양성을 설명하는 이론
15	인적자원관리의 새로운 트렌드와 미래(13장)	1~4차 산업혁명 4차 산업혁명 시대 인간 고유의 능력 기업 내·외부 환경과 여건 변화에 따른 인적자원관리의 변화 방향 인공지능의 상용화와 인적자원관리의 변화 인적자원관리의 새로운 트렌드와 문제점 및 해결방안
16		기말고사

차례

PART 04 인적자원관리의 트렌드와 도전

CHAPTER 12 다양성관리

CHAPTER 13 인적자원관리의 새로운 트렌드와 미래

인적자원관리의
개념과 발전

01

인적자원관리의 개념과 역사

1. 인적자원관리의 개념과 의의

2. 인적자원관리의 역사

3. 인적자원관리를 설명하는 이론적 접근법

학습목표

• 인적자원관리의 개념에 대해 설명할 수 있어야 한다.

• 인적자원관리의 역할과 의의에 대해 설명할 수 있어야 한다.

• 인적자원관리가 어떻게 발전되어 왔는지 설명할 수 있어야 한다.

1. 인적자원관리의 개념과 의의

- 어떤 일 하세요?
- HR팀, 아, 인사팀에서 일합니다.
- 아~ 네~~

- '인사팀'이란 단어를 듣자마자 머리를 스쳐가는 생각은?
- 채용담당? 급여담당? 해고담당?

출처: google

1.1 인적자원관리의 개념

인적자원관리(HRM: Human Resource Management) 인적자원관리(HRM: Human Resource Management)는 보통 인사팀, 인사관리(personnel management)팀, 인적자원 관리팀이라고 부르는 부서에서 하는 업무로 조직 구성원들을 확보하고, 유지하며, 체계적으로 관리하는 일련의 조직 활동을 일컫는다. 영어 줄임말 그대로 흔히 HRM이라고 일컫는다. 이 책에서도 인적자원관리와 HRM이라는 용어를 혼용하여 이야기를 풀어가도록 하겠다.

사람관리(people management) 인적자원관리는 쉽게 말해 사람관리(people management)를 말한다. 사람들이 모여 전체 성과를 만드는 조직에서 '인적자원', 즉 '사람'에 대한 관리는 중요한 경영학 분야 중 하나이다.

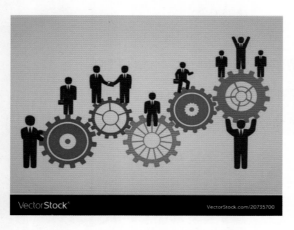

- 제품 및 서비스를 기획하고,
- 이를 상품화시켜 시장에 출시하여,
- 판매를 통해 수익을 창출하고,
- 지속적인 성과를 통한 기업생존을 위해서는

다양한 사람들이 필요하다!!

즉, 가치창출을 통하여 조직의 지속적 경쟁우위 확보를 하자면, 이를 뒷받쳐주는 인적자원이 필요하다~~!! 요말이다.

■ **HRM 용어 정리!!**

조직 내 구성원, '사람'을 **인적자원(human resource)**이라고 하는데, **인적자본(human capital)**, 혹은 **인력(workforce)**이라고도 일컫는다.

- 자원·자본이라는 표현은 사람을 비인격화시키는 느낌이 들기도 한다. 그러나 기업의 존재 이유와 특성을 고려할 때, **자산(asset)**으로 대우받는 느낌이다.
- 반면, 인력이라는 표현은 '1회성 용역 노동자'로 저평가되는 느낌이 든다.

학구적으로는:

장기적 측면에서 조직의 전략적 자원이냐, 혹은 단기용역 인력이냐라는 점을 부각시켜 인적자원과 인력을 명확하게 구분해야 한다는 의견도 있다.

그러나 일반적으로:

인적자원, 인적자본, 인력은 같은 용어로 사용된다. 따라서 이 책에서는 이 세 단어를 같은 의미로 사용하기로 하겠다.

> 인적자원(human resource)
> 인적자본(human capital)
> 인력(workforce)

■ **어떤 것이 진실인가??**

경영의 신, 세기의 경영자, 세계에서 가장 존경받는 경영인
vs. 정리해고의 화신, 중성자(핵)폭탄, 해고의 왕

잭 웰치
1935년 11월 19일 미국출생

45세의 젊은 나이로 CEO에 오른 잭 웰치는 사업 구조 개편, 과감한 인사 관리 도입, 조직 문화 혁신 등의 경영을 펼쳤다. 이를 통해 회사 가치를 40배나 끌어올려 GE의 가치를 극대화했다. 기업 경영법에 있어 수많은 선례를 남기며 전설적인 경영자로 평가받는 그는 지난 2001년 CEO 자리에서 물러났다.

이 모든 표현들이 가리키는
단 한 사람!!

그는 바로 GE(General Electrics)의 **잭 웰치**
(Jack Welch)!

> 잭 웰치(Jack Welch)

잭 웰치는 조직운영의 기본은 '사람'임을 항상 강조하던 경영자였다.

경영자의 핵심업무를 인재발굴과 양성으로 규정짓고, 실제로 '인재관리'에 대부분의 업무시간을 썼던 잭 웰치! 타운홀 미팅(Town hall meeting)을 통해 직원들의 의견을 경청하며 상호 소통에 공을 들였고, GE의 크로톤빌(Crotonville) 연수원을 통해 인재양성에 열정을 쏟아 부었다. 그래서 당시의 GE를 **인재사관학교** 혹은 미국 다수 기업들을 위한 **CEO 양성소**라고 일컬을 정도였다.

그러나 이와 동시에,

스택랭킹제도(stack ranking system)

직원들을 성과에 따라 상위 20%, 중위 70%, 하위 10%로 구분하는 **스택랭킹제도(stack ranking system)**를 도입하여 취임 후 첫 5년간 11만 2천 명의 저성과자들을 구조조정으로 **강제 퇴출**시킴으로써 **인명살상 무기**인 '중성자폭탄'이라는 별명을 가지게 되었다.

이렇게 이율배반적인 잭 웰치의 행동은 그가 생각하는 '회사 구성원으로서 사람의 가치'에서 비롯되었을 것이다. 잭 웰치가 말하는 조직운영의 기초가 되는 '사람'은 바로!

'일 잘하고, 가능성 있고, 회사성과에 도움이 되는' 사람!!

'인명살상 폭탄'이라는 조롱 섞인 타이틀에도 불구하고, 재임 기간 그는 GE의 시가총액을 120억 달러에서 한때 4,100억 달러까지, 연간 매출 250억 달러에서 1,300억 달러로 크게 증가시켰다. 또한 GE의 수장으로 재임 기간 1천 700여 건의 기업인수합병(M&A)을 성사시켰다. 그렇게 그는 GE의 전설이 되었다.

우수한 인재를 마다할 경영자는 아무도 없다.

회사를 말아먹을 직원과, 회사성과를 쭉쭉 올려서 내 행복 호르몬 수치를 쭉쭉 올려줄 직원!

누구를 원할지 답은 뻔한 것 아닌가?

동양에서도 아주 아주 그 옛~~~~날 옛적부터 인사(人事)가 만사(萬事)임을 강조하며, 정치, 경제, 사회, 전쟁터에서까지 우수한 인재를 발탁하고 양성하고자 기를 썼다는 사실을 상기할 필요가 있다.

1.2 인적자원관리의 의의

자, 이제 인적자원관리의 역할, 기능, 의의에 대해 생각해보자.

과거의 인적자원관리는 직원들의 채용, 평가, 보상 등 용역(labor service; 뽑고, 쓰고, 돈 주고) 측면의 간단한 기본 업무에 충실하였다.

그러나, 현대의 인적자원관리는 조직원 역량강화, 교육훈련, 경력개발, 동기부여정책 등 기능과 업무영역들이 점점 확장되면서 다양한 역할과 기능을 하고 있다.

출처: https://borgenproject.org/topic-1-introduction-to-human-resources-management/

ChatGPT 인적자원관리의 역할은?

- **인재 확보 및 유지**: 직원의 채용 및 온보딩 담당. 유능한 인사팀은 최고의 인재를 발굴하고 유치하여 조직의 생산성과 경쟁 우위 확보, 유지, 향상

- **직원 개발 및 교육**: 교육 및 기술 향상 프로그램을 통해 지속적 학습 및 개발의 기회를 제공하여 직원 및 회사의 역량을 최대화

- **성과 관리**: 개인과 개별 부서의 목표를 조직의 전체 목표에 맞추어 직원 성과를 평가·관리하고 이를 통해 직원의 생산성과 업무효율성 보장

- **직장 문화**: 직원들 간 팀워크, 협업 및 소속감을 촉진하는 긍정적인 직장 문화를 형성하여 직원들의 동기 및 생산성 향상에 기여

- **법적 준수**: 회사가 고용, 건강, 안전, 차별 등 관련된 모든 법을 따르도록 보장함으로써 조직의 노동법 준수를 관리하고 법적 제재의 위험을 최소화

- **직원 복지**: 직원 복지의 중요성이 강조되고 있는 시대 흐름에 맞추어 직원의 건강과 웰빙을 지원하는 업무환경 조성

- **변화 관리**: 조직 내 변화 발생 시 원활한 대응을 통해 직원들의 저항 최소화

- **다양성과 포용성**: 직장 내 다양성과 포용성을 촉진함으로써 다양한 인력이 혁신을 주도하고 성과를 개선하는 동시에 모든 직원이 존중받는 기업문화 형성

- **갈등과 분쟁 해결**: 조직 내에서 발생하는 직원 간 그리고, 노사 간 충돌과 갈등 상황을 관리·해결하여 생산적 작업 환경 보장

- **보상 및 복지혜택**: 최고의 인재를 유치·유지하는 경쟁력 있는 보상 패키지와 복지제도 설계

인재 확보
성과 관리
변화 관리
다양성과 포용성

기업이 인적자원관리를 통해 얻고자 하는 것은 무엇일지 그 의의에 대해 생각해 보자.

인적자원관리의 의의는:

- 조직목표 달성을 위해 능력과 동기를 갖춘 인력을 확보하고,
- 조직과 구성원 모두에게 바람직한 조직구조와 업무관계를 구축하며,
- 회사와 개인들의 목표를 일치시켜 구성원들을 조직 내에서 통합시킴으로써,
- 조직과 구성원이 함께 발전하고 성장할 수 있는 기회를 창출하여,
- 조직 목표를 최대치로 달성하고 기업이 보유한 인적자원의 가장 효과적인 활용을 추구하는 데에 있다.

요약하자면:

역량 강화
구성원 통합
성장기회 창출

인적자원관리는 조직 전반에 걸친 역량 강화, 구성원 통합, 성장기회 창출의 역할을 하며, 경쟁이 더욱 치열해지는 오늘날의 비즈니스 환경에서 그 어느 때보다 중요한 의의를 가진다.

기업 경쟁우위의 핵심 = 인적자원의 경쟁력!!

투자수익률(ROI: Return On Investment)
결근률
직원유지율

■ 인적자원관리도 투자수익률(ROI: Return On Investment)을 계산할 수 있다??

HRM의 투자수익률을 계산하는 주요 성과지표는 결근률과 직원유지율.

- **결근률 계산법:** 총 근무자 부재(결근) 일수 ÷ (해당 연도 근무 일수 x 평균 근로자 수)
  - 2022년 미국 노동부 자료에 의하면 미국인들의 결근은 매달 평균 약 160만 명

- **직원유지율 계산법:** 예를 들어, 100명을 고용했다. 해당 연도에 20명이 회사를 떠났다.
  (고용자) 100명 - (퇴사자) 20명 = 80명
  100명의 직원 수 대비 현재 남은 80명 = 0.8
  0.8 x 100 = 80%

- 대부분의 회사는 구성원 유지율 85% 이상을 목표로 한다. 따라서 유지율 80%는?
- 노란불 깜빡 깜빡!! 경계주의보!!

인적자원관리라고 하면 사업계획, 전략, 시장확장, 다각화, 글로벌사업, 국제경영 등 왠지 있어 보이는 분야들에 비해 뭐 그닥 중요하지 않은 분야같기도 하다.

그러나, HRM이 제 기능을 하지 않을 경우 발생할 수 있는 일들을 통해 그 중요성에 대해 생각해 보자.

- 채용을 제대로 안 했다?
  → 일할 사람들이 없다!! 훼~~엥~~!!
- 적재적소에 인원 충원을 못했다?
  → 담당자 누구냐고 찾느라 온 회사가 도떼기 시장이 된다.
- 급여, 인센티브 안 준다?
  → 폭동 일어난다.
- 업무 환경이 xx맞다?
  → 사람들이 사라진다.
- 신입사원들 뽑아놓고 개무시! 모른 척! 생깜! 왕따?
  → 적응장애(adjustment disorder), 정신질환.
     내가 널 짜르든, 네가 나가든 상황 발생!
- 급여, 복지, 업무환경, 업무 등의 불확실화, 직원들 간 갈등 등 전방위적 빵꾸?
  → 아수라장이 되며, 회사가 공중분해된다!!

■ 컨설팅 회사를 통해 들어보는 최근 기업들의 HRM 관심사와 찐고민!!

관심사?

- 경영전략 달성에 필요한 HR 전략과 실행과제 도출
- 직무 중심의 인사관리 체계 구축을 위한 **직무관리제도** 설계
- 조직의 전반적인 **성과관리제도** 개선
- 합리적이고, 공정하며, 기업의 현황에 적절한 보상제도 설계
- 모두에게 안전하고 일하기 좋은 문화와 환경 조성

재택근무
신세대 직원
직원경험관리(EX: Employee
Experience)
디지털 역량강화
급여 제도

찐고민??

(1) 재택근무에서 사무실 복귀:

조직은 생산성, 속도, 의사결정 등 모든 측면에서 사무실 복귀가 낫다고 생각한다.

반면, 재택근무의 맛을 본 직원들은 사무실 복귀가 싫다. 너랑 나랑 원하는 게 다르다! 변화관리 필요!!

(2) 신세대 직원들의 몰입도와 성과향상:

세대가 바뀌고 젊어지면서 요구하는 것도 달라지고 있다.

보다 개방적이고 유연한 환경, 의사소통, 조직문화가 필요하다.

직원경험관리(EX: Employee Experience): 지원, 채용, 온보딩, 업무 수행, 평가 피드백, 승진 등, 어느 과정에서 **접점**(touch point)을 만드는 게 가장 먹힐까?

(3) 인사운영의 디지털 역량강화:

인공지능, 4차산업혁명, 경영환경이 전부 디지털화되었다. 업무 공간, 문화도 디지털화를 해야 한다는데 어떻게 하는 게 좋을까?

(4) 급여 제도:

연공이니 서열이니 나이 먹으면 더 많이 주는 방식에 익숙한지 수 십년,

이제 이거 안 통한다구 바꾸란다. 직무 중요도, 역할, 역량에 따라서 줘야 한단다.

그럼 직무(job/task), 역량(ability/competency), 역할(role) 중 어떤 것에 초점을 맞춰야 하는 걸까?

출처: https://shiftee.io/ko/blog/article/2023-hr-trends-predicted-by-hr-managers 발췌요약

2. 인적자원관리의 역사

직장생활에서 최초 그리고 최후의 접점은 바로 HRM팀이다. 인재 채용, 온보딩, 퇴사를 담당하는 팀이기 때문이다. 인적자원관리라는 분야가 그동안 어떻게 발전되어 왔는지 그 역사를 살펴보자.

2.1 산업혁명

18세기 후반 산업혁명의 흐름에서 사람들은 거대한 사회, 기술, 경제 변화를 경험한다.

산업혁명(industrial revolution)의 결과로 수 백년 동안 가족 단위의 가내수공업으로 이루어진 일들이 공장에서 기계로 대량생산되고, 사람들은 집 대신 공장에서 일하게 되었다.

가내수공업 시기의 고용관계가 개인적이고 소규모였다면, 공장으로 이동한 수많은 노동자들은 회사 주인의 얼굴 한 번 볼 기회조차 가지기 힘들게 되었다. 고용주와 노동자들 간 이러한 사회적 분리(social divisions)는 소통과 대화의 창을 닫아놓게 된다.

━
산업혁명(industrial revolution)
사회적 분리(social divisions)

출처: https://www.visier.com/blog/the-100-year-history-human-resources-department/

2.2 노동자와 고용주 간 갈등

공장에서 일하는 노동자들의 불만, 이에 대응하는 고용주들 간 갈등은 20세기 초 더욱 더 고조된다.

- 불공평한 노동관행
- 안전문제
- 노동력 착취
- 고용주들만이 누리는 부의 축적
- 더욱 커지는 빈부격차

출처: www.visier.com/blog/the-100-year-history-human-resources-department/

이러한 문제들에 염증을 느낀 노동자들은 자본주의의 어두운 면을 폭로하며 불만을 제기했고, 새로운 입법과 헌법개정을 통해 변화를 추구하고자 진보운동에 동참하기 시작한다.

■ **노동자들의 처절한 몸부림과 자본가들의 탄압**

20세기 초는 몰리 맥과이어스와 같은 집단에 의한 폭동, 헤이마켓 사건, 루드로 학살과 같은 **노동자들과 고용주 사이의 폭력적 충돌**이 격하게 일어난 시기이다.

몰리 맥과이어스(Molly Maguires):

19세기 아일랜드, 영국 리버풀, 미국 동부에서 테러활동을 했다고 알려진 아일랜드계 비밀결사 집단

수 차례의 폭력적 충돌 끝에 몰리 맥과이어스 단원으로 의심받은 용의자들은 살인과 무장폭력 등의 혐의로 기소되어 교수형을 당했다.

그러나 이 비밀결사대 폭동이 노동자들을 탄압하기 위해 미국 탄광자본가들이 날조한 것이라는 주장도 있다.

헤이마켓 사건(Haymarket Affair):

헤이마켓 사건(Haymarket Affair)

출처: Wikipedia

때는 1886년 5월 4일.

미국 시카고 헤이마켓 광장에서의 시위 중 폭탄 투척과 폭력사태가 벌어졌다.

시위의 시작은 그 전날 경찰에게 살해당한 노동자들을 추모하고 8시간 노동제를 요구하는 평화 행진이었다. 경찰들은 당연히 그들을 해산시키고자 하였고, 그러자 누군가 경찰에 폭탄을 던졌다. 뒤이은 발포로 경찰 7인, 민간인 4명이 사상되었고, 이외에 수많은 부상자가 발생했다.

이후 무정부주의자 8명이 음모혐의로 체포되었는데, 그 중 아무도 폭탄을 던지지 않은 것으로 규명되었지만, 결국 7명 사형, 1명 징역 15년이 선고되었다.

루드로 학살(Ludlow Massacre):

1914년 미국 콜로라도주. 루드로의 탄광 보안대가 탄광 광부와 가족 1,200명의 거주지를 무장공격하여 어린이 11명, 성인 9명이 사망하였다. 이 사건은 파업 노동자와 탄광 보안대 간 싸움 끝에 발생하였는데, 이 사건 이후, 광부들은 자체 무장을 하고 십여 개의 광산을 공격하며, 콜로라도주 방위군과 충돌하였다. 결국 마을은 흔적조자 없이 사라지고 유령도시가 되고 말았다.

출처: 위키백과 요약 발췌

2.3 인사관리부서 설립

노동환경에 대한 불만, 노동조건 개선 요구, 시위, 무력충돌에 의한 사망에 이르기까지 끊임없는 노동자들의 절규와 몸부림에 고용주들은 가만히 있었느냐? 그럴 리가!

그들 역시 강경하게 대응하였고, 노동자들과 고용주들 간 평화로운 해결 자체가 불가능한 상황이었다. 이에 일부 기업들이 먼저 나서서 노동자들과의 **관계개선방안**을 찾기 시작한다.

이러한 노력의 일환이라고 할 수 있는 **최초의 인사부서설립**이 1900년대 초 미국 오하이오 주 국립현금등록원에 생긴 인사관리부서이다. 당시 이 부서는 노동자들 다수의 파업에 대응하기 위해 만들어졌는데, 주로 근로자들의 고충, 불만, 해고, 안전 문제, 새로운 법규, 회사정책 수립 및 감독관 교육을 담당하였다.

미국 오하이오 주 데이턴 국립금전등록원

　이는 1892년 설립된 경영진 협회(Society for Management Executives), 1907년 시작된 국제인사관리협회(International Association of Personnel Management)와 같은 조직을 통하여 노사관계를 법률에 입각하여 기업 관행으로 적용하고자 한 최초의 노력으로 평가되고 있다.

　결국, 노동자들의 문제를 전담으로 처리하는 부서를 탄생시킴으로써 노동자들은 전담부서에 불만과 의견을 제시하였고, 고용주들은 노동자 개개인과 맞대응하며 충돌할 필요가 없어지면서 그제서야 노동자들과 고용주들 간 최소한의 평화가 찾아왔다.

2.4 노동력의 중요성 대두와 노동법 집행

제1차 세계대전(1914~1918)과 제2차 세계대전(1939~1945)은 전쟁터의 군인들뿐 아니라 전쟁물품 공급을 위한 엄청난 노동력의 수요를 창출한 시기이다. 두 전쟁에서 미국이 승리한 이유가 전투력을 뒷받침하는 산업적 생산력 때문이었다는 것은 부인할 수 없는 사실이다.

노동력(labor force)

　그 산업적 능력이라는 것은 바로 거대한 노동력에서 나왔고, 이에 **노동력**(labor force) **의 중요성**이 대두되면서 노동인력을 충분히 확보하고 유지해야 한다는 인식이 생기기 시작한다.

　세계의 주요 국가들, 특히 미국의 경우, 대기업 고용주들에 대해 법적 의무를 부여하는 입법안을 만들었고, 의무를 이행하지 않는 고용주들은 법적으로 처벌을 받았다. 20세기 후반에는 국가적 관심이 성차별과 인종차별 문제에 집중되면서 1964년 민권법, 1972년 기회균등법 등을 만들며 노동자들을 법적으로 보호하기 시작하였다. 이러한 일련의 조치들은 성별, 인종, 종교, 장애 등의 문제로 차별 받는 노동자들에 대한 괴롭힘 금지를 입법화했다는 데에 큰 의미가 있다.

■ 민권법 Title VII

사진출처: https://kr.freepik.com/premium-photo

1964년.

미국은 고용에 있어서 인종, 피부색, 종교, 성별 및 출신 국가에 기초한 모든 측면에서의 차별을 불법화한다.

또한, 40세 이상의 근로자들과 정신적 또는 신체적 장애가 있는 사람들을 고용 차별로부터 보호하는 민권법을 제정한다.

이와 함께,

• 성희롱을 금지하는 정책을 발표하고,
• 관리자들을 교육하며,
• 사내 괴롭힘을 조사하고 관리하는 내부 시스템을 구축한다.

민권법 제정으로 차별에 대한 수많은 불만들이 집행기관인 고용기회 평등위원회에 제기되었다. 대부분의 불만들은 대부분 법정 밖에서 해결되었지만, 그럼에도 불구하고 적지 않은 수의 민원과 소송이 연방 지방법원에 제기되었고, 근로자들의 이러한 불만과 소송들은 시간, 비용 등의 측면에서 기업들에게 큰 부담이 될 수밖에 없었다.

출처: https://www.linkedin.com/pulse/hr-best-practices-vs-fit-ali-reda

민권법

■ 대한민국 노동법 맛보기!

노동법의 정의:

노동자의 권익 보호 및 보장과 사용자(고용주)와의 관계 및 근로조건 등을 규정하는 법으로 민법은 모든 개인을 평등한 인격체로 보고 계약자유 원칙의 관점에서 사회현상을 보기 때문에 노동관계를 전제로 한 것이 아니다. 따라서 노동자와 사용자(고용주) 간 문제를 해결하기에는 한계가 있다. 이를 해결하기 위해

노동법

특별히 규정된 법이 바로 노동법이다.

한국의 경우, 단일 노동법이 존재하지 않고, 여러 가지 법안에 노동에 관한 내용이 포함되어 있다.

예를 들어보자.

근로기준법(근기법)

- 임금, 근로 시간, 해고 제한 등 근로조건의 최저 기준을 정한 **근로기준법(근기법)**
- 최저 임금의 기준을 결정하는 **최저임금법**
- 근로자의 업무상 재해에 대한 보상 기준을 정한 **산업재해 보상보험법**
- 근로자의 고용 안정과 실업급여 등을 내용으로 하는 **고용보험법**
- 노동조합과 노동쟁의 조정에 관한 **노동조합 및 노동관계 조정법**
- 근로자 파견사업의 적정한 운영을 꾀하고 파견 근로자의 근로조건 등에 관한 기준을 정한 **파견근로자 보호법** 등

이들을 모두 통틀어 노동법이라 칭한다.

출처: 〈나를 위한 생존 법률 시리즈 1탄: 직장인이 꼭 알아야 할 근로기준법〉

■ **고용인인 "너"와 피고용인인 "나"의 계약서**
근로기준법!!

급여를 받으려면 "근로자"로서 계약을 해야 한다. 근로기준법에 따른 최소한의 보호망이 있지만, 수많은 근로조건들이 기업별 '**특수 조항**'으로 규정되어 근로기준법의 법망을 교묘하게 피하면서 근로자들이 바로 요 특수 조항에 발목을 잡히는 경우가 많다.

근로 계약서에 명시해야 하는 5가지 항목:

근로계약기간

- 근로계약기간을 정하지 않은 경우 근로 개시일만 기재하게 되는데, 이를 정하지 않음은 기간을 정하지 않은 근로 계약을 체결한 것이다.
- 회사는 근로계약을 체결할 때, **수습기간** 또는 시용기간(근로자의 적격성을 판단하는 기간)을 두고자 하는 경우가 있는데, 이를 위해서는 수습기간 또는 시용기간임을 근로계약서에 명시하여야 한다.
- 또한 **시용 과정**에서 뚜렷한 사유 없는 회사의 부당 해고를 방지하기 위해서는 근로계약서에 해고의 근거 조항을 명시해야 한다.

소정근로시간

소정근로시간

- 근무 시간, 근무일, 휴게시간은 법이 정한 범위 내에서 당사자가 자유로이 정할 수 있다.
- 5인 이상 사업장에서 구성원과 근로 계약을 체결하는 경우, 근로기준법은 휴게 시간을 제외한 근로시간

을 하루 8시간, 주 40시간을 초과할 수 없다고 정하고 있다(근로기준법 제50조).
- 법정근로시간(주 40시간)을 초과하는 연장근로는 당사자 간 합의 하에 1주 12시간 한도로 가능하다(근로기준법 제53조).

휴일

- 근무일은 월요일부터 금요일로 정하는 게 일반적이지만, 업종에 따라 달리 정할 수 있다.
- 1주 동안 소정근로일을 개근한 자에게 1일 이상의 유급 휴일인 주휴일을 주어야 한다(근로기준법 제55조).
- 따라서 회사가 지정한 날에 1일 이상의 유급 휴일을 부여한다. 주로 일요일을 가리킨다.

연차유급휴가

- 취업규칙이나 근로기준법에 따라 연차 휴가 사용을 명시해야 한다.

근무 장소

- 근무 장소와 업무 내용의 경우, 구체적인 장소와 구체적 업무 내용을 명시해야 한다.
- 근무 장소나 업무가 변경될 수 있는 가능성이 있는 경우, '회사는 필요한 경우 구성원의 근무 장소 및 업무를 변경할 수 있다'는 점을 기재해 회사의 포괄적 전직 명령권에 대해 미리 합의해야 한다.

▶ 퇴직금을 연봉에 포함시키는 행위

- 근로기준법 상 기준에 미치지 못하는 근로 조건의 경우, 근로계약서에 명시하더라도 효력이 없다(근로기준법 제15조).
- 근로계약서 임금 항목 중 월 급여에 연차 수당이나 퇴직금을 포함시키는 경우도 많은데, 그 계약은 근로기준법 상 인정되지 않는대!!

▶ 위약금 또는 손해배상을 요구하는 항목

- 근로계약 체결 시, 근로계약 불이행에 대한 위약금 또는 손해배상액을 규정하는 것은 무효이다(근로기준법 제20조).
  예를 들어, "5년간 근무하는 것을 조건으로 한다. 근로자가 중간에 퇴직할 경우 위약금을 회사에게 지급하여야 한다."고 근로계약서에 명시한다 할지라도 하더라도 근로기준법 상 효력이 없다는 말씀.
- 다만, 회사가 구성원의 교육훈련 또는 연수를 위한 비용을 우선 지출하고, 구성원이 실제 지출된 비용의 전부 또는 일부를 상환하는 의무를 부담하기로 약정하고, 일정 기간 동안 근무를 하는 대신 상환 의무를 면제해 주기로 한 경우는 약정의 필요성이 인정되어 허용될 수 있다(대법원 2008. 10. 23 선고 2006다37274 판결).
  예를 들어, 회사에서 등록금 지원을 받아서 대학원을 다니고 석사 학위를 받았다. 등록금 지원 조건은 학위 취득 후 5년간 회사를 떠나지 않고 근무하는 것. 그런데 홀랑 다른 회사로 이직을 한다? 이 경우 지원금을 상환해야 한다는 것.

연차유급휴가

노동(labor)

이 시대까지 고용주들에게 있어 노동자들은 인권을 가진 존재로서의 사람이라기보다는 단순히 노동(labor)을 제공하는 인력(workforce)으로 간주되었다고 보는 것이 타당하다.

그래서였을까?

기업과 고용주들은 차별금지정책을 강력하게 거부하였고, 이에 다양한 문제들이 속출하고 노사 간의 충돌이 벌어졌다. 그럼에도 불구하고 노동자들의 인권에 대한 인식이 싹트고, 노동자들을 보호하기 위한 첫걸음을 떼기 시작했다는 것만큼은 부인할 수 없는 사실이며, 이는 인적자원관리의 발전에 중대한 의의를 부여하였다.

자, 여기서 노동자, 근로자, 피고용인, 직원 등 다양하게 일컬어지는, 즉, 조직과 기업에 노동을 제공하는 인간에 대한 관점에 대해서 살펴보자. 인간에 대한 본원적 가치관은 근로자들에 대한 태도 및 처우에 큰 영향을 미친다.

■ 인간에 대한 대립적 관점

나는 고용주이다.

내게 있어서 직원들은 어떤 의미일까?

이에 대한 대답을 하기 위해 알아야 할 경영학의 두 가지 이론적 접근법이 있다.

바로 과학적 관리법(테일러리즘)과 인간 관계론이다.

과학적 관리법(scientific management)
테일러리즘(Taylorism)

과학적 관리법(scientific management)
과학적 관리법은 창안자인 프레드릭 테일러(Frederick Taylor)의 이름을 따서 테일러리즘(Taylorism)이라고도 불린다. 그는 효과적 노동을 위한 **최적의 자세와 동작을 매뉴얼화**하고 직원들에게 교육시켰다. 그리고 **노동자들의 작업성과를 모니터링**하고 생산량에 따른 **차등적 보상**을 지급한다.

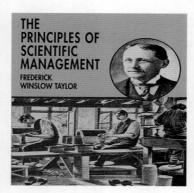

과학적 관리법을 적용한 결과

- 1인당 생산량 3.5배 증가
- 임금 인상률 60% 증가
- 총 운영비 50% 감소

이에 수많은 기업들이 과학적 관리법을 적용하게 된다.

"Work consists mainly of simple, not particularly interesting task.
The only way to get people to do them is
to incentivize them properly and monitor them carefully"

– Frederick Taylor–

인간관계론(human relations theory)

메이요(Mayo)의 호손실험(Hawthorne experiment)으로 더 잘 알려져 있는 인간관계론은 1927년부터 1932년까지 6년간 미국 서부 전기회사 호손 공장에서 실시한 호손 연구의 결과로 등장한 이론이다. 인간관계론이 생기게 된 주요 실험 내용과 결과를 살펴보자.

조명 실험:

- 내용 = 작업장 **조명밝기와 생산성 간 관계**
- 결과 = 작업장의 밝기를 밝게 해도, 더 어둡게 해도, 똑같이 해도
  사람들이 와서 뚝딱뚝딱 전등을 고치는 것 같으면 생산성이 올라감
  결국 근무환경 자체보다는 '관심'이라는 동기가 생산성을 향상시킴

계전기 조립작업 실험:

- 내용 = **업무 환경과 생산성 간 관계**
- 결과 = 물리적 조건(작업시간, 휴식시간)보다는 우호적 분위기, 책임감, 자부심, 공동 의식같은 심리적 요소가 더 중요

면접조사 실험:

- 내용 = **노동자 감정과 생산성 간 관계**
- 결과 = 노동자들의 태도와 동기는 그들이 속한 집단의 **사회적 조건**에 따라 변화

배전기 전선 작업실 관찰 실험:

- 내용 = **사회적 조건과 생산성 간 관계**
- 결과 = 노동자들 간 형성된 **비공식집단 규범**이 노동자 개인의 행동을 통제

호손연구의 핵심 발견:

단순한 노동력(labor force)으로 인식하고 있던, 기계처럼 움직이는 노동자들이 사실은 **기계가 아닌 감정이 있는 사람들**이라는 것!

- 노동자들은 관심을 필요로 했고,
- 의사소통을 원했으며,
- 자부심과 긍지를 가지고 싶어 했고,
- 작업장 안에서 그들만의 집단과 비공식적 규범을 만들고 있었다.

과학적 관리론	인간관계론
기계적 생산성	사회적 생산성
경제인으로서의 구성원	사회인으로서의 구성원
경제적 동기 중시	사회 심리적 동기 중시
조직 = 개인	조직 ≠ 개인

출처: https://pro-egineer.tistory.com

그룹토론문제   (1) 과학적 관리론과 인간관계론, 이 두 이론 중에서 어느 이론이 더 합당하다고 생각하는가?

(2) 그 이유를 설명하라.

2.5 오늘날의 인적자원관리

경쟁우위의 원천

오늘날 기업경영에서 인간의 역할은 과거 우락부락한 남자가 기계에 기름칠하고, 기계를 작동시키고, 감독했던 것과는 큰 차이가 있다. 오늘날의 전략적 인적자원관리는 조직구성원들을 대체 불가능한 **전략적 자산** 및 기업 **경쟁우위의 원천**으로 인식하고 그들을 단순히 피고용인이 아닌 새로운 가치와 조직성과를 함께 일구어내는 **전략적 파트너**로 여긴다는 데에 그 핵심이 있다.

산업화의 역사가 수백 년에 이르는 서구의 경우, 인적자원관리에 대한 개념, 제도, 방식이 수 세기에 걸쳐 역사 속에서 발전해 오며 시대적 적응 과정을 거쳤다. 한국의 경우 기업과 산업활동의 역사가 비교적 짧은 편임에도 불구하고, 급격한 경제적 성장과 더불어 인적자원관리 영역에서도 커다란 변화와 진전을 이루어 왔다. 한국에서의 인적자원관리는 어떻게 발전되어 왔는지 살펴보자.

■ 한국의 인적자원관리 변천사

시대에 따라 조직규모에 따라 인적자원관리의 기능도, 담당 팀의 업무도, 그 영향도 달라졌다.

원시적 관리시대

출처: 1960년대 강화읍 google

1960년대로 타임슬립 해보자.
"어이 김 양아~ (미스 김~) 이 양아~ (미스 리~~)"
제대로 갖춰진 게 없다. 부서는 개~~뿔!
사장 하나, 남자 직원 하나, 심부름하는 여직원 하나.
규정도 없고, 절차도 없고, 그때 그때 상황 봐서...
지난 달에는 되었던 것이 이번 달은 안 되고,
다음 달은 다음 달 봐서!
채용은 아는 사람 소개, 아니면 가게 문에
"구인" 광고를 밥풀 발라서 붙여 놓는다.

인사관리시대

출처: 홍은동 유진상가 google

1970년대에 들어서면서 기본적으로
절차라는 것이 생긴다.
임금체계도 나름 갖추고,
채용절차라는 것도 생긴다.
이력서도 써 오라고 하고, 면접도 한다.

인적자원관리시대

1980년대가 되자 과거 구멍가게 형식으로 주먹구구 운영되었던 기업들이 중소기업과 거대 기업으로 우뚝 성장했다. 덩치가 커지자 구성원들이 많아지고, 해외로도 쭉쭉 뻗어가고, 똑똑한 직원들의 필요성이 증가하게 된다. 결국 몸집을 더 불리고 내실을 다지기 위해서 구성원의 역량이 중요하다는 인식이 생긴다. '인재제일'의 마인드가 생기는 시기.

인재제일

전략적 인적자원관리 시대

인적자원관리와 전략적 인적자원관리의 가장 큰 차이는 인적자원관리의 중요성에 대한 무게감에 있다. 이게

전략적 인적자원관리

무슨 소리냐~~?? 하면,

- **인적자원관리**(HRM: Human Resource Management)
  - **미시적 접근**
  - 채용, 평가, 보상 등 **세부적, 기능적 측면 강조**

- **전략적 인적자원관리**(SHRM: Strategic Human Resource Management)
  - **거시적 접근**
  - 조직의 전체 맥락에서 각 구성원들이 조직성과에 어떤 차별화된 핵심역량이 될 수 있을 것인지 체계적으로 평가
  - 구성원들의 역량과 동기를 최대치로 끌어올려 조직 전체에 공헌할 수 있는 업무환경 조성을 강조
  - **장기적 관점**에서 **기업전략 및 조직성과와 연계**되어 있는 특징을 가짐

핵심 포인트: **과거 인적자원관리**가 조직의 전체적이고 유기적인 활동과 따로 노는 **세부기능**의 역할을 했다면, 현대의 **전략적 인적관리**는 조직 전체를 이끌고 미래로 나아가는 조직의 **핵심전략기능**을 한다.

장기적 관점

핵심전략기능

ChatGPT ChatGPT가 정리한 인적자원관리 발전사

시기	특징
산업혁명 이전의 시대	• 공예기술에 기반 • 인사관행 없음
산업혁명 (18세기 말~19세기 초)	• 대규모 공장들이 가내수공업을 대체 • 긴 노동 시간, 위험한 작업환경, 아동 노동착취 등의 노동 문제 • 노동자 관련 새로운 문제를 관리할 필요성이 생기며 **인적자원관리의 개념**이 싹트기 시작
과학경영시대 (19세기 말~20세기 초)	• 작업 과정을 분석하고 개선함으로써 생산성 향상 추구 • **인간에 대한 기계적, 합리적 관점**
인간관계 운동 (1920년대~1930년대)	• 근로자의 복지와 직장에서의 **사기, 동기 부여, 사회적 관계의 중요성** 강조
제2차 세계대전 이후 1960~1970년대	• "인사 관리(personnel administration)"라는 용어가 일반화됨 • 고용, 보상, 노동규정 준수 등을 처리 • **노조가 강했기 때문에 노사관계가 인적자원관리의 중요한 부분이 됨**
1980~1990년대	• 인적자원관리가 보다 **전략적이고 포괄적인 방식으로 발전** • 인적자원관리가 조직 성공의 중요한 요소로 인식
21세기	• 인적자원관리·사람관리가 기업의 **경쟁우위를 창출하기 위한 핵심전략**으로 자리 잡음

기계적, 합리적 관점

■ **인재 전쟁 (War for talent): 지속적 경쟁우위를 창출해줄 인재를 찾아라!**

인재 전쟁(War for talent)

조직의 성과창출, 경쟁우위 확보, 성장, 생존에 있어 HRM의 기능과 역할에 대한 중요성이 더욱 커지고, 구성원들이 더 이상 단순한 피고용인이 아니라 전략적 파트너로 인식되면서 기업들은 인재 확보·유지에 총력을 기울이고 있다.

그야말로 인재 전쟁의 시대가 도래한 것!!

인재 전쟁의 사전적 정의는

"increasingly competitive landscape for
recruiting and retaining talented employee"

−Wikipedia−

- "인재 전쟁"은 1997년 맥킨지 앤드 컴퍼니(McKinsey & Company)에 의해 만들어진 용어
- 재능 있는 직원들을 채용하고 유지하기 위한 경쟁적인 환경을 묘사
- 조직들은 최고의 인재 확보를 위해 서로 경쟁
- 강력한 채용 전략, 매력적인 혜택 패키지, 조직문화 개선 노력, 그리고 직원 개발과 유지에 대한 관심과 노력으로 이어짐

−ChatGPT−

일반적으로 사용되는 인재 전쟁에서의 경쟁우위 전략으로는:
- **경제적 보상**: 높은 급여, 스톡옵션, 기타 재정적 인센티브 제공
- **복리후생**: 건강 관리, 은퇴 계획, 유급 휴가 및 기타 매력적인 복지혜택 패키지 제공
- **일과 삶의 균형**: 유연근무, 원격근무 기회 제공 및 일과 삶의 균형 유지에 중점
- **고용주 브랜드화**: 긍정적인 회사 이미지 홍보
- **경력 개발**: 개인의 성장, 학습 및 발전을 위한 기회의 지속적 제공
- **글로벌 채용**: 원격 업무의 출현으로 현지뿐 아니라 인재 발굴을 위해 전 세계적으로 인재를 탐색하고 리크루팅

인재의 확보와 유지를 위한 기업 간 전쟁은 **지적 자본(intellectual capital)** 및 **인적 자본(human capital)**의 가치가 물리적 자산을 능가하는 디지털 및 지식경제 시대의 도래와 함께 더욱 치열해졌다. 기술, 데이터 과학, 그리고 빠르게 성장하는 산업 분야의 숙련된 전문가들(professionals)은 인재 전쟁터에서의 경쟁을 더욱 치열하게 만들기도 하고, 회사의 성공에 극적인 영향을 미칠 수 있다.

지적 자본(intellectual capital)
인적 자본(human capital)

뭘 해 주면 올래??
이왕 터뜨릴거면 우리 회사 와서 잭팟 터뜨리면 안 되겠니??

3. 인적자원관리를 설명하는 이론적 접근법

3.1 하버드 인적자원 모델

마이클 비어(Michael Beer)와 리처드 월튼(Richard Walton)이 개발한 하버드 모델(Harvard model)은 1984년 출간된 『인적자산관리(Managing human assets)』라는 저서를 통해 소개되었다.

Michael Beer   Richard Walton

하버드 모델의 핵심은:
- 이해당사자들의 이해관계(Stakeholders interest): 주주, 경영진, 조직원, 정부, 지역사회, 노동조합
- 상황 요인들(Situational factors): 조직원 특성, 사업전략, 경영철학, 노동시장, 노동조합, 기술, 법적·사회적 가치라는 두 측면의 주요 요인들이
  - 구성원들의 영향력
  - 인적자원흐름
  - 보상 시스템
  - 업무시스템

등 다양한 인적자원관리 정책(HRM policy choices)들을 형성하고, 이 정책들이

  - 조직 구성원들의 몰입도(commitment)
  - 역량(competence)
  - 조직과 업무와의 적합성(congruence)
  - 비용 대비 업무효과성(cost-effectiveness)

과 같은 인적자원관리 성과(HR outcomes)에 영향을 미침으로써,

- 조직효과성

• 개인과 사회의 복지와 행복

과 같은 장기적 결과물(long-term consequences)을 만들어낸다고 설명한다.

장기적 결과물(long-term
consequences)

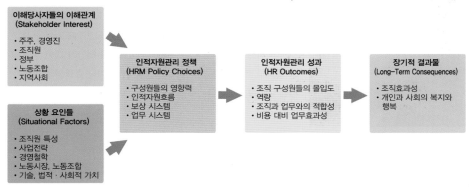

출처: https://slidebazaar.com/items/harvard-hr-management-model-powerpoint-template/

당연한 논리로 들리겠지만, 실제 우리가 살고 있는 세상은 전쟁터이다. 회사 내·외부 상황들, 그리고 수 많은 인간들의 이해관계가 실타래처럼 얽히고 섥혀서 정책이 결정되는데, 이 정책들이라는 것이 구성원들의 만족도와 동기에 영향을 주면서, 조직에서는 성과로, 구성원 개개인에게는 직장생활과 삶의 무게를 버틸 힘을 만들어 준다.

하버드 인적자원 모델에는 기본 전제가 있다. 모든 이해관계자의 이익을 충족함으로써 장기적인 유토피아(utopia) 세상을 만든다는 것. 그런데 개인, 사회, 조직 모~두를 만족시킨다는 것은 현실적으로 불가능하다. 얻을 것은 얻고, 양보할 것은 양보하는 적당한 선에서의 타협과 협의에 이르기 위해 노력해야 한다. 제로섬(zero-sum) 게임이 기본 법칙이었던 원시시대가 아닌 적어도 문명사회를 살고 있는 현대인들로서 어디까지 주장하고, 어디까지 양보를 해야 하는 것인지, 어디까지가 상생인지에 대한 진지한 고민이 필요하다.

제로섬(zero-sum) 게임

3.2 울리히의 인적자원모델

David Ulrich

울리히의 인적자원모델(David Ulrich's HR model)

1995년 조직이론가 데이브 울리히(David Ulrich)가 HR 기능을 정리하기 위해 제안한 모델로 구성원들의 **역할과 책임**에 대한 투명성 확보를 핵심가치로 주장하며, 인적자원관리의 효율성을 향상시킨 이론적 관점이다.

워크플로우(work flow)

    이 모델은 특히 규모가 크고, 구조가 복잡한 대기업에서 조직 구성원들 각자의 역할과 책임을 명확히 함으로써 워크플로우(work flow)의 능률을 향상시켰다는 점에서 공헌이 크다.
- 미래지향/전략 vs. 일상/업무 중심
- 프로세스 vs. 사람 중심

    울리히는 위의 두 축을 기준으로 구성원의 역할을 네 가지 측면으로 구분하였다.

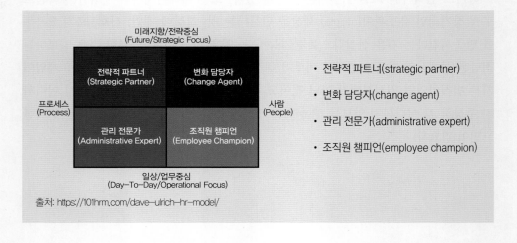

미래지향/전략중심
(Future/Strategic Focus)

전략적 파트너 (Strategic Partner)	변화 담당자 (Change Agent)
관리 전문가 (Administrative Expert)	조직원 챔피언 (Employee Champion)

프로세스
(Process)

사람
(People)

일상/업무중심
(Day-To-Day/Operational Focus)

출처: https://101hrm.com/dave-ulrich-hr-model/

- 전략적 파트너(strategic partner)
- 변화 담당자(change agent)
- 관리 전문가(administrative expert)
- 조직원 챔피언(employee champion)

(1) 전략적 파트너(strategic partner):

- 미래지향/전략+프로세스 중심
- 전략적 파트너들은 인력 개발, 성장, 역량강화의 역할을 담당
- 고객들을 분석해서 고객의 요구를 더 효과적이고 효율적으로 만족시킬 수 있는 시스템과 프로세스를 검토하고 개발

전략적 파트너(strategic partner)

(2) 변화 담당자(change agent):

- 미래지향/전략+사람 중심
- 조직의 전반적인 문화와 구성원들의 만족도 등을 검토, 분석
- 구성원과 조직 모두에게 도움이 되는 방향으로 개선할 수 있는 방안 기획

변화 담당자(change agent)

(3) 관리 전문가(administrative expert):

- 일상/업무+프로세스 중심
- 행정팀, 총무팀에서 주로 하는 역할로 조직의 내부관리 담당
- 조직에서 발생하는 전반적인 업무를 관리
- 특히 비용지출, 업무진행 관리 등 조직의 내부살림을 총괄 담당

관리 전문가(administrative expert)

(4) 조직원 챔피언(employee champion):

- 일상/업무+사람 중심
- 직원들의 의견과 목소리를 통합하여 반영
- 조직 구성원을 보호하고 권리를 행사할 수 있는 조직관행의 구현을 추구
- 직원들의 복지와 행복을 보장하는 일을 담당

조직원 챔피언(employee champion)

■ **조직원 챔피언(employee champion): 배민 피플팀!**

- 2012년 회사 설립 뒤, 혼자서 직원 하나하나를 챙기던 대표
- 직원들을 전담하는 팀이 있으면 좋겠다는 제안으로 2013년 피플팀을 만들었다.
- 초기 피플팀의 역할은 철학과 비전, 조직문화를 구성원들에게 전달하는 것

배민 피플팀

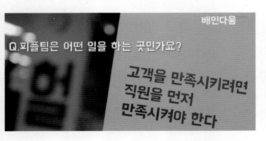

현재 배민 피플팀은?

"일하기 좋~은 문화를 만드는 곳"으로 "배민다움(엄격한 규율 속에서 자율이 보장되는 문화)"을 느낄 수 있는 경험을 만드는 일을 한다.

울리히의 인적자원 모델에서 제시되는 네 가지 측면 중, 조직원 챔피언(employee champion)의 대표적인 예시가 되고 있다.

피플실에는 세 개의 팀이 있다:

- **온보딩 팀**: 회사에서의 첫 순간을 따뜻하게 채워주는 것이 목적

- **컬처경험 팀**: 배민다움을 만드는 것이 목적

- **컬쳐 커뮤니케이션 팀**: 구성원들이 재미있는 소통 경험을 쌓도록 하는 것이 목적

피플팀의 주요 업무는 타 기업들의 인사 관리팀처럼 구성원을 평가하는 것이 아니라 기업과 구성원들 간 비전 공유, 구성원들의 어려움을 해결해 주는 것에 있다. 컬쳐 커뮤니케이션 팀이 주도하는 **우아한 수다타임(우수타)**은 구성원들이 회사에 궁금한 점, 불편하거나 개선하고 싶은 점을 익명으로 질문하면 대표가 대답하는 활동으로 대표에게 무엇이든 질문하고, 구성원들이 서로 의견을 공유하는 소통문화를 통해 조직 구성원들의 커뮤니케이션을 돕고 있다.

피플팀의 가장 중요한 역할은 입사에서부터 퇴사까지의 전 과정에서 구성원들이 편하게 생활할 수 있도록 구성원들을 돕는 역할을 하는 것이다. 마지막 순간까지 의미를 부여해 주기 위해 퇴사증을 선물하는 등 조직 **구성원들을 끝까지 존중**하는 모습을 보인다는 것에 중요한 의의가 있다.

출처: https://jobcloseup.kr/contents/?idx=14694738&bmode=view

울리히의 인적자원모델은 각 구성원의 역할을 명확하게 구분함으로써
- 양질의 기업문화를 구축하고,
- 직원들의 서비스 대응력을 높여 **고객 만족도**를 향상시키며,
- 구성원들의 동기부여를 진작시키고,
- 조직 프로세스 간소화로 불필요한 시간소모를 줄이는 데 기여하였다.

그러나, 역할의 명확한 정의와 구분, 적절한 인력배치 등 인적자원의 재설계와 구조화는 단기간에 이루어지는 것이 아니라 수많은 시간과 투자가 필요한 작업이다. 뿐만

아니라 최고경영층의 승인 없이는 이루어질 수 없는 시스템이기 때문에 인적자원 및 인적자원정책의 중요성과 전략적 의의에 대한 최고경영자의 확실한 인식과 지원 없이는 조직에 구현할 수 없다는 한계가 있다.

3.3 인적자본이론

인적자본!! 이 용어에는 자본의 가치가 동질적이지 않다는 아주 심오한 전제가 깔려 있다. 이게 뭔 소리냐고?

인적자본

- 우수한 자본 vs. 딸리는 자본
- 회사에 도움 되는 이쁜 직원 vs. 괜히 뽑았다고 내 머리를 벽에 x박고 싶게 만드는 미친 x
- 자본이라고 다 가치 있는 자본이 아니다.
- 사람이라고 다 같은 사람이 아니다! 요 말씀이다!

그러나, 인적자본이론(human capital theory)은 교육과 훈련에 대한 기업투자를 통해 어리버리들의 생산성과 효율성도 증가시킬 수 있다!!고 가정한다. 할 수 있대! 할 수 있대!!

인적자본이론(human capital theory)

인적자본론은 노벨경제학상 수상자 시어도어 슐츠(Theodore W. Schultz)와 게리 베커(Gary Becker)에 의해 1960년대 창시된 이론으로 핵심은 지적자본과 인적자본이 기업 생산성 제고의 원천으로 투자를 통해 경제 가치와 생산력의 크기를 증가시킬 수 있다는 것.

Theodore W. Schultz
1902~1998

Gary Becker,
1930~2014

물론 이를 비판하는 의견들도 있다.

비판의 핵심은:
- 노동은 노동이고, 자본은 자본인데 그걸 왜 혼동하느냐?
- 인간은 노동을 제공하는 수단이지, 절대 자원이 아니다.

- 인간을 자본으로 보는 것은 노동자들을 사람으로 대하고자 하는 노력을 무시하는 것이다.
- 인적자본을 생산요소로 간주하는 것은 완전 억측이다.
- 인간은 자원이 아닌 사람이며, 이성적 행위자이다.
- 인간한테 투자를 해서 자원으로 키워 놓으면 떠난다. 왜 그런 손해 보는 짓을 하느냐?

샐러던트

■ **키워 주면 떠난다? 나 호구된거야??**

자기개발에 찐~인 사람들!! '샐러던트'!!

샐러리맨(salaried man)과 학생(student)의 합성어로 직장에 다니면서도 외국어 능력 향상, 자격증 취득, 전문지식 획득에 무한열정을 불태우는 자들을 일컫는다.

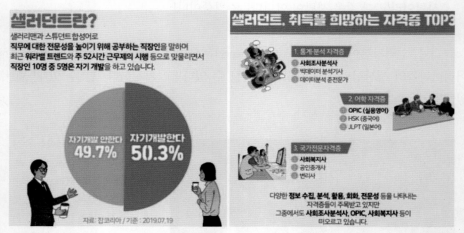

출처: https://blog.naver.com/mika731/222014840869

이미 회사에서 고성과자라고 평가받는 우수 인재들. 경영전문대학원 등에서 더 공부를 하겠다고 회사에서 학비를 지원받고, 진학하여 학위를 취득한다.

자, 회사에서 준 기회와 시간과 돈으로 나는 업그레이드되었다. 이 회사에 남아 성과로 보답해야 할까? 아님 더 좋은 조건을 제시하는 회사로 옮길까? 현실적인 고민이 시작된다.

과잉자격(overqualification)
이직 의도

연구 결과들을 보면 기업의 교육투자 결과로 발생한 직원들의 **과잉자격(overqualification)**과 **이직 의도** 간 상관이 상당히 높은 것으로 나타난다. 교육비까지 지원해 주며 더 똑똑하게 만들어놨더니, 목숨을 바쳐 충성해도 모자랄 판에 이것들이 떠나더라 이 말이다. 물론 기업들도 바보는 아니기 때문에 교육비를 지원해 줄 때 학위 취득 후 의무재직기간을 정해 놓는다. 나갈거면 그동안 받은 지원비 다 토해내어야 한다.

그러나, 업그레이드된 직원들에게 그게 문제일까? 지원받은 교육비 다 토해내고 쏘우 쿨~하게 떠난다.

현실이 이러니 기업 입장에서는 참 고민되는 부분이다. 현재의 인력들, 그리고 내가 투자를 해서 더~ 똑똑하게 만들어 놓은 인재들. 배은망덕한 x들이라고 흥분하고 욕해도 내 뒷골만 땡긴다. 그건 현실적 대안이 아니다. 그들이 스스로 남기를 선택하게 만들 무엇인가가 필요하다!!

출처: https://www.bizhankook.com/bk/article/25884

3.4 맥그리거의 XY이론

미국의 경영학자 더글라스 맥그리거(Douglas McGregor: 1906~1964)가 제시한 XY이론은 경영학이라는 학문을 떠나 인간의 본성이라는 가장 근원적 문제에 대해 고민하게 만든다.

<small>더글라스 맥그리거(Douglas McGregor)</small>

X이론(Theory X)의 가정(assumption):

- 직원들은 일하기 싫어하며, 책임감도 야심도 없다.
- 감시하지 않으면 농땡이를 친다.
- 보상과 처벌만이 효과적인 동기부여의 수단이다.
- 명령과 통제만이 직원들을 다스릴 수 있는 효과적 방법이다.
- 경영진은 권위적이어야 한다.
- 직원에게 권한위임?? 어림 반 푼어치도 없는 소리!

<small>X이론(Theory X)</small>

Y이론(Thoery Y)의 가정(assumption):

- 평균적인 직원들은 일 자체에 의해 자기동기부여가 된다.
- 직원들은 일 자체에 흥미를 가지고 있다.

<small>Y이론(Thoery Y)</small>

- 직원들은 <u>스스로 야망</u>이 있다.
- 직원들 스스로 문제를 해결하려고 하고, 자신이 맡은 업무에 책임감을 느낀다.

권한 위임
- 자율성 확보와 권한 위임으로 동기부여를 지속시켜야 한다.

사람을 너무 부정적으로만 보는 X이론은 지나치게 편파적이다. 또 다른 관점에서 균형잡힌 시각을 가져야 한다는 것이 맥그리거의 주장.

X이론과 Y이론의 함축성과 영향은 사실 상당하다. 관리자가 X와 Y 중 어떤 이론을 받아들이느냐에 따라 구성원들을 대하는 태도가 달라지고, 인사정책에도 지대한! 영향을 미친다.

당신은
X형 인간인가?
Y형 인간인가?

X?Y

가슴에 손을 얹고,

xxx치지 말고,

솔직히 자신을 평가해 보자.

사실 관리자의 조직구성원에 대한 평가는 자신을 기준으로 하는 경우가 많다.

일명 투영효과(projection effect)!!

투영효과(projection effect)

출처: https://hrd100.tistory.com/192

과잉일반화(overgeneralization)
허위 컨센서스 효과(false consensus effect)

투영효과는 자신의 생각, 가치관, 태도 등을 다른 사람에게 그대로 투영시키는 것을 말한다. 따라서 내가 일하기 싫으면 남도 일하기 싫을 것이라 생각하는 것이 너무나도 당연하다. 자기 신념과 가치관의 과잉일반화(overgeneralization)라고 할 수 있다.

'허위 컨센서스 효과(false consensus effect)'도 생긴다.

난 무조건 A가 맞다. 따라서 다른 사람들도 A가 맞다고 생각할 것이고 또 그래야만 한다. 근데 언 x이 B가 맞다고 한다. 이런 미친~~!! 쟤 미친 거 아니야?? 이해할 수 없는 인간이다.

투영, 과잉일반화, 허위 컨센서스까지 다양한 설명이 있지만…

핵심은??

스스로 일할 의욕도 책임감도 없는 인간일수록 부하직원들을 더 믿지 않는다는 사실!! 자율은 개뿔! 그냥 x진다!!

그룹토론문제

(1) 관리자의 입장에서 어느 이론이 더 합당하다고 생각하는가? 그 이유의 타당성을 설명해 보자.

(2) 조직원 입장에서 어느 이론이 더 합당하다고 생각하는가? 그 이유의 타당성을 설명해 보자.

경영학 이외 인문학, 철학 등 다른 분야의 이론, 관점 등을 활용해서 논리를 펼쳐도 좋다. 재미있는 논리는 가산점!!

그런데 경영학에서 말하는 X형, Y형 인간의 특징을 보면 인간의 본성이 과연 무엇일까 하는 의구심이 들기 시작한다. 인간의 본성에 대한 근본적 이해는 고용주, 경영자, 근로자들을 이해하고, 그 이해를 바탕으로 가장 효과적으로 서로 상생할 수 있는 방법을 찾는 지름길이 될 수 있다.

■ **동양철학에서 보는 인간의 본성**

인간의 본성에 대한 고민과 질문과 연구는 까마득한 옛날부터 논의되어 오던 바이다.

출처: http://newsteacher.chosun.com/site/data/html_dir/2016/01/14/2016011400012.html

맹자의 성선설, 순자의 성악설

인간은 태어날 때부터 선한가, 혹은 악한가?

사실 답이 없다. 둘 다 일리가 있기 때문.

- 못되 x먹은 x들을 가르치고 또 가르치면 착해지나? 천성인데?

- 사람은 고쳐 쓰는 게 참~ 힘들더라가 저자의 경험이지만 이건 어디까지나 개인의 의견이기 때문에 통

맹자의 성선설
순자의 성악설

뇌의 문제로 인한 병적인 사이코패스가 아니라면, 태생적으로 마냥 선하기만 한, 혹은 마냥 악하기만 한 사람은 없다고 보는 게 합리적이다.

그러니 성선설이니 성악설이니 어느 것이 옳다 아니다 서로 열을 낼 이슈는 아니다.

같은 사람일지라도 처해진 상황에 따라, 대상에 따라 인간은 다양한 모습을 보인다.

따라서 사람의 행동은 상황요인들에 의해 영향을 받는다고 해석하는 것이 타당할 것이다.

그런 측면에서, 사람의 천성보다는 **상황을 고려**하는 방식으로 유가(儒家)와 법가(法家)에서 임금-신하(군신: 君臣) 관계를 어떻게 해석했는지 살짝 살펴보자. 생각보다 재미있다.

유가(儒家)

유가(儒家):

유가에서는 군주와 신하를 부자관계, 가족관계, 종속관계로 설명한다.

군주는 신하가 무조건적으로 충성해야 하고, 섬겨야 하는 존재이다.

인간의 선한 본성을 실현하기 위한 **신뢰, 당위성, 의무**를 강조한다.

근데 요것이 또 꼭~~ 그렇지만은 않다!!!

성선설의 대표주자인 **맹자(孟子)**는 신비주의자나 낙관주의자가 아니라 **현실적 방안**을 강구했던 **실용주의 사회과학자**에 더 가까운 사람이었다.

> "풍년이 들면 사람이 여유로워지고 자신의 것을 남과 나누려고 한다.
> 반면 흉년이 들면 사람이 포악해지고 남의 것을 빼앗으려고 한다."

국가든 조직이든 여유가 있고, **좋~은 상황에 있어야 성선설이 유지**된다는 것.

법가(法家)

법가(法家):

> "임금과 신하의 마음은 다르다.
> 임금도 계산으로 신하를 거두고, 신하도 계산으로 임금을 섬기니.
> 이처럼 임금과 신하는 **계산으로 맺어진 관계**이다.
> 자신이 손해 보면서 나라를 이롭게 하는 일을 하는 신하는 없다.
> (君臣異心, 君以計畜臣, 臣以計事君, 君臣之交, 計也, 害身而利國, 臣弗爲也)"
>
> -한비자(韓非子)-

인간본성의 핵심을 콕!! 찌르는 x솔직한 직설화법자 한비자.

법가에서 해석하는 군신관계는 당위적(當爲的)이고 천륜(天倫)적 관계가 아니다.

천륜은 x~~뿔!!

주인과 대리인의 관계처럼 군신은 어디까지나 이익으로 만나고, 상호이익을 계산하며, 거래를 하는 관계이다. 따라서 **양측의 이익이 서로 상충할 수 있음도 염두에 둔다.**

군주는? 신하를 고용해서 국가행정을 처리하고 국력을 높여 자신의 이익 극대화

신하는? 임금에게 고용되어 관직 · 녹봉을 받고 토지를 받는 등 이익 창출

한비자는 그 옛날 옛적에 임금과 신하의 관계를 주인과 대리인(agency) 관계로 해석하며,

현대 경영학에서 연구하는 주인과 대리인 이론을 이미 기원전부터 생각했단 말씀!

오올~~ respe~ct!!

여기서 잠깐!!

주인과 대리인 이론(principal-agent theory)이란?

국가, 사회, 조직에서 흔하게 발생하는 문제로 주인이 모든 일을 직접 할 수 없기 때문에 대신 일을 해줄 대리인을 고용하는 데 이들 사이에는 수많은 모순과 충돌이 발생한다.

주인은 대리인을 고용할 때 대리인의 행위가 자신의 이익에 부합하기를 기대하지만, 현실은 그렇지 않다. 대리인은 주인이 망하든 흥하든 관심 밖이다. 주인과 대리인 관계에서 발생하는 대표적인 문제는 도덕적 해이(moral hazard), 그리고 중요한 정보를 주인에게 숨기는 역선택(adverse selection).

현실의 이익이 인간을 움직이는 비정한 현실!!

주인과 대리인 이론(principal-agent theory)

도덕적 해이(moral hazard)
역선택(adverse selection)

그렇다고 유능하고 충직한 대리인이 전혀 존재하지 않는다는 것은 아니다. 그러나 여기서 발생하는 또 다른 문제는 '무능하고 부패한 자들'이 유능하고 충직한 대리인들을 모함하고, 배척하고, 음해하고, 제거하여 자신들의 이익을 챙기고자 한다는 것!

그 이름하여 경영학에서 말하는 그레셤의 법칙!

그레섬의 법칙(Gresham's law)

■ **그레섬의 법칙(Gresham's law: bad money drives out good money)**

16세기 영국재정고문이었던 토마스 그레섬(Thomas Gresham)이 말했다고 해서 그레섬의 법칙이라고 이름 붙여졌다.

과거 로마제국의 폭군 네로 황제! 황실재정수입이 악화되자

100% 은(silver)을 넣어 만들어야 할 동전의 원료를 얍쌉하게 빼돌려 92% 순도의 은화를 발행하여 시장에 유통시킨다.

이를 알아챈 사람들은 가지고 있던 100% 순도의 은화를 잽싸게 녹여 다른 물건들과 교환했고, 시장에는 순도가 곤두박질친… 3세기에 이르자 순도 꼴랑 5% 은화만이 남게 된다.

　　　"나쁜 돈(악화)이 좋은 돈(양화)을 몰아냈다(Bad money drives out good money)!"

경영학 얘기로 돌아가 보자.

그레섬의 법칙을 언급한 것은 오늘날 경영학에서 일컫는 사회적 병리현상 중 하나인,

　　　"열등한 사람들이 우월한 사람들을 제거하기 위해 배척하고 음해하는 반사회적인 행태"

를 경고하고자 함에 있다.

썩은 사과 효과(bad apple effect)

WSJ The Wall Street Journal
A Few Troublesome Employees …

썩은 사과 효과(bad apple effect):

썩어 문드러진 사과 하나가 사과 박스에 있는 다른 질 좋은 사과들을 전부 망가뜨릴 수 있다!!

조직에서는 '썩은 사과를 잘 솎아내는 것'도 중요한 일이다.

인적자원관리의 역사를 살펴보면, 노동자 착취, 노사분쟁, 폭동, 노동자 보호법, 그 상생리고 상생이라는 흐름으로 이어지고 있다. 상생이란 양측 모두 이익이 생겨야 가능한 것으로 오늘날 그리고 미래의 전략적 인적자원관리가 계속 고민하고 풀어야 할 과제이다.

곳간에서 인심난다는 한국 속담이 있다. 내 곳간이 가득 차 있으면 남에게 너그러워진다. 따라서 다같이 노력해서 곳간을 가득 채워 넣으면 된다. 그래서 잘 나가는 조직에서는 상생이 쉽다. 그러나 조직성과가 부실하고 망해가는 조직에서는 자원 부족, 구조조정의 칼날 속에서 사람들의 아귀다툼이 시작된다.

인간은 현실적인 존재이다.

- 조직구성원들을 피고용인이 아닌 조직의 일부로 받아들이고,
- 그들과 함께 노력하여 조직 전체의 성과를 높여,
- 조직 구성원들에게 더 많은 복지와 혜택을 제공하여,
- 다~같이 잘 살자!

라는 유토피아식 현대의 전략적 인적자원관리의 목표는 오랜 역사를 통해서 나온 필연적 선택으로 보인다. 한쪽만 잘 먹고 잘 산다?? 칼부림난다! 전쟁이다!!

이렇게 보면, 인적자원관리라는 것은 결국 다수의 개인들과 조직이 협력을 통하여 최대치의 성과를 창출하고, 상생을 추구하면서 지속 가능한 조직경영을 이끌어 내는 경영분야로 정의할 수 있다.

핵 심 용 어

- 사람관리(people management)
- 인적자원(human resource)
- 인적자본(human capital)
- 인력(workforce)
- 노동력(labor force)
- 인적자원관리(HRM: Human Resource Management)
- 산업혁명(industrial revolution)
- 사회적 분리(social divisions)
- 과학적 관리법(scientific management); 테일러리즘(Taylorism)

- 인간관계론(human relations theory)
- 메이요(Mayo)의 호손실험(Hawthorne experiment)
- 지적자본(intellectual capital)
- 전략적 인적자원관리(SHRM: Strategic Human Resource Management)
- 하버드 인적자원 모델(Harvard HR model)
- 울리히의 인적자원 모델(Ulrich's HR model)
- 인적자본이론(human capital theory)
- 맥그리거의 XY이론
- 주인과 대리인 이론(principal-agent theory)

연 습 문 제

01 인적자원, 인적자본, 인력, 노동력에 대해 정의하라.

02 인적자원관리의 의의에 대해 논하라.

03 인적자원관리의 투자수익률을 계산하는 주요 성과지표에 대해 논하라.

04 인사관리의 역사에 대해서 간략히 논하라.

05 과학적 관리법과 인간관계론의 차이점에 대해 논하라.

06 전략적 인적자원관리가 과거의 인적자원관리와 어떻게 다른지 설명하라.

07 하버드 인적자원 모델의 핵심 논리를 설명하라.

08 울리히의 인적자원 모델에 대해서 설명하라.

09 인적자본이론의 핵심은 무엇인가?

10 맥그리거의 XY이론에 대해 설명하라.

11 주인과 대리인 이론(principal–agent theory)에 대해 설명하라.

02

전략적 인적자원관리

학습목표

- 전략적 인적자원관리에 대해서 이해해야 한다.

- 자원준거관점에 대해서 이해해야 한다.

- AMO 모델에 대해 설명할 수 있어야 한다.

- 고성과업무관행에 대해서 설명할 수 있어야 한다.

1. 전략적 인적자원관리의 개념과 발전

 ChatGPT 전략적 인적자원관리란?

- 조직의 전체적인 전략적 목표에 맞추어 인적자원을 관리하는 접근법으로

- 조직성과를 향상시키고, 경쟁적 우위를 얻기 위하여

- 조직의 기업전략에 적합한 방향으로

- 다양한 인적자원관리 전략을 통합하는 것을 말한다.

1장에서 인적자원관리를 언급하면서 인적자원관리의 발전사를 살펴보았다. 기억이 전 ~혀(?) 나지 않을테니(갠차나~갠차나~) 간략히 상기해 보자.

시대구분	시대별 특징
인사관리 태동기 미국 1930년대 한국 1960~1970년대	• 경제발전 초기 • 과학적 관리기법 • 효율성과 통제 중심 • 기본적 인사기능의 역할
인사관리 미국 1940~1970년대 한국 1980년대	• 안정적 경제성장 • 노동관계법 정비 • 인사부서 전문화 • 노사관계 비중 확대
인적자원관리 미국 1970~1980년대 한국 1990년대	• 노동시장 다양화 • 자율경영 • 인사부서의 역할 강화 • 인적자원개발과 활용 강조
전략적 인적자원관리 미국 1990년대~현재 한국 21세기	• 인적자원을 조직의 핵심 경쟁력으로 간주 • 인적자원에 대한 전략적 접근 • 조직전략과 인적자원관리의 상호연계와 통합 • 전략(strategy) + 인적자원관리(HRM)

전략(strategy)
인적자원관리(HRM)

1.1 전략적 인적자원관리의 개념

2000년대 이후 환경의 불확실성이 증가하고, 기업 경쟁의 글로벌화가 증대되고 가속화되면서 비즈니스 환경이 크게 바뀌었다. 기술의 급속한 발달로 과거 기업들이 경쟁우위의 원천으로 생각했던 규모의 경제, 신규 경쟁자의 진입장벽, 낮은 원가 등은 그

효능을 상실하였고, 기업들은 지속적인 경쟁우위를 창출할 수 있는 새로운 방법을 모색한다.

이러한 과정에서 주목을 받기 시작한 것이 기업의 무형자원인 사람, 그리고 그들을 효과적으로 관리하는 전략적 인적자원관리(SHRM: Strategic Human Resource Management)이다.

전략적 인적자원관리(SHRM: Strategic Human Resource Management)

전통적 인적자원관리	전략적 인적자원관리
사람 = 비용	사람 = 자산
초점: 미시적, 개인수준	초점: 거시적, 조직수준
기능적	전략적
수동적	능동적
내부 중심	고객 중심
집권화	분권화

전략적 인적자원관리라는 용어를 사용한 지는 그리 오래 되지 않았다. 1990년대부터 서서히 이론과 실증연구가 증가하면서 학문적 위상이 올라가게 되었으며, 2000년대에 전략적 인적자원관리로 변모하며 사람을 보는 시각, 그리고 사람경영에 대한 패러다임에 변화가 생기게 되었다. 전략적 인적자원관리에서 사람은 비용발생요소가 아닌 중요한 기업자산으로 인식되기 시작했다.

오늘날과 같은 기업환경에서 지속적인 경쟁우위 확보를 위해서는 가치있는 자원이 그 무엇보다 중요하다. 특히, 인적자원은 기업이 가치를 유지하기 위해 반드시 확보해야 하는 핵심역량의 원천이다. 변화된 기업환경에서 인적자원관리는 기업의 전략적 선택과 결합되는 핵심영역으로 부각되고 있다. 전략적 인적자원관리의 정의는 학자들에 따라 조금씩 차이가 있다.

경쟁우위
핵심역량

- 조직의 경영목표를 달성하기 위한 전사적 접근법으로 인적자원과 관련된 모든 경영문제를 전략적으로 해결하는 행위(Schuler & Walker, 1990)
- 조직의 전략적 경영목표를 효율적으로 달성하기 위해 필요한 인적자원을 확보, 유지, 강화하기 위한 계획된 인적자원관리 활동(Wright & McMahn, 1992)
- 조직의 전략과 인적자원관리를 통합하는 일련의 과정(Schuler, 1992)
- 조직의 목표달성을 위해 계획된 인적자원관리 활동의 전개 패턴(Roger & Wright, 1998)

이렇게 반복되는 과정을 조절하는 전략적 인적자원관리의 과정에는 **조직과의 통합성**이라는 경영방침이 깔려있다. 전략적 인적자원관리는

- 조직의 내부 상황과 외부 환경을 종합적으로 고려하여 인적 자원을 확보, 개발, 활용함으로써 조직목표의 최대달성을 추구한다.
- 과거 인사관리 활동들이 내적영역의 적합성을 강조해왔다면 전략적 인적자원관리는 외부환경과의 적합성을 제고함에 있어 인적자원의 역량을 강조한다. 따라서 거시적이고도 장기적인 관점을 취한다.
- 전략적 인적자원관리의 핵심은 바로 조직전략과의 연계!! 인적자원의 효과적 관리를 통해 조직의 전략적 목표를 달성해야 한다.

1.2 전략적 인적자원관리의 발전

경영학의 아버지라고 불리는 피터 드러커(Peter Drucker, 1909~2005).

20세기 경영학 태동기에 40여 권의 저서를 통해 경영의 개념을 정립한 경영학의 구루(guru). 근로자, 인적자원, 사람에 대한 관점이 "비용에서 자산"으로 바뀐 것이 전략적 인적자원관리가 본격화된 1980~1990년대인 것처럼 보이지만, 드러커는 1950년대에 '기업자원으로 사람의 중요성'을 이미 애저녁에 강조했었다. 인적자원관리라는 개념이 그 시점에 시작하였다고 해도 사실 무방하다.

"기업의 진정한 자원은
오직 한 가지, 사람이다.
기업은 인적자원(human resources)을 생산적
으로 활용함으로써 그 목적을 달성할 수 있다."

"직원들, 즉 일을 하는 사람들은
기업의 자산으로, 조직의 핵심 자원으로
취급되어야 한다."

핵심 자원

드러커는 인적자원이 다른 자원에는 존재하지 않는 특성, 즉 "스스로 조정, 통합, 판단, 상상할 수 있는 능력"을 가짐을 강조하며, 관리자들이 활용하는 다른 자원들과의 차별성을 주장했다. 물론, "사람들은 전기와 같아서 전원을 켜지 않으면 아무 소용이 없다"는 점 역시 지적했다. 전원을 켜는 것은 바로 조직과 관리자의 몫.

조직원과 관련된 중요한 결정을 올바르게 내리는 것은
기업 경쟁우위의 원천이다. 당연한 이야기이지만,
실제로 이를 잘 하는 기업이 많지 않다.

피터 드러커는 사람의 중요성을 강조하며, 인적자원관리의 시초를 만들었고, 이외에도 목표에 의한 경영(MBO), 가치창출(value creation), 21세기 지식노동자(knowledge workers) 등 수많은 경영개념을 만들며 경영학에 공헌하였다.

목표에 의한 경영(MBO)
가치창출(value creation)
지식노동자(knowledge workers)

2. 산업구조론 시대

1970년대 오일 쇼크 이후 산업 환경의 중요성이 대두되고 어떤 산업에 속해 있느냐가 기업의 경쟁우위를 결정하는 중요한 요소가 되었다. 하버드대학교 경영대학 교수인 마이클 포터(Michael Porter)는 1980년 『경쟁전략(competitive strategy)』이라는 저서를 통해 산업구조 분석모형인 파이브 포스 모델(five-forces model)을 선보였다.

파이브 포스 모델의 핵심은 기업의 성공과 실패의 요소는 산업의 매력도(industry attractiveness)에 달려 있고, 산업의 매력도는 경쟁(competition)의 정도에 의해 결정된다는 것.

마이클 포터(Michael Porter)
경쟁전략(competitive strategy)
파이브 포스 모델(five-forces model)

산업의 매력도(industry attractiveness)

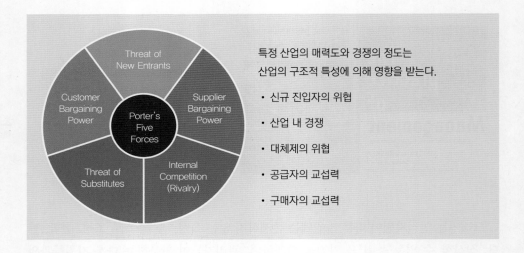

특정 산업의 매력도와 경쟁의 정도는
산업의 구조적 특성에 의해 영향을 받는다.

- 신규 진입자의 위협
- 산업 내 경쟁
- 대체제의 위협
- 공급자의 교섭력
- 구매자의 교섭력

신규 진입자의 위협(threat of new entrants) 진입장벽

● 신규 진입자의 위협(threat of new entrants)

수익성이 높은 산업일수록, 그리고 유망한 산업일수록 많은 기업들이 몰린다. 산업에서 초과수익을 누린다고 해도 다수의 신규진입자들이 몰리면 기존 기업들의 수익성은 떨어지게 마련이다. 따라서 신규 진입장벽을 높이는 것은 경쟁에서의 우위를 유지하는 핵심적인 요소이다.

산업 내 경쟁(rivalry)

● 산업 내 경쟁(rivalry)

산업 내 경쟁은 특정 산업에서 발생하는 기존 기업 간 경쟁을 말한다. 기업 간 전쟁은 가격경쟁을 비롯해 신제품 출시, 광고, 대고객 서비스 등 다양한 분야에서 다양한 형태로 진행된다. 기존 기업 간 경쟁강도에 영향을 미치는 요인들로는 산업성장율, 고정비용, 설비의 효율성, 제품 차별성 등이 있다.

대체제의 위협(threat of substitutes)

● 대체제의 위협(threat of substitutes)

특정 산업의 제품을 대체할 수 있는 대체제는 기존 산업제품의 가치를 감소시키고, 적정가격을 책정하는 데 제약조건으로 작용한다. 대체제의 위협이 있을 때 기업이 선택 할 수 있는 전략은 제품을 새로운 방식으로 차별화시키던지 혹은 원가를 절감하는 것이다. 대체제 위협의 강도를 결정하는 요인으로는 대체제의 선택 범위와 가격, 대체제에 대한 구매자의 선호도, 구매자가 대체제로 전환 시 소요되는 비용(shift cost, switching cost) 등이 있다.

● 공급자 교섭력(bargaining power of suppliers)

공급자의 교섭력이라 함은 공급자가 구매자에 대해 행사할 수 있는 힘으로 공급자는 가격 인상을 통하여 수익성을 향상시킬 수 있다. 그러나 공급자의 교섭력이 강한 경우 구매하는 입장에 있는 기업은 상당히 불리한 위치에 놓이게 된다. 한 기업이 원자재 조달을 특정 공급자에게만 의존하는 경우 공급자의 교섭력은 당연히 강해지게 되고, 공급기업이 원자재 조달을 거부하는 경우 구매하고자 하는 기업의 생존까지 위협받게 된다.

공급자 교섭력(bargaining power of suppliers)

● 구매자 교섭력(bargaining power of buyers)

구매자 역시 공급자에 대하여 가격 인하, 고품질, 양질의 서비스 등을 요구하며, 공급자에게 압력을 행사할 수 있다. 구매자는 제품의 구매비중, 대량구매 능력, 동종 공급업체를 통한 구매 가능성 등이 있을 때 교섭력이 강화된다. 또한, 제품 자체가 그닥 차별성 없는 표준화된 제품인 경우, 다른 공급업체로 바꾼다 해도 교체로 인한 추가비용이 발생하지 않는 경우 구매자의 교섭력은 강해진다.

구매자 교섭력(bargaining power of buyers)

파이브 포스 모델은 이미 40여 년 전에 개발된 산업의 전략적 포지션에 대한 모델이다. 그러다 보니, 최근의 디지털 시대, 제4차 산업혁명의 시대에는 적합하지 않다는 지적과 함께 그 유용성에 대한 의문이 제기되기도 하지만, 그럼에도 불구하고 여전히 많은 경영자들에게 인기가 있는 전략결정 모형이다.

1990년대에 들어 학자들은 시대 및 시장 변화와 기술발전을 반영하여 파이스 포스 모델의 다섯가지 요인 이외에 '관련 제품 및 서비스 간 상호보완(complementary products)'이라는 요소를 추가하여야 한다는 식스 포스 모델(six forces model)로 확장시키기도 하였고, 최근에는 와해적 기술(disruptive technology)이 산업계의 지형을 단기간에 완전히 바꿀 수 있음을 강조하며, 와해적 기술을 여섯 번째 요소로 추가해야 한다는 주장도 제기되고 있다.

관련 제품 및 서비스 간 상호보완 (complementary products)
와해적 기술(disruptive technology)

3. 자원준거관점

3.1 자원준거관점의 급부상

제2차 세계대전 후 지속된 전 세계의 경제침체에 이어 1973년 발생한 석유파동 등의 여파로 기업의 생존과 성과는 주로 외부환경에 의해 결정되었다. 즉, 내가 잘하고 못하고를 떠나서 내가 어떤 산업에 속해 있는지가 성과를 결정짓는 주요한 요소였던 것. 매력적인 산업에 속한 기업들은 수익이라는 열매를 거둘 수 있었고, 그렇지 않은 산업에 속한 기업들은 구조상 부도가 날 수 밖에 없는, 그래서 기업 내부보다는 기업 외부의 환경이 중요한 그런 시대였다. 그 시대를 설명하는 데에 가장 설득력 있었던 이론이 바로 산업구조론이었다.

그러나 산업차원의 분석과 성과예측과 달리 같은 산업 내에 있는 기업들 간에도 성과의 차이가 현저하게 나타나기 시작했고, 성과가 좋은 기업들은 기업 특유의 독특한 (idiosyncratic) 자원을 보유하고 있다는 인식이 커지기 시작한다. 특히 글로벌 시장에서 미국 기업들을 압도한 일본 기업들의 우수한 성과는 당시 미국 기업들에게 큰 충격을 주었다. 미국 기업들은 일본 기업들의 우수한 성과의 이유가 궁금했고 이에 대한 연구를 시작한다.

내부자원과 역량
핵심역량(core competence)
역동적 역량(dynamic capability)
자원준거관점(RBV: Resource-
Based View)

그들이 발견한 것은 기업이 어떤 산업분야나 제품시장에 있느냐의 포지셔닝 (positioning)이 문제가 아니라 기업 자체의 내부자원과 역량이 기업경쟁력의 핵심이라는 것이었다. 이후로 기업의 경쟁우위를 설명하는 **핵심역량**(core competence), **역동적 역량**(dynamic capability) 등의 다양한 용어들이 제시된다. 이를 근거로 탄생한 이론이 바로 **자원준거관점**(RBV: Resource-Based View)이다. 전통적인 인적자원관리가 전략적 인적자원관리로 발전한 가장 주요한 배경은 전략경영분야에서 자원준거관점이 급부상하면서 내부자원, 특히 인적자원의 가치에 대한 평가와 해석이 달라졌기 때문이다.

과거 근로자들은 기계를 작동시키고, 제품을 생산하는 과정에서 소모되는 비용 요소로 간주되었다. 그러나 자원준거관점에 근거한 인적자원의 개념은 기업의 독특한 경쟁우위를 창출하고 유지시켜 주는 기업 특유의 가치 있는 자원이다.

3.2 자원준거관점에서의 자원

자원준거관점은 외부 맥락에서 성과를 분석하기보다는 조직의 내부자원에 초점을 맞춤으로써 인적자원과 그 관리에 대한 사고의 패러다임을 변화시켰다. 자원준거관점의 핵심논리는 조직의 독특성과 지속 가능한 경쟁우위의 원천이 인적자원을 포함한 조직 내부자원, 특히 형태가 보이지 않는 무형의 자원과 자산에 있다는 것이다.

조직이 보유하고 있는 자원에는 여러 가지가 있다.

- **유형자산**(visible assets): 재무자본(금전적 자본), 물적자본(공장, 설비 등)
- **무형자산**(invisible assets): 핵심역량, 기업 문화, 조직능력 등

자원준거관점에서 강조하는 경쟁우위의 원천인 내부자원의 특징은

- 자원의 이질성(resource heterogeneity)과
- 비이동성(resource immobility)이다.

자원의 이질성(resource heterogeneity)
비이동성(resource immobility)

　　– 즉, 보유자원은 독특(idiosyncratic)해야 하며,
　　– (기업 A에서 기업 B로) 이동이 불가능한 자원이어야 한다.

움직일 수 없는 자원?? 재무적, 물질적 자원은 시장에서 구매가 가능하고, 기업 A에서 기업 B로 쉽게 이동이 가능하다. Ok?

그러나!!

사람들로부터 나오는 역량, 기업문화, 조직능력 등은 보이지 않는 자산으로 값을 매길 수도 없거니와 구매할 수도 없다. 이것이 바로 다른 기업에서 사고 싶어도 살 수 없는 무형자산의 힘이고 기업의 지속적 경쟁우위의 원천이 되는 이유이기도 하다.

그 핵심에는 구성원들에게 내재화되어 있는 역량과 그들이 만들어낸 독특한 문화 및 가치가 깔려 있다. 이런 이유로 IT업계에서 전문가 한두 명을 스카웃하기보다는 몇십 명이 일하는 회사를 말도 안 되는 천문학적 가격에 인수합병을 하기도 한다. 그 회사의 독특한 일하는 방식, 구성원들 간의 협업에 의한 시너지를 있는 그대로, 통째로 가지고 오고자 하는 것이다.

3.3 자원준거관점의 발전

자원준거관점은 1959년 펜로즈(Penrose)로부터 시작되었다.

펜로즈는 기업이 존재하는 이유를 "물적·인적 경영자원을 효과적으로 결합하여 새로운 가치를 만드는 것"으로 규정했다. 그러나 그의 견해는 당시 학계에서 받아들여지지 않았다.

1984년 워너펠트(Wernerfelt)는 이를 '자원준거관점'으로 칭하며 전략에 적용하였다.

워너펠트의 '자원준거관점'에서의 주요 논점은 '기업의 독특한 자원이 어떻게 지속적인 경쟁우위를 계속해서 누리게 하는가?'였다.

이후 자원준거관점을 전략에 도입하여 이론적으로 정착시킨 사람이 미국의 경영학자 제이 바니(Jay Barney)이다.

바니는 1991년 『기업자원과 지속적 경쟁우위(Firm resources and sustained competitive advantage)』라는 논문을 통해 기업의 지속적 경쟁우위를 창출하는 내부 자원의:

- 가치 있고(Valuable)
- 희소성 있으며(Rare)
- 모방할 수 없고(Inimitable)
- 대체 불가능한(Non-substitutable) 네 가지 특징을 제시한다.

VRIN(Valuable, Rare, Inimitable, Non-substitutable)
VRIO(Valuable, Rare, Inimitable, Organized)

이후, 1995년 『경쟁우위를 들여다보다(Looking inside for competitive advantage)』라는 논문을 통해 VRIN(Valuable, Rare, Inimitable, Non-substitutable)의 I(Inimitable)와 N(Non-substitutable)의 두 측면을 모방이 어려운 특성인 I(Inimitable)로 통합하고, O(Organized)를 추가하여 VRIO(Valuable, Rare, Inimitable, Organized)라는 모델로 수정했다.

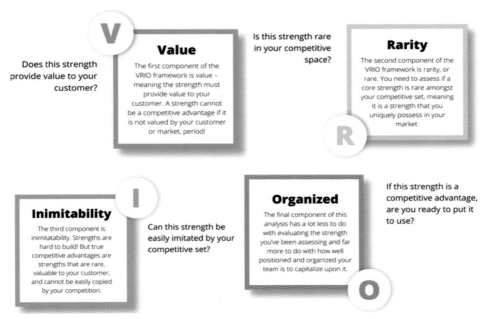

그림출처: https://onstrategyhq.com/vrio/

(1) **가치(value)**는 가치는 변동성을 가진다. 시장, 기술, 산업 및 고객의 기호가 바뀌
면 과거의 자원과 능력은 가치가 훅! 떨어진다. 따라서 지속적으로 가치 있는 자
원과 능력을 개발하고 기업의 전통적 강점을 새로운 영역에 적용할 수 있는 능력
을 배양하는 것이 중요하다. 기업 특유의 가치 있는 자원으로 경쟁사보다 비용을
줄이고 혁신을 통해 새로운 수익을 창출할 수 있을 때 기업은 지속적 경쟁우위를
달성할 수 있다.

가치(value)

(2) **희소성(rarity)**은 얼마나 많은 기업들이 이를 보유하고 있는가에 의해서 결정된
다. 가치는 있지만 희소하지 않은 자원과 능력은 일시적 경쟁우위의 요인이 될
수는 있으나 지속적 경쟁우위를 창출할 수 없다. 즉, 특정 자원과 능력을 다른
경쟁기업들도 가지게 될 때 내가 보유하고 있는 자원의 가치는 바로 하락하고 경
쟁우위는 사라진다.

희소성(rarity)

(3) **모방불가능성(inimitability)**은 특정 자원을 보유하고 있지 않은 기업이 그 자원을
획득하거나 개발하고자 할 때 얼마나 많은 비용을 감수해야 할 것인가에 의해 결
정된다. 자원과 능력을 보유하지 못한 기업은 성공한 기업과 경쟁하기 위해 해
당 기업의 자원을 복제하며 모방하려고 할 것이다. 물리적 기술은 모방하기가
그나마 용이하고 비용도 적게 든다. 그러나 자원 복제와 능력 모방에 있어서 가

모방불가능성(inimitability)

경로의존성(path dependency)
인과관계의 모호성(causal
ambiguity)

장 어려운 점은 바로 경로의존성(path dependency)과 인과관계의 모호성(causal ambiguity)에 있다.

첫째, 기업 특유의 자원이라는 것이 하루아침에 생긴 것이 아니라 기업이 발전하는 과정 속에서 초기부터 오랜 시간에 걸쳐서 형성, 개발되었기 때문에 모방이 절대 쉽지 않다. 둘째, 수많은 형태의 자원과 능력 중에서 어떤 것이 성과와 경쟁우위에 가장 큰 영향을 준 요인인지 인과관계를 알아내기가 어렵다.

이는 경쟁우위를 가능하게 해주는 기업 특유의 자원이 조직문화, 고객 및 공급자와의 관계, 구성원 간 신뢰, 협력 등 무형자산(invisible assets)의 형태를 띠기 때문이기도 하고, 매우 다양한 자원들의 총합이 한 기업의 내부자원을 구성하고 있기 때문이기도 하다.

이렇게 무형자산들 사이에서 얽히고 설켜 있는 자원들은 해당기업에 있어서는 당연한 일상이다. 때문에 그 기업의 경영자나 직원들조차 자신들이 보유한 특이자원과 핵심역량이 무엇인지 인식하지 못하는 경우도 많다.

조직화(organized)

(4) 조직화(organized)는 자원과 역량이 조직 내에서 잘 조직화되어 있는지의 정도에 의해 결정된다. 조직화는 공식적 보고체계, 관리통제시스템, 그리고 보상정책 등 조직관리 혹은 내부업무절차나 관행과 결부된다. 조직의 절차와 관행들은 기업의 개별 자원이나 능력이 조직 내에서 효과적으로 결합되어 경쟁우위의 잠재력을 실현하게 해주는 역할을 한다.

출처: 『스마트경영학』 요약 발췌

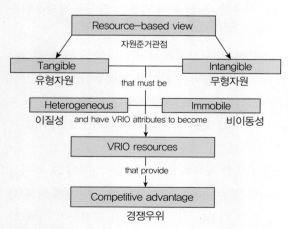

기업특유의 자원(firm-specific
resources)

기업에서 교육, 개발을 통해 양성한 인적 자원들은 **기업특유의 자원(firm-specific resources)**이 되고, 위의 네 가지 특성을 만족시킴으로써 지속적 기업경쟁우위의 원천이 된다.

출처: https://www.projectguru.in/importance-resource-based-view/

■ 전략분석의 첫 단계는 환경 분석!

대표적 환경 분석 기법: SWOT, PESTEL, 3C

인간은 나홀로 사는 것이 아니다.

팀이나 조직이라는 맥락과 사회관계가 기본이 되듯이 아무리 큰 기업이라도 혼자서 북 치고 장구 치고 혼자 다 할 수는 없다. 고객, 경쟁자, 협력사, 규제당국, 하청업체, 국내·외 시장, 공급자 등과의 수많은 관계 속에서 사업을 한다.

SWOT

SWOT 분석은 1960년대부터 **경영계획과 전략수립과정의 필수도구**로 제안된 환경분석 프레임워크로 조직의 내부와 외부를 나누고, 각각의 차원에서 조직의 목표달성에 도움이 되는 요인과 도움이 되지 않는 요인을 2×2 매트릭스로 정리한다. 그래서 SWOT matrix라고도 일컬어진다.

SWOT 분석
강점(Strengths)
약점(Weaknesses)
기회(Opportunities)
위협(Threats)

	목표달성에 긍정적	목표달성에 부정적
내부요인	강점(Strengths)	약점(Weaknesses)
외부환경	기회(Opportunities)	위협(Threats)

조직의 강점과 약점, 외부환경의 기회와 위협을 조합하여 네 가지 전략방향을 설정하는 방식으로 활용한다.

	강점(S)	약점(W)
기회(O)	**강점-기회(SO)전략** 뷰티 서비스 수요 증가를 저렴한 가격에 가격행사까지 이용하여 신규 고객 확보	**약점-기회(WO)전략** 부족했던 직원의 친절함을 강화하여 신규 고객의 만족도를 높이고 블로그에 좋은 후기를 남길 수 있도록 유도
위협(T)	**강점-위협(ST)전략** 새로운 경쟁 뷰티샵보다 저렴한 가격과 행사 가격으로 서비스 제공	**약점-위협(WT)전략** 직원의 친절함을 강화하여 경쟁 뷰티샵에 대응하고 최대한 빨리 신기술 습득

출처: https://blog.naver.com/aread0312/220747302018

PESTEL

PESTEL

대표적인 거시환경 분석법으로 1967년 **프랜시스 아길라**(Francis Aguilar)가 환경을 탐색하기 위한 프레임워크로 개발하였다.

처음에는 PEST의 네 측면을 분석하는 모델로 제안되었다가 후에 두 가지 요소가 추가되면서 총 여섯 가지의 **거시환경요소를 분석하는 기법**으로 발전하였다.

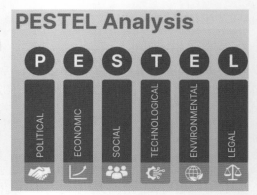

- Political: **국내·외 정치환경**, 정책 방향, 미중 갈등, 전쟁 등의 위기

- Economic: **경제상황**, 주가, 환율, 금리, 부동산, 관세, 인플레이션 여부

- Social: 사회환경, 인구변화 추이, **사회인식**, 가치관 변화

- Technological: **기술환경**, 기술변화 트렌드, 디지털 IT, 4차 산업혁명

- Environmental: **환경문제**, ESG, 탄소중립, 친환경, RE100

- Legal: **법적 환경**, 준법경영, 근로기준법 준수

3C

3C

마케팅 분야에서 인기 있는 기법으로 맥킨지의 유명한 컨설턴트 오마에 겐이치(Ohmae Kenichi)가 『기업경영과 전략적 사고(The mind of the strategist)』라는 저서를 통해서 제안한 **환경분석접근법**이다.

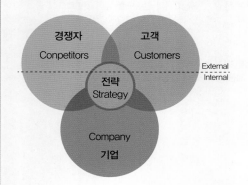

- Customers: 고객과 시장의 요구, 시장 규모, 성장성, 변화 방향

- Competitors: 시장지배 정도, 가격경쟁, 강점, 약점

- Company: 기업의 시장점유율, 브랜드 이미지, 기술력, 판매력

4. AMO 모델

인적자원관리(HRM) 분야에서 가장 널리 사용되는 모델은 능력·동기부여·기회 (AMO: Ability, Motivation, Opportunity Model) 모델로 AMO 모델은 구성원들의 능력과 동기, 기회를 향상시키는 요소들을 분석함으로써 HR 관행과 성과 간 관계를 설명하는 인적자원모델이다.

AMO 모델에서는 조직의 발전에 영향을 미치는 세 가지 형태의 업무 시스템을 강조한다.

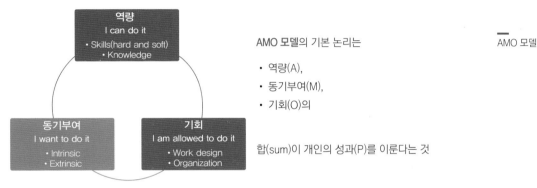

AMO 모델의 기본 논리는

- 역량(A),
- 동기부여(M),
- 기회(O)의

합(sum)이 개인의 성과(P)를 이룬다는 것

AMO 모델

능력(Ability) + 동기(Motivation) + 기회(Opportunity) = 성과(Performance)

능력(Ability)
동기(Motivation)
기회(Opportunity)

산업심리학자들은 성과를 직원의 선택, 그리고 조직이 제공하는 기회의 결과로 보았고, 사회심리학자들은 성과를 도출하는 핵심기준으로 동기부여를 손꼽았다. 조직구성원이 성과를 내기 위해서는 능력과 동기와 기회부여가 필요하고, 이 세 가지 요소를 구축하고 최적화하는 것이 바로 조직의 역할이라는 것.

이 세 가지 요소를 모두 고려하는 기업은 한두 가지만 고려하는 기업보다 더 높은 성과를 낼 수 있다. 예를 들어,

- 조직은 훈련을 통해 직원들의 기술과 능력을 향상시키고,
- 성과급 등을 통해 동기 부여를 강화시킬 수 있으며,
- 업무자율성이나 자기주도적 팀 구성을 통해 구성원들에게 참여의 기회를 부여할 수 있다.

조직은 다양한 업무관행을 통하여 구성원들의 능력, 동기부여, 기회를 제고할 수 있다.

능력제고

능력제고를 위해서는
- 특정 능력을 가진 지원자를 고용하기 위해 선별적으로 **채용과 선발**을 하고,
- 기존 정보와 내부 정책에 근거하여 합당한 자격이 있는 후보자를 선택하며,
- 또한 직원을 위한 **훈련과 교육**을 제공한다.
- 예를 들어, 직원의 업무가 신기술을 포함하는 경우, 조직은 그들이 신기술을 배우고 이해하는 것을 돕기 위해 수업이나 세미나 제공 등의 후원을 할 수 있다.

동기부여

동기부여를 위해서는
- 보상, 일과 삶의 균형, 성과급 및 성과 평가를 활용할 수 있고,
- 공감 표현, 갈등해결, 저항관리 등을 통해 직원들의 동기 저해요인을 차단하며,
- 이러한 인사 애플리케이션을 구현하기 위해 의견을 수렴하고, 제안을 받으며, 인사 운영을 개선할 수 있다.

기회제공

기회제공을 위해서는
- 문화혁신을 통해 높은 성과를 위한 업무 관행을 촉진하고,
- **팀워크, 자율성, 의사소통, 참여, 정보 공유 및 의사 결정 과정에서의 참여**를 장려할 수 있다. 이를 통해 직원들은 자신의 성과와 조직의 성공을 최적화할 수 있다.

분류	업무관행
역량(A: Ability)	• 엄격한 선발 • 교육훈련 및 역량개발 • 경력관리 • 직무순환
동기(M: Motivation)	• 급여 • 인센티브 • 성과평가에 의한 승진과 보상
기회(O: Opportunity)	• 구성원 참여 • 참여적 직무설계 • 권한위임 • 정보공유 • 자율작업팀

■ 핵심인재의 확보와 양성

글로벌 전략컨설팅 회사인 보스턴 컨설팅(BCG: Boston Consulting Group)이 세계 83개국 기업체 임원 4,741명을 대상으로 조사한 보고서에 따르면 **HR 분야의 가장 중요한 과제는 '핵심인재관리'**인 것으로 나타났다.

국내 기업들에게도 핵심인재 확보 문제가 가장 중요하고 시급한 이슈로 떠오르고 있다. 미래의 경영전략을 위한 주요 쟁점 중 하나로 핵심인재 확보가 대두되고, 글로벌 금융 위기의 여파로 경영환경이 불확실해지면서 핵심인재 유치 문제는 기업은 물론 범국가적인 차원에서도 강조되는 미래 생존을 위한 주요한 과제로 인식되고 있는 상황이다. 이에 각 기업마다 인재 확보를 위해 막대한 노력과 비용을 쏟아 붓고 있다.

핵심인재관리

물고기를 잡았다고 식탁에 올릴 수 있는 것은 아니다

몇 년 전 30대 그룹 대기업 오너 3세가 미국 등 해외를 돌면서 우수인재 발굴 프로젝트를 진행했다. 그 노력으로 20여 명의 인재를 발굴했지만, 2년도 채 되지 않아 모두 떠났다. 우수한 인재를 채용하는 일도 쉽지 않지만, 이들을 유지하는 것은 더 어렵다. 갈 곳이 많은 **우수한 인재들일수록 회사를 떠날 확률도 높다. 인재는 확보뿐 아니라 유지가 더 중요하다.** 핵심인력들의 퇴사율 100%는 기업들에게 시사하는 바가 상당히 크다.

잡은 물고기에 먹이까지 더 줬는데 왜?

핵심인재 확보 후에는 유지가 문제가 된다. 인재유지를 위해 기업이 선택하는 방법은 주로 연봉 조정이나 직급 상향 조정이다. 그러나 더 중요한 문제는 **외부에서 유치한 인재와 기존 인력들과의 조화** 및 조직문화인 경우가 많다.

"네가 알면 얼마나 알아? 외국 물 좀 먹으면 다냐?
현재 네 수준은 사원급만도 못하다.
그러니 나한테 잘 배워야 한다."

"너는 하는 일도 없이 연봉만 높다!!
다들 널 불편해한다!"

핵심인재로 인정받아 회사에 스카웃이 되어도 업무와 상관없이 **인격적으로 모욕을 당한 인재들이 기존인력들의 텃새와 시샘에 스트레스를 받고 퇴사하기도 한다.** 우수인재만 채용하면 성과를 내줄 것으로 기대했던 것과 달리 조직 내 외부 우수인재에 대한 편견과 경영수뇌부의 단편적 판단이 외부에서 어렵게 영입된 인재가 적응하지 못하고 떠나는 사례를 만들어 내고 있는 것이다.

외부에서 인력을 영입할 때에는 새로운 환경에 적응할 수 있도록 조직문화 점검과 더불어 **외부영입 인재관리 프로그램** 준비가 선행되어야 한다. 또한, 그들이 조직 내에서 질투와 적대적 행동, 왕따의 표적이 될 가능성을 염두에 두어 내부 인재들에게 **업무영역의 차이**가 있음을 분명히 인식시킴과 동시에 그들에 대한 **적절한 보상과 처우 조정**이 필요하다. 이를 통해 기존의 내부 인재들과 외부영입 인재들이 각기 맡은 바 영역을 책임지며, 상호 최적의 시너지를 낼 수 있도록 해야 한다.

출처: HR Insight

핵심인재 재생산 시스템(KRS:
Keyman Reproducing System)

■ **핵심인재 재생산 시스템(KRS: Keyman Reproducing System)**
핵심인재는 확보하고 유지하는 것도 중요하지만, 키우는 것이 더 중요하다!

"내부인재 양성!!"

"옛날 산골에 병든 노모를 모시는 노총각이 있었다.
노모의 병을 낫게 할 방도를 찾던 중
3년 묵은 도라지를 먹으면 병이 다 낫는다는 것을 알게 되었다.
3년간 도라지를 찾아 다녔으나 결국 찾지 못하고 노모는 돌아가셨다.
노총각은 울면서 한탄한다. "3년 전에 도라지를 **심었더라면** 어머니를 살릴 수 있었을 텐데!"

기업은 기업의 병을 치료할 완벽한 도라지를 찾아 헤매지만, 당장 성과를 낼 수 있는 인재는 시장에 없다. 인재를 양성하는 것 대신 존재하지도 않는 완성된 인재를 찾아 헤매고 다니는 것은 아닌지 되새겨볼 필요가 있다.

신입사원이 임원이 되는 비율이 높은 이랜드.

승진을 하기 위해서는 자신의 지식을 2년 이상 누군가에게 전수하고 인재를 양성해야 한다.

핵심인재 재생산 시스템인 KRS는 조직의 상층부로부터 시작되는 일종의 **도제과정**으로 과장급 이상 승진을 위해서는 **나의 80%에 해당하는 지식과 경험을 갖춘 후배를 1~3명 양성해야 하는 구조.**

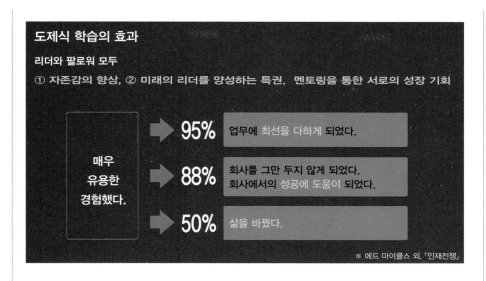

도제식 학습의 효과

리더와 팔로워 모두
① 자존감의 향상, ② 미래의 리더를 양성하는 특권, 멘토링을 통한 서로의 성장 기회

매우
유용한
경험했다.

95% ▶ 업무에 최선을 다하게 되었다.

88% ▶ 회사를 그만 두지 않게 되었다.
회사에서의 성공에 도움이 되었다.

50% ▶ 삶을 바꿨다.

※ 에드 마이클스 외, 「인재전쟁」

가능성이 높은 A급 후배에게는 A급 선배만을 매칭해 준다. 이 과정을 반복하다 보면 선배는 많은 후배들을 양성한 리더가 되어 있고, 후배들은 빠르게 조직에 흡수되고 성장하게 된다.

출처: http://www.casenews.co.kr http://www.casenews.co.kr/news/articleView.html?idxno=2082

5. 고성과작업관행

고성과작업관행은 글로벌 경쟁에서 살아남기 위한 목적으로 일본기업의 혁신적인 관행을 모방한 미국의 생존 과정에서 등장한 것으로 미국 작업장 숙련위원회(National commission on the skills of the workplace)가 1989년 발표한 보고서인 "미국의 선택(America's choice)"에서 언급되면서 본격적으로 사용되었다.

1990년대 미국에서 본격화된 고성과작업시스템에 관한 논의는 당초 일본 제조업과의 경쟁과정에서 작업장 혁신을 위한 이론적 대안으로 시작하여 지금은 새로운 인적자원관리의 주요 전략으로 떠오르고 있다. 현대의 전략적 인적자원관리는 기존의 전통적 인사관리에서 중요시하는 기능적 업무의 효율화에서 한 걸음 더 나아가 기업의 경쟁우위 확보를 위해 조직이 가진 인적자원의 기여도를 극대화하는 것이다. 결과적으로 전략적 인적자원관리는 현대 조직의 전략목적 달성과 경쟁력 강화를 위한 인적자원관리의 전략적 접근방법으로 현대를 살아가는 기업들에 필수적으로 요구되는 경영방법이다.

고성과작업관행(HPWP: High Performance Work Practices) 시너지 효과(synergetic effect)

전략적 인적자원관리는 직원의 잠재력을 극대화하여 조직구성원들이 조직의 목표와 계획달성에 기여할 수 있는 다양한 **고성과작업관행**(HPWP: High Performance Work Practices)을 포함하고 있다. 전략적 인적관리의 핵심은 각 관행들이 모여서 하나의 **묶음**(bundle)으로 시너지 효과(synergetic effect)를 낸다는 데에 있다.

구분	전통적 작업관행	고성과 작업관행
원리	투입(input) 위주	부가가치 창출
유연성	외부적 유연성 중심	내부적 유연성 중심
중소기업	의존적 하청	독자적 능력 보유
근로자	소극적 기능직 근로자	지식 및 엔지니어 근로자
근로의 질	노동에 대한 배려 부족 장시간 노동, 높은 산업재해	근로생활의 질 향상 보건과 안전보장
고려대상	생산자 중심	고객 중심
변화혁신	현장유지와 간헐적 개선	지속적 개선과 혁신 지향성
생산성	표준적 생산	고도의 효율적 생산

　기존 인적자원관리 방식인 테일러식 통제 중심에서 벗어난 고성과작업관행은 다양한 조합이 가능하다. 일률적인, 그리고 딱 하나의 모범사례(best practice)가 정해져 있지 않기 때문에 학자들마다 관행들의 서로 다른 조합들을 제시하여 왔다. 그 예를 살펴보자.

출처(Source)	고성과작업관행
Pfeffer(1994)	고용 안정, 높은 급여, 인센티브 시스템, 종업원지주제도, 구성원 참여 및 권한 위임, 훈련 및 역량 개발, 팀 및 업무 재설계, 선발 강화, 장기적 관점의 관리, 정보 공유, 평등, 내부승진 등
Huselid(1995)	엄격한 충원과 선발, 강도 높은 교육 훈련, 정보공유, 직무설계, 고충처리, 경영 참가, 성과 평가에 의한 승진과 보상 등
Delery & Dorty(1996)	경력관리, 교육·훈련, 평가제도, 이익배분제도, 고용안정, 고충처리, 참여적 직무설계 등
Cappellie & Neumark (2001)	구성원 참여에 기반한 전사적 품질관리, 자율작업팀, 팀워크 훈련, 직무순환 등
Bae & Lawler(2000)	선발, 광범위한 훈련, 권한위임, 성과주의 기반 보상, 광범위한 직무설계 등
Wright et al.(2005)	엄격한 선발, 교육훈련, 공정한 성과평가, 성과를 바탕으로 한 보상, 구성원 참여 등
Lepak et al.(2006)	구성원들의 스킬, 동기부여 및 권한위임 등
Boxall & Purcel(2011) Jiang et al.(2012)	• 역량제고 관행(ability-enhancing practice)군: 사전선발 및 입사 후 훈련 등을 통해 팀의 집단적 역량을 향상시킬 수 있는 관행 • 동기제고 관행(motivation-enhancing practice)군: 강한 동기를 바탕으로 한 주도성과 지속적 몰입을 이끌어낼 수 있는 관행 • 기회제고 관행(opportunity-enhancing practice)군: 구성원들의 지식과 기술, 그리고 능력을 발휘할 수 있는 기회를 제공하는 관행

역량제고 관행(ability-enhancing practice)
동기제고 관행(motivation-enhancing practice)
기회제고 관행(opportunity-enhancing practice)

그러나 기업이 속한 산업과 시장환경 등 **외부상황에 따라** 기업특징에 맞는 관행들을 선택적으로 도입하여 적용할 수 있다. 고성과업무관행은 직원들에게 업무 수행에 필요한 지식, 기술, 능력(KSAs: Knowledge, Skills, Abilities)과 이를 수행할 수 있는 동기와 기회를 제공하고, 조직구조를 개선하여 직원들 간의 효과적인 의사소통과 협업을 가능케함으로써 업무생산성을 향상시킨다.

결국, 다양한 고성과작업관행들이 모여서 만들어내는 시너지는 조직의 인적, 사회적, 조직 자본을 강화하여 기업의 독특한 경쟁적 우위를 창출함으로써 기업 경쟁력을 향상시킨다.

- **인적 자본**(human capital): 직원 개개인이 소유한 지식, 기술, 능력
- **사회적 자본**(social capital): 직원들 간 사회적 관계를 활용한 지식의 확장
- **조직 자본**(organizational capital): 조직의 업무절차, 규칙, 프로세스 등에 내재되어 조직화된 집단적 지식과 역량

인적 자본(human capital)
사회적 자본(social capital)
조직 자본(organizational capital)

과거의 인적자원관리가 채용, 교육, 훈련, 개발, 보상 등을 중심으로 AMO의 능력 (A: Ability)과 동기(M: Motivation)에 초점을 맞춘 반면, 오늘날의 고성과업무관행은 권한위임, 자율권 부여 등을 통한 기회(O: Opportunity) 창출을 강조하며, 조직 구성원들의 자발적이고 능동적 참여를 유도하고 있다.

오늘날의 전략적 인적자원관리는 자원준거관점에 따른 AMO 모델의 활용, 고성과업무관행 등으로 과거의 총무부, 인사팀이라는 제한된 업무역할에서 전략적 인적자원관리로 확장되며, 그 영역을 넓히고 있다.

■ **인사팀 명칭을 보면 조직문화가 보인다??**

인사관리부서의 리네이밍(renaming) 트렌드

인사관리의 기능은 오랜 기간 별다른 논쟁 없이 '인사(人事)', 영어로는 HRM(Human Resource Management), 줄여서 HR로 통칭되며 인사팀, HR팀으로 불려왔다. 그러나, 2000년대에 들어서 인적자원관리가 전략과 연계되며 조직의 문화, 구조, 프로세스 등을 재설계하는 방향으로 발전하고 있다.

이런 트렌드를 대표적으로 보여주는 것이 인사부서의 리네이밍(renaming).

2023년 말 삼성전자는 인사팀의 명칭을 '**피플팀**'으로 변경했다. 인사관리를 담당하는 부서에서 '인사'라는 단어를 뺀 것은 회사 창립 이래 처음이다.

스타트업 기업들은 보다 더 급진적이다. 피플랩, 피플 부스터팀, HR플래닛팀, 성장관리팀, 경험(experience)디자인팀, 인간관계(human relation)팀, 공간문화팀 등 '인사'라는 단어를 아예 사용하지 않는다.

인사부서에 대한 이러한 리네이밍은 시대적 흐름에 따라 **인적자원관리의 정체성을 재정의**하는 과정으로 해석된다. 이 트렌드는 다음 네 가지 유형으로 정리할 수 있다.

(1) '사람'을 강조하는 유형

피플(people)팀이란 이름을 사용하는 삼성전자, 우아한 형제들, 마이크로소프트, 애플 등에 해당한다. 구성원을 소모품이 아닌 사람 그 자체로 보고, 조직구성원들을 관리의 대상이 아닌 가치창출의 원천으로 여긴다. 결국 **기업 경쟁력의 핵심은 사람**이라는 것을 강조.

피플(people)팀

(2) '조직문화'를 강조하는 유형

SK그룹의 경우 인사부문 이름이 '기업문화실'이다. 이케아 코리아의 인사부서 이름은 **피플앤컬처 (people & culture)**팀이다. 컬처(culture)를 인사부서 명칭으로 쓰는 기업들은 더 나은 조직문화를 구축하여 구성원이 업무에 마음껏 몰입할 수 있는 일터를 만드는 데 집중한다. 직원 채용에서도 **문화에의 적응성(컬 처 핏: culture fit)**을 고려하고 불필요한 프로세스와 관습을 제거하여 분위기를 쇄신하려는 노력을 병행한 다. 컬처핏의 중요성은 채용에도 반영된다.

문화에의 적응성(컬처 핏: culture fit)

출처: https://blog.naver.com/specter_official/223292059924

(3) '인재'를 강조하는 유형

메타, 넷플릭스, 어도비 등의 인사부서 이름은 **탤런트(talent)팀**으로 **인재확보팀(talent acquisition team)**으 로도 불리운다. 인재가 곧 핵심경쟁력이라는 공감대가 형성되어 우수한 역량의 인재영입에 많은 공을 들 인다. 입사 후에도 인재가 보유한 잠재력을 마음껏 발휘하고 자신의 분야에서 최고로 성장할 수 있도록 지 원한다.

(4) '직원경험'을 강조하는 유형

직장은 이제 단순히 일만 하는 곳이 아니라 삶의 중요한 부분이다. 직원들이 조직 안에서 삶의 행복감을 느낄 때 자발적으로 일에 몰입할 수 있다는 것을 인식하고, 구성원들의 생애주기 전반에 걸쳐 긍정적 경험 을 높이고자 **유한킴벌리**는 HR본부를 EX(employee experience)본부로 변경했다. 아마존과 에어비앤비 역시 인사부서를 EX팀이라 부르며, 인사기능을 **직원들의 경험 관점에서 재구성**하고 있다. 기존의 고객경 험, 사용자 경험에 대한 고려가 이제 직원에게도 적용되는 단계로 발전하고 있다.

EX(employee experience)본부

> 인사부서의 리네이밍 트렌드는 단지 간판 바꾸기라기보다는 향후 인적자원관리가 기업의 목표달성을 위한 전략적이고도 포괄적인 기능을 하는 영역이 될 것을 시사한다.
>
> 출처: https://n.news.naver.com/mnews/article/015/0004917012

6. 조직문화와 계층구조 관리

전략적 인적자원관리는 HR제도나 관행을 개선해 나아가는 것과 함께 조직 전체의 문화, 분위기, 계층구조에 대한 재설계 등으로 전개되고 있다. 인적자원관리 시스템의 제도적 측면과 조직문화 및 규범 간 일관성은 구성원의 행동을 바람직한 방향으로 이끌어내는 데에 상당히 중요한 역할을 한다. 조직의 비전, 전략, 문화, 제도, 시스템 등 다양한 요소들 간의 정합성(alignment)은 조직성과에 핵심적 역할을 한다.

맥킨지의 7S 모델

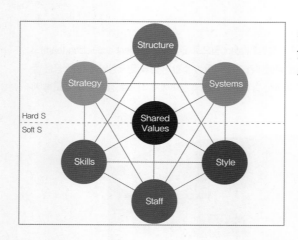

경영컨설팅에서 널리 적용되어 온 **맥킨지의 7S 모델**은 조직의 다양한 측면들 간 정합성을 추구하는 모델이다.

- 전략(strategy)
- 구조(structure)
- 시스템(system)
- 공유가치(shared value)
- 역량(skills)
- 직원(staff)
- 경영 스타일(style)

6.1 수평적 조직문화

수평적 조직문화
위계적 조직문화

오늘날의 기업들이 AMO 모델과 고성과작업관행에서 조직구성원들에게 보다 많은 의사결정 참여와 자율적 업무활동의 기회를 부여하기 위해 노력하면서 조직 구성원들의 적극적, 능동적 참여에 중요한 역할을 하는 수평적 조직문화에 대한 관심도 역시 높아지고 있다. 위계적 조직문화에 대한 거부감이 강하고, 자기 주장이 강한 MZ세대 직원들에게 효율성 중심의 수직적 상명하복식 조직문화는 더 이상 통하지 않는다.

■ 수평적 조직문화에 대한 오해와 진실

지난 2000년 국내 대기업 최초로 직급 호칭을 폐지한 CJ그룹의 수평적 조직문화로의 변화는 타 기업으로 확산되며 조직문화의 혁신바람을 일으켰다. 그러나 20년이 지난 시점에도 여전히 많은 기업들이 수평적 문화로의 전환에 따른 성장통을 겪고 있다. 한화, 포스코 그리고 KT는 한때 직원 간 호칭을 매니저로 통일하면서 조직개편에 나섰으나 결국 기존 직급체계와 호칭으로 복귀하였다. 실질적 업무형태는 그대로인데 제도만 바꾸니 개선보다는 불편을 유발하고, 업무책임이 불분명해지며, 오히려 혼란만을 야기했기 때문이었다.

조직이 수평이냐 수직이냐의 판단 기준은 의사결정구조, 즉 누가 결정권을 가지고 있느냐의 여부이다. 최고경영자층에서 대부분의 결정을 내리는 조직을 수직적 조직, 이와 반대로 조직 구성원들이 업무 현장에서 필요에 따라 결정을 내리고, 조직 차원의 전략적 결정 역시 구성원들의 의견을 수렴하고 반영하여 결정하는 조직을 수평적 조직이라 부른다. 수평적 조직들이 갖고 있는 제도적 특성을 본따 직급을 없애고, 청바지를 입고, 호칭을 바꾸어도 수직적 조직의 구성원들이 수평적 조직으로 느끼지 못하는 이유는 여전히 최고경영자층에 집중된 의사결정 구조 때문이다.

여기서 수평적 조직문화에 대한 오해와 진실을 알아보자.

▶ 수평적 조직문화는 규율 없이 자유롭고 편하게 일할 수 있는 회사이다?

→ 아니다!

- 일하기 편한 소통방식과 근무제도는 목적이 아니라 수단이다.

- 나이와 직급에 상관없이 역량 중심으로 구성원의 의견을 존중하고, 책임과 보상을 명확히 하는 과정을 통해 기업성과 창출을 극대화하는 것이 수평적 조직문화이다.

- 수평적 조직문화는 편하게 일하는 회사가 아니라 역량있는 구성원들이 구속을 받지 않고 자발적으로 성과를 내며 일하기 편한 기업이다.

GS리테일 "갓생프로젝트"

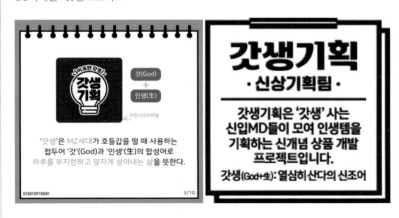

수직적 조직
수평적 조직

MZ 세대의 아이디어를 모아 신상품 개발을 하는 애자일(Agile) 조직으로 '갓생기획 프로젝트'를 운영하고 있는 GS리테일. '갓생기획 프로젝트'에 팀장은 없다. 수평적이고 자유롭게 의견을 나눌 수 있도록 보장하기 위함이다.

갓생기획을 통해 탄생한 제품 중 가장 반응이 좋았던 상품은 '노티드 우유'로 MZ세대에게 인기 있는 도넛 브랜드 노티드와의 협업을 통해 도넛에서 인기가 좋았던 맛을 우유에 활용하여 한 달만에 판매량 200만 개를 돌파하였다.

▶수평적 조직문화에 리더십은 중요하지 않다?

아니다!

수평적 조직은 '**역할중심 조직**'이다. 리더십이 필요 없는 것이 아니라 **수직적 조직과는 다른 차원의 리더십**이 필요하다. 수평적 조직에서는 하향식(top-down)이 아닌 상향식(bottom-up)의 자유로운 의사소통을 선호한다. 구성원 모두 거리낌 없이 자신의 의견을 내고, 모든 정보가 투명하게 공개되는 민주적 의사결정 프로세스로 운영되기에 리더십의 필요성에 대해 의문이 생길 수 있다. 그러나 다양한 의견들로 인해 합의를 이루기 어려운 상황에서 이를 취합하여 최선의 선택을 하기 위해서 **리더는 여전히 필요하다**.

- 수직적 문화에서처럼 구성원들의 일을 통제하고 간섭하며 일방적인 의사소통이 아닌,

- 맥락을 제시함으로써 직원들의 동기를 유발하고,

- 전략적 의사 결정과 명확한 피드백을 통해 **구성원의 성장을 돕기 위한 코칭을 하는**

- 수직구조에서의 리더의 역할보다 훨씬 높은 역량을 필요로 한다.

수평적 조직문화를 가진 회사일수록 탁월한 리더십을 갖춘 리더가 필요하고 이러한 리더를 양성하기 위해서 기업들은 더 많은 노력이 필요하다.

출처: https://b2b.fastcampus.co.kr/resource_insight_flatculture

역할중심 조직

수평적 조직이 추구하는 것은 공감과 협업, 그리고 성장으로 가장 핵심적인 요소는 솔직함과 투명함, 자율성과 서로에 대한 존중이다.

 세계 최대 헤지펀드사인 브리지펀드는 사내의 모든 회의를 녹화하고 누구나 녹화된 영상을 볼 수 있게 한다. 직원의 인사고과에 대한 회의도 공개되어 조직의 투명성을 강화한다.

실리콘밸리의 기업들은 회사와 팀의 목적에 맞게 개인들이 자율적으로 목표를 세우도록 하여 직원들의 몰입과 자율적 참여를 유도하고 있다. 이 과정에서 가장 중요한 것은 서로에 대한 존중!!

 "위계적 조직에서 발생하는 각종 문제의 원인은 직급 구조 자체가 아니라 직급에 따라 개인의 가치가 달라진다고 착각하는 사람과 문화에 있다. **직급이 높다고 스스로를 상대보다 우월한 존재처럼 여기는 사람들이 문제이다.**"

직급의 고하를 떠나 각 구성원의 경험과 지식, 전문성을 인정함으로써 각자의 역할에 집중할 수 있게 하는 것이 바로 존중이다. 사람은 본인이 인정받고 있다고 느낄 때 전문성을 키우려는 욕구가 커지고 더 높은 생산성을 발휘한다.

그러나 조직문화를 꼭 수평적 문화와 수직적 문화와 같이 이분법으로 생각할 필요는 없다. 작업현장에서의 오랜 노하우가 생산성을 좌우하는 제조업의 경우 연공서열이 능력과 비례하는 공식이 여전히 유효하고, 정해진 형식과 틀에 맞추어 신속한 업무처리를 해야 하는 것이 중요한 기업에서는 상하관계가 명확한 것이 오히려 성과에 도움이 된다. 따라서 조직의 특성과 해당직군의 특성을 고려하여 현실에 맞게 위계와 평등이 적절한 수준에서 공존하는 형태로 최적화시키는 것이 중요하다.

6.2 새로운 직급체계

인적자원관리가 전략적 의미를 가지게 되고 고성과작업관행에 의거한 자율성, 업무몰입, 수평적 문화, 애자일 경영 등이 강조되면서 공식적 조직구조를 구성하는 직급체계에도 수많은 도전과 변화가 진행되고 있다.

직위등급제
팀제

과거 대다수 국내기업들은 사원–대리–과장–차장–부장 순으로 직급단계를 구분하는 직위등급제를 사용해 왔다. 부장은 부(部)를 맡아 다스리는 사람, 과장은 과(課)의 업무 책임자, 차장과 대리는 부장과 과장을 보좌한다. 전통적 직위 등급제에서는 위계와 한 치의 흐트러짐이 없는 일사불란을 강조한다. 각 직급에 머무르는 최소한의 재직기간이 있고, 이 기간을 채워야 상위 직급으로 올라갈 자격이 주어진다.

오늘날 새로운 트렌드는 팀제이다. 팀제는 위계보다는 팀원 개개인의 책임과 자율성을 강조한다. 한국기업 역시 팀제를 통해 업무구조를 팀원–팀장으로 간소화하여 효율성과 신속성을 추구하고 있다. 그러나 팀제라는 시스템 안에서도 여전히 직위 등급이 있다 보니 기대와 현실이 상충하며 혼란을 빚고 있다.

여기서 잠깐!!

직위, 직급, 직책, 직함에 대해서 알아보자.

다 그게 그거 아니야??

다르다!!

자율적이고 수평적 조직문화를 구축한다는 명분 하에 OO님, 혹은 영어 이름을 사용하기도 하지만, 대다수의 기업들은 아직 직위등급으로 운영된다. 헷갈리는 용어에 대해서 알아보자.

직위(status):

직무에 따라 규정되는 사회적, 행정적 위치로 회사에서의 서열

회장, 부회장, 사장, 부사장, 전무, 상무, 이사, 부장, 차장, 과장, 대리, 사원 같은 용어가 사용된다.

각 직위마다 맡은 일의 범위와 책임이 다르고 이에 따라 급여가 결정된다.

직급(rank/grade):

직무를 수행하기 위한 역량을 등급으로 구분한 것으로 업무성격, 난이도, 책임 등이 비슷한 수준을 같은 직급으로 묶는다. 흔히 호봉(연차)으로 표현하는데 현실에서는 직위와 혼용되는 경우가 많아 직위와 직급의 차이점에 대한 혼동을 일으킨다.

직책(duty/position):

직무에 대한 책임과 권한을 말한다. 직책은 직위와 별개의 개념이다.

팀장이라는 직책(책임)을 과장, 부장, 혹은 상무의 직위를 가진 사람이 맡을 수 있다.

국내 대기업의 경우 팀이 중요한 업무를 수행하고 수백 명의 팀원으로 구성되는 경우도 있고, 이런 경우 부사장이 팀장, 부장이 팀원이 되기도 한다.

- CEO(Chief Executive Officer): **최고경영자**, 기업의 최고 의사결정권자
- COO(Chief Operating Officer): **최고 운영책임자**, 기업 내부의 사업 담당 총책임자
- CFO(Chief Financial Officer): **최고 재무책임자**, 재경부문 통합 총괄
- CCO(Chief Customer Officer): **고객담당 최고 책임자**, 고객 전 부문에 대한 총괄 및 권한 부여
- CMO(Chief Marketing Officer): **마케팅 최고 책임자**, 마케팅 업무 총괄
- CDO(Chief Diversity Officer): **다양성 최고 책임자**, 조직 내부의 다양성 관리 총괄
- CTO(Chief Technology Officer): **기술 최고 책임자**, 회사 기술 관련 총괄 책임자

CEO(Chief Executive Officer)
COO(Chief Operating Officer)

직책은 같아도 직위는 다를 수 있다.

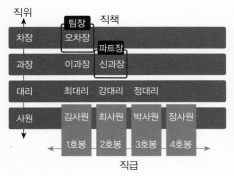

예를 들어, A팀 팀장은 부장이지만, B팀의 팀장은 차장일 수 있다.

다시 말하지만, 직책은 서열을 나타내는 직위가 아닌 직무에 대한 권한과 지휘상의 책임이다. 최근에는 **직함(직위+직책)**이라는 용어도 사용하는데 명함에 직위와 직책을 함께 표시한다.

다음의 표현은 적절한 것인가?

"우리 엄마/아빠는 직책이 높다"

높고 낮음은 지위, 따라서 직책은 맡은 바 직책(책임)이 '무겁다'라고 표현하는 것이 알맞다.

출처: https://shiftee.io/ko/blog/article/job-titles-and-responsibilities

국내기업의 직급체계는 직위등급제에서 직능자격제로, 직능자격제에서 역할등급제, 그리고 직무등급제로 점차 발전해 나아가고 있는 추세이다.

직위등급제
직능자격제
역할등급제
직무등급제

구분	특성
직위등급제 (전통적 호봉제)	• 재직기간에 따라서 직위가 상승 • 직위와 직급은 조직 내에서의 위계질서 • 이 제도의 장점은 승진욕구에 따른 동기부여, 장기근속 유도, 충성도 강화 등 • 그러나 회사의 연혁이 오래됨에 따라 승진 적체가 가중될 수 있고, • 연차에 따라 직급은 올라가지만, 생산성이 따르지 않을 수 있으며, • 인력관리의 유연성이 떨어질 수 있다.
직능자격제	• 호봉제의 단점을 극복하고자 직능급을 도입하면서 시작 • 연차가 채워졌다고 무조건 승진하는 것이 아니라 직무수행능력에 따른 자격을 부여하는데, • 승진을 위한 자격시험이나 평가를 통과해야 한다. • 연차에 따른 승진압박을 일부 해소할 수는 있으나 • 여전히 연공서열형 운영을 피할 수 없으며, • 승진평가 관리의 어려움이 있을 수 있다.
역할등급제	• 최근 글로벌 기업에서 많이 활용하고 있는 형태 • 직무수행의 역할 및 요구 역량에 따라 직급을 결정 • 직책과 유사하게 조직구조와 일치하는 직급체계 설계가 가능하고 • 성과주의 인사 강화 및 인력관리의 유연성이 가능한 반면, • 역할의 의미가 애매할 수 있고 • 승진적체로 인한 사기 저하의 우려가 있을 수 있다.
직무등급제	• 글로벌 기업들의 직무중심 접근으로 • 직무의 가치에 따라서 등급이 결정된다. • 성과주의 인사관리가 가능하고 • 직무와 보상을 일치시킬 수 있는 장점이 있는 반면 • 직무 간 인사이동의 어려움으로 인사 유연성이 떨어질 수 있고 • 직무분석과 직무평가를 포함한 정교한 직무관리가 수반돼야 하는 어려움이 있다.

　　물론 이와 같은 다양한 형태의 직급체계가 칼로 무 자르듯 명확하게 구분되는 것은 아니다. 직급체계 자체가 호봉, 직능, 역할, 직무의 모든 요소를 함께 포함하고 있는 경우가 많기 때문에 이와 같은 모호성은 실제 직급체계를 새로운 인적자원관리의 제도, 관행 그리고 수평적 문화에 걸맞게 변화시키려고 하는 경우 수많은 혼란을 초래하는 원인이 된다.

기존 직급체계				새로운 직급체계				
직급	체류 년수	역할 구분		직급	역할준 수준	호칭 및 체류 년수		역할 구분
부장		팀장		G1	• 팀 내 업무 총괄 • 해당 분야 최고의 전문가	팀장	부장 / 차장 (4년) → 자동 호칭 상승	팀장
차장	2년							
과장	2년			G2	• 소규모 총괄		과장 (4년)	
대리	2년	부문 담당		G3	• 팀 내 부문 업무 담당 (중간관리자) • 하위직급 지도		대리 (4년)	팀원
계장	2년							
주임	2년	실무 담당		G4	• Task별 실무 담당자 • 학습 및 업무 지원		주임 (4년) ↑ 자동 호칭 상승	
사원 (7급)	1년 (3년)						사원 (2년)	
사원 (8급)	2년 (4년)	지원						

출처: https://blog.naver.com/eon_consulting/221833739840

■ **호칭변화! 새로운 직급체계로의 변화!**

그게 쉬운 줄 아냐??

팀제를 도입하여 신속한 업무처리와 빠른 의사결정, 개인의 업무책임 강화를 기대했는데 상하관계가 여전하다 보니 다단계 문화가 여전하다. 같은 팀원임에도 하위 직급자는 상위 직급자의 지시에 따라 업무를 수행하고, 상위 직급자는 하위 직급자를 관리하는 걸 자연스레 여긴다.

팀제가 주요 트렌드로 떠오르면서 직위등급제의 부적절성에 대한 인식이 확산되고 기업들은 변화를 모색하기 시작한다. 초기에는 직급보다 호칭에 관심을 가졌다. 팀원 간 상하관계가 드러나는 다단계식 호칭이 수평적인 업무환경을 방해한다고 판단했기 때문이다. 다만 오랜 기간 조직의 질서로 기능해 온 직급체계를 한순간에 바꿀 경우 혼선이 생길 것을 우려해 기존 직급단계는 그대로 둔 채, 직급과 별개로 호칭단계를 줄이거나 하나의 호칭만을 사용하는 소위 '**호칭파괴**'를 시도했다. 상·하급자 구분 없이 이름 뒤에 '~님', '~프로', '~매니저'와 같이 단일 호칭으로 부르는 식이다.

CJ가 2000년 모든 임직원의 호칭을 '님'으로 통일했고, SK텔레콤은 2006년 인사제도 혁신으로 매니저 직급을 도입하여 본부장, 실장 등 직책자를 제외하고 모두 매니저로 통일했다. 이외 KT, 한화, 롯데, 유한킴벌리, 아모레퍼시픽 등 대기업들이 직원 호칭을 매니저로 통일하거나 직급별 구분을 줄였다. 카카오는 이름과 직급 대신 영어 이름을 쓴다. 김범수 이사회 의장은 브라이언, 이석우 공동대표는 비노.

"호칭이 통일되다 보니 전처럼 말을 함부로 하지 않게 되었다."
"자연스레 서로를 존중하게 되었다."

호칭파괴

호칭파괴는 딱딱한 조직문화를 해소하는 데 어느 정도 기여했다. 그러나 부정적인 반응들도 많다. 오랜 기간 자리잡은 위계를 무너뜨리는 일은 절대 만만치 않다.

"나는 부장인데 대리나 사원이 나를 '~님'이라고 부르니 기분이 언짢다."
"타 부서와 일할 때 모두 '~매니저'라고 하니 상대방이 무슨 급인지 몰라 난감하다."
"겉으로는 동등하게 부르지만, 과거의 직급체계에 갇혀 지위고하를 따지는 문화는 여전하다."

호칭 변경만으로 수평적 업무환경을 만들기 어렵다고 느낀 기업들은 **본격적으로 직급체계 개편**에 나선다. 대다수 기업들이 조직에 더 많이 기여한 구성원에게 보다 많은 보상이 돌아가도록 운영하는 **성과주의를 도입**하고, **역할을 기준으로 직급을 나누기 시작했다**. 역할을 기준으로 직급을 나누다 보니 직급단계는 자연스레 줄었다.

역할 기반 직급체계

팀 내 역할은 원칙적으로 팀장-팀원으로 나뉜다. 다만 팀원들이 감당하는 역할 크기에 차이가 있다고 보는 경우가 있어, '팀원-(선임 팀원)-팀 리더'와 같이 2~3단계로 직급을 축소하는 게 보편적 흐름이다. 현대자동차의 'G2-G3-G4(리더급)', SK텔레콤의 'A-B(팀장급)' 등이 대표적인 역할중심 직급 축소 사례이다. **역할 기반 직급체계는 담당 업무와 성과 중심으로 인사운영 인프라를 전환**했다는 데에 큰 의미가 있다. 구성원 **스스로 자신의 직급에 맞는 역할을 인지하고 책임 지는 업무환경을 조성**한 것이다. 더불어 직급단계를 간소화해 수평적으로 일하는 문화를 만드는 데 기여했다.

그러나 문제는 한 직급에 머무는 기간이 상당히 늘어난 점이다. 직위등급제에서는 한 직급에 머무는 기간이 3~5년 정도였는데, 3단계 이하로 줄어든 역할 중심 직급제에서는 한 직급에서 7~8년 이상 머문다. **한 직급에 머무는 기간이 길어지다 보니 구성원들은 자칫 조직에서 정체된다는 느낌을 받기 때문에 역할 중심 직급체계로 변화한 조직에서는 구성원에게 새로운 성장모델을 제시해야 하는 새로운 과제가** 주어진다.

직급체계 개편은 기업문화 전반에 영향을 미칠 수 있는 중요한 요인으로 유행하는 추세보다는 회사의 특성과 전략에 맞게 명확한 이유와 방향성을 가지고 추진해야 한다.

(1) 전통적 부서제와 역할중심제의 장단점에 대해서 논해보자.

(2) 역할중심제의 문제는 한 직급에 머무는 시간이 오래라는 것인데 이 문제는 어떻게 해결하는 것이 좋을지 생각해 보자.

(3) 직장 내에서 직위 대신 이름에 '님'을 붙이거나 영어 이름을 쓰는 것에 대해서 어떻게 생각하는가?

기존의 조직개편 문제에 대한 대응으로 새로이 부각되고 있는 방식은 레벨제. 직원의 전문성, 업무역량에 기반하여 레벨을 높여 나아가는 방식이다. 일정 연차가 되니, 혹은 어떤 책임을 맡아서 호봉승급, 승진하는 것이 아니라 순수하게 검증된 역량에 따라서 레벨 업! 마치 게임에서 단계별 미션, 챌린지를 돌파하면 '레벨 업(level up)' 되는 것과 비슷한 원리이다.

레벨제

직원의 순수 역량, 전문성에 따른 레벨제에 대한 관심이 높아진 배경에는 애자일 조직이 있다. 최근 들어 경영환경에 민첩하게 대응하고자 애자일 조직으로 변하는 사례가 늘고 있다. 애자일 조직은 부서 간 경계 없이 변화에 신속하게 대응하는 조직 형태로 필요에 따라 수시로 조직을 해체하고 결합한다. 고객 요구와 경영환경에 맞춰 **빠른 시도-실패-피드백-업데이트**를 반복하며 업무의 완성도를 높여가는 방식이기 때문에 신속한 결정과 대응이 필요하고, 이를 위해 수평적 협업구조를 지향한다.

애자일 조직

애자일 조직에서는 누가 조직의 관리자인가보다는 누가 일을 잘 하고 전문성이 있는지가 중요하다. 일을 기획하고 아이디어를 주도한 사람이 리더가 되고, 함께 일하는 구성원은 각 전문성에 맞게 자발적으로 뭉쳤다 흩어졌다를 반복한다. 결국 애자일 조직에서는 기존 직급체계에서의 서열이 중요하지 않다.

■ 레벨제

국내기업들에서 **직원의 전문성**에 기반해 인사를 운영하는 사례가 늘고 있다.

전문성 수준을 판단해 레벨을 부여하고 이를 직원성장과 보상 등에 반영하는 방식

네이버의 '성장레벨', 카카오의 '스테이지 업', LG CNS의 '기술역량레벨' 등이 대표적인 사례로 명칭은 다르지만 통칭해서 '레벨제'라 부른다.

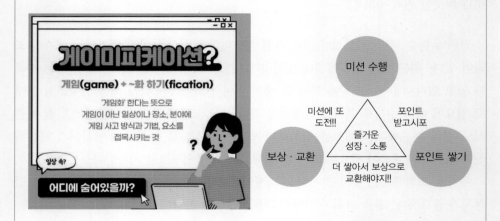

1세대 전자상거래 기업 '티몬'은 2022년 7월 1일부터 '게이미피케이션 레벨제도'를 도입해 운영하고 있다.

게이미피케이션

게이미피케이션 레벨제는 게임의 요소가 적용된 인사제도이다. 티몬 직원들은 미션과 성과, 조직 기여도 등 다양한 경로를 통해 포인트를 얻는다. 이 포인트를 쌓고 쌓아서 '레벨 업(level up)'을 하게 되면, 바로 그 다음 달부터 레벨에 따라 인상된 급여를 받게 된다. 오올~~!!

레벨은 총 25단계, 한 달 주기로 레벨을 올릴 수 있다. 레벨과 연봉이 연동되어 있기 때문에 레벨과 획득한 포인트 정보는 본인과 상위 조직장만 확인이 가능하지만, 큰 단위로 나눈 레벨(프로, 엑스퍼트, 마스터, 리더)은 서로의 성과와 레벨에 대해 알 수 있다.

레벨제는 성과에 대한 확실한 보상을 원하는 MZ세대 직원들의 마음을 사로잡기 위해 도입된 제도로 직원들은 눈에 보이는 포인트 적립과 급여 인상을 통해 자신의 성장과 성과를 바로 확인한다. 연봉이 성과에 대한 보상을 받기까지의 기간이 멀게 느껴지는 반면, 레벨제는 빠른 주기로 보상을 해 MZ세대 직원들에게 강한 동기부여를 하고 있다.

주요 e커머스 기업들 인사제도

기업명	개편 내용	도입시기
SSG.COM (SSG닷컴)	• 4월 1일부포 직급제 폐지 • 그레이드(grade)제도 도입	2023년 4월
Gmarket (G마켓)	• 2016년 직급제 폐지 • 그레이드(grade)제도 도입을 통해 성과에 따른 보상 제공	2016년
LOTTE ON (롯데온)	• 전 직군에 커리어 레벨제 도입 • 조직 내 역할 및 역량에 따라 8단계로 나눠	2022년 1월
위메프 (위메프)	• C레벨(분야별 최고 책임자) 직급 도입 • 수평적 문화와 조직의 의사결정 융화	2022년 하반기
TMON (티몬)	• 게이미피케이션 레벨제 도입 • 연간 평가 대신 상시 평가로 레벨업 가능	2022년 하반기
11 (11번가)	• 수평적 조직문화 위해 호칭 '님'으로 통일 • 성과중심, 동기부여 강화 위한 보상제도 개편	2018년

레벨제 도입은 티몬뿐 아니라 전자상거래 업계의 전반적인 트렌드로 자리를 잡는 중이다. **변화 속도가 빠른 온라인 사업의 특성상 레벨제로 전환하는 것이 업무 수행에 효율적일 뿐 아니라 기존 직급제보다 수평적인 환경에서 협업이 이루어질 수 있고, 성과에 따라 더 높은 보상이 가능하기 때문에 인재영입에도 유리하다.**

쿠팡은 국내 최초로 레벨제를 도입한 회사로 2015년 **영어 닉네임 제도**를 도입하면서 전 직원의 직급을 없애고, 12단계의 레벨 제도를 만들었다. 성과를 기반으로 레벨이 오르는만큼 **팀원이 팀장보다 레벨이 높은 것도 가능하다.**

삼성전자의 경우 2021년 11월부터 '**미래지향 인사제도**'를 발표하고, 2022년부터 직급별 승진연한 폐지, 임원 직급 단순화 등을 운영하고 있다.

기존의 '상무–전무–부사장–사장'이었던 직급을 '상무–부사장–사장'으로 단순화하고, 일반 직원의 직급 구분을 없앴다. 2017년부터 연차에 따라 CL1(고졸사원), CL2(사원–대리), CL3(과장–차장), CL4(부장)까지 직급 체계가 있었지만, 현재는 임원 아래는 전부 똑같은 직원이다.

또한, 수평적 조직문화 구축 및 강화를 위해 직급과 사번 정보를 삭제하고, 매년 3월 진행되었던 승진자 발표도 폐지하였으며, 평가방식도 상대평가 방식에서 벗어나 절대평가로 전환하고, 부서장 한 명이 평가하는 방식 대신 동료평가(peer review) 등을 도입해 운영하고 있다.

NAVER kakao

IT 기업 중에선 네이버와 카카오가 2020년 초 레벨 평가 시스템을 도입했다. 네이버는 기술직군에 3~7등급까지 5단계 레벨을 부여하고, 레벨별로 레벨 체류 기간, 승진 정원에 대한 제한없이 누구나 자격을 갖추면 다음 레벨로 올라갈 수 있게 하였다. 카카오는 '스테이지 업(stage-up)' 제도를 통해 직원을 6단계 등급으로 나누고, 구성원의 역할과 역량, 전문성 등을 절대평가하고 있다.

레벨제의 핵심은 재직기간이 아닌 **실력과 능력으로 직원을 구분**한다는 것이다. 레벨제에 대한 기업들의 평가는 아직 조심스럽다. 레벨제가 자신들의 조직에 적합한 방식인지, 레벨제를 도입함으로써 기대하는 효과를 거둘지를 가늠해 보는 돌다리를 두들기고 있는 상황이다. 레벨제의 경우 팀원의 레벨이 팀장보다 높을 가능성이 충분히 있는데, 이 경우 팀 화합의 문제도 고려해야 한다. 팀원이 팀장보다 레벨이 높을 경우, 팀장보다 높은 레벨을 보유한 팀원은 당연히 해피하지만, 팀원보다 낮은 레벨을 보유한 팀장은 해피하지 않다.

출처: https://jobsn.chosun.com/site/data/html_dir/2022/07/12/2022071201963.html

핵 심 용 어

- 전략적 인적자원관리(SHRM: Strategic Human Resource Management)
- 산업구조론
- 자원준거관점(RBV: Resource-Based View)
- 유형자산(visible assets)
- 무형자산(invisible assets)
- 자원의 이질성(resource heterogeneity)
- 비이동성(resource immobility)
- VRIN(Valuable, Rare, Inimitable, Non-substitutable)
- VRIO(Valuable, Rare, Inimitable, Organized)
- 가치(value)
- 희소성(rarity)
- 모방불가능성(inimitability)
- 대체불가능한(non-substitutable)
- 경로의존성(path dependency)
- 인과관계의 모호성(causal ambiguity)
- 조직화(organized)

- SWOT 분석
- PESTEL 분석
- 3C
- 능력 · 동기부여 · 기회 모델(AMO: Ability, Motivation, Opportunity Model)
- 핵심인재 재생산법(KRS: Keyman Reproducing System)
- 고성과작업관행(HPWP: High Performance Work Practices)
- 시너지효과(synergetic effect)
- 인적 자본(human capital)
- 사회적 자본(social capital)
- 조직 자본(organizational capital)
- 수평적 조직문화
- 직위, 직급, 직책, 직함의 개념
- 직위등급제, 직능자격제, 역할등급제, 직무등급제
- 레벨제

연습문제

01 전략적 인적자원관리(SHRM: Strategic Human Resource Management)의 개념에 대해 간략히 설명하라.

02 자원준거관점에서 바니가 제시한 내부자원의 네 가지 특징은 무엇인가? 1995년 수정한 모델의 이전과 이후 모두 설명하라.

03 자원준거관점에서 모방이 불가능한 원인은 무엇인가?

04 SWOT, PESTEL, 3C 등을 활용한 환경분석의 차이점을 설명하라.

05 AMO 모델에 대해 설명하라.

06 핵심인재 재생산법(KRS: Keyman Reproducing System)에 대해 설명하라.

07 고성과작업관행(HPWP: High Performance Work Practices)의 개념과 의의에 대해 간략히 설명하라.

08 직위, 직급, 직책, 직함의 개념에 대해 설명하라.

09 직위등급제, 직능자격제, 역할등급제, 직무등급제에 대해 설명하라.

10 레벨제란 무엇인가?

03

인적자원계획

학습목표

- 인적자원계획의 개념에 대해 설명할 수 있어야 한다.

- 인적자원계획이 조직에서 어떤 의의를 갖는지 설명할 수 있어야 한다.

- 역량의 개념에 대해서 설명할 수 있어야 한다.

- 대표적인 역량 모델에 대해 설명할 수 있어야 한다.

1. 인적자원계획의 개념과 의의

인적자원계획(human resource planning)

인적자원계획(human resource planning):
- 조직의 현재와 미래에 필요한 인적자원의 수요를 파악하고,
- 이를 체계적으로 계획하는 프로세스로
- **조직의 전반적인 사업전략과 인적자원을 연결하는 것**을 말한다.

오늘날 전 세계적으로 노동인구가 고령화되고, 급격한 기술혁신으로 인해 잠재 노동자들 중에서도 역량을 갖춘 노동자들에 대한 요구가 증가함에 따라 기업들의 효과적인 인적자원계획의 중요성이 더욱 부각되고 있다.

🟢 **ChatGPT** 인적자원계획이란?

- 조직의 현재와 미래의 인적자원에 대한 요구를 분석하고,
- 이에 상응하는 개발전략을 마련하는 프로세스로
- 조직의 목적, 전략, 현재 인력수준, 미래 인력요구를 결정하는 것

인적자원계획의 미션:

조직이 **적시(right time)**에, **적합한 기술(right skill)**을 가진 **적합한 인재(right people)**를 활용할 수 있게 하는 것!

이를 위한 주요 활동:

요구예측, 공급분석, 갭 분석, 행동계획, 모니터링, 평가

인적자원의 중요성이 부각되지 않았던 과거에는 조직의 **사업전략을 우선 수립**하고, 그 후에야 필요한 역량을 파악하고, 전략수행을 할 적절한 인적자원이 있는지의 보유 **여부를 평가**하여 부족한 부분이 있으면 **이를 보충**하는 방식이었다. 오늘날 이러한 주먹구구 방식의 전략수립에 대한 비판 의견들이 생기면서 조직의 역량을 미리 계획하고 준비한 후, 그 역량을 최대한 효과적으로 활용하는 전략을 수립할 것을 권장하고 있다.

쉽게 예를 들어보자. 면세점 로얄층 입점으로 여러 기업들 간 경쟁이 붙었다.

(옵션 1) 일단 신청부터 해서 저질러 놓고, 필요한 자원을 여기저기서 끌어 모은다.

(옵션 2) 현재 조직이 가지고 있는 역량을 분석하고 파악하여 총알 장전 후 신청한다.

이 총알 장전 프로세스에도 당연히 '사람'이라는 핵심역량이 포함되어 있어야 한다. 욕심만 앞선다고 무조건 들이대는 실수는 안 하는게 좋다. 실패에 의한 손실은 회사를 통째로 말아먹을 만큼 클 수도 있다. 드라마에서 흔히 보는 망나니 재벌 2세, 3세. 욕심만 앞서서 일부터 저지르는 사고를 친다.

전략수립 단계에서부터 인적자원계획을 포함하게 되면 어떤 기술과 역량이 필요하고, 얼마나 많은, 어느 정도의 수준이 되는 인력을 준비해야 할지 미리 예측할 수 있다.

HR팀에서는:
- 현재 보유하고 있는 인적자원들을 파악하고 분석하여
- 누구를 승진시킬지,
- 누구에게 어떤 책임을 맡겨야 할지,
- 누구를 교육을 시켜야 할지,
- 그리고 얼마나 많은 추가 채용이 필요하고,
- 어떤 기능에 대한 아웃소싱 전략을 수립해야 할지 계획한다.

이를 위해 기존 데이터의 검토를 통하여 채용의 성과는 어땠는지, 얼마나 많은 구성원들이 어떤 교육을 받았는지를 확인한다.

그러나 과거 단순한 기계 혹은 대체 가능한 노동력으로 취급받던 구성원들이 **전략적 인적자원계획**(strategic human resource planning)의 틀 안에서는 조직성과 향상을 통해 서로의 이익을 극대화하고, 상생을 꾀하는 조직전략의 한 부분이 되어야 함을 인지해야 한다.

전략적 인적자원계획(strategic human resource planning)

오늘날의 기업들은 장기적 관점에서 인적자원을 조직의 핵심역량으로 개발하여 고유의 가치를 발휘할 수 있도록 인적자원시스템과 활동을 조직의 전략계획에 같이 포함시켜 설계하고 실행하고 있다. 따라서 **전략적 인적자원계획**은 인적자원과 조직전략의 성공적 실행이라는 장기적인 *상생관계*를 확립하고, 조직성과에 기여도가 높은 핵심인력들을 확보하는 데에 그 의의가 있다.

■ **그러나 현실은?**

나 왕따야??

조직의 전략을 수립하면서 간과하는 것이 있다. 향후 조직의 나아가야 할 방향 및 사업전략에 대한 회의를 할 때 보통 전략기획팀, 재무팀, 연구개발팀, 생산팀, 마케팅팀을 포함한 기업 운영을 담당하고 있는 거의 모든 팀장들이 모여 전략을 구상한다. 그러나 인사팀 담당자는 조직 전략수립회의에서 제외되는 경우가 많다.

- 왜? 인적자원관리팀이랑 사업 전략수립이랑 무슨 상관?

- 상관 있다매? 있다매?? 사람! 핵심역량! 중요하다매??

- 그래놓고 나만 쏙~ 빼놓고 지네끼리 꽁짝거리냐?? 쳇!!

이런 방식의 회의는 실제로 업무를 실행하는 인적자원의 역량과 이를 지원하는 HRM팀의 역할에 대한 고려를 하지 않기 때문에 전략실행 시 적합하지 않은 혹은 아예 엇나간 인력 활용으로 실행단계에서 큰 구멍을 만들 수 있다. 그래놓고 잘 안 되면 담당자만 xxx.

인적자원관리의 중요성을 배우고, 인적자본이 조직의 핵심역량이라는 것을 강조하면서도 막상 현실에서는 이 부분을 고려하지 않고, **조직의 큰 그림과 전략수립단계에서는 배제하는 역설적(paradoxical) 현상!**

---

2. 인적자원계획 프로세스

세계경제포럼(World Economic Forum)

2020년 세계경제포럼(World Economic Forum; 다보스 포럼)에서 산업 전문가들은 디지털 트랜스포메이션(digital transformation)으로 인하여 2025년이 되면 20개 주요 국가에서 8,500만 개의 기존 일자리가 다른 일로 대체되고, 새로운 유형의 일자리가 9,700만 개 이상 생길 것이라 예측하였다. 이러한 변화가 취업준비생만의 문제일까?

아니다!! 기업도 문제다.

급격히 발달하는 기술, 변화하는 시장, 더 좋은 것을 요구하는 소비자들. 이러한 상황에서 기업들은 미래의 생존 및 성장전략을 수립해야 하고, HR팀에서도 이를 뒷받침할 인력을 조달하기 위해 미래전략기반의 인적자원계획에 들어간다.

인적자원계획의 네 단계를 살펴보자.

(1) 구성원 역량평가

인적자원계획 프로세스의 첫 번째 단계는 조직에 이미 존재하는 현재 구성원들의 지식 및 역량을 파악하고 평가하는 것.

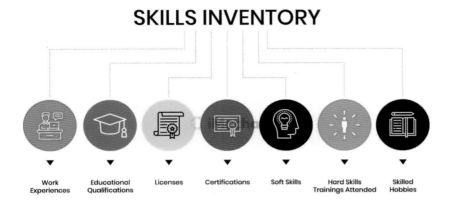

SKILLS INVENTORY

Work Experiences | Educational Qualifications | Licenses | Certifications | Soft Skills | Hard Skills Trainings Attended | Skilled Hobbies

- 평가를 위해 직원별로 스킬 인벤토리(skills inventory)를 개발하고 작성한다.
- 스킬 인벤토리는 이력서에 보통 같이 첨부하는 것으로 구성원이 보유하고 있는 기술과 관련 경험을 자세하게 기록한다.
- 근무회사, 담당했던 역할, 직책, 참여 기간, 당시 고객 정보뿐 아니라 조직에서 성과창출에 기여할 수 있는 모든 특수기술, 교육 내용 및 자격증 내역을 기록한다.
- HR팀은 직원의 이력을 검토하고 평가하여 해당 직원이 더 많은 역할을 할 수 있는지의 여부와 새로운 업무에 투입될 수 있는지의 여부를 판단한다.

스킬 인벤토리(skills inventory)

skill category	rank				level		
COMMUNICATION SKILLS	1	2	3	4	Minimal	Building	Competent
Explain (C)	C						X
Influence/persuade (C)		C				X	
Explain (C)							
Influence/persuade (C)							
Facilitate Groups (C)							
Speak In Front of Groups (C)							
Promote (C)							
Meeting the Public (C)							
Consult (C)							
Interview (C)							
Generate Enthusiasm (C)							
Writing/written communication(C)							
Sell Quality Products/Services (C)							
Serve as a Liaison (C)							
Edit (C)							
Use Social Media (C)							
Communication totals: Add up the number of "Cs" in each column.							

출처: https://www.aportlandcareer.com/taking-your-skills-inventory/

(2) 인적자원 수요 예측

조직의 새로운 전략적 목표와 비즈니스 계획을 분석해 미래에 대한 인적자원수요를 예측해야 한다. 인적자원예측은 수요와 공급 모두를 추정해야 하는 것으로,

- 어떤 팀과 업무에 사람이 필요한지
- 몇 명이 필요한지
- 담당자들에게 필요한 기술이 무엇인지
- 인력 수요를 충족하는 데 있어서 어떤 공급의 문제가 존재하는지

이 모든 사항을 고려하고 세밀하게 평가해야 한다.
수요와 공급의 예측방법에는 두 가지가 있다.

양적 예측방법(quantity-based prediction method)

- **양적 예측방법**(quantity-based prediction method):
  - 전문가들에 의해 사용되는 통계적 방법으로 추세분석을 하는 경우가 많다.
  - 우선 기업을 선정하고, 해당 기업의 근로자 수 대비 노동 생산성 비율의 지난 몇 년치를 계산한 후,
  - 이에 근거하여 기업의 생산요소에 생산성 비율을 곱해 향후 몇년 후라는 목표연도에 맞추어 예측을 하는 것이 기본적 접근방식.
  - 물론, 이보다 더 복잡한 방법으로 이자율, 가처분소득 및 판매량 등 재무정보들을 추가적으로 사용하기도 하는데 예측기법개발과 실제 활용에 비용이 많이 든다.
  - 그러나 정확도가 높다면 비용을 감수할 가치는 충분하다.

질적 예측방법(quality-based prediction method)

- **질적 예측방법**(quality-based prediction method):
  - 구성원들의 관심, 능력, 상사의 판단력, 부서관리자, 외부 산업전문가들의 견해를 바탕으로 수요·공급을 예측.
  - 델파이 기법이 여기에 포함된다.

델파이 기법(Delphi method)

> **■ 델파이 기법(Delphi method)이란?**
>
> 델파이 기법의 유래를 잠시 살펴보면 고대 그리스 신화로 거슬러 올라간다. 태양과 예언의 신 **아폴로(Apollo)**가 미래를 통찰하고 신탁을 했다는 '**델피의 신전(sanctuary of Delphi)**'에서 유래한다.
>
> 1948년 미국 국가안보 연구기관인 랜드연구소(Rand Corporation)에서 개발한 '**전문가 합의법**'으로 국방기

술 수요 예측 등 국방 및 사회 문제에 관한 **전문가 집단의 의견수집 방법**으로 사용한 데에서 탄생한 **질적 분석기법**이다.

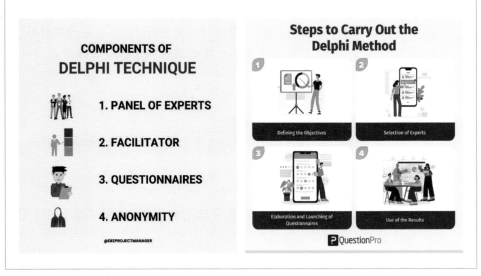

● **델파이 기법 적용단계:**
- 인적자원 수요예측의 전문가들 5~20명을 조직 내·외부에서 선정
- 면밀하게 계획된 익명의 설문조사를 반복적으로 2~3회 실시
- 개인들의 응답을 요약하여 평균값, 중앙값, 산포도, 그래프 등 제시
- 응답내용을 수치로 요약해서 종합된 판단을 전문가들에게 전달하고 피드백 수렴
- 직접 만나지 않고 전문가들 간의 수요 및 공급에 대한 합의도출

　인적자원의 수요와 공급 예측에서 최선의 답을 찾기 위해서는 양적 접근방법과 질적 접근방법 모두가 필요하며, 상호보완적으로 활용해야 한다.

(3) 격차분석

현재 조직의 역량과 미래에 조직이 이루려 하는 목표에 필요한 역량 간의 격차(gap)를 파악해야 한다. 이를 위해서는 현재와 비교하여 향후 필요한 기술과 필요한 직원의 수를 파악하는 것이 중요하다.

格차분석

　이를 위해서
- 어떤 기술이 필요한지

- 어떤 새로운 업무를 추가해야 할지
- 현재 구성원들이 새로운 업무를 수행할 기술을 가지고 있는지
- 현재 구성원들이 자신의 역량을 최대치로 발휘할 수 있는 적합한 업무를 하고 있는지
- 새로운 전략을 실행함에 있어 이를 이끌어 나아갈 관리자들의 수는 충분한지
- 기존의 인사관리관행이 향후 조직전략 실행에 과연 적합한지에 대한 분석이 필요하다.

(4) 조직미래전략을 위한 전략적 인적자원계획

구성원 평가 끝, 인적자원 수요예측 끝, 현재 상태와 필요한 인적자원 간 차이 분석 끝!

자, 이제 고민이 제대로 시작된다. 기업 입장에서는,

- 기존에 이미 보유하고 있는 기술인력의 규모와 새롭게 필요한 기술인력의 규모 간 격차가 클수록 골머리를 앓게 된다.
- 외부인력 영입만으로는 필요한 규모의 기술확보가 쉽지 않을 뿐더러 외부인력 영입에 수반되는 막대한 비용도 생각해야 한다.
- 그것 뿐인가? 기존의 기술인력들이 새로운 사업과 비즈니스 모델을 실행하는 데 필요가 없어질 경우, 기존의 인력들을 어떻게 해야하는지에 대한 고민이 시작된다.

"우리 이제 너네 필요없어!" 하고 "그냥 다 짤라?"

이거 쉽지 않다. 인적자원계획에는 신규소요 기술과 인력뿐 아니라 기존인력을 어떻게 재교육, 재배치할 수 있을지에 대한 심각한 고민이 요구된다.

자, 여기서 근로기준법을 한번 들여다보자.

한국의 법적 규정을 엄격하게 따르자면 직원해고에 따르는 리스크가 장난이 아니다. 한국에서는 취임 후 5년 만에 직원 11만 명 이상을 날려버린 뉴트런 잭(GE 전 회장 Jack Welch)의 탄생 자체가 애초에 불가능하다. 잭 웰치가 당시 한국에 있었다면 지 맘대로 못해서 홧병으로 애저녁에 돌아가셨을거다.

■ 꼭 알아야 할 근로기준법 상식 -해고편-

근로기준법 제23조1항:

근로기준법

"사용자는 근로자에게 정당한 이유 없이

해고, 휴직, 정직, 전직, 감봉, 그 밖의 징벌을 하지 못한다."

- 여기서 '**정당한 이유**'란 대법원 판례에서 사회통념상 **근로계약을 계속시킬 수 없을 정도로 근로자에게 책임 있는 사유**가 있어야 하며,

- 근로계약, 취업규칙, 단체협약 등에 정한 징계해고사유에 해당되어야 한다.

- **해고에 정당한 이유가 있다는 점의 주장과 그 입증책임은 사용자(고용주)**에게 있다.

- 정당한 사유는 '사유의 정당성', '양정의 정당성', '절차의 정당성'을 갖추어야 한다.

- 해고가 확정되면 근로기준법 26조에 따라 사용자는 30일 전에 예고를 해야 하고,

- 근로기준법 27조에 따라 해고 사유와 해고 시기를 서면으로 통지해야 한다.

징계처분사유 예시:

징계처분사유

- 직무태만, 근무성적 불량

- 무단결근

- 폭행, 폭언, 욕설

- 지시명령 위반

- 진정, 고소, 고발, 비방, 폭로, 비밀유지 위반

- 겸직, 겸업금지의무 위반

- 회사 시설의 무단 사용

- 업무방해

- 사생활, 업무 이외의 비행

- 횡령, 착복, 배임, 뇌물수수, 공금유용, 회사 물품의 절취

- 형사범죄와 유죄판결

- 경력, 학력 사칭과 은폐

- 전과, 징계 사실의 은폐

- 이력서 허위 기재

- 표절

- 위법한 노조활동, 불법 집단 행위 등

근로기준법 제23조2항:

"사용자는 **다음 기간에 대해서는**

어떠한 이유로도 근로자를 해고할 수 없다."

① 근로자가 **업무상 부상 또는 질병의 요양**을 위하여 휴업한 기간과 그 후 **30일 동안**

② 출산 전후의 여성이 휴업한 기간(출산 전후 휴가기간)과 그 후 **30일 동안**

③ **육아휴직 기간**

⬤ ChatGPT

한국에서는 법적으로 저성과자를 바로 해고하는 것은 어렵습니다. 이는 근로기준법에 의해 근로자의 권리를 보호하기 때문입니다. 근로기준법 제23조1항에 따르면, "사용자는 근로자에게 정당한 이유 없이 해고, 휴직, 정직, 전직, 감봉 기타 징벌을 하지 못한다"라고 명시되어 있습니다. 즉, 성과가 저조하다는 이유만으로는 직원을 해고할 수 없습니다.

결론: 한국에서는 그x의 근로기준법 때문에 정당한 이유 없이 근로자를 해고하기가 어렵다.
법적 리스크도 크기 때문에 뽑아놓고 짜르는 것보다 애초에 잘~~ 뽑아야 한다!

부당해고
행정적 구제

■ **그럼 한국은 근로자의 천국??? 철밥통??**

자, 부당해고 당하고 억울해서 잠이 안 올 때, 눈 감고 죽지 못할 것 같을 때에,

행정적 구제와 법원에 의한 두 가지 구제방법이 있다.

- **행정적 구제**: 정당한 이유 없이 해고를 당했다고 생각하는 경우, 근로자가 노동위원회에 '부당해고'가 있었던 날로부터 **3개월 이내에 신청**해야 한다.

- **법원에 의한 구제**: 법원에 해고 무효확인 소송이나 징계 무효확인의 소 제기. 노동위원회 구제명령은 당사자 간 사법상의 법률관계를 변경시키는 것이 아니므로, 사법상의 권리 구제를 받기 위해서는 **근로자가 사용자(고용주)를 상대로 별도 민사소송을 제기하여야 한다. 부당해고가 아니라는 법원의 확정판결 이후에는 노동위원회에 구제신청이 불가능하다.**

출처: 『나를 위한 생존 법률 시리즈 1탄: 직장인이 꼭 알아야 할 근로 기준법』

■ 그런데 현실적으로 이게 그렇게 쉬우냐??

절대! never!!

모든 삶을 포기하고, 나의 시간과 에너지, 전세 값까지 빼서 변호사 수임료까지.

죽기 살기로 몇 년을 버티면서 싸우고 싸우다가…

소송비로 돈은 다~~ 날리고, 결국은 대기업 본사 앞에서 천막 치고 피켓 들고 있는 신세가 된다.

그 마지막은 노숙자? 이게 무슨 의미가 있을꼬…

여튼, 회사에서 맘 먹고 해고를 하겠다 하면 갑과 을의 관계에서 대부분의 경우, 근로자들이 나가 떨어지는 것이 드러븐 현실이다.

따라서 회사의 경영자들이 어떤 기업관과 가치관을 가지고 있는지를 파악하는 것이 중요하다. 이 때문에 취업 준비 시에는 연봉만 고려할 것이 아니라 회사의 평판, 분위기, 조직문화, 직원복지정책 등을 면밀히 살펴보고 지원해야 한다.

회사만 나를 선택하는 것이 아니다. 나도 회사를 선택할 권리가 있다는 것을 기억하자.

일단 엮이면 잡힌 물고기, 을이 된다. 그게 현실이다.

그래서 취직보다는 창업을 택하는 사회초년생들이 증가하고 있지 않나 싶다.

3. 내부공급시장과 외부영입을 통한 인적자원계획

자, 다시 원래의 이야기로 돌아가서,
기술가치가 떨어진, 솔직히 기업 입장에서 효용가치가 없어진 기존의 인력들을 어떻게 할 것인가는 상당히 중요한 이슈이다.

- 기존 인력들의 능력으로는 변화된 시장에 적응이 안 되고,
- 새로운 기술확보를 위한 외부인재를 대량으로 영입하는 것도 마땅치 않고,
- 직원들을 몽창 갈아엎을 수도 없다.

- 기존 근로자 입장에서는 기술과 지식의 새로운 요구에 부합하지 못해서 잘릴 게 고민이고,
- 기업 입장에서는 미래전략을 위해 사업에 별 도움이 안되는 기존 기술인력 활용 및 외부인력 영입 문제를 해결해야 한다.

그룹토론문제	(1) 자신이 사업주라고 가정해 보자. 심각한 경제난으로 회사의 사정이 어려워졌다. 매출도 감소하고 사업 영역도 줄어들고 있다. 인적자원관리 측면에서 당신은 어떤 선택이 가장 합당하다고 생각하는가?
	(2) 그 이유에 대해서 논하라.

리스킬링(reskilling)

근로자들과 기업 모두에게 큰 위협이 되는 상황에서 서로 피해를 줄이고 상생할 수 있는 합리적인 방법은 체계적인 기술개발을 통해 기존 기술인력들에게 새로운 기술을 익히게 하여 새로운 환경에 대응할 수 있도록 해주는 리스킬링(reskilling)이다.

이를 위해 HR팀은:

- 새로운 기술 및 시장 환경에 맞춰 변화하는 조직의 미래사업전략에 입각하여
- 필요한 스킬이 무엇인지 예측하고,
- 그에 맞는 스킬을 보유한 인재를 지속적으로 파악하며,
- 개발이 필요한 스킬에 대해서는 신속하게 스킬개발 기회를 제공하는

전략을 구상할 수 있다.

이것을 바로 리스킬링 시스템(reskilling system)이라고 한다.

▎**리스킬링(reskilling):**
그동안 해왔던, 그리고 현재 하고 있는 것과는 완전히 다른 업무와 역할을 수행할 수 있도록 새로운 기술을 습득하는 것. 리스킬링 과정을 거친 구성원은 현재 보유기술과는 다른 영역의 역량을 습득함으로써 기존 역할과는 아예 다른 역할을 하게 된다.

출처: https://blog.naver.com/mosfnet/222142128549

■ **업스킬링(upskilling):**

리스킬링과 더불어 같이 부상하고 있는
기법은 업스킬링.

현재의 기술 수준을 향상시킴으로써 더
높은 가치를 창출하는 것.

즉, **현재 하고 있는 업무를 더 잘할 수 있
도록 기술 수준을 높이는 것.**

출처: https://www.ciokorea.com/news/274291

업스킬링(upskilling)

- **리스킬링**(reskilling): 영업인력이 코딩을 배우듯 기존 업무와 다소 거리가 있는 새
  로운 분야로의 확장과 **탐색적 학습**(explorative learning)
- **업스킬링**(upskilling): 영업인력이 온라인 영업 혹은 국내영업을 해외영업으로 확
  대 혹은 업그레이드하는 **활용적 학습**(exploitative learning)의 과정

탐색적 학습(explorative learning)
활용적 학습(exploitative learning)

기존 직원들에 대한 리스킬링과 업스킬링은 노사 간 마찰과 충돌없이 보다 유연하
고 평화롭게 인적자원계획을 수립하고 실행할 수 있는 유용한 도구가 된다.

■ **인력자원의 내부공급을 위한 분석기법**

그럼 이제 인력자원계획 시 내부에서 인원을 충당하기 위해서 어떤 기법을 사용해야 할지 살펴보자.

구성원들의 숫자에 초점을 둔 기법:

- **충원표**: 조직의 모든 업무와 이를 담당하고 있는 **현재 직원들의 수를 기록해서 그래프로 나타낸다.** 수요
  예측을 통해 나온 **미래의 수요인원을 표시하고 비교한다.**

- **마코브 분석(Markov analysis)**: 다양한 업무에서 조직원들의 이동패턴을 찾는 방법으로 1년간 머물러 있
  을 구성원 비율과 실제 인원수를 파악하는 것으로 승진, 강등, 퇴직할 조직원들을 분류한다. 이를 위해서는
  관리자들이 직원들의 이직과 결근에 대한 충분한 이해가 필요하다.

- **이직률**: 어느 직무에서 **얼마만큼의 이직이 발생했는지 파악하여 수요 예측에 반영한다.**

충원표
마코브 분석(Markov analysis)
이직률

스킬 인벤토리(skills inventories)
관리역량 목록(management inventories)
능력목록표(talent inventories)
대체차트(replacement charts)

구성원들의 숙련, 지식, 경험에 초점을 둔 기법:

- **스킬 인벤토리**(skills inventories): 각 구성원의 교육, 과거작업, 경험, 특수능력과 기술, 자격증 및 직무수행기간을 분석.

- **관리역량 목록**(management inventories): 스킬 인벤토리를 통해 직원들에 대한 데이터를 수집한 후, 동일한 작업을 관리자들에 대해서도 수행하는데 이를 관리역량 목록이라 한다. 구성원들의 스킬인벤토리와 관리자 목록을 광범위한 의미에서 **능력목록표**(talent inventories)라고 한다.

- **대체차트**(replacement charts): 능력목록표를 기반으로 업무담당자와 향후 이 업무를 대체할 수 있는 다른 **직원들의 리스트**를 만든다. 이 차트는 현재 담당자의 직무성과와 대체가용능력에 대한 정보를 제공해준다.

- **후계자계획**(succession plan): 미래의 경영층 구도를 위해 핵심직원을 파악, 확인, 개발, 추적, 대체차트는 후계자 계획의 정보를 주기도 한다.

HR 계획을 모두 내부에서 평화롭게 해결하면 좋겠지만, 이것도 기업상황(예: 자산, 규모, 산업 등)이 받쳐줘야 가능하다. 인적자원의 내부공급은 항상 바람직한 것이고, 외부공급은 바람직하지 않은, 필요악이라는 선입견은 버려야 한다. 가장 효과적이고 효율적인 인적자원계획은 내부 혹은 외부공급이라는 정해진 답이 있는 게 아니라 '상황에 따라서(It depends)'이다. '상황 봐서'라는 용어는 애매하고 모호하며 불확실성이 높다. 그러나 이게 또 현실이다. 그럼 현실에 순응하고 받아들이기만 할 것인가?

'상황 봐서'라는 요건을 줄이는 것 역시 능력이며 역량이다. 능력이 없을수록 '상황 봐서'라는 말을 많이 하게 된다.

아웃소싱(outsourcing)

기업에서 인적자원을 계획할 때 내부승진, 기존 직원 교육개발을 통해서 조직이 추구하는 전략실행이 도저히 불가능할 경우가 발생하기도 한다. 이 때에는 아웃소싱(outsourcing), 협업, 조직 재구조화 등의 전략을 사용하기도 한다. 효과적인 아웃소싱은 비용과 시간을 절감하는 효율적인 전략이 되기도 한다.

외부의 개인 프리랜서나 조직과 계약을 해서 작업의 일부만을 맡김으로써 전일제 근무를 요구하지 않는 전문화된 업무를 효율적으로 처리할 수 있는데, 어떤 조직들은 급여관리만을 외부조직에 맡기기도 하고, 단기 프로젝트의 경우 컨설턴트를 통해 신속성과 효과성을 얻기도 한다. 법무팀을 따로 두지 않고 법률 자문만을 외부 로펌(law firm)에 아웃소싱함으로써 기존의 내부 인력을 유지하면서도 더 나은 기술과 신속하고 효율적인 업무 처리를 통해 오히려 기업 내부의 내실을 다질 수도 있다.

■ 인적자원 수요-공급의 균형

효과적인 인적자원계획을 통해 조직은 구성원의 수요와 공급을 맞추기 위해 노력한다. 그러나 인적자원계획이 늘 계획한 대로 되는 것은 아니어서 인력을 채우다 보면 노동력의 **수요-공급 불균형 상태**에 빠질 수 있다.

- **수요 〉 공급**
  정규직 사원 모집, 기존 직원 초과근무, 퇴직 직원 재취업, 비정규직 모집

- **공급 〉 수요**
  모집 감축, 작업시간 감축, 작업할당 재배치, 강등 및 (일시) 해고

구조조정(downsizing)

그 동안 노동력 과잉을 해결하기 위해 기업이 보편적으로 선택한 방식은 '**인원 수 줄이기(head count reduction)**'. 경제적 압박이 숨을 조여올 때 비용 감소 목적으로 가장 많이 선택하는 것이 바로 구조조정! 수많은 한국기업들이 새로운 기술인력 충원, 인건비로 인한 고정비용 감소 등의 목적으로 명예퇴직, 조기퇴직 등을 사용하고 있다.

일시해고

- 구성원 일시해고에 관한 결정은 보통 재직연수에 의한다.

- 능력이나 업무적합성과 같은 요인이 재직연수보다 우선하여 고려되기도 한다.

- 노조가 있는 조직의 경우, 근로자 해고에 대한 규정을 노사합의를 통해 만들기도 한다. 이는 해고찬성이라기 보다는 경기가 회복되어 사람이 다시 필요해지면 그 해고된 사람들에게 먼저 일할 수 있는 기회를 준다는 조건으로 재고용에 관한 규정 및 재고용을 수용할 책임을 문서로 명시한다.

- 그러나… 현실은?
  대다수의 경우 새로운 직무는 다른 기술을 필요로 하고, 노동시장에서 새로운 채용으로 이어지는 경우가 대다수이다.

- 일시해고는 사실 그냥 해고일 뿐이다.

수요-공급 불균형

구조조정(downsizing)

4. 역량의 개념

4.1 역량의 정의

인적자원을 이야기하면서 끊임없이 강조하는 것은 구성원 역량 및 조직역량이다. 도

대체 이 역량이란 것이 무엇인지 살펴보자.

역량(competence)

● **역량(competence)이란?**
  - **효과적 업무수행으로 우수한 성과를 창출하는 개인의 내재적 특성**
  - **즉 일 잘하는 '일잘러'의 특성**

이에 반해,

조직역량(organizational competence)

● **조직역량(organizational competence)이란?**
  - **조직역량은 교육훈련과 개발을 통해 향상이 가능한**
  - **구성원들의 지식, 기술 및 태도의 집합체로 정의된다.**

따라서 조직에서는 **업무성격과 역할에 따라서 그 의미와 가치가 달라진다.** 인적자원관리 시스템은 특정 업무수행에 필요한 핵심적인 지식, 기술을 보유한 구성원을 파악해서 가장 필요하고 적합한 자리에 인재를 배치함으로써 조직성과를 극대화해야 한다.

4.2 역량의 유형과 특징

(1) 역량의 유형

앞서 역량을 평균과 대비하여 더 효과적이고 우수한 성과의 원인이 되는 개인의 내적 특성이라 정의하였다.

영국의 심리학자 폴 스페로우(Paul R. Sparrow)는 1996년 『조직의 역량(Organizational competencies)』이라는 논문을 통해 인적자원관리에 해당하는 역량을 세 가지로 분류하여 제시하였다.

- **직무역량(task competence):**
  - 구성원 각자가 자신의 업무를 효율적으로 수행할 수 있는 능력으로
  - 업무별 담당자에게 적용되며,
  - 개인단위 업무성과 요인들을 통해 평가됨
  - 개인전문역량이라고 함

- **리더십역량(leadership competence):**
  - 관리자가 갖추어야 할 역량
  - 개인역량을 조직에 흡수시켜 효과적인 팀 업무를 수행하고,
  - 팀 간 원활한 소통과 협력관계를 구축
  - 관리역량이라고도 함

- **조직공통역량(organizational core competence):**
  - 조직 전 구성원에게 요구하는 역량
  - 역량의 요구조건은 조직이 추구하는 기업가치와 사업전략을 통해 결정됨
  - 조직은 구성원 모두가 각자 맡은 역할을 훌륭하게 수행할 수 있는 **핵심역량 집합체**를 목표로 한다.

(2) 역량의 특징

- **행동(behavior):**

  능력은 일반적(general)인 지능, 기술, 지식이라는 개인특성이지만, 역량은 업무와 관련된, 업무 수행에서 나타나는 활동이며 행동이다.

- **상황성(contingency):**

  회사가 요구하는 상황에 따라 달리 평가된다. 즉 성과를 우선으로 하는 업무에서는 업무성과가 뛰어난 고성과자(high performer)의 역량이 더 가치있는 것이고, 관계지향적 업무가 중요한 경우에는 원활한 관계유지와 정보공유 등 협력을 잘 하는 구성원의 역량이 더 높게 평가된다. 즉, 업무수행의 환경과 상황에 따라 그 가치가 달라진다는 것이 핵심.

- **성과연계성(performance-related):**

  역량은 고성과자에게 일관되게 나타나는 성과예측요소로 반드시 고성과창출로 연결

직무역량(task competence)

리더십역량(leadership competence)

조직공통역량(organizational core competence)

상황성(contingency)

되어야 한다. 보통 잘 하던 x들이 계속 잘 하고, 고만고만한 x들이 늘 고만고만하게 한다. 물론 내적 동기가 강한 경우, 성취에 대한 강한 욕구가 있는 경우, 때마침 좋은 리더를 만나고 학습의 기회가 주어진다면 꾸준한 노력으로 역량을 향상시킬 수도 있다. 리더의 역할, 선배들의 멘토링은 우리가 알고 있는 것보다 상당한 영향력을 가진다. 어떤 일을 하더라도 경험이 필요하다. 아무리 똑똑하고 잘났어도 '처음'이라는 것이 있다. 이 '처음'의 단계에서 누가 가르쳐 주는지, 어떻게 지원해 주는지에 따라서 직원들의 성과가 좌우된다.

> ▌ **빨대꼽기!!**
>
> 늘 고만고만하던 x이 어느 날 어쩌다 한 번 누군가와 성과를 냈다?
>
> 그리고 다시 쪼로록~ 제자리.
>
> 이 경우, 누군가한테 빨대 꼽은 경우가 아주 의심되는 아니, 거의 확실한 상황.
>
> 아주 x찌질하고 없어 보인다.
>
> 조직의 입장에서도 이런 직원들은 자칫 구성원 전체의 사기를 저하시키고 소위 "정의란 무엇인가?"라는 질문을 생각하게 하는 사건. 분위기 엄청 안 좋아진다. 따라서 성과연계성과 관련하여 고려해야 할 하나의 기준은 **일관성(consistency)**을 보이느냐의 여부이다. 한번 반짝! 하고 사그러드는 고성과자는 조직의 미래지향적, 그리고 지속 가능한 역량에 도움이 안 된다.
>
> 또 하나 중요하게 고려해야 할 성과예측의 기준은 소수여야 한다는 역량의 **가치와 희소성!!**
>
> 고성과라는 것은 기준이 상당히 높아서 그것을 만족시키는 것이 쉽지 않거니와 그래서도 안 된다.
>
> 멍멍이나 음메나 다 할 수 있는 것을 역량이라고 할 수는 없다.

일관성(consistency)

개발가능성(trainability)

● **개발가능성(trainability):**

사람에게 타고난 재능이 있는 것은 부인할 수 없는 사실이다. 그러나 **조직에서의 역량은 훈련, 코칭, 목표설정, 리더십 등에 의해 학습 및 개발이 가능하다.** 리스킬링, 업스킬링 등의 노력을 통해 가능성을 향상시키는 노력을 해야 한다.

● **관찰 및 측정가능(observable & measurable):**

역량은 관찰이 가능하고 **객관적 성과치를 통해 측정 가능**해야 한다. 목표치를 두고 목표와 성과 간 차이를 평가하기 때문에 객관적으로 판단하고 이를 지속적으로 개발, 향상시켜야 한다. 고성과자들도 고충이 많다. 올라가는 것은 힘들어도 추락은 한 순간! 더 x팔린다.

■ 점점 먹고살기 빡세지는 세상

인적자원관리 시대에서 전략적 인적자원관리의 시대로 들어서며 상생을 강조하게 되었다. 이것이 시대의 흐름이고 사람을 그저 노동력이 아닌 한 조직에 속한 구성원으로 인식해야 한다는 사회의 인식변화이다.

그러나 세상에 공짜는 없다.

얻는 게 있으면 잃는 게 있고, 잃는 게 있으면 또 얻는 것도 있다.

과거에는 자리만 잘 지키고 윗 사람한테 잘 부비대면 대충 버틸 수 있었다. 능력? 있으면야 당연히 좋지만 능력이 좀 딸려도 샤바샤바하면서, 급하면 무릎이라도 꿇어서 어떻게 살아 남을 수 있었던 그 시절.

그러나 오늘날 조직과 구성원 모두의 상호개발, 상생이 강조되면서 성과에 대한 요구가 급상승! 그러다 보니 그 놈의 능력이 중요해졌고, 한 조직 안에서 역량을 발휘해야만 살아남을 수 있는 세상이 되고 나니, 내게 아무리 비벼도 성과 없는 직원을 명분 없이 보호해주는 데에도 한계가 있다. 나도 위험해진다.

인간미~!! 측은지심~!! 이제 그런 건 없는 거야?? 그런거야??

여튼 오늘날 인적자원계획은 **직무중심(job-based)**에서 **역량중심(competence-based)**으로 그 중심이 옮겨가고 있다. 그 차이를 비교해 보자.

직무중심(job-based)
역량중심(competence-based)

	직무중심	역량중심
구성원 가치	담당하고 있는 **직무, 직급**	보유하고 있는 **직무수행역량** 수준
경영자의 관심	직무와 그에 따른 **책임**	역량과 그에 따른 **성과**
구성원의 관심	고임금을 위한 **승진(promotion)**	고임금을 위한 **지식, 기술, 능력(KSAs: Knowledge, Skills, Abilities)** 배양
직무분석 방법	세분화	**광범위화(broad-banding)**
평가	**직무내용과 직무가치평가**	**보유역량과 역량가치평가**
장점	**직무에 의한 간단·명료한 보상**	인력활용의 유연성
단점	관료화와 비유연성	인건비 증가 가능성

출처: https://brunch.co.kr/@publichr/10

그룹토론문제

(1) 직무중심과 역량중심관리. 이 둘 중 어느 것이 더 합당한 인적자원관리라고 생각하는가? 어떤 경우에 어떤 방식이 더 효과적일까?

(2) 타당한 이유에 대해서 설명해 보자.

국가직무능력표준(NCS: National Competency Standards)

> **■ 국가직무능력표준(NCS: National Competency Standards)**
>
> 2015년 정부가 학력이나 학벌이 아닌 다양한 요소들을 고려하여 개인의 능력을 평가하는 **능력중심 인적자원관리**를 강조하기 시작하면서부터 **체계적인 업무중심 인사관리제도 구축**을 통한 국가직무능력표준(NCS) 기반의 인사관리가 더욱 주목받기 시작하였다.
>
> - 정의: [대한민국 자격기본법 제2조2호]에 따르면 산업현장에서 **업무를 수행하기 위해 요구되는 지식 · 기술 · 소양 등의 내용**을 국가가 산업부문별 · 수준별로 체계화한 것
> - 목적: 산업구조 및 노동시장 변화에 효과적으로 대응하기 위해 업무수행에 요구되는 **직무능력(지식, 기술, 태도)을 과학적으로 도출하여 표준화함으로써** 인적자원관리 전반(채용–배치–평가–보상 · 승진–교육훈련 등)과의 연계를 강화
> - 단위: 업무를 효과적으로 수행하여 성과를 내는 능력으로 다음 두 가지로 구성된다.
>   - **직무수행능력** : 특정 전공에 해당하는 능력으로 **특정 직무를 수행하기 위해 필요한 능력**
>   - **직업기초능력**: 구성원 모두에게 요구되는 **기본적인 능력**
>   * 분류체계: 대분류(24개) → 중분류(80개) → 소분류(257개) → 세분류(NCS, 1,022개) 순으로 구성
>   * 예를 들자면, 대분류(경영, 회계, 사무) → 중분류(총무, 인사) → 소분류(인사, 조직) → 세분류(인사) 순으로 분류.
>
> NCS를 기반으로 한 **능력중심채용**은 직무분석, 채용절차설계, 선발전형 도구개발, 선발전형 운영 및 평가 순으로 진행된다. 이 같은 과정을 통해서 직무능력을 공정하게 평가할 수 있는 채용 체계를 구축하고, 편견을 유발할 수 있는 요소들은 제외한다는 목적을 가지고 있다.
>
> 채용과 직무분석에 관해서는 4장과 5장에서 자세히 설명하도록 하겠다.

직무수행능력
직업기초능력

능력중심채용

4.3 맥클라랜드의 역량

사실 인적자원관리와 관련한 역량이라는 개념은 주로 조직 및 산업심리학자들에 의해 발전되어 온 개인 수준에서의 개념이다. 심리학 영역에서의 역량은 욕구이론(theory of needs)으로 유명한 미국 심리학자 데이비드 맥클라랜드(David McClelland)가 1973년 처음 제시하였다.

맥클라랜드가 제시한 역량은 전통적 의미의 지능보다는 업무에서 실제성과로 나타나는 능력에 더 의미를 둔다.

즉, 학업 적성검사, 성취도 검사로는 업무성과에서의 성공을 제대로 예측하지 못한다는 점을 강조!

핵심 주장: 평균적인 사람들과 고성과자(high performer)를 비교해서 고성과의 원인이 되는 개인의 내재적 특징을 파악해야 한다!

출처: Google

맥클라랜드가 처음 제시한 역량은 업무성과와 관련된 광범위한 심리적, 행동적 특징에 의해 정의되었으나, 이후 고성과자(high performer)와 평균성과자(average performaer)를 구분하는 지식, 기술, 능력 및 기타 특성으로 발전되었다. 이러한 논리는 이후 역량과 관련된 다양한 연구들의 기초가 되며 매우 중요한 학문적 공헌을 하게 된다.

고성과자(high performer)

여기서 잠깐!!

맥클라랜드의 욕구이론이란?

사람에겐 세 가지 주요 욕구가 있다. 성취욕구(need for achievement), 친화욕구(need for affiliation), 권력욕구(need for power). 이 세 측면의 욕구는 천성적인 것보다는 환경과 상호작용하면서 발전된다. 조직 구성원들의 업무동기, 커리어, 팀에서의 활동 패턴, 관리자로서의 기여 가능성들을 이해하는 데에 자주 활용되는 이론이다.

4.4 스펜서의 빙산모델

스펜서-스펜서(Spencer, L. M. & Spencer S. M.)는 1993년『업무에서의 역량: 고성과모델(Competence at work: Models for superior performance)』이라는 저서를 통해 맥클라랜드가 제시한 역량이라는 개념을 보다 구체화시켰다.

스펜서-스펜서는 역량을 '평균과 대비하여 더 효과적이고 우수한 성과의 원인이 되는 개인의 내적특성'이라고 정의하며,

맥클라랜드가 제시한 역량의 개념을 기본적으로 따르면서 이에 더해 역량의 개념을 세 가지로 특정화시켰다.

내적인 특성(underlying
characteristics)
성과의 원인(causually-related)
준거기준(criterion-related)

- 내적인 특성(underlying characteristics): 다양한 상황에서 개인의 행동을 예측 가능하게 하는 개인성격의 심층적이고 지속적 특징
- 성과의 원인(causually-related): 행동과 성과의 원인이 바로 역량. 따라서 역량을 판단함으로써 개인의 행동과 성과에 대한 예측이 가능
- 준거기준(criterion-related): 구체적인 기준, 평균에 의해 개인의 우수성을 예측

빙산모델(iceberg model)

■ 빙산모델(iceberg model)

개인을 평가할 때 우리는 보통 눈에 보이는(visible) 부분만을 본다. 기술, 지식 등 업무성과에 직접적인 영향을 미치는 특징들.

그러나 우리가 보는 것은 빙산의 일각일 뿐이다. 그들은 우리 눈에 보이지 않는(invisible), 숨어 있는(hidden) 그 무엇인가를 더 가지고 있다!

고성과자들에게는 자아개념, 성격, 동기 등 보이지 않는 강력한 특징들이 있다. 단순히 기술만을 보유했다고 해서 고성과가 나오지는 않는다!

출처: spencer & spencer(1993)

고성과자가 보이는 역량과 성과!!

쟤는 왜 잘났을까? 왜 성과가 좋을까?

조금 다른 그림으로 다시 살펴보자.

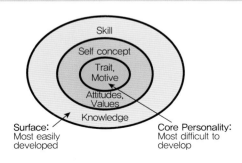

왼쪽 동그란 원을 열매라고 생각해 보자.

요 열매가 바로 조직이 원하는 고성과자!

출처: spencer & spencer(1993)

Circle 1:

표면(surface)

- **가장 바깥에 있는 원**
- 기술(skill)과 지식(knowledge)이 자리하고 있다.
- 개발하기가 그나마 용이하다. 쉽다는 게 절~~대 아니다!!
- 그래도 쉬운 편이다, 가능성이 있다~~!! 요말이다.

Circle 2:

중간 원

- 자아개념(self concept), 태도(attitude), 가치(values)가 자리하고 있다.
- 그 사람이 어떻게 스스로를 평가하는지,
- 어떤 태도로 삶을 살아가고 있는지,
- 어떤 가치관을 가지고 있는지에 따라 역량의 크기와 강도는 달라진다.

Circle 3:

가장 안쪽에 있는 원

- 특성(trait)과 동기(motive)
- 인간의 본성, 됨됨이에 가까워서 가장 개발하기 힘들고,
- 변화시키기도 어려운 부분
- 후천적 학습보다는 태생적인 부분이 많은 것이 사실이다.
- 하지만 요기까지 들어가서 자격을 갖춰야 진정한 고성과자가 된다.

나는 고성과자가 될 수 있을까? 스스로 생각해 보자.
내가 어느 측면을 보완해야 고성과자로서 살 수 있을지 한 번쯤은 고민해 보는 것도 좋다.

(1) 빙산모델(iceberg 모델)에서 가장 중요한 요소가 무엇이라고 생각하는가? 그 이유는 무엇인가?

(2) 가장 중요한 요소를 직무, 리더십, 공통역량에 적용하여 생각해 보자. 리더십과 관련해서 가장 중요한 요소가 바뀐다고 생각하는가? 그렇다면, 혹 아니라면 그 이유에 대해 논해 보자.

5. 한국의 생산인구감소와 노동인력 고령화

효율적이고 빈틈 없는 인적자원계획은 기업의 생존(survival)과 직결되어 있다. 일반적으로 기업의 목표는 핵심역량을 바탕으로 한 경쟁우위 구축, 유지, 성과 향상, 이윤 극대화!!

그러나 컨설턴트 아리 드 호이스(Arie de Geus)는 2002년 『살아있는 기업(The living company)』이라는 저서를 통해 기업의 궁극적 목표를 '기대수명연장'이라고 정의했다. 흔히 거론되는 기업의 목표인 이윤추구도 생존을 위한 수단에 불과하다는 이야기.

기대수명연장을 위해서는 늘 변화하는 외부환경에 촉각을 곤두세워야 하고, 변화에 적응할 수 있는 역량을 키워야 한다.

사진출처: Google

기업 생존에 유의미한 영향을 미치는 외부환경에는 무엇이 있을까 생각해 보자.

기술 변화, 환경 변화, 시장 변화, 고객층의 변화, 라이프 변화, 그리고 사실 그동안 우리의 관심 밖이었던 인구 변화. 인구 변화가 왜??

인구는 노동력의 근간이다. 과거 농업중심 사회에서처럼 자식들을 10명씩 낳아 논밭을 갈 인력들이 필요한 시대는 아니지만, 한국의 출산율이 현저히 낮아지고 인구가 고령화되는 것은 인적자원계획에 영향을 줄 수밖에 없다.

　뉴스에서 출산율 감소에 대해 이런 저런 말들이 많지만, 그게 그냥 애 좀 낳으라고 하면, 네~~!! 할 문제가 아니라는 것이다. 결혼과 출산은 어디까지나 개인의 영역이다. 그러나 문제는 출산율 저하로 노동인구가 감소하면서 한국기업들의 생산성, 성과 그리고 생존에 빨간불이 켜졌다는 것이다. 인구감소가 아닌 인구붕괴 시대를 마주하고 있는 한국의 현실!!

출산율 저하
인구감소

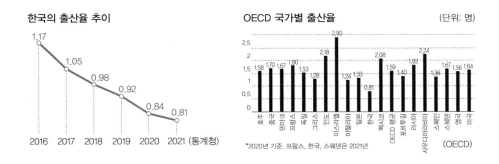

한국의 출산율은 1960년대 1가구당 평균 6명에서, 2023년 1분기 기준 0.81명. 출생 시 기대수명은 1950년 47.9세에서 2021년 83.6세.

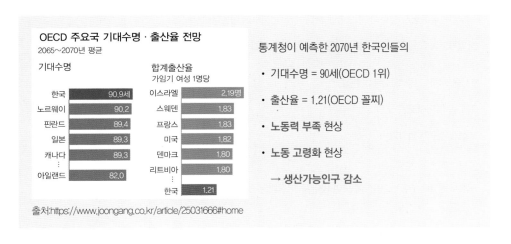

통계청이 예측한 2070년 한국인들의

- 기대수명 = 90세(OECD 1위)

- 출산율 = 1.21(OECD 꼴찌)

- **노동력 부족 현상**

- **노동 고령화 현상**

　→ 생산가능인구 감소

출처:https://www.joongang.co.kr/article/25031666#home

고령사회

초고령사회

여기서 잠깐!!

고령사회, 고령사회 그러는데 그 정확한 기준을 알아보자.

고령기준 65세.

고령인구의 비율이 14%를 넘으면 고령사회, 20%를 넘으면 초고령사회.

한국은 2017년 고령인구 비율이 14%를 넘으며 이미 고령사회로 진입하였다.

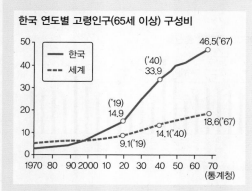

한국 연도별 고령인구(65세 이상) 구성비

통계청에 따르면:

- 2045년 한국의 고령인구(예측) 비율= 37%. 일본(36.7%)을 제치고, 전 세계 최~~고 고령국가가 될 예정.

- 2067년 한국의 고령인구(예측) 비율 = 46.5%. 인구의 절반이 할아버지·할머니

– 그니까 애 좀 낳으라구! 그 쉬운 걸 못해~~~!!

 (그렇게 쉬우면 너님이 낳으시던지요~!!)

– 65세가 할아버지·할머니냐! 요즘엔 늙은이 축에 끼지도 않는다!

 (의학발달로 인한 100세 시대일 뿐, 체력이 어디 이팔청춘만 할까?)

출산율 저하, 고령화·노령화 현상.

그거 뭐 어쩌라고??

→ 생산인구가 없다고~

→ 아무도 일을 안 한다고!!

→ 전부들 아침 먹고 노인정에 모여 앉아서 '아침마당' 보고 있다고!!

잠재성장률

　　　한국경제연구원, 한국금융연구원, OECD가 거국적으로 모여 앉아 예측한 한국의 1인당 잠재성장률 전망은 2033년 0%대 진입, 2047년부터는 마이너스.
　　　보통은 잠재성장률이라는 단어를 쓰지만, 한국의 경우는 '추락률'이라고 표현하는 것이 옳다.

한국의 1인당 잠재성장률 추이
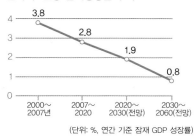
(단위: %, 연간 기준 잠재 GDP 성장률)

주요국(OECD) 1인당 잠재성장률 전망
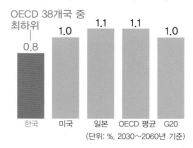
(단위: %, 2030~2060년 기준)

잠재성장률 0점 몇 퍼센트?? 뭐 대수냐 생각할 수도 있지만, 이게 한 10년 끊임없이 누적되면 겁나게 곤두박친 현실에 대한 현타가 오게 되는 날이 올 수도 있다.

한국이 쩌~~야

소말리아, 모잠비크, 마다가스카르보다 가난해질 수도 있다고!!

방법을 찾아야 한다!!

자, 보자~!!

팔팔한 생산인구는 줄고, 업무현장에서 멀어지는 고령자들은 늘고!

조직의 '기대수명'을 연장하려면 HR팀에서는 어떻게 인적자원을 계획해야 하느냐??

– 정부청사 앞에서 피켓들고 시위 해? 생산인구 늘려달라고?
– 노령인구를 젊은이로 바꾸는 회춘 요술을 부려?

멍멍 소리 그만하고 현실적 방안을 얘기해 보자.

기업의 안정적 인력확보계획을 위해서 두 가지 방안을 생각할 수 있다.

• 신규경제활동인구 유입으로 노동인구의 양(quantity)을 확대시키고,
• 기존경제활동인구 개발을 통해 노동의 질(quality)을 향상시켜야 한다.

신규경제활동인구 유입
노동인구의 양(quantity)
기존경제활동인구 개발
노동의 질(quality)

5.1 양적 접근방법

양적 접근방법(quantity-based approach)

양적 접근방법(quantity-based approach)의 대표적인 예는 신규경제활동인구 유입이다. 신규경제활동 인구로 고려할 수 있는 인구에는 여성인구, 생산활동이 가능한 고령인구, 해외인구가 있다.

여성인구 유입

(1) 여성인구 유입
결혼, 출산 후 경력이 단절된 여성을 고용시장에 재유입시킨다.

- 출산율 장려를 위해 정부는 출산을 하면 현금을 주는 현금급부형 정책에 20년간 380조 원을 투입했다.
- 결과는 폭망!
- 임신 중 검사비만도 100만 원이 넘는데, 100만 원 장려금 받겠다고 애를 낳아?(그건 미친 짓이다)
- 출산은 출산 자체가 문제가 아니라 일단 애가 밖으로 나오는 순간 내 모든 육체적, 정신적, 경제적 에너지와 영혼이 탈탈~~ 죽는 날까지 털린다.

- 더욱 심각한 문제는 출산 후 육아로 인한 경력단절, 경력의 다운그레이드(down grade).
- 전문직이 아닌 이상 받아주는 곳도, 돌아갈 곳도 없다.
- 출산은 개인이 책임질 문제가 아니라 사회 전체가 감당해야 하는 문제이다.
- 이러고 보면 사회적 문제가 맞고, 사회 전체가 해결을 해야 하는 것이니 정부 앞에서 시위해야 하는 게 맞는 건가??

고령인구 유입

(2) 생산활동이 가능한 고령인구 유입
일찍이 초고령사회로 진입한 일본의 경우 65~69세 취업율이 50.5%이다.
일본이 초고령화시대를 살면서 시행하고 있는 주요 정책들을 살펴보자.

정년 연장	정년 65세에서 70세로 상향 추진
시니어 워크 프로그램	새로운 일자리에 도전하는 노인들을 위한 교육프로그램
실버 인재 센터	고령 근로자에게 취업 기회를 제공하는 공익 단체에 국가가 운영비 보조
고령자 건강과 수명관리	간병인 고용 지원 및 간병로봇, 인공지능(AI) 활용
의료보험료	고령자 중 고소득자들의 의료보험료 인상
연금 정책	연금 납입기간을 늘리고 수령시점을 늦추는 방안 추진

그럼 한국의 경우는?

한국기업들도 고령화 시대에 발맞추어 고령 노동인구를 노동현장에 유입시키고 있다. 물론 고령 노동자에게 주어지는 일들이 보통 비정규직, 최저임금 이하의 보수가 주어지는 경우가 많아 일자리의 질에 대한 문제는 꾸준히 논의되고 있다.

■ 시니어 인턴 제도

- 한국은 2014년부터 보건복지부와 한국노인인력개발원이 협력하여 **시니어 인턴 제도**를 시행하고 있다.

- 만 60세 이상의 고령자에게 신규 일자리를 제공하는 보건복지부의 고용창출 사업으로

- 시니어 인턴 채용 시 월 급여의 50%(최대 월 40만 원)를 최대 3개월간 지원하고

- 인턴 후 재계약 시에도 월 급여의 50%(최대 월 40만 원)를 최대 3개월간 지원한다.

시니어 인턴 제도

출처: 2015년 개봉 영화 〈인턴〉

"영화 〈인턴〉에서의 로버트 드 니로(Robert De Niro Jr., 1943~)는

시니어 인턴으로 너무나 중후하고 완벽하다.

호감 넘치고, 멋지고, 젠틀맨이어서 비현실적이기까지 하다.

그럼에도 시니어 인턴으로서

품위 있게 늙어가는 것은 누구에게나 꼭 필요한 덕목이다."

https://brunch.co.kr/@hsleey0yb/351

한국에서는 현재 GS리테일, 본아이에프, CJ대한통운이 시니어 채용사업에 참여하고 있다. 시니어 인턴십은 인턴형과 연수형으로 나뉜다.

- **인턴형**: 단기 근로자 신분으로 고용되어 3개월 간의 정부 지원 종료 후 기업이 계속 고용 여부를 결정
- **연수형**: 기업이 직접 근로자와 계약을 맺고, 해당 기업의 직무 **연수생으로 3개월간 교육을 시킨 후 신규 채용하는 방식**

■ CJ 대한통운 '실버택배'

- 60세 이상 고령 노동자들이 택배 배송에 참여하는 사업
- 같은 고객 수를 4~5명의 고령 노동자들이 나누어 맡아서 진행

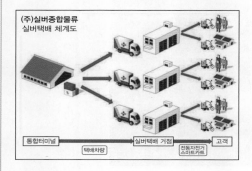

(주)실버종합물류
실버택배 체계도

- 아파트에 공동집하장을 설치하여 **아파트에 거주하고 있는 노인들을 고용**
- 택배차량이 지하주차장으로 진입하지 못하는 문제를 해소하는 쌈박한 해결방법 도입

- 2014년 한국노인인력개발원과 CJ 대한통운이 공동출자하여 설립
- 노인 일자리 창출의 모범사례로 UN의 찬사를 받은 사업

---

(3) 해외인구 유입

해외인구 유입을 통해 생산 노동자들의 양을 늘리는 방법도 있다. 한국의 경우 중국, 동남 아시아인들이 비합법적 과정을 통해 유입되어 일을 하는 경우가 상당히 많다. 유입과정이 비합법적이니만큼 근무 여건이 안 좋을 수밖에 없고, 노동 활용의 질(quality) 또한 떨어질 수밖에 없는 현실이다.

70여 년 전부터 고령화사회에 진입한 독일의 경우, 이민정책에 거액의 장기투자를 통하여 저출산과 고령화 문제를 해결하고자 노력해왔다. 2000년대 이전 독일은 단일

민족정책을 취하며, 외국인에 대해 전형적 차별 및 배제의 입장을 고수했다. 그러다가 2000년대 이후 슈뢰더 총리 집권기(1998~2005년) 이후 그린카드 제도 및 점수제 이민 제도를 통해 포용적 정책으로 노선을 바꾸었다. 포용적 이민정책 시행을 위해서는 외국인 노동력 유입에 대한 반감과 불안을 불식하고자 하는 노력이 전제되어야 한다.

포용적 이민정책

2000년대 이전		2000년대 이후
전형적인 차별 및 배제 유형의 이민정책 (단일 민족 정책)	⇒	슈뢰더 총리 집권기(1998~2005년) 이후 포용적 이민정책 변화

■ 미국의 양적·질적 이민정책

생산가능인구의 위협에서 비교적 자유로워 보이는 미국

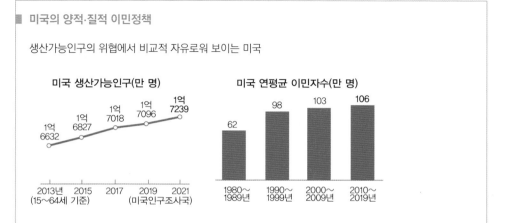

2020년 미국 대선 당시 조 바이든(Joe Biden, 1942~)과 도널드 트럼프(Donald Trump, 1946~)의 주요 정책을 사알짝 들여다보면 그들의 성향을 짐작할 수 있다.

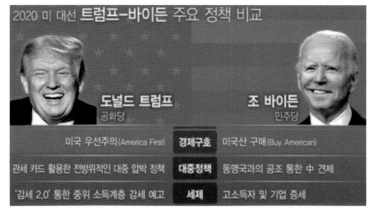

출처: http://www.iminju.net/news/articleView.html?idxno=59127

대선 최후의 승자는 바이든!

바이든이 미국 46대 대통령이 되면서 45대 대통령 트럼프가 추진해 왔던 **'반이민정책'을 전면 폐지**하고, 진보적이고 **질적 향상에 초점을 둔 이민정책**을 추진한다.

특히,

- 미국경제에 도움이 되는 고학력 및 숙련된 기술자들의 영주권 취득 기회를 확대하고,
- 학생 및 창업자 등을 우대하며,
- 정치상 꺼려 왔던 국가들의 이민제한 완화정책을 통하여 노동력의 질적·양적 측면 모두 향상시키는 데에 기여한다.

반이민정책 (좌측 여백)

고학력 및 숙련기술자 영주권 취득 기회 확대	• 미국 내 박사학위 외국인 영주권 취득 절차 간소화 • 비이민 취업비자 외 취업 이민의 연간 쿼터 대폭 연장
Place-based Immigrant Visa Program	• 장소기반이민(비자) 프로그램으로, 로컬 정부 차원에서 지역경제와 인구 증가를 위해 필요한 경우 신청 가능
학생 및 창업자 우대	• 미국 내에서 취업비자를 받고자 하는 유학생의 취득절차 간소화 • 창업을 위해 미국으로 오고자 하는 해외 창업자를 위한 비자
가족 재결합 우선 추진	• 미국시민권 취득 절차 간소화, 직계가족과 비직계가족들의 비자 및 영주권 수속의 처리와 대기시간 감축 등

미국은 이와 같이 해외인구에 대한 완화정책을 통하여 현재의 생산 효율성, 그리고 미래의 잠재력과 성장 가능성이 높은 우수한 인력들을 미리 확보함으로써 미국경제에 **장 · 단기적으로 모두 도움이 되는 실용주의**를 택하고 있다.

5.2 질적 접근방법

질적 접근방법(quality-based approach) (좌측 여백)

여성·고령·외국인 근로자의 노동시장 유입이 기업의 안정적 인력확보계획을 위해 활용할 수 있는 양적접근의 가능한 예라면, 질적 접근방법(quality-based approach)의 대표적인 예는 기존 경제활동인구의 질적 향상이다. 노동인구 감소와 노동자 고령화의 위협 속에서 기업들이 할 수 있는 선택은 기존 인력들의 재학습과 기술 향상, 적절한 인력 재배치 등을 통해 노동 효율성과 효과성을 최대치로 끌어올리는 것이다.

(1) 고령 노동인구 재학습과 직무재배치

노동인력이 고령화되는 것은 막을 방법이 없고, 그렇다면 기존의 노동인구 중 특히, 고령화되는 인력의 효율성과 생산성을 높이는 방안을 모색해야 한다.

소니(Sony)의 경우, 50세 이상 관리직을 대상으로 **프리 에이전트**(FA: Free Agent)라는 사내 공모제를 운영하고 있다. 50대 관리직 사원이 FA에 참가하여 사내 신규사업이나 타 부서 지원같은 직무에 지원하여 새로운 직무에 재배치되는 것이다.

- 재학습을 통해 고령 노동자들의 잠재력과 직무 능력을 향상시키고,
- 지식과 경험을 갖춘 중간 관리자(middle manager)를 **적재적소에 배치**하며,
- **다기능전문가**(multi-skilled specialist)를 육성하는 데에 그 목적이 있다.

재학습
다기능전문가(multi-skilled specialist)

(2) 기술고도화 정책

기술고도화

고령 노동자의 재학습과 직무재배치를 통해 다기능 전문가로 재탄생시키는 것 이외에 제한된 노동인구를 가지고 기업이 할 수 있는 또 다른 선택은 인공지능, 로봇기술, 빅데이터 등의 **최첨단기술활용 극대화**를 통해 생산성을 향상시키는 것이다.

- 생산라인에는 로봇을 도입해 무인화와 자동화를 꾀하여 소수전문인력으로 대량 생산을 가능케 하고,
- 빅데이터를 활용해 소비자의 구매량과 구매 시기가 반영된 공급 체계를 구축해 **판매공급망 관리를 효율화**시키고,
- 혁신 기술을 기반으로 '**맞춤형 고객 지향**'의 생산과 소비 체제로 변화시키는 적극적 대응을 해야 한다.

핵 심 용 어

- 인적자원계획(human resource planning)
- 전략적 인적자원계획(strategic human resource planning)
- 스킬 인벤토리(skills inventory)
- 양적 예측방법(quantity-based prediction method)
- 질적 예측방법(quality-based prediction method)
- 델파이 기법(Delphi method)
- 리스킬링(reskilling)
- 업스킬링(upskilling)
- 마코브 분석(Markov analysis)
- 대체차트(replacement charts)
- 역량(competence)
- 직무역량(task competence)
- 리더십역량(leadership competence)

- 조직공통역량(organizational core competence)
- 직무중심(job-based) 인적자원계획
- 역량중심(competence-based) 인적자원계획
- 맥클라랜드의 역량
- 스펜서의 역량
- 빙산모델(iceberg model)
- 인력확보를 위한 양적접근
- 노동자 고령화
- 여성 경력단절
- 외국인 근로자 유입
- 인력확보를 위한 질적접근
- 기술고도화

연습문제

01 인적자원관리계획의 정의에 대해 설명하라.

02 전략적 인적자원계획의 의의는 무엇인가?

03 인적자원관리계획의 네 단계가 무엇인지 설명하라.

04 델파이 기법은 무엇인가?

05 리스킬링과 업스킬링의 차이점은 무엇인가?

06 마코브 분석은 무엇인가?

07 스킬 인벤토리(skill inventories)에 대해 간략히 설명하라.

08 역량과 조직역량의 차이점을 설명하라.

09 영국의 심리학자 폴 스페로우가 제시한 세 가지 역량과 각 특징을 간략히 설명하라.

10 직무중심과 역량중심의 인적자원관리계획의 차이에 대해 설명하라.

11 맥클라랜드가 말하는 역량개념의 핵심은 무엇인가?

12 스펜서의 빙산모델에 대해 간략히 논하라.

13 노동생산인구 감소라는 문제에 대한 해결책에 대해 논하라.

인적자원관리의
세부 기능 Ⅰ

채용과 선발

학습목표

- 채용과 선발이 갖는 의의에 대해서 설명할 수 있어야 한다.

- 기업이 채용 과정 시 사용하는 선발도구의 예시를 들 수 있어야 한다.

- 적합성이론에 대해 설명할 수 있어야 한다.

- 적합성과 관련된 기타 이론들에 대해서 설명할 수 있어야 한다.

1. 채용과 선발의 개념

앞서 인적자원관리의 개념, 역할, 기능, 중요성 그리고 의의에 대하여 살펴보았다.

자, 그럼 이제 똘망똘망한 인재를 채용해야 할 차례이다.

현실에서는 채용과 선발을 혼용해서 쓰는 경우가 많은데, 사실 이 둘은 다른 개념이다.

채용(recruitment)

채용(recruitment)

- 정의 = 자격을 갖춘 후보자가 적합한 직무에 지원하도록 설계하는 것
- 목적 = 조직의 다양한 직무와 직책에 적합한 최고의 인재기반을 조성하는 것

선발(selection)

선발(selection)

- 정의 = 적합한 후보자를 선택하기 위해 사용되는 구체적 단계들
- 목적 = 필요한 직위, 직무에 적합한 후보자를 선택하는 것

● 개념정리

- 채용은 큰 개념, 선발은 작은 개념
- 선발이 채용에 속함(채용⊃선발)
- 선발은 후보자 선별, 인터뷰 등의 도구를 통해 채용을 현실화하는 과정

채용과 선발, 그냥 뽑으면 될 것 같지만 그게 말처럼 쉬운 게 아니다. 조직에서는 조직의 핵심역량을 창출해 줄 최고의 지원자들을 추려내고 채용해야 한다. 조직에 적합한 인재를 알아보고, 내 사람으로 만드는 것이 조직의 그 어떤 비전과 전략보다 중요하기 때문이며, 조직의 성공과 생존이 달려있는 문제이기 때문이다.

경영학 분야의 베스트셀러

『좋은 기업을 넘어 위대한 기업으로(Good to great)』에서 저자 짐 콜린스(Jim Collins)는

"기업에 있어 중요한 자산은 사람이 아니다."

라고 말한다.

(저자) "여태까지 사람이 조직의 자산"이라고 열 냈는데...

이를 어쩔??!!!!

그러나, 한국말은 끝까~~지!!

콜린스가 진짜 하고 싶은 말은:

- 기업에 적합한 사람 = 자산(asset); 소~중한 자산!
- 기업에 부적합한 사람 = 부채(liability); 웬~수덩어리!!

요 말이 하고 싶었던 것이다.

→ 현타가 온다!!

2. 채용과 선발의 과정과 방법

기업에 있어서 직원 채용은 선발 과정 동안 일상 업무 외적인 시간과 노력, 신입사원이 업무를 배우는 동안 소모되는 비생산적 시간 및 훈련비용 등 상당한 비용을 투자해야 하는 업무로 신입사원을 채용하고 훈련하는 데에는 기존 직원 연봉의 1.5배가량이 소요된다. 이를 고려할 때 신입사원 채용은 상당히 공을 들이고 신중을 기해야 하는 중요한 업무이다.

통상적인 선발과정은

- 자동화 프로그램을 통해 지원자들의 학력, 업무 경력 및 자격 검토
- 특정 업무에 대한 기본적 능력 측정과 적성검사를 통해 지원자들의 성향 평가
- HR팀과 관리자들의 1, 2차 면접을 통하여 업무 및 조직과의 적합성 판단
- 지원자의 업무 기록, 학점, 신용기록 확인
- 합격자들의 신체검사

렉시스넥시스(LexisNexis)
소셜미디어

여기서 잠깐!!

지원서에 적은 내용의 진실 여부 확인은 누가??

기업들은 **렉시스넥시스(LexisNexis)**와 같은 서비스를 활용하여 후보자들의 범죄 기록, 운전 기록, 신용 이력에 대한 증명뿐 아니라 업무 경험과 전문적 적성들을 확인한다. **소셜미디어나 개인 홈페이지**를 통해 지원자를 스크린하고, 바람직하지 않다고 여겨지는 지원자들을 걸러내기도 한다.

따라서 젊을 때부터, 아니 어릴 때부터 소셜미디어 사용 및 홈페이지 관리에도 신중을 기해야 한다. 어린 치기에 또라이 짓하고, 악플 달고, 욕설 퍼붓고, 친구들 괴롭히면서 지 x리는 대로 살다가 취업할 때 착한 척 가면을 써도 소용없다. 내가 저지른 수많은 악행과 범죄들이 결국 내 발목을 잡는다. 가고 싶던 회사에서 합격이 취소되면서 내 인생은 꼬이기 시작한다. 그때 가서 머리 쥐어 뜯어봤자 이미 꼬인 인생 풀 방법이 없다.

실제로 미국의 경우, 과거 몇년 전 소셜미디어에 남긴 인종차별적 발언으로 인해 대학 입학 취소, 입사 취소, 임원급 이사가 사임을 하게 되는 사례가 자주 있다. 요즈음 세상에 한 번 올린 글이나 영상은 지우기도 쉽지 않다. 그 기록과 이력들이 날 평생 쫓아다닌다. 지우면 나타나고, 또 지우면 또 나타나고, 물귀신처럼 평생을 따라다니며 내 인생을 나락으로 떨어뜨린다.

모든 선발 과정을 통과한 최종 후보자들에게는 인턴으로 업무능력을 증명할 시간을 준다. 인턴기간은 보통 6개월에서 1년으로 관리자의 평가결과를 토대로 정식고용이 되거나 혹은 인턴종료로 그 과정이 마감된다.

기업 입장에서 인턴기간

새로운 구성원이 요구사항을 만족시키는 인재라는 것을 평가하고 확인하는 시기

구직자 입장에서 인턴기간

- 자신이 조직성과에 공헌할 수 있는 적합한 인재임을 증명함과 동시에
- 이 회사가 나의 시간, 열정, 미래를 투자할 가치가 있는 곳인지를 평가하는 중요한 시기

■ 인턴십(internship) vs. 견습(apprenticeship)

우리는 보통 인턴십과 견습을 혼동하지만 둘은 다르다.

인턴십은

- 일정 기간 동안 사업체에 의해 제공되는 일을 경험하는 구조화된 프로그램으로
- 보통 대학 재학생 혹은 졸업생들에게 그들이 일하기를 희망하는 특정한 산업에서 경험할 기회를 준다.
- **인턴쉽은 급여를 받을 수도 혹은 못 받을 수도 있다.**

견습은

- 인턴십보다 **훨씬 더 규제가 강하며,**
- 자격을 갖추기 위해서는 특정한 요건들을 충족시켜야 하고,
- 모든 견습생 제도는 현장 교육과 강의실 교육이 혼합되어야 하며,
- **급여를 지급받고,**
- 해당 분야를 성공적으로 마친 견습생들에게는 **국가적으로 공인된 자격증**을 제공한다.

견습이라는 새로운 형태의 자격 증명은 고용주가 숨어 있던 인재를 찾아내고 다양성을 강화하는 데 도움을 준다. 미국 인적자원관리협회가 2,800명 이상의 상급 · 중급 관리자를 대상으로 실시한 설문조사에 따르면 임원의 81%, 매니저의 71%, 인사전문가의 59%가 **견습제를 통한 대안적 자격 증명이 더 다양한 인재를 확보하는 효과적 방법**이라는 데에 동의하는 것으로 나타났다.

인턴십(internship)
견습(apprenticeship)

■ 유엔(UN) 인턴은 열정페이?? 급여 '0'원!!

수많은 학생들이 유엔이나 세계은행과 같은 국제기구에서 일하는 것을 꿈꾼다.

그러나 그 길이 그렇게 호락호락하지가 않다.

올 초 대학을 갓 졸업한 OOO.

국제기구에서 일하는 것이 소원이다. 그러다가 한국 주재 유엔 사무소 인턴채용공고가 눈에 딱 들어와서 눈에 불을 켜고 들여다보았다. '일체의 급여나 생활비를 제공하지 않는다.'는 문구가 영~~찜찜했지만… 그래도 지원서를 냈고 합격!

근데 이게 진짜 장난이 아니다.

집에서 사무소가 너무 멀어서 사무소 근처에 월세로 쪽방하나 구하고 거기에 식비까지 더하니 한 달에 내돈 150이 그냥 허공으로 휘이휘이 사라진다.

내가 돈을 주고 일을 하는 상황이 된 것!! 낮에 사무소에 출근하고 저녁 땐 알바를 뛴다.

한국 주재 유엔 사무소 대부분은 인턴에게 급여를 지급하지 않는다. 임금을 지급하는 기관은 **유엔난민기구와 유엔세계식량계획** 두 곳으로 최저임금에 못 미치는 월 150만 원이 교통비, 식비로 지급된다. 유엔은 뭘믿고 인턴에게 임금을 지불하지 않는가~~를 봤더니 그 근거가 1996년에 통과된 바로 요요 결의안 때문!

> "인턴십 프로그램은 참가자들이 유엔 활동에 대해 더 잘 이해할 수 있도록 하는 것으로
>
> 인턴에게 돈을 지불하지 않는다."

그래서 첫 출근 시 **근로계약서가 아닌 인턴 협약서**를 작성한다.

유엔의 무급 인턴 문제는 2015년 세계적으로 논란이 된 바 있다.

무슨 일인고~ 하면,

스위스 제네바에 있는 **유엔본부에서 인턴으로** 일하던 네덜란드 청년 데이비드 하이드. **본부 앞에 텐트를 치고 노숙을** 한다. 6개월짜리 인턴십에 지원해 합격은 했지만, 유엔의 무급 정책으로 도저히 방을 구할 여유가 없어서 결국 호숫가에 텐트를 치고 생활을 했다. 데이비드의 전 재산은 텐트, 요가매트, 배낭. 그의 **노숙생활이 트위터에 오르면서 여론이** 들끓기 시작했다.

출처: https://m.khan.co.kr/world/world-general/article/201508131613231#c2b

짠내 나는 인턴생활! 유엔 인턴들이 떼거리로 뭉쳐 반기문 당시 유엔사무총장에게 공개 서한을 보냈지만 묵묵부답.

평화와 인권의 상징인 **유엔에서 열정페이를 강요**하고 있는 것. 근로를 하기는 분명히 하는데 근로를 했다는 노동권을 인정받기 위해서는 인턴이 직접 개인적으로 유엔을 대상으로 소송을 걸어야 한다. 뭐 이딴!! 완전 빛좋은 개살구!!가 되었다!

국제기구에서 경험을 쌓을 드문 기회라 이력서에 한 줄 넣겠다는 일념으로 청년들은 무급인턴을 한다. 이는 노동력의 착취라는 비난이 있지만, 원래 그렇다니 할 말이 없다.

근데!!!

무급인턴십 그거 불법 아니야???

→ 고용주가 근로자들에게 최소한의 국가 최저임금을 주지 않는 것은 엄연한 불법이다!!

→ 여기서 중요한 단어는 '근로자'!! 모든 인턴사원이 근로자로 분류되는 것은 아니기 때문에 계약서에 싸인을 하기 전에 꼼꼼하게 잘 읽어 봐야 한다. **나 근로자 맞아??**

2023년도 영국의 최저임금(국민생활임금이라고도 함):

- 23세 이상: 10.42파운드
- 21~22세: 10.18파운드
- 18~20세: 7.49파운드
- 16~17세 또는 견습생: 5.28파운드

2020년 기준 런던에서 무급인턴을 하는 데 드는 비용은 1,093파운드(170~180만 원).

부유한 학생들이야 비용을 감수하고 인턴을 하지만, 모든 학생들이 이 비용을 감수하고 무급인턴십을 하는 데에는 무리가 있다. 미국 의과대학의 경우, 인턴십은 대부분 무임금이다. 스펙 쌓고 싶으면 아쉬운 너

희가 와서 그냥 무료봉사하라는 얘기. 돈 없으면 의사도 되기 힘든 이 x같은 세상!! 따라서 이러한 무급인 턴십을 **사회적 이동성**에 대한 **또 다른 장벽**이라고도 말한다.

출처: https://m.khan.co.kr/national/national-general/article/202108151404001#c2b

채용과 선발 과정은 기본적으로 비슷한 구조와 과정을 거친다. 단, 각 기업별 특성과 요구조건 등이 반영되기 때문에 조금씩은 차이가 있다. 지원하고자 하는 기업의 채용과 선발과정을 잘 숙지하여 준비하여야 한다. 직무적성검사가 어떤 형태의 검사인지 감을 잡기 위해 삼성의 직무적성검사를 잠시 예로 살펴보자.

삼성직무적성검사(GSAT)

■ 삼성직무적성검사(GSAT: Global Samsung Aptitude Test)

'삼성 수능'이라는 별칭의 GSAT(지사트)는 "졸업장으로 기회의 차별을 두지 말고 능력으로 평가해야 한다"는 취지의 제도이다. 인맥을 동원해도 GSAT를 통과하지 못하면 합격은 어렵없다. 이에 GSAT 기출문제 유형을 분석해 주고, 빨리 푸는 법을 알려주는 학원들이 생겨나고, GSAT 문제집이 베스트셀러로 오르기도 한다.

2005년 300문항(210분), 2010년 160문항(140분), 2018년 110문항(115분) 등으로 문항 수가 점점 줄어들다가 2020년 코로나의 여파로 온라인 시험이 되면서 수리 20문항, 추리 30문항(60분)으로 크게 줄었다. 문제 구성은 사업부마다 다르다.

GSAT 시험은 서류 결과가 발표되고 한두 달 후에 진행

- **수리논리**: 기초 계산능력, 표나 그래프 등 자료를 해석하는 능력 등을 평가
- **추리**: 어휘나 기호 등에 적용된 패턴을 찾아서 추리하고, 규칙과 조건을 파악하여 옳고 그름을 판단하는 능력 등을 평가

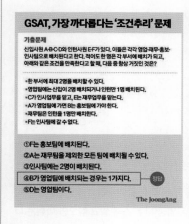

부분 조건을 알려주고 전체 상황을 추리하는 **조건추리문제**. 생각보다 어렵다. 그림을 그려서 부분조건을 명확하게 한 후 발생 가능한 상황을 지워나가는 게 빠르다.

저자가 직접 풀어보니 머리가 좀 잘 돌아가야 한다. IQ 테스트에 가깝지 않나 싶은 느낌이 들었다.

학력, 졸업장은 안 볼테니 대신 그냥 시험 봐서 들어와. 머리 좋은 x들을 뽑겠다는 삼성의 의지가 보였다.

이러다 보니 취업을 위한 적성검사가 대학입시 수준이다. 취업 준비 기간이 보통 최소 6개월에서 1년. 수능 끝났다고 좋아했더니 입사고시가 기다린다.

인생은 역시 피곤하다.

GSAT만큼 중요한 단계는 면접

- **창의·직무 면접**은 부장급(CL4) **실무자**가 면접관으로 참여.

- **인성 면접**은 **임원**이 한다. 특히, 면접의 70%는 임원 면접이라는 말이 나올 만큼 임원 면접이 사실상 당락을 가르는 단계로 통한다. 사업부 임원 3~4명이 지원자 1명을 평가하는데, 자기소개서를 기반으로 **꼬리에 꼬리를 무는 질문**을 한다.

면접 사이 사이 **직무적합성 진단**(인성검사)과 '**약식 GSAT**'를 다시 치르게 하는데, **이중시험**으로 앞선 GSAT에서 대리시험 등의 부정행위가 있었는지 확인하는 **삼성 공채의 치밀함!!**

출처: https://www.joongang.co.kr/article/25148381#home

직무 면접
인성 면접

직무적합성 진단

직원선발과정에서 직무적합성, 역량평가와 함께 고려해야 하는 또 하나의 영역은 인성이다. 아무리 역량이 탁월해도 인성에 문제가 있으면 조직 화합에 심각한 문제를 유발한다. 채용 과정에서 미꾸라지 한 마리, 썩은 사과를 걸러내는 것은 조직 전체의 분위기를 위해서 상당히 중요한 일이다. 이에 성격검사, 평판조회, 인성평가, 면접 등 후보자들의 인성을 파악하기 위한 다양한 방법을 활용하고 있다.

■ MBTI(Myers-Briggs Type Indicator)를 채용 과정에???
MBTI는 과학이 아니라니까~!!

2019년 말부터 예능과 인터넷 놀이의 하나로 유행하기 시작한 MBTI가 채용과정에서 사용될 정도로 영향력을 키우고 있다. MZ세대가 MBTI에 빠진 이유는 '나'를 정의하고 표현하고자 하는 욕구의 표출로 해석된다.

MBTI(Myers-Briggs Type Indicator)

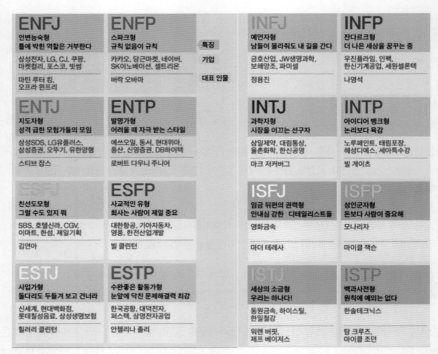

출처: https://www.joongang.co.kr/article/25085521#home

MBTI는

1940년대 캐서린 쿡 브릭스(Katharine Cook Briggs, 1875~1968)와 그녀의 딸 이사벨 브릭스 마이어스(Isabel Briggs-Myers) 모녀가 칼 구스타프 융(Carl Gustav Jung)의 심리유형론을 근거로 고안한 성격유형지표이다.

출처: Google

그러나

과학적 차원에서 MBTI의 신뢰도는 높지 않다.

심리학을 전공하지 않은 비전문가가 칼 융의 심리유형론을 독학해서 임의적으로 만든 지표로 통계적으로도 성격 분포가 뚜렷하게 다른 집단으로 구분되지 않는다는 한계점이 있다. 예를 들어, 외향형(E)과 내향형(I) 집단은 따로 존재하는 것이 아니라 하나의 정규분포를 이룬다. 1, 2점 정도의 아주 미미한 점수 차이로 한쪽으로 아주 쬐끔 치우친 것을 근거로 사람을 서로 다른 집단으로 분류하는 오류.

가장 큰 문제는 비과학적인 MBTI가 기업 채용의 선발 도구로 활용되고 있다는 점

실제 채용 사이트에서 'MBTI 특정 유형은 지원 불가', 'MBTI 결과 필수 제출' 등의 내용을 어렵지 않게 찾을 수 있다. 최근 한 은행에서는 '자신의 MBTI 유형 및 장·단점을 소개하고, 이를 기반으로 적합한 업무를 쓰라'는 자기소개서 항목을 내놓았다가 논란을 빚었다.

MBTI 인증을 총괄하는 마이어스 브릭스 재단(Myers & Briggs Foundation)에서조차 MBTI를 근거로 구직 지원자를 선별해서는 안 된다고 권고하고 있음에도, 오히려 현실에선 MBTI를 채용에 반영하는 기업들이 증가하는 정반대의 현상이 나타나며, 사람들이 **MBTI에 '과몰입'**하고 있다.

MBTI가 채용의 선발도구로 적합하지 않은 가장 큰 이유는 왜곡의 가능성이 크기 때문이다.

MBTI는 자신의 성향을 스스로 평가하는 **자기 보고식(self-report)** 심리 검사이다. 취업과정에서 고용주가 특정 유형을 선호하는 인상을 주면, 구직자들은 자신의 실제 성격과 달리 **고용주가 원하는 유형으로 답을 한다. 사회바람직성 효과(social desirability effect)**에 의한 왜곡과 편파!

자기 보고식(self-report)
사회바람직성 효과(social desirability effect)

MBTI를 활용한 기업 채용 사례

Sh수협은행	자기소개서에 MBTI 유형과 장단점 소개, 직무적합도 작성
씨와이뮤텍	서류전형에 MBTI 검사 결과지 반영
안국건강	2차 전형 시 MBTI 현장 검사
아워홈	자기소개서에 MBTI 유형을 소개하고 장단점 소개
애드나인	MBTI 검사 결과 'E(외향적 성격)'로 시작 땐 우대

출처: https://www.mk.co.kr/news/society/10231727

- 성격이 스펙이냐?
- E 성향만 합격시키는거 아니야?
- 나 지금 미팅 나왔음?
- 거짓말해야 하나?
- 내가 그렇다는데 어쩔?

마이어스 브릭스 재단에서도 '채용 과정"에서 **MBTI를 활용하는 것은 합당치 않으며, 위법의 소지가 있다**고 규정하고 있다(Code of Ethics 4.1). 국내에서도 대다수가 편파, 조작 가능성, 비과학성 등의 이유로 MBTI가 채용과정에서 활용되어서는 안된다는 의견을 제시한다.

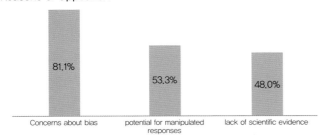

Reasons of Opposition

- Concerns about bias: 81.1%
- potential for manipulated responses: 53.3%
- lack of scientific evidence: 48.0%

Source: 한경, "ESFP라 업무 안맞아" 직장인의 한탄... MBTI 과몰입 논란, 2023.03.01

3. 바람직한 채용을 위한 상호 노력

채용은 기업 만의 일이 아니다. 기업만이 시간과 비용을 감수하는 것이 아니며, 기업만이 좋은 사람을 채용하고 싶은 것이 아니다. 구직자들도 기업 못지 않게 시간과 비용을 감수하고 좋은 회사에 가고 싶어한다. 채용이란 기업들에게도 적합한 인재를 찾는 중요한 업무이지만, 구직자들에는 자신의 인생이 달린 중요하고 어려운 과정이며 결정이다. 서로를 만족시킬 수 있는 바람직한 채용을 위해서는 어떤 노력들이 필요할지 생각해 보자.

3.1 조직의 노력

 ChatGPT 최고의 인재를 확보하고 유지하는 방법은?

- 전략적 리크루팅
- 긍정적 조직문화 형성
- 회사 이미지의 브랜딩 활동
- 매력적인 직무 제시
- 충분한 보상과 복리후생
- 개인역량과 커리어 개발 기회 제공
- 다양성에 대한 포용 등 다양한 요소들

우수인재 확보

기업에서 우수한 인재, 자신의 조직과 가장 적합성이 높은 후보, 미래를 같이 꿈꾸고 성장시킬 인재를 찾는 것은 당연하다. 그러나 우수한 인재를 바라기 전에 자신의 회사가 그럴만한 가치와 조건이 되는 회사인지를 객관적으로 평가하고, 인재들이 오고 싶어 하는 매력적인 근무환경을 만들어 놓아야 한다. 전략적 리쿠르팅을 시작으로 기업 이미지 브랜딩, 업무 매력성, 합리적 보상, 근무환경, 커리어 개발 기회 제공, 다양성을 포용하는 조직문화형성 등 조직들은 우수인재 확보와 유지를 위해 다양한 HRM 노력을 한다.

몇년 전만 해도 모든 취업 지원자들의 '워너비' 직장은 연봉, 복지, 그리고 이름만 대면 다 아는 대기업·공기업! 그러나 요즘 대세는 "워라밸", "자기개발", "미래가치"!!

2018년	
순위	기업명
1	삼성전자
2	카카오
3	한국전력공사
4	SK텔레콤
5	네이버
6	현대자동차
7	SK이노베이션
8	KT&G
9	LG전자
10	CJ제일제당

2022년	
순위	기업명
1	삼성전자
2	SK텔레콤
3	네이버
4	카카오
5	현대자동차
6	토스
7	LG화학
8	구글코리아
9	라인
10	한국전력

■ 우리 회사는 매력적인 회사인가??

기업정보 플랫폼 잡플래닛이 **취업준비생(취준생)** 1,013명을 대상으로 한 설문조사 결과를 살펴보면 취준생들이 취업하고 싶은 기업을 선택하는 기준과 가치관에 변화가 생기고 있음을 알 수 있다. 기업을 선택한 이유(복수응답)에 대한 2018년과 2022년 자료를 대조해 보았다.

취업준비생(취준생)

2018년 취준생들	2022년 취준생들
연봉, 복지 등 좋은 **처우** 조건(65.00%) 하는 일에 대한 **자부심**과 보람(34.77%) 인지도 높고 좋은 **이미지**(31.39%)	연봉, 복지 등 좋은 **처우** 조건(77.98%) 칼퇴, 연차 사용 등 **워라밸** 가능 기업'(66.04%) 승진, 자기개발 등 **개인성장**이 가능한 기업(37.51%)

• 2022년 설문에서 눈에 띄는 점은 '주관식' 응답자가 늘었다는 점과 **직장 선택에 대한 기준점과 가치관이 크게 달라졌다는 것.**

  – 연봉이 최고 수준이 아니더라도 일정 수준 이상이라면, 워라밸, 사내문화 등 다른 조건들이 중요하다 (88.65%).

  – 연봉이 물론 중요하지만, 성장 가능성이 높다면 지금 당장의 처우와 조건(연봉이나 복지)은 일부 포기할 수 있다(61.30%).

  – 복지 제도가 충분하고 훌륭하다면, 연봉은 어느 정도 포기할 수 있다(46.99%).

- 더욱 놀라운 것은 젊은 세대들이 기존 세대들이 그들에게 가지고 있는 선입견들과는 다른 대답을 했다는 것이다.

  - 자유로운 휴가 사용, 탄력근무 등 자율성이 높은 근무 환경이라면 어느 정도의 야근이나 주말 근무는 감당할 수 있다(70.29%).

  - 회사에서 일을 하다 보면 어느 정도의 야근이나 주말 근무 등은 어쩔 수 없다고 생각한다(57.75%).

  - 연봉이나 성장 등 다른 부분을 위해서라면 워라밸을 포기할 수 있다(50.05%).

- 요즘 젊은 세대들은 절대로 야근을 하려 하지 않는다고들 하지만, 이들이 거부하는 것은 야근 자체가 아니라 "**이유 없고, 의미 없는 야근**"이다.

- 입사 포기, 퇴사, 이직 선택에 영향을 미치는 항목으로는:

  - 사내 성범죄나 폭행 등 직장 내 **괴롭힘**이 있었던 회사(88.75%)

  - **오너 리스크**가 있는 회사(70.29%)

  - 강제 회식, 술자리 등 **안 좋은 회식문화**가 있는 회사(66.04%)

  - 부서 및 직무 이동을 **일방적으로 정하는 회사**(40.47%)로 집계되었다.

결국 취준생이 원하는 회사의 특성을 잘 파악하여 회사 이미지는 물론 실질적인 회사 분위기를 변화시키지 않으면 취준생들의 선택을 받지 못하는 "**기업 인재전쟁에서의 루저**"가 된다. 최근의 사회 변화, 경쟁적 기업환경 하에서 **회사가 언제나 인재채용에서 "갑"이 아님을 명심해야 한다!!**

출처: https://www.fortunekorea.co.kr/news/articleView.html?idxno=24568

3.2 지원자의 준비와 노력

회사 입장에서의 채용은 사실 해당 직무에 적합한 인력(the right one!)을 찾는 업무.

그 이상도 그 이하도 아니다. 그럼에도 불구하고, 기업들은 갖은 공을 들여 업무 시스템을 구축하고, HRM정책을 만들고, 바람직한 조직문화를 형성하는 등 우수한 인재를 유치할 수 있는 요건들을 만들기 위해, 좋은 회사를 만들기 위해 최선을 다한다.

기업들이 그런 노력을 들이는 동안 나는 무엇을 했는지 생각해 보자. 기업보다 급한 건 사실 나 자신이다. 기업에게는 HR 업무이지만, 나에게는 내 인생과 미래가 달린 문제이다. 지원자로서 회사가 내게 무엇을 제공해 줄 수 있는지 먼저 따지기 전에, 내가 좋은 회사에 갈 만한 자격이 되는 지원자인지 평가하고, 나 자신을 준비시키는 것이 선행되어야 한다.

■ 난 자격 있는 적합한 지원자인가?

나 자신을 준비된 지원자로 만들자!!

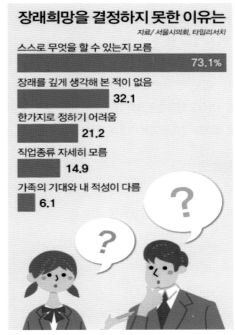

출처: https://www.metroseoul.co.kr/article/2019082800130

내 영혼의 힘을 끌어 모으고, 또 끌어 모아 대학까지는 어떻게 갔다.

근데, 난 장래희망이 없다.

왜?

쪼~~기!!

이젠 직장이다!!

'뭐 해야 하지?'의 고민이 또 시작된다.

등 떠밀려 학원 가고, 등 떠밀려 입시 준비하고, 지금은 또 등 떠밀려 취업준비를 하고 있다.

내가 무엇을 하고 싶은지 모르는 것이 가장 큰 문제이다!!

진로 선택

- 내가 하고 싶은 것이 무엇인지 파악하고 목표를 선택해야 한다.
- 다양한 직업군에 대한 이해와 분석을 통해 내 욕구에 부합하는, 내게 동기를 부여하는 적합한 분야를 선택해 보자.

커리어를 정한다는 것은 내 정체성(identity)과 인생을 만드는 과정이다.

긴 백수·백조 생활은 날 볼품 없이 만들고, 내 자존감을 저 시궁창으로 쳐박고, 내 영혼을 갉아먹는다.

진로 선택

정체성(identity)

(1) 진로선택의 기준: 능력 vs 기호

내가 잘 하는 것? 좋아하는 것?

- 흔히들 직업은 잘 하는 것으로, 좋아하는 것은 취미로 하라는 소리를 한다.
- 좋아하는 일을 하면 행복할 것 같지만, 능력이 딸리면 그 일은 지옥이 된다.
- 좋아해서 했는데 직업이 되는 순간 싫어지기도 한다.

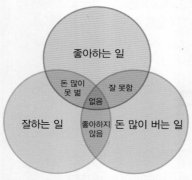

- 좋아하는 일을 하면 매번 실패해도 행복할까?
- 내가 좋아한다고 생각했던 일이 내가 진짜 좋아하는 건 맞을까?
- 돈을 못 벌어도 계속 좋아할 수 있을까?

- 좋아하지도 않고,
- 잘하지도 못하고,
- 돈도 못 버는 최악의 선택은 피하자.
- 인생 길~게 말아먹는다.

출처: https://brunch.co.kr/@jeonhyemidesign/32

(2) 진로선택과 직업특성파악

다른 건 딱!인데, 근무특성 하나가 내 뒷다리를 잡는다.

- 조선업에 지원한 엔지니어라면 거제, 울산, 목포, 통영 등 해안도시에서 근무할 준비가 되어 있어야 하고,
- 건설업에 지원한 공학도라면 일정한 근무지를 기대해서는 안 된다. 국내·외 어느 도시의 공사현장이든 그곳이 사무실이고 일터가 된다.
- 검사 역시 마찬가지이다. 검사 멋지지! 근데 지사가 있는 기관이기 때문에 전국을 돌아다니는 순환근무는 당연하다. 저~~기 시골구석은 물론 섬에도 간다.

업종별 특성을 이해하지 못하고 서울에서만 근무하겠다고 떼쓰면 또라이돼서 짤린다. 장기적 시각으로 그리고 현실적으로 개인의 라이프 스타일, 결혼, 자녀, 돌보아야 할 부모님 등 가족 생활 등을 미리 고려하여야 한다.

출처: https://www.mk.co.kr/news/economy/9533698

(3) 현실 파악!! 나 자신을 객관적으로 평가하기!!

어쩌면 이것이 진로 선택에 있어서 가장 중요한 현실일지 모르겠다. 나를 먼저 이해하고, 평가하고, 받아들이는 것은 직업의 현실적 선택에 큰 도움을 준다.

어떤 직업을 선택하느냐에서 다음 두 가지 객관적 사항은 고려하는 것이 좋다.

재능:

- 거창할 것 없다. 재능은 내가 잘 하는 모~~든 걸 포함한다.
- 내가 무엇을 잘 하는지 생각해 보자. 없다고? 잘 찾아보면 한두 가지 재주는 있을 것이다. 큰 재주가 아니어도 좋다.
- 공부, 게임, 운동, 음악, 춤, 컴퓨터, 요리, 바느질 등
- 여기서부터 이 재주들이 연관될 수 있는 직업을 서치해 보자.
- 의외로 A-ha 하는게 나올 수도 있다.

예시 1)

- 난 바느질을 디게 잘한다. 나 그럼 평생 옷수선하구 살아? 십자수만 떠?
- 수술하는 신경외과 의사들은 정확·신속·세심한 손놀림이 최고의 재능이다!!
- 나 공부 못하는데…
- 내 재주가 제대로 먹히는 직업이라면 영혼의 힘을 끌어모아서 기어들어가라. 옷수선보다 의사가 멋있어 보인다면, 그게 하고 싶다면 젖먹던 힘까지 쥐어짜라!

출처: tvN 고스트 닥터

예시 2)

- 맨날 게임만 한다고 엄마한테 등짝 스매싱을 당한다.
- 할거면 어줍잖게 하지 말고 제대로 해라! 전문가가 되면 된다!
- 꼭 프로게이머일 필요는 없다. 게임 관련 기획, 프로그래밍, 그래픽 등도 가능하다.

재능

성격

성격과 성향:

• 사회생활에서 성격과 성향은 성과 및 직업 만족도에 큰 영향을 미친다.

• 개인의 업무동기, 일에 대한 열정에 아~주 중요한 영향을 주기 때문이다.

• 자신과 맞지 않는 성향의 일을 하게 되면 정신세계가 붕괴되기도 한다.

예시 1)

• 난 집순이 · 집돌이, 고립형, 스따, 혼자가 좋다.

• 사람들이 많은 곳은 질색.

• 사람과의 접촉이 적은, 혼자서 일을 할 시간이 많은 직업을 선택해야 한다.

• 분석가, 연구자, 개발자, 법의관, 작가 등

출처: Google

예시 2)

• 난 사람들이랑 만나서 얘기하고 노는게 좋다.

• 혼자는 너무 외로워.

• 단체생활에 적합한 성격

• 사람들과의 접촉이 많은 직업을 선택하는 것이 좋다.

• 서비스직, 영업, 레크레이션, 협업체제

■ 번외편:

• 저자(나 2저자)에게 10대 초반 딸이 있다.

• 아이돌이 되겠단다. 어림 반 푼어치 없는 소리!

• 음치, 몸치, 박치 삼박자를 두루~~ 갖추셨네~~ (재능 부적합)

• 그럼 회사원? 사회생활을 하다 보면 날 칭찬해 주는 사람보다 욕하는 x들이 더 많다.

• 누가 한 마디만 해도 얼굴까지 벌개져서 열 받아 잠도 못 잔다. (성격 부적합)

→ 이 아이의 애미인 나는 어찌할꼬…

→ 독불장군식 성격은 상사가 없는 일을 해야 하는 데 그럼 창업? 얘가 뭘 잘 하지?

→ 내 머리가 뽀개진다.

각자 자신의 능력, 성격, 성향을 곰곰이 분석해서 미래를 설계해 보자.

(4) 잡섀도잉

직업선택. 요래봐도 저래봐도 쉽지가 않다. 내가 하고 싶다고 할 수 있는 것도 아니고, 능력이 있다고, 재능이 있다고 꼭 할 수 있는 것도 아니고, 또, 성격에 맞는 것만 골라 할 수 없는…

우리는 평범한 인간들이다.

직업 선택에 도움이 되는 활동인 잡섀도잉이 있다. 잡섀도잉(job shadowing)은 관심 있는 직업에 종사하는 사람을 그림자(shadow)처럼 따라다니며, 실제 직업체험을 통해 해당 직업을 이해하고 학습하는 활동을 말한다. 피트니스센터(fitness center)에서 운동을 하다 보면 간혹 격하게 고개를 끄떡이면서 트레이너들을 졸졸 쫓아다니는 사람들이 있다. 잡섀도잉 중!

잡섀도잉(job shadowing)

미국에는 직업체험을 통해 다양한 가능성을 탐색해볼 수 있는 프로그램이 많이 운영되고 있다. 해당 기업 취업 희망자들(대학생)을 대상으로 운영하는 사례가 많다. 한국도 초등학교 때부터 직업체험학습이라는 프로그램에 참여할 수 있다. 직업체험을 통해 특정 직업에 흥미가 생길 수도 있고, 어떤 직업이 내게 적합할지 생각해볼 기회를 가질 수도 있다. 잡새도잉을 어린 나이에 해보는 것은 장기적 관점에서 인생을 설계하는 데에 있어 좋은 기회가 된다. 목표가 일찍 형성되고 구체화되면서 자신의 미래를 어릴 때부터 계획적으로 준비할 수 있다. 명확한 목표설정을 통해 핵심역량 키우기에 집중하고, 자신이 하고 싶은 일을 하기 위해 필요한 스펙을 차근차근 시간을 가지고 쌓을 수 있다.

대학(원) 입학 시 전공을 잘 선택하는 것도 방법이다. 전공불문이라는 조건이라고 하더라도 자신의 전공과 무관한 업무에 지원하는 것은 성공 확률이 사실 높지 않다. 아무 관련지식과 경험이 없는 것과 있는 것과는 기본적으로 시작점이 다르다. 남들이 4년간 공부한 내용을 나는 몇 개월이면 습득할 수 있다라고 생각하는 것은 과대망상이다. 복수전공이나 부전공을 활용하는 것도 선택의 범위를 넓히는 방법이다.

요즈음 기업들이 스펙보다는 도전정신, 성실성 등의 인성을 중요하게 생각하고, 스펙은 취업에 그닥 영향을 미치지 않는다고는 하지만, 그건 스펙 + 기타사항이지 스펙 없는 기타사항을 보는 것이 아니다.

출처: https://www.mk.co.kr/news/economy/9533698

그룹토론문제	(1) 자신의 진로와 경력을 선택하는 데에 있어서 조언을 받아본 적이 있는가?
	(2) 있었다면 도움이 되었는가?
	(3) 없었다면 자신의 소질과 능력을 파악하는 데에 있어서 어떤 방식이 도움이 되겠는가? 어떤 노력을 스스로 할 수 있을지 생각해 보자.

4. 현실적 직무 미리보기

현실적 직무 미리보기(RJP: Realistic Job Preview)

현실적 직무 미리보기(RJP: Realistic Job Preview)의
- **개념상 정의**: 채용 후보자에게 급여, 근무 시간, 일정 유연성 및 문화를 포함하여 지원한 직무의 세부 사항을 알려주는 직무 설명
- **현실적 정의**: 채용 후보자에게 업무상 힘든 점과 회사의 단점을 솔직히 얘기하는 것

현실적 직무 미리보기는 채용과 선발 과정을 성공적으로 마친 최종 후보자들을 대상으로 최종 입사 통보 전 입사 후 실제 겪을 직장생활이 어떤가를 미리 경험하게 해주는 중요한 과정이다. 취직이라는 기쁨도 잠시, 많은 사람들이 며칠 안에 회사생활에 바로 회의를 느끼고 튀는 경우가 많다. 채용을 하는 기업 입장에서도 며칠 다니다가 그만 둘 사람들은 아예 들어오지 않는 게 좋고, 회사를 다녀야 하는 직원들 입장에서도 며칠 다니고 그만둘 거 괜히 서로 시간, 에너지, 비용을 낭비할 필요가 없다. 유토피아가 아닌 현실을 잘 들여다보고 마음의 결정과 준비를 하는 것이 좋다.

■ 내가 가는 곳은 천국인가 지옥인가?

성 베드로는 천국과 지옥을 선택하기 전

그녀에게 하루동안 천국과 지옥을 경험할 기회를 주었다.

- 천국은 아름답고 평화로웠지만 매우 지루했다.
- 지옥에는 골프 코스, 바닷가재를 먹곤 했던 컨트리클럽이 있었고, 그곳엔 그녀의 친구들이 음료수와 칵테일을 마시고 있었다. 재미있어 보였다.

성 베드로가 그녀에게 선택을 하라고 하자, 그녀는 망설임 없이 지옥을 선택한다.

지옥의 문이 열리자 그녀는 쓰레기와 오물로 가득한 황무지에 서 있는 자신을 발견한다. 그녀의 친구들은 누더기를 입고 쓰레기를 주워 낡은 가방에 넣고 있다.

"말도 안돼!!!

난 어제 여기서 골프를 치고, 컨트리클럽에서 바닷가재를 먹고,

친구들과 춤을 추며 너무 행복했었어…

지금 이 더러운 쓰레기들만 가득한 곳에서 내 친구들은 모두 비참해 보여~~~!!"

악마가 그녀에게 다가가 그녀의 어깨를 감싸며 말한다.

"어제 당신은 직원이 아니었지만,

지금 당신은 직원이예요."

회사의 실제 상황, 업무상 힘든 점 등을 미리 말해주고, 경험하게 함으로써 지나친 기대를 가지고 들어오지 않도록 직무에 대해 현실적으로 소개하는 것!!

이것이 바로 **현실적 직무 미리보기(RJP)**이다.

보이는가?

저 다크써클, 피곤에 찌든,

그리고 웃음기 없는 직원들의 얼굴.

구태여 억지웃음으로 포장하지 않은

현실세계(real world).

물론 RJP를 하면 지원자들이 대거 입사를 포기하는 상황이 벌어질 수 있다. 그러나 그들에게도 향후 마주해야 할 업무에 대한 실망감과 충격을 미리 예상하고 대처하게 할 기회를 주는 것이 서로에게 번거로운 이직을 감소시키는 현실적 방안이 될 것이다.

"세상에 날 완전 x편하게, 돈 잘 벌게,

그러면서 즐겁고 행복하게까지 만들어 주는, 그냥 날로 먹는 직업은 없다!"

채용과정에서 취준생이 선발과정을 통과하여 직장인이 되었을 때 하게 될 일과 보상수준, 겪게 될 조직환경, 분위기 등을 가감 없이 그리고 숨김 없이 알려주는 것은 유능한 인재의 영입 과정에서 상당히 중요한 단계이다.

4.1 로저(Roger)의 연구

249명의 은행원들을 대상으로 그들이 입사한 후 43주를 관찰.

- RJP를 받은 입사자들: 첫 3주 OJT 기간 중 자진 퇴사율 가장 높음
- RJP를 받지 않은 입사자들: 첫 20주 동안 자진 퇴사율 가장 높음

: 기업 입장에서는 나갈 사람은 일찍 나가주는 게 비용 최소화.
: 개인 입장에서는 아닌 건 빨리 접는 게 자신의 미래설계에 도움.

4.2 필립스(Phillips)의 연구

과거에 수행된 RJP에 대한 40건의 연구를 통합하는 **메타분석**(meta-analysis)을 통해   메타분석(meta-analysis)
어느 시점에 지원자에게 그 회사와 직무의 "쌩얼"을 공개하는 게 좋을까를 연구.

- 쌩얼 공개 시기는 세 시점: 채용과정 초기, 채용 직전, 채용 직후

결과:

① 채용과정 초기에 할 경우, 직무 만족도 증가

② 채용 직전에 할 경우, 자발적 퇴사율 감소

③ 채용 직후에 할 경우, 업무성과와 몰입도 향상

- 뭐야?? 어쩌라고? 다 좋다는 거잖아~~!!
- 시점이 중요한 게 아니라 현실적 직무소개를 하는 것 자체가 긍정적 결과를 가져
  온단다!!

결론:

어차피 들어오면 다 알게 될거 그냥 깔건 미리 까고 솔직한 것이 좋다.

업무조건, 대우, 보상, 요구사항 등에 대해서 솔직히 이야기해 주어야 한다.

입사 후 뒤통수 치기 없~~기!!

- 절대 사기 치고 숨기지 말자!
- 부풀리지도 말자!
- 포장하지도 말자!
- 헛된 꿈과 희망을 심어주지 말자!
- 향후 어떤 어려움과 x짜증이 날지를 충분히 짐작하게 해주자!!

이것이 바로 현실적 직무 미리보기의 **"백신효과"**이다.

다 알고 들어왔지??

백신을 미리 맞은 지원자들이

가장 빠르게 적응하고, 현실적인 구성원이 될 수 있다는 것이 현실적 직무 미리보기가 기대하는 바이다.

출처: https://infuture.kr/1483; https://www.slideshare.net/Chandan58/hrm--selection--chpt--11

5. 한국 기업 선발과정의 문제점

인재확보의 중요성으로 채용과정과 선발도구들이 보다 세심해지고 치밀해지고 있지만, 아직도 갈 길이 멀다는 게 현직 인사담당자들의 의견이다. 인사담당자가 말하는 선발의 문제점들에 대해서 살펴보자.

2022년 마이다스인 HR 연구소에서 현직 인사담당자 149명을 대상으로 설문조사를 한 결과 제기된 한국 기업들의 신입사원 선발 시 중요한 문제점들은 다음과 같다.

1위	주관적이고 직관에 의한 평가	47명 / 31.5%
2위	스펙에 의존한 채용	33명 / 22.1%
3위	수직적이고 경직된 의사결정 구조	17명 / 11.4%
4위	모호한 선발기준	7명 / 4.7%

5.1 주관적 · 직관적 평가

직관적 평가

- 객관적 자료, 결과보다는 직감에 의한 판단
- 평가자의 경험을 바탕으로 한 직관적 평가

내가 딱 보면 아는데 말이지…

"관상"

- 저렇게 생긴 애들이 꼭 사고쳐…
- 저렇게 생긴 애들이 꼭 뺀질거려…
- 내가 한 두번 겪어본 게 아니거든.
- 나만큼 살아봐. 딱 보면 알아!

일반적으로 나이가 많고, 한 분야에 오래 있으면서 반복적으로 많은 경험을 한 사람들이 많이 저지르는 지각적 오류인 '확증편향'.

확증편향(confirmation bias)이란? 자신의 가치관, 신념 및 과거의 경험, 선택을 뒷받침하는 정보에만 주목하고, 그 근거만 수용하며, 자신에게 없는 정보, 유리하지 않은 정보는 무시하는 **선택적 사고방식**을 말한다. 정보의 객관성과 상관없이, **자기가 보고 싶은 것만 보고, 믿고 싶은 것만 믿는 선별적 현상**으로 선택적 지각 (selective perception)의 한 형태이다.

출처: 『스마트 조직행동』 p 179, 발췌

확증편향(confirmation bias)
선택적 지각(selective perception)

4차 산업혁명이다, 디지털 트랜스포메이션이다 하면서 직무가 데이터 중심 의사결정으로 이루어지는 시대에 '관상'? 1980년대 대기업들에서 면접에 역술인이 참여했던 시절이 있긴 했다. 역사의 산물? 물론 경험과 나이에 의한 직관을 아예 무시할 수는 없지만, 정확한 판단을 보장할 수는 없다.

기만적 인상 관리(deceptive impression management)

한 연구에 따르면 지원자들이 면접에서 인상을 좋게 포장하는 **기만적 인상 관리** (deceptive impression management) 전략을 쓸 때 면접 경험만 10년이 넘는 전문 면접관들도 그 거짓말을 탐지하는 수준이 일반인과 차이가 없는 것으로 나타났다. 딱! 보면 알긴... x~~뿔!!

과잉확신효과 사후확신 편향

사실 관상은 편향적 사고의 종합 선물세트!

• **과잉확신효과**: 외모 이외의 정보가 없음에도 과도하게 확신!

• **확증편향**: 자신의 경험과 신념을 지나치게 선택적으로 과신!

• **사후확신 편향**: 내 저럴 줄 알았다... 역시 관상은 과학이라니까~

미네소타 대학교(University of Minnesota)의 네이선 컨셀(Nathan Kuncel) 교수와 그 동료들은 연구를 통해 평가자의 주관적 판단이 개입될 경우, 직무 성과에 대한 예측력이 떨어진다는 결과를 발표했다. 17개 연구를 메타분석한 결과, 데이터만을 가지고 기계적인 평가를 내렸을 때보다 평가자의 판단과 데이터를 종합하여 평가를 내렸을 때 오히려 예측력이 50% 이상 감소하는 것을 발견!

5.2 스펙에 의존하는 채용

"개선되고는 있지만, 출신 학교, 학력 등에 대한 선호가 여전히 존재합니다."

기업에서는 꾸준히 '탈스펙', '스펙 초월' 채용을 할 것이라고 이야기하지만, 여전히 구직자 10명 중 8명 이상은 '채용 시 스펙을 중요하게 고려하는 기업들이 많다.'라고 생각하며, 스펙을 쌓느라 월 50만 원 이상을 소모하고 있는 실정이다. 그렇다고 구직자들이 탈스펙을 원하는 것도 아니다. 기준이 더욱 모호해지고 준비가 더 어려워지기 때문이다.

그리고 탈스펙?? 믿지도 않는다.

이게 참 까리한 것이...

지원자들을 비교할 수 있어야 합리적인 의사결정이 가능한데, 스펙 이외에는 정량적 기준이 모호하다는 것이다. 스펙을 빼면 어떤 선발지표를 쓰라는 건가?

스펙, 스펙, 스펙!

말도 많고, 탈도 많은 스펙!

삼성처럼 전부 시험 보고 들어오라고 해야 하나?

스펙 말고 지원자의 도전정신, 창의성, 역량을 보라는 데 그걸 어떻게 보냐고~?

신호이론(signaling theory)

취준생들이 목숨 거는 그 스펙이라는게 아무 근거가 없이 주관적 편향을 끌어내는 아주 사악한 것이냐 하면 꼭 그렇지는 않다. 노동경제학, 노동시장, 인적자원의 이동을 설명하는 과정에서 가장 오랜 역사를 가진 이론적 관점 신호이론(signaling theory).

개인과 조직 두 당사자가 서로 다른 정보를 가지고 있는 상태에서, **한쪽 당사자인 송신자는 어떻게 신호를 보낼 것인지를 선택하고, 다른 당사자인 수신자는 그 신호를 어떻게 해석할지 선택한다.**

노동시장과 인력이동을 설명할 때 신호이론은 상당히 유용하다. 채용의사가 있는 회사들과 구직자들은 서로에 대한 정보를 보내고 받으면서 어디가 좋은 회사이고, 누가 능력 있는 구직자인지를 파악하려고 한다. 여기서 문제는 노동시장이 너~~무 넓고 크다는 것이다.

정보 비대칭성(information asymmetry)

그러다 보니 몇천 개의 회사가 몇십만 명의 구직자들 중에서 소수의 원하는 후보자들만 선별하는 것이 불가능한(mission impossible) 상황이 되고, 노동시장은 구인회사와 구직자 상호 간 **정보 비대칭성(information asymmetry)**의 문제에 직면하게 된다.

해결책은?
구직자들은 채용회사에 스펙이라는 신호를 보낸다.
예를 들어,
- 해외 연수
- 간지나는 수트빨

고비용 신호(costly signal)

그런데 구직자들이 보내는 모든 신호가 동일한 가치를 가지지는 않는다. 노동시장에서 가장 잘 먹히는 **고비용 신호(costly signal)**는 엄카로 간단히 해결되는 해외연수나 수트빨이 아니다. 구직자들이 상당한 시간과 노력을 들이고, 능력, 자질, 재능을 통해 **성취한 고학력 학위**(예: 박사), **전문자격증**(예: 회계사 자격증 CPA) 등이다.

고비용 신호이론의 관점에서 보면 스펙이라는게 꼭 나쁜 것이 아니다. 오히려 노동시장을 효율적으로 만들어 주는 순기능을 한다. 더불어 구직자가 노력, 시간, 재능을 투자한 만큼 채용 담당자를 유혹하는 강력한 고비용 신호가 되어주니 어떤 면에서는 공정하기까지 하다. 물론 이 "공정성"에 대해 또 따지고 들면 한도 끝도 없긴 하다.

그래도 스펙은 여전히 불공정?
그러면 블라인드 채용

블라인드 채용은 2017년 말 공정성 이슈와 함께 등장한 제도로 채용 과정에서 **학벌, 출신, 가족관계 등 편견이 개입될 수 있는 정보를 배제한 채, 직무 능력을 중심으로 인재를 선발**하고자 하는 목적으로 시작되었다. 지원자의 역량만이 평가의 대상이 되기 때문에 채용 절차 과정에서 투명성과 공정성을 높일 수 있다는 장점이 있다.

장점	공공기관 '블라인드 채용' 장단점	단점
• 화려한 스펙 '은둔형 폭탄' 제거에 도움 • 선입견 없이 직무능력 중심 인재 발탁 • 취업에서 '흙수저·금수저' 논란 불식 • 과도한 스펙 관리 부담에서 자유		• 자기소개서에 '신림동(안암동) 봉사활동', '신촌의 여대' 등 간접 노출 빈번 • 사진 없어 신원 확인에 많은 시간 투자 • 강화된 면접에 시간과 비용이 증가되고, 사람도 지쳐 • 필기시험 고사장 구하기도 만만치 않아

출처: https://www.seoul.co.kr/news/newsView.php?id=20170627001034

그러나 블라인드 채용의 일괄 적용으로 인해 실제 업무에 필요한 능력과의 적합성이 떨어지는 경우도 있다. **필기 시험의 비중이 커지자 과거 고졸 출신이 수행했던 업무를 고득점을 받은 대졸 출신이 하면서 업무 만족도가 낮아지고, 이직율이 높아지는** 문제가 나타나기도 하고,

국가보안시설인 한국원자력연구원에서 2019년 **블라인드 채용으로 중국 국적자가 합격했다가 불합격으로 처리**된 경우도 있었다.

그래서 **깜깜이 채용**이라는 비판이 제기되었고, 이에 블라인드 채용을 완화하고 예외사항을 정해야 한다는 또 다른 문제가 야기되었다. 연구기관에서는 블라인드 채용을 전면 폐지하는 등 채용과정이 모두에게 쉽지 않은 절차임을 여실히 보여주고 있다.

출처: https://www.mbn.co.kr/news/economy/4895511

스펙채용도 문제라고 하고, 블라인드 채용도 문제라고 하고, 그럼 어쩌라고??
그래서 등장한 것이 바로!!! AI 역량검사!!
믿을 수 없는 인간들 말고, 그냥 기계보고 정하라고 하자!!

■ AI 역량검사

사람이 아닌 AI가 빅데이터에 따라 지원자의 역량을 평가해서 이 정보를 기업에 전달하는 방식으로 지원자가 자기소개 및 질문에 대한 답변을 한 동영상을 바탕으로 **AI가 지원자의 표정 변화, 목소리 톤 등 비언어적인 요소를 분석하여 점수화하는** 방식.

AI 역량검사의 목적

- **자기소개서 폐지**: 실제성과와 연관도가 낮은 학력, 스펙, 외모 대신 기업문화와 직무적합도 확인에 더 비중을 둠
- **인적성검사 대체**: 인성, 언어, 수리 등의 지식을 확인하는 기존 인적성검사의 한계 보완
- **면접 보완**: 인사담당자의 주관적 의견 개입 배제

검사 과정:

- **자기소개, 지원동기, 장단점**: 30초 생각할 시간을 준 후, 90초 이내로 대답
- **상황질문**: 이런 상황에서 어떻게 대처할 것인가?
- **문항체크**: 자신과 비슷하다고 생각되는 문항체크, 성격유형검사와 비슷
- **게임(AI 역량검사의 꽃)**: 10개 정도의 게임이 있고, 각 게임마다 5~10분. 순발력, 기억력, 추리력, 결정방식 등을 판단
- **심층면접**: 지원자마다 다른 2가지 질문(예시: 세상이 좀 더 합리적인 방향으로 발전해온 거 같은가? 예 또는 아니오로 대답하면 추가 질문)

특징:

대면신뢰도
스크린아웃(screen out)
스크린인(screen in)

- **AI 면접은 답변보다는 대면신뢰도를 평가한다.** 답변 태도와 표정, 목소리 등을 통해 상대방과의 소통과정에서 **얼마나 신뢰를 주는 사람인지**를 확인한다.
- 똑같은 답을 하더라도 지원한 기업과 직무마다 결과가 다를 수 있다. 예를 들어 같은 회사라도 전략팀 합격, 마케팅팀 불합격!
- AI 역량검사는 미리 공부해도 소용없다. 개발기준이 학습효과가 없도록 한 것이기 때문!!
- 기존 면접방식이 비적격자를 걸러내는 **스크린아웃(screen out)** 방식인 반면, AI 적성검사는 직무에 적합한 적격자를 고르는 **스크린인(screen in)** 방식

- 효율성: 사람 10명이 하루 8시간 1만 명의 소개서를 읽고 평가하려면 일주일. AI는 같은 양의 서류를 평가하는 데 8시간

여기서 잠깐!!

AI가 말의 논리구조를 이해는 하는거야?

질의 응답의 경우 답변 내용 자체는 평가하지 않고, 대면적 신뢰도만 평가.

즉, 답변 내용보다 표정, 움직임, 음색, 어조, 제스처 등을 평가.

내용 안 본다고 이쁜 척하면서 아이돌 노래 부르는 또라이짓은 하지 말자!

인사담당자들이 영상 확인한다!!

출처: https://hlab.im/acca/hrtopic/45/recruitment-problem

---

(1) 기존 방식의 선발방식과 AI의 역량평가. 어떤 것이 더 바람직하다고 생각하는가? (2) 선택한 방식이 합당한 이유에 대해서 논하라.	**그룹토론문제**

5.3 수직적이고 경직된 의사결정구조

- 주관적이고 직관적인 평가
- 스펙에 의존하는 채용

인재를 채용하는 데에 있어서 기업들이 당면하고 있는 문제들을 인사담당자들이 모를 것이라고 생각하는가?

아니다! 사실은 누구보다 잘 알고 있다. 그럼에도 불구하고, 보다 객관적이고 공정한 방식을 사용하지 못하는 것은 대부분 한국기업들이 가지고 있는 수직적이고 경직된 의사결정구조 때문이다.

"최종 의사결정은 결국

임원 1~2인에 의해 이루어집니다."

"객관성을 담보하기보다

임원의 주관에 따라서 선발이 결정됩니다."

출처: https://hlab.im/acca/hrtopic/45/recruitment-problem

낙하산이란 말이 괜히 있을까?
위에서 꽂으라면 그냥 꽂는 것이다!! 누구도 뭐라고 할 수가 없다!

수직적 의사결정

수직적 의사결정은 기업 규모가 작을수록 심하고 최종 의사결정권자들은 여전히 학벌을 중시한다. 최종 의사결정권자와 실무진 간 의견이 일치하지 않는 것, 경직된 구조로 비합리적 의사결정을 받아들이는 일들은 단지 채용에서만 나타나는 것이 아니다.

문제는 조직의 유연화, 수평화가 말처럼 쉬운 문제는 아니라는 것이다. 그렇다고 손을 놓고 있을 수도 없다. 최종 의사결정 단계에서 체계적인 평가가 이루어질 수 있도록 임원면접 등에서 활용될 면접 평가표를 개선하여 "쟤 마음에 드네~", "쟤는 저… 저…!!", "에이~ 별루" 이런 식의 즉흥적, 주관적 결정을 할 수 없는 시스템을 만들어야 한다.

면접 중 검증해야 하는 핵심 역량이 어떤 것인지, 주관적인 평가가 이루어질 수 있는 영역이 어디까지인지 사전에 명시화해서 구체화된 평가 지표를 만들어 수직적 의사결정의 주관적 영향을 그나마 감소시키는 노력을 해야 한다. 무엇보다 지원자의 자질과 역량수준 자체를 높여서 최종 결정권자와 실무진 간 의견 차이를 좁히는 것이 가장 현실적인 방안이 될 것이다.

■ 중소기업들이 가장 많이 저지르는 채용 오류

모든 기업들이 좋은 인재를 채용하고자 한다.

그러나⋯

• 좋은 인재를 놓치거나,

• 뽑지 말았어야 사람을 선발하는

오류를 저지르기도 한다.

출처: Google

채용 과정 중 나타나는 대표적인 오류에 대해서 살펴보자.

• **내부 직무 재배치 실패**: 고용주가 기존 직원들에게 공석이 생겼음을 알리지 않는 것은 매우 흔한 오류이다. 회사 내부에 가장 적합한 인재가 있음에도 그걸 놓칠 수 있다. 또한 기존 직원들의 네트워크 활용 기회를 놓침으로써 신규 채용에 시간과 비용을 들이게 된다.

• **복제품 찾기**: 면접관들이 흔히 저지르는 오류로 그 직무를 했던 사람과 똑같은 사람을 채용하고자 한다는 것이다. 그러다보면 다른 자격 부분을 간과하게 된다.

• **슈퍼히어로 찾기**: 너무 다양한 배경과 경력, 자질을 요구. 이는 지원자들의 지원을 제한하고 인재 확보를 방해하는 요소로 작용한다. 세상에 완벽한 기준을 모두 갖춘 사람은 없다.

• **명확하지 않은 직무설명**: 할 일이 무엇인지 명확하게 해야 한다. 까리한 구인광고는 너무 많은 지원자들의 지원을 초래하고, 지원자들 자체가 그 필요한 직무에 적합하지 않은 경우가 많다.

6. 직무 및 조직과의 적합성

기업들은 각종 적성검사, 인성검사, 면접 등의 다양한 선발도구들을 활용하여 조직에 맞는 인재확보를 위해 노력한다. 취업 지원자들 역시 지원 전에 자신이 지원하고자 하는 조직과 업무가 자신과 맞는지 잘 파악하고, 평가하는 과정을 거쳐야 한다.

채용에 있어서 기업과 지원자 양측 모두 신중하게 고려해야 할 두 가지 유형의 적합도가 있으니 바로 개인-직무 적합성과 개인-조직 적합성이다.

개인-직무 적합성(Person-Job
Fit)
개인-조직 적합성(Person-
Organization Fit)

- 개인-직무 적합성(Person-Job Fit)은
  개인의 지식, 기술, 능력 및 기타 특성이 직무 요구와 일치하는가의 여부를 말하며,
- 개인-조직 적합성(Person-Organization Fit)은
  조직이 추구하는 가치관과 문화에 개인이 얼마나 잘 부합하고 구성원으로서 흡수되는가의 여부를 가리킨다.

개인-환경 적합성 이론(Person-
Environment fit theory)
적합성(compatibility)

이 두 가지 적합성은 개인-환경 적합성 이론(Person-Environment fit theory)에서 파생된 개념으로 개인의 특성, 성향, 가치가 그들을 둘러싼 환경과 얼마나 잘 맞는지 그 적합성(compatibility)과 부적합성(incompatibility)을 판단하는 것에서 비롯되었다.

쉽게 말해:
- 지금 내가 속해 있는 환경이,
- 지금 내가 하고 있는 일이,
- 지금 내가 일하고 있는 회사가
- 나랑 잘 맞냐 안 맞냐?를 보는 것이다.

적합성은 직원들의 만족도(satisfaction), 내부동기(motivation), 성과(performance) 그리고 행복도(happiness)에 상당히 큰 영향을 미친다. 이 적합성의 중요성을 알기에 기업에서는 적성검사, 성격검사, 면접 등을 통해 후보자를 가려내고 또 가려내며, 업무와 조직에 가장 적합한 사람을 찾기 위해 시간과 비용을 투자한다.

그럼 나는??
내 안의 가장 큰 욕구가 무엇인지 먼저 들여다보자.

- 내가 원하는 것, 되고 싶은 것, 누리고 싶은 것이 무엇인지 곰곰이 생각해 보고,
- 자신의 재능과 성격을 객관적으로 파악한 후
- 나를 발전시키고, 한 걸음 한 걸음 준비하자.
- 세상에 공짜는 없다!
- 자신을 준비시키고 근사하게 만들어라.
- 그 후에, 나를 인정해주고, 나를 더 만족시킬 수 있는 곳으로 가라.

■ 적합성 관련 이론 및 개념들 맛보기!!

적합성과 관련된 몇 가지 이론 및 개념들을 간단히 살펴보자.

(1) 특성활성화 이론(TAT: Trait Activation Theory): 적재적소에 배치하라.

특정 환경에서 그 사람의 장점과 잠재력이 극대화되는 것을 말한다. 자신이 가지고 있는 성격의 장점과 능력이 제대로 발휘될 수 있는 곳에서 일을 하게 되면, 그 특성들은 빛을 발하게 된다. 물고기는 물에서 놀아야지 숲으로 가면 x진다.

특성활성화 이론(TAT: Trait Activation Theory)

출처: Google

나보고 여기 들어가라고??

대략 난감…

"가장 최적의 장소에
가장 최적의 인재를 배치하라."

- 난 **방구석에 혼자 앉아 매일 컴퓨터만 들여다 본다.** 데이터분석? 껌이다.
  : **영업팀**에 배정되었다.

- 난 **입 다물고는 절대 못 있는다.**
  : 연구팀에 배정되었다.

성격, 재능, 업무의 완전한 **미스매치** 발생!

(2) 필요-공급 적합성(Needs-Supplies Fit): 필요한 것을 줘라.

필요-공급 적합성(Needs-Supplies Fit)

사람들이 일하는 이유는 각자 필요한 게 있기 때문이다.

- **경제적 보상**
- 자신의 가치에 대한 **인정욕구**
- 사회구성원으로 살고 싶은 **친화욕구**
- **새로운 경험**과 학습

자신이 원하는 것을 얻지 못할 경우, 사람들은 자신의 욕구를 채워주는 **공급 요소와의 부적합성(incompatibility)**을 느끼고 보따리를 싼다.

요구–능력 적합성(Demands–Abilities Fit):

(3) 요구–능력 적합성(Demands–Abilities Fit): 깜냥이 되는 x을 앉혀라!!

특정 업무와 직책에는 걸맞는 능력이 필요하다.

감당할 수 없는 요구에 노출될 때, 직무를 수행할 능력이 없는 자리에 앉게 될 경우, 사람들은 심리적 불안감, 스트레스, 물리적 · 정신적 고갈 등을 느끼고, 공격성, 우울증, 심하면 극도의 두려움과 불안을 느끼는 공황장애를 경험하기도 한다.

팀과 조직을 이끌어 가야 하는 **리더가 리더로서의 능력이 부족할 때 팀과 조직은 붕괴**된다.

그룹토론문제

(1) 두 사람의 적절한 최종 후보자를 추려내었다. 한 명은 업무적합성이 높은 대신 조직적합성이 낮다. 다른 한 명은 업무적합성이 낮은 대신 조직적합성이 높다. 당신이 채용자라면 어떤 후보를 선택하겠는가?

(2) 그 합당한 이유에 대해서 논하라.

핵 심 용 어

- 채용(recruitment)
- 선발(selection)
- 정체성(identity)
- 잡섀도잉(job shadowing)
- 현실적 직무 미리보기(RJP: Realistic Job Preview)
- 기만적 인상 관리(deceptive impression management)
- 신호이론(signaling theory)
- 정보비대칭성(information asymmetry)
- 고비용 신호(costly signal)
- AI 역량검사

- 스크린아웃(screen out)
- 스크린인(screen in)
- 개인-직무 적합성(Person-Job Fit)
- 개인-조직 적합성(Person-Organization Fit)
- 개인-환경 적합성 이론(Person-Environment fit theory)
- 적합성(compatibility)
- 부적합성(incompatibility)
- 특성활성화 이론(TAT: Trait Activation Theory)
- 필요-공급 적합성(Needs-Supplies Fit)
- 요구-능력 적합성(Demands-Abilities Fit)

연 습 문 제

01 채용과 선발의 차이점에 대해서 설명하라.

02 잡섀도잉(job shadowing)의 개념에 대해서 설명하라.

03 현실적 직무 미리보기(RJP: Realistic Job Preview)에 대해 논하라.

04 면접자들이 흔히 저지르는 인지적 오류 중 확증편향이란 무엇인가?

05 기만적 인상 관리(deceptive impression management)는 무엇인가?

06 노동시장에서의 정보비대칭성(information asymmetry)의 개념과 신호이론 (signaling theory)의 역할을 설명하라.

07 채용과 선발 과정에서 고비용 신호(costly signal)의 가치를 설명하라.

08 AI 역량검사의 가장 큰 특징은 무엇인가?

09 면접방식 중 스크린아웃(screen out)과 스크린인(screen in) 방식의 차이점은 무 엇인가?

10 개인-직무 적합성(Person-Job Fit)의 개념을 간단히 설명하라.

11 개인-조직 적합성(Person-Organization Fit)의 개념은 무엇인가?

12 특성활성화 이론(TAT: Trait Activation Theory)의 핵심은 무엇인가?

13 필요-공급 적합성(Needs-Supplies Fit)은 무엇을 말하는가?

14 요구-능력 적합성(Demands-Abilities Fit)의 개념을 설명하라.

05

직무분석과 직무설계

학습목표

- 직무분석의 개념과 의의에 대해서 설명할 수 있어야 한다.

- 직무분석 과정에 대해 이해하여야 한다.

- 직무분석의 유형과 방법에 대해서 설명할 수 있어야 한다.

- 직무설계에 대해서 설명할 수 있어야 한다.

- 직무특성이론에 대해서 설명할 수 있어야 한다.

1. 직무분석의 개념

직무분석(job analysis) 직무분석(job analysis)의 정의:

- 특정 직무·업무의 특성
- 그 업무를 원활하고 성공적으로 수행하는 데에 필요한 능력, 기술, 지식, 자격
- 효과적 업무수행에 적합한 근무조건과 환경

등에 대한 정보를 체계적으로 수집하는 과정.

ChatGPT   **직무분석이란?**

- 정보를 수집하고, 문서화하고, 분석하는 체계적 프로세스로

- 주요 목적은 직무의 의무, 책임, 요구에 대한 자세한 이해를 제공하기 위해서이다.

- 이 정보는 **채용, 선발, 성과관리, 교육훈련, 보상에 중요한 기능**을 한다.

직무분석을 시행하는 이유는:

- 채용과 훈련에 활용할 업무분석이 필요할 경우
- 보상체계 조정이 필요할 경우
- 새로운 업무가 출현했을 경우
- 급속한 성장과 자동화에 따른 업무 성격의 변화가 발생할 경우
- **구조조정, 축소, 합병**을 하는 경우
- **전략변경**(원가절감전략에서 차별화전략 혹은 차별화전략에서 원가절감전략)을 하는 경우,
- 조직혁신을 시행하는 경우 등이다.

직무분석은 한 마디로:

- 어떤 일을 어떤 방식으로 해야 할지,
- 그에 필요한 능력과 자질이 무엇인지를 파악하여,

- HRM에 효과적으로 적용하고,
- 조직 전반에 걸친 전략실행, 혁신, 구조조정 등에 써먹겠다!! 요것이다.

요 직무분석이라는 것은 기업뿐 아니라 내게도 중요한 의미를 가진다.
나랑 뭔 상관??
상관 많~~다!!

내가 지원하는 업무에 대해 면접관보다 더 잘 알고 있어야 한다.
그래야 면접할 때 간지 나게 대답할 수 있고, 합격 티켓을 거머쥘 수 있다.

■ **상식으로 모면할 것인가, 준비하고 기다릴 것인가?**

난 영업팀 팀장. 신입사원 면접에 들어가서 두 후보자에게 같은 질문을 했다.

질문: 영업팀의 주요 업무가 무엇이라고 생각하지요?

후보 A:

- 제품판매량을 증가시켜 매출향상을 통해 회사의 수익창출에 기여하는 겁니다.

  뭐 맞는 소리이다.

후보 B:

- 시장의 **외부환경**을 체계적으로 **분석**하여,

- **고객정보**에 대한 데이터베이스를 **구축**하고,

- 각 분기와 다음 년도의 **영업전략**을 수립하고,

- **고객의 요구**에 맞는 제안서를 작성하여,

- **유관부서**와 협조해서 사업을 수주하여 **매출을 발생**시키며,

- 이후 고객의 클레임까지 철저히 관리하여 **고객을 유지, 확장**하는 것입니다.

누가 더 매력적인 후보인가?

기회는 오는 것이 아니라 스스로 만드는 것이다.

직무분석의 의의:

직무분석은 조직의 성과와 연계된 HRM의 가장 중요한 활동 중 하나로서 직무분석을 정기적으로 실시함으로써

- 자신의 강점과 한계에 대해 훨씬 더 잘 파악하고,
- 기술과 직무행동에 있어서 부족한 부분을 발견할 시 적시에 시정조치를 가능하게 해준다.

모리스 비텔리스(Morris Viteles: 1898~1996)

- 직무분석 도입
- 최초의 산업심리학자 중 한 명
- 1922년 트롤리 자동차 회사의 직원을 선발하는 과정에 직무분석을 사용

출처: Google

■ **직무분석에 대한 오해와 진실!!**

직무중심의 인적자원관리가 도입되고 확산되면서 무엇인가 체계적으로 잘 흘러가는 것같이 보이지만, 실제로 제대로 실행되지 않거나, 혹은 시스템의 겉모습만 그럴듯해 보일 뿐 의도했던 효과를 거두지 못하는 경우가 많다.

직무분석에 대한 **오해**와 **진실**을 짚어보자.

(1) 직무에 대해 구체적으로 분석해 놓으면 인사제도는 그냥 알아서 자동으로 흘러간다?

→ Nope!!

직무분석은 말 그대로 분석일 뿐이다. 직무관련 정보를 파악하는 조사 활동!

딱 거기까지이다.

정보수집의 목적과 활용방안을 모르고 한다면 조직의 시간과 자원만 낭비하는 꼴!

특정 업무에 대한 **직무분석**을 "**왜**" 하는 지에 대한 이유가 명확해야 한다.

직무분석의 목적:

- **적정인력 산정과 인적자원계획:**
  직무별 업무 수행 빈도 및 시간, 인원

- **채용, 선발, 인력 재배치:**
  해당 직무 수행을 위한 **요구사항**(학력, 경험, 교육, 지식, 기술 등)

- **직무체계 구축 후 직무평가:**
  평가를 위한 **핵심성과지표**(KPI: Key Performance Indicator) 및 역량항목 구축

- **직무체계 구축 후 보상:**
  보상연계를 위해 직무 **평가를 위한 기준항목 구축**

- **경력개발:**
  직무이동, 직무전환

직무분석 시 보통 인적자원관리를 위한 인프라 구축 목적으로 하기 때문에 특정 제도만을 염두에 두고 직무분석을 하지도 않을뿐더러, 해서도 안 된다. 제한적 정보수집은 추후 재조사 및 추가작업을 초래하기 때문에 재조사를 해야 하는 상황이 발생하면 엄한 짓을 한 '나님'은 죽는다! 또한, 회사의 특수성을 고려하지 않고 목적 없이 다른 회사를 따라서 맹목적으로 직무분석을 할 경우, **의도했던 정보의 누락 혹은 활용에 부적합한 쓰레기통행 문서들만** 잔뜩 만들 수도 있다. 이 경우도 '나님'은 죽는다.

(2) 업무량 분석을 하면 적정 인력규모산정이 가능하다?

　　→ Nope!!

업무량(업무 투입시간)을 분석하면 적정 인력규모를 도출할 수 있다!라는 인식은 **20세기 초 공장노동자들의** 작업동작을 분석해 생산효율성을 극대화하고자 한 테일러의 과학적 관리기법으로 거슬러 올라간다. 이 방식은 **직무를 성과(output)가 아닌 투입(input)을 기준으로 분석하는 방식**으로 업무 담당자의 기술 및 지식 수준과 같은 **질적 측면을 고려하지 않는 오류**를 범하게 하고, 적정 인력규모의 왜곡된 수치를 산출할 가능성이 농후하다.

사전예측이 가능한 단순업무(prefigured job), 동작분석이 가능한 일부 생산관리 부문에서 일부 활용이 가능한 방법이지만, 오늘날과 같은 지식사회의 업무 특성에는 적합하지 않은 방식이다. 지식사회 업무분석은 정량적(quantitative) 분석이 아닌 정성적(qualitative) 분석으로!

(3) 직무분석은 객관적 과정으로 외부 전문가에게 맡기는 것이 좋다?

　　→ Nope!!

직무분석을 할 때에 가장 큰 유혹은 외부 전문가에게 맡기기!

직무분석의 과정, 결과, 활용에서 언제든지 발생할 수 있는 **오류와 책임을 피하고 싶은 마음!**

적정인력 산정
인력 재배치
요구사항
핵심성과지표(KPI: Key Performance Indicator)
경력개발

업무량(업무 투입시간)
성과(output)
투입(input)

하지만 직무분석은 현재 해당 업무를 수행하고 있는 구성원들의 참여에 기초하여야 한다. 어느 조직에나 적용 가능한 내용은 참고가 가능하지만, 이 경우 의미도 별로 없고, 다른 회사를 그대로 따라해도 효과가 없다. 언제, 어디서든 통하는 'best practice'는 현실에 존재하지 않는다!! 다만, **분석의 계획, 수립, 결과 평가 시에는 외부전문가를 활용하는 것도 도움이 될 수 있다.** 각 조직의 직무 정보를 체계적으로 활용하기 위한 시스템 구축은 꼭 필요한 일이며, 그 과정은 반드시 **내부 구성원의 주도 하에 이루어지는 자료수집과 검증의 과정**이어야 한다.

(4) 직무분석, 실제로는 쓸 데가 없다?

- 시행착오를 겪어 본 조직들이 흔히 가지고 있는 오해

- 에잇! 해보니까 쓰잘데기 하나 없더만!!

수많은 조직들이 캐비닛 안에 짱박혀 누구 하나 거들떠 보지도 않는 산더미만한 직무기술서들을 가지고 있을 것이다. 조직 인사제도개선 프로젝트를 하거나, 직무중심 인사제도를 구축할 때 대대적인 작업으로 직무분석을 했을텐데, 그걸 해놓고도 전~~혀 활용하지 않는 것!

뻘짓한 거야?? (4)번 항목에만 Nope!!이 빠진 건 편집 실수가 아니다라는 말씀.

출처: HR insight; http://www.valuse.co.kr/bbs/board.php?bo_table=perspective&wr_id=41

그룹토론문제

(1) 수많은 기업들에서 직무분석을 제대로 활용하지 못하는 이유가 무엇이라고 생각하는가?

(2) 이를 해결하기 위해서 어떻게 해야 할지 논의해 보자.

2. 직무분석의 과정

직무분석을 실행하는 전체적 과정을 살펴보자.

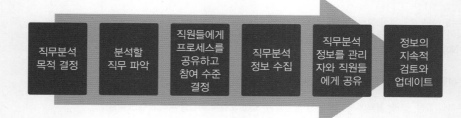

직무분석 목적 결정 → 분석할 직무 파악 → 직원들에게 프로세스를 공유하고 참여 수준 결정 → 직무분석 정보 수집 → 직무분석 정보를 관리자와 직원들에게 공유 → 정보의 지속적 검토와 업데이트

Step 1. 직무분석 목적 결정
- 조직의 전반적인 사업전략과 연계하여 직무분석을 실시하는 목적을 명확히 해야 한다.
- 명확한 목적이 있어야 성공적인 직무분석 프로그램 개발이 가능하다.

Step 2. 분석할 직무 파악
- 분석할 직무를 파악해야 한다.
- 이전에 한번도 직무분석을 한 경험이 없다면 조직 내의 모든 직무를 분석해야 하고,
- 조직이 특정 직무에만 영향을 미친 변화를 겪었거나, 새로운 직무가 추가된 경우에는 해당 직무만 분석한다.

Step 3. 직원들에게 프로세스를 공유하고 참여 수준 결정
- 직무분석은 경영진들끼리 모여 앉아 꿍짝거리면서 하는 것이 아니다.
- 분석이 왜 필요한지,
- 누가 분석을 수행할 것인지,
- 의문점이 있을 때 누구에게 연락할 것인지,
- 그 과정에서 구성원은 어떤 역할을 해야 하는지
구성원들 모두가 알아야 한다.

Step 4. 직무분석 정보 수집
관리자는
- 어떤 방법 혹은 방법의 조합을 사용할 것인지
- 어떻게 정보를 수집할 것인지를
결정해야 한다.

Step 5. 직무분석 정보를 관리자와 직원들에게 공유
직무분석의 결과는 직무 기술서와 직무 명세를 통해 공유한다.
- 직무 기술서(job description):
  업무 목적, 형태, 책임, 근로조건, 다른 직무와의 연관성 등 업무에 관한 것을 설명
- 직무 명세(job specification):
  직원이 업무를 수행하는 데 필요한 최소한의 능력과 역량을 기술

직무 기술서(job description)
직무 명세(job specification)

Step 6. 정보의 지속적 검토와 업데이트

　오늘날과 같이 역동적인 환경에서 직무의 성격과 요구사항은 계속 변하게 되어 있다. 따라서 조직 내에 큰 변화가 없더라도 주기마다(보통 3년) 모든 직무에 대한 전면적인 검토가 필요하다. 특히 조직 내 변화가 있을 경우에는 보다 빈번한 검토와 재조정이 필요하다.

3. 직무분석의 유형과 방법

3.1 직무분석의 유형

(1) 전략적 직무분석

전략적 직무분석

전략적 직무분석은 조직 환경분석에서 시작한다. 각 전문가들이 모여 현재의 조직상황과 직무를 집중적으로 분석하고, 미래의 직무를 수행하는 데에 요구되는 지식, 기술 및 능력(KSAs: Knowledge, Skills, Abilities)을 파악하여, **현재와 미래의 직무를 수행하는 데에 필요한 역량의 격차비교분석**을 통하여 필요한 인력들을 선발하고 충원하는 장기적 관점의 분석이다.

(2) 기능적 직무분석

**기능적 직무분석
업무지향 접근법**

기능적 직무분석은 실제 업무, 기능, 책임에 초점을 둔 직무분석 기법으로 업무의 목적과 목표를 검토한 후, 이 목표들을 더 작은 범위의 업무와 책임으로 세분화시키고, 이 과정을 통해 구성원들이 무엇을 하고 있고, 어떻게 해야할지 방향성을 구체화시킨 후, 문서화시켜 향후 다양한 맥락에서 사용할 수 있도록 하는 것을 말한다. 업무 자체에 초점을 두기 때문에 업무지향 접근법이라 할 수 있다.

(3) 성격기반 직무분석

성격기반 직무분석

직무분석은 전통적으로 어떤 지식, 기술, 능력 및 기타 특성들이 성공적인 업무수행을 하는 데 필요한지 그 중요성을 결정하기 위해 사용되어 왔다. 이후 직무수행의 효과성에 영향을 주는 요인들을 연구하면서 성격기반 직무분석(PBJA: Personality-based Job Analysis)이 등장한다.

**근로자 특성 인벤토리
(WCI: Worker Characteristics
Inventory)**

　이에 직무를 수행함에 있어서 중요한 영향을 미치는 구성원 개인의 성격을 확인하는 근로자 특성 인벤토리(WCI: Worker Characteristics Inventory) 및 성격포지션 요구양식(PPRF: Personality Position Requirement Form) 등의 다양한 체크리스트들이 개발되었다.

업무에 초점을 두는 기능적 직무분석과 달리 구성원들의 성격적 특성에 초점을 두는 직원지향적 접근법이라 할 수 있다.

(4) 역량기반 직무분석

역량기반 직무분석은 오늘날 널리 사용되는 직무 분석의 한 형태로 역량은 전략적 목표와 결과 척도에 초점이 맞추어져 있다. 역량은 직무에 대해 효과적 또는 비효과적 업무수행을 초래하는 구성원 개인 특성으로 업무관련 지식, 기술, 태도의 집합체이다.

대부분 업무를 수행하는 데에 필요한 교육, 경험, 기술, 지식 등 '할 수 있는 역량'에 초점을 두지만, 오늘날에는 '의지 역량'이라고 해서 업무수행에 대한 의지가 반영된 개인의 성격과 태도적 특성을 포함한다.

지향점이 어디인가에 따라서 서로 다른 유형과 접근법으로 나누긴 하지만, 실제로 직무를 분석할 시에는 여러 측면을 다 고려해야 한다.

■ 총알 장전 제대로 한 후 지원하자:

국가직무능력표준(NCS: National Competency Standards)

앞서 직무분석의 개념, 중요성, 의의, 유형 및 방법에 대해 살펴보았다.

직무분석은 한마디로

- 어떤 **업무를** 하고,

- 그 업무에는 **어떤 책임이** 따르고,

- 그 업무를 하려면 **어떤 능력이 필요한지를** 분석하는 것이다.

직업 선택에 대해 어느 정도 감을 잡은 내게 이제 중요한 것은 어떻게 구체적으로 준비를 해야 하냐는 것이다. **국가직무능력표준(NCS: National Competency Standards)**에 대한 분석과 이해가 도움이 될 것이다.

NCS는

- **특정 직무를 세부적으로 분석**해서,

- **구체적으로 어떤 일을 하는지** 알려주고,

- 그 일을 하기 위해 필요한 **지식이 무엇인지,**

- 어떻게 효과적으로 수행하는지를 알려준다.

국가차원에서 사람들이 일을 더 잘 할 수 있도록 만들어 놓은 직무분석표라 할 수 있다.

OECD에 가입해 있는 선진국들 대부분이 한국의 NCS와 비슷한 국가직무능력표준을 가지고 있다.

- 미국 = NSS(National Skills Standards)
- 영국 = NOS(National Occupational Standards)
- 호주 = NCS(National Competency Standards) → 한국과 이름이 같다.

국가에서 이렇게 각 분야별 직무분석을 해놓는 것은 국민들에게 달성해야 할 목표를 체계적으로 제시해 주고, 국민 개개인의 역량향상을 제고시키는 것이 결국 국가 발전에 도움이 되기 때문이다. 2015년부터 공공기관 채용에 활용되면서 많이 알려지기 시작한 NCS는 문재인 정부의 블라인드 채용, 윤석열 정부의 공정 채용에 활용되었다.

일단은 그렇다는데 딱 와닿지는 않는다. NCS를 활용해서 직무분석을 해보자.

NCS 웹사이트(https://www.ncs.go.kr/index.do)에 접속하면 다음과 같은 화면이 나온다.

- 분야 클릭!
- 우리는 2번 경영 · 회계 · 사무(대분류)로 들어가보자.

- 클릭하면 중분류가 나오고 총무·인사 선택
- 클릭하면 소분류가 나오고 인사·조직 선택

- 클릭하면 세분류가 나오고 인사 선택

- 마지막으로 능력단위가 나온다.

능력단위

세분류를 클릭해서 들어가면 관심분야에 대한 시장분석, 자격현황 및 관련 자료들이 넘쳐난다.

구체적으로 직무분석을 해보자.

- HR팀에서 일 잘하는데 필요한 능력은 '조직원 만족도 관리(능력단위)'

- 조직원 만족도 관리를 위해서는 '건의사항 수집하기(능력단위요소)'

- 건의사항 수집을 위해서는 '수집창구 마련하기(책임 및 역할)'

직무역량

• 수집창구를 잘 마련하기 위해서는 '의사소통 능력' 필요(직무역량)

위와 같은 내용을 토대로 자신이 가지고 있는 경험, 능력을 매칭시키는 것이다.

예를 하나 더 들어보자.

• 영업팀에서 일 잘하는 데 필요한 능력은 '고객 불만관리(능력단위)'

• 고객 불만관리를 위해서는 '불만사항 분석하기(능력단위요소)'

• 불만사항 분석을 위해서는 '불만사항 이력 정리하기(책임 및 역할)'

• 불만사항 이력정리를 잘 하기 위해서는 '데이터 관리능력 필요(직무역량)'

NCS는 내가 직무를 함에 있어서 필요한 능력을 세부적으로 알려준다. 어떤 책임과 역할을 해야 하며, 어떤 실무역량을 향상시켜 문제를 해결할지 잘 알려준다.

출처: https://blog.naver.com/careerners/222338829786

그룹토론문제

(1) 다양한 업무분야에서의 핵심성공요인, 업무활동, 역할, 필요한 역량은 다 제각각이다. 관심있는 분야를 떠올려본 후 위와 같은 직무분석 과정풀이 예시 3개를 생각해 보자. 어느 분야이든 상관없다.

(2) 취준생 입장에서 NCS를 어떻게 활용할 수 있을지 생각해 보자.

3.2 직무분석의 방법

이제 직무분석의 방법을 살펴보자. 직무분석은 보통 다양한 방법을 혼합해서 사용하는데 이는 한 가지 방법의 활용만으로는 직무분석에 필요한 모든 자료와 정보를 수집할 수 없기 때문이다.

자기 보고(self-report)

(1) 자기 보고(self-report)

직무와 관련해서 가장 확실한 정보통은 현업에 종사하고 있는 현직자들. 그들에게 물어보는 것이 가장 확실하다. 그러나 자기 보고의 단점이 있으니 객관성을 오염시킬 가능성이 있다는 것이다. 응답자들의 직무 및 조직과의 적합성과 만족도, 개인 특성과 같은 응답자들의 개인성향과 회사와 업무에 대한 태도가 직무분석에 필요한 정보를 오염시킬 소지가 다분하다. 또한, 자세한 지침이나 감독 없이 서면으로 업무내용을 제출하라고 하는 경우, 개인의 주관성이 더 강하게 개입되면서 정보가 오염될 확률이 더 높아진다.

(2) 직접 관찰

직접 관찰

직무를 수행하고 있는 현직자들을 직접 관찰하는 방법으로 직접 관찰 방법은 명백한 신체적 활동을 수반하는 직무(의사, 건축가, 무용강사 등)를 분석하는 데에 아주 유용하다. 그러나 인지적 직무(연구자, 분석가, 수학자 등)의 경우, 직접 관찰 방법은 사실 소용이 없다. 몸을 쓰는 것이 아니라 머리를 쓰고 있는 데 그것을 관찰할 방법이 없다. 하루 종일 지켜보고 있어봤자 건지는 게 없다!

직접 관찰기법에서는 누군가 계속 쳐다보고 있을 때의 '관중효과'를 배제하기 위해 비디오 카메라로 녹화해서 관찰·분석하기도 한다. 누가 계속 나를 관찰하고 있으면 아무래도 신경이 쓰이고, 평상시와 다르게 행동하는 것이 사람이다. 따라서 녹화분석을 통한 관찰을 비참여적, 비개입적 관찰(unobtrusive observation)이라고 한다.

비개입적 관찰(unobtrusive observation)

여기서 잠깐!!

관중효과(audience effect)란?
- 다른 사람들의 시선에 노출될 때, 자신에 대한 인식, 동기, 행동이 변화하는 현상
- 상대방에게 자신을 더 매력적인 사람으로 보이고자 인상관리를 하게 된다.
- 타인의 시선과 집중은 긍정적 자기인식과 적극적 행동을 유도한다는 연구 결과
- 그 변화의 정도는 관중의 지위(status), 내게 미치는 영향, 개인의 업무숙련정도, 성격 등과 깊은 연관성을 가진다.

관중효과(audience effect)

(3) 인터뷰

업무를 현재 수행하고 있는 직원, 관리자들과 인터뷰를 진행한다. 보통 **구조화된 양식**을 사용하여 정보를 기록하는데, 여기서 구조화된 양식이란 미리 질문해야 할 사항을 적어놓고, 순서대로 질문하고, 답변을 들은 후 정리하는 것을 말한다. 막연하게 업무에 대해서 얘기해 보라는 뜬구름 잡는 질문은 뜬구름 잡는 대답을 이끌어낸다.

질문은 직무에 대한 설명과 직무명세서를 작성하는 데 필요한 자료로 활용된다. 인터뷰 기법은 자기 보고와 직접 관찰의 한계를 보완한 방법으로 가장 널리 사용되는 방법 중 하나로 인터뷰는 분석할 업무에 대해 어느 정도 이해를 가지고 있는 숙련된 면접관에 의해 수행되어야 한다. 부리는 것도 내가 일을 잘해야 잘 부릴 수 있다. 즉, 내가 잘 알고 있어야 제대로 된 질문을 하고, 필요한 정보를 얻을 수 있다는 말씀!

(4) 문서 리뷰

대부분의 조직들은 정보를 문서화하여 보관한다. 산출물 분석, 성과 평가, 작업장 문제에 대한 내부 감사인 및 외부 컨설턴트의 보고서, 이전 직무 설명 등의 항목들이 포함된다. 고객 불만기록은 고객과의 접촉이 많은 직원의 향후 직무행동에 매우 유용한 자료가 된다. 또한, 실무를 통해 겪었던 어려운 점들에 대한 이전 직원들의 내부 메모 역시 직무에 대한 실질적 통찰력을 제공해 주는 유용한 도구가 된다.

(5) 설문지 및 설문조사

직무분석에서 설문지 활용법은 현직 종사자 및 관련 전문가들의 부담을 감소시키는 방법이다. 분석가는 응답자들에게 분석대상 직무의 중요성에 대한 평가를 개별적으로 요청하고, 업무 수행에 필요한 사항들을 추려낸 후, 등급척도(예: 1. 전혀 그렇지 않다–5. 매우 그렇다)를 사용하여 분석한다. 구조화된 설문도구들로는 직무분석, 직급분석, 경영직기술 설문지 등이 있다.

(6) 직업 정보망(O*NET) 활용

직업 정보망(O*NET: Occupational Information Network)은 **다양한 직업에 필요한 기술, 능력, 지식 및 주요 업무, 요구되는 교육, 경험 수준 등의 직무관련 정보를 제공하는 무료 데이터베이스이다**(https://www.onetonline.org/). 이 데이터베이스는 미국 노동부(US Department of Labor) 산하의 고용훈련국에서 지속적으로 업데이트하고 있으며, 진로선택, 직무분석, 직원선발, 경력상담, 직원교육 등 다양한 HR 활동에 유용하게 쓰이고 있다.

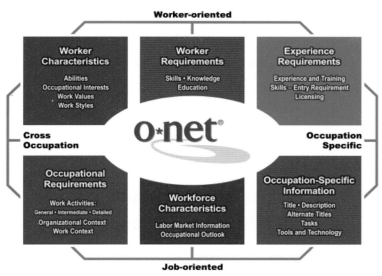

출처: https://www.dol.gov/agencies/eta/onet

O*NET이 제공하는 정보는:

- 자격: 작업을 수행하는 데 필요한 기술과 지식
- 개인 적합성: 관심분야, 가치관
- 경력 조건: 작업에 필요한 교육, 자격증, 경험의 수준
- 업무 환경: 업무와 관련된 물리적, 사회적 업무환경
- 업무 조건: 직업의 미래 전망과 급여수준

등을 포함한다.

4. 직무설계

직무설계(job design)란?

직원들이 수행하는 직무의 실제적 구조로 업무 그 자체, 직원들이 매일매일 하는 업무활동에 초점을 맞추어 업무를 설계하는 것을 말한다.

직무설계(job design)

4.1 하향식(top-down) 직무설계

직무설계에 대한 초기 연구는 직무가 최대한 표준화되고 단순화되어야 직원들이 업

국부론(The wealth of nations)
분업화(division of labor)
업무세분화(task specialization)

무 기술을 향상시켜 효율성을 극대화시킬 수 있다고 가정했다. 이 관점은 아담 스미스(Adam Smith)가 국부론(The wealth of nations)에서 경제활동의 생산성과 번영의 핵심으로 강조한 분업화(division of labor), 그리고 그 결과물로서의 업무세분화(task specialization)와 그 맥락을 같이 한다.

산업혁명 이후 등장한 과학적 관리기법은 직무의 **단순화 · 표준화 · 전문화**를 강조했고,

이는 당시 과학경영철학의 핵심이었다.

조직 전체 업무시스템을 **하향식(top-down)**으로 설계하여 불필요한 움직임을 최소화!!

하향식 직무설계

따라서 **하향식 직무설계**의 핵심 아이디어는:

출처: Google

- **고도로 단순화된 직무**와 **표준화된 운영**
- 구성원들의 **자율성 및 재량권을 허용하지 않는 것**
- **경영진이 직무를 설계**하면,
- 직원들은 **부과된 작업을 기계처럼 하는 것**

산업화 초기, 대부분의 직무는 과학적 경영원칙에 부합하게 설계되었고, 이 접근방법은 생산효율성을 향상시키는 데에 실제로 큰 기여를 하였다. 그러다가 산업의 다양화, 업무의 복잡성 증가, 인간중심적 사고가 출현하면서부터 직무설계를 바라보는 시각이 달라지기 시작한다. 경영자는 머리(head), 작업자는 손(hand)이라는 이분법이 먹히지 않는 시대로 접어들게 된 것이다.

■ 직무확대(job enlargement) vs. 직무충실화(job enrichment)

과거 고용주들은 재무적 보상이 가장 큰 동기부여가 된다고 믿었고, 임금상승을 통해서 직원들을 격려하였다. 물론 틀린 말은 아니다.

경제적 보상? 완~~~~~전 x중요하다.

그러나 **임금이 어느 정도의 선에 도달**(미화 약 5만 달러 이상; 한화 6천 6백 6십만 원 이상)해서 생활을 하는데에 있어서 그다지 경제적 압박을 느끼지 않는 정도가 되면 **사람들은 돈 이외에 또 다른 무엇인가를 더 원하게 된다.** 자신이 하는 일에 가치를 느끼고 싶을 수도 있고, 다른 사람들에게 존경을 받고 싶어지기도 한다.

반복적인 일은 나를 지루하게 하고 그런 일상은 나를 매너리즘에 빠지게 한다.

과거 공장 노동자들이 하루 종일 기계를 돌리며 느끼던 직무의 '단조로움'과 '지루함'을 극복하고자 한 취지에서 탄생한 직무확대(job enlargement)와 직무충실화(job enrichment)가 현대에도 필요하다.

직무확대(enlargement)나 **직무충실화**(enrichment)나 그게 그거 아니야?

→ 다르다.

→ 어떻게??

	직무확대(job enlargement)	직무충실화(job enrichment)
핵심	과업의 수와 양(수평적)	의사결정권과 책임감(수직적)
목적	단조로움과 지루함 감소	보다 도전적인 일을 시도
비용	낮음	높음
요구사항	기존 업무와 비슷한 능력	더 높은 수준의 기술과 지식
적용 가능 직업	대다수	일부

직무확대(job enlargement):
직무의 내용 및 범위를 확대함으로써 직무능력을 활용할 수 있는 기회를 증가시키는 것.

즉, 한 사람이 한 가지 업무만 하던 것에서 다양한 업무를 하도록 **직무의 수와 양을 추가**하는 것을 말한다.

예시) 계산대에서 계산원 업무만 하다가 창고정리라는 새로운 업무를 추가

- 직무확대는 항상 같은 일을 반복하는 지루함에서 벗어나게 해주고,

- 다양한 일을 해보게 함으로써 일에 재미를 부여해 줄 수도 있다.

- 그러나!! **구성원이 이미 과다한 업무에 시달리고 있는 상태에서 직무를 확대시키면 그 직원은 과로사하거나 도망간다. 번아웃(burnout)**이란 말이 괜히 있는 게 아니다.

> • 일상이 지겨워서 돌겠는 사람들도 많지만, 과다 업무에 시달려 다크써클이 발등까지 내려온 사람들도 많다. 지겹고 심심하면 우울해지고, 과다 업무에 시달리면 몸과 머리에 과부하 증상이 나타나며 미칠 것 같다. 둘 다 경험해 본 바로는 우울보다는 미치는 게 나은 것 같기도 하지만! 어디까지나 개인 차이.

직무충실화(job enrichment)

직무충실화(job enrichment):
현재 수행 중인 업무에 의사결정 권한과 책임을 추가적으로 부여하는 직무재설계로 기존에 관리자가 수행하던 계획, 조직, 통제, 평가 등의 과정에도 관여할 수 있도록 역할의 범위를 확장하는 것을 말한다.

예시) 계산원 업무만 하다가 매장의 재무관리를 담당하게 되는 것

오호~~~!!
하지만, 현실에서 이런 일은 발생하지 않는다.
직무충실화의 개념에는 자본투자, 필요성, 당위성들이 맞물려 있다.
드라마에서 지겹도록 나오는 밑바닥에서부터 시작하라는 재벌가 후계자 교육이 아닌 이상에야 현실적으로 이런 사례는 거의 없다!!

아무리 보고 또 보고, 계산기를 두드려 봐도 직무확대가 직무충실화에 비해 비용도 덜 들지, 실패 위험도 적지, 현실에서는 직무확대를 하는 경우가 대부분이다.

직무확대는

수평적으로 확장(horizontal job loading)

- 원래의 업무에 비슷한 수준의 일들을 추가하여
- 수평적으로 확장(horizontal job loading)하는 방식으로
- 단순 반복업무에 따르는 지루함, 동기 저하 방지에 그 목적이 있다.

직무충실화는

수직적으로 확장(vertical job loading)

- 업무를 함에 있어 자율성과 책임의 정도를 더 부여하여
- 직무를 수직적으로 확장(vertical job loading)하는 방식으로
- 구성원들의 업무에 대한 오너십을 강화하여
- 동기를 강화하는 데에 그 목적이 있다.

여기서 잠깐!!

그럼, 직무순환(job rotation)은?

여러 직무를 순환근무하게 하면서 능력과 자질을 높이는 방법.

- 다른 업무를 경험해봄으로써 각 부서의 고충을 이해할 수 있고,
- 부서 간 협력관계 구축에 도움이 된다.

출처: Google

특히, 경영자들의 경우 폭넓은 시야와 조직에 대한 전반적인 이해를 바탕으로 한 전략적 판단이 필요하기 때문에 후계자 육성법으로 많이 활용된다.

예시 1) 1년은 구매팀, 그 다음 1년은 영업팀, 그 다음 1년은 마케팅팀, 그 다음 3년은 전략기획팀 식으로 돌림.

예시 2) 다국적기업이라면 3년은 미국지사, 3년은 중국지사, 그 다음 3년은 한국지사 등으로 돌리고 돌림.

4.2 직무설계의 발전

인간관계론 등의 영향으로 생산효율성 향상이 직원들의 동기에 의해 영향을 받는다는 점에 착안하여 관리자들은 조직원들의 내적동기(intrinsic motivation)를 향상시키는 요인들을 탐색하기 시작한다.

2요인 이론(two-factor theory)

미국 심리학자 프레드릭 허츠버그(Frederick Herzberg)는 1966년 『일과 인간의 본성(Work and the nature of man)』이라는 저서를 통해 2요인 이론을 제시하였다.

허츠버그는 2요인 이론을 통해 사람들이 일하고자 하는 동기를 두 가지로 설명했다.

첫 번째는 동기요인(motivators)이고, 두 번째는 위생요인(hygiene factors)이다.

동기요인(motivators)
위생요인(hygiene factors)

- 동기요인(motivators)은 만족과 관련된 내부동기(intrinsic motivation)인 성취감, 책임감, 자아발전 등 동기를 증가시키는 요인
- 위생요인(hygiene factors)은 불만족과 관련된 외부동기(extrinsic motivation)인 회사정책, 임금, 업무조건 등에 불만족을 느끼지 않도록 하는 요인

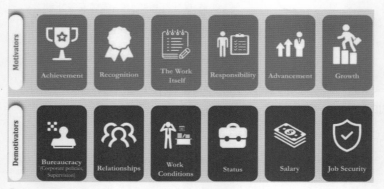

출처: https://www.simplypsychology.org/herzbergs-two-factor-theory.html

허츠버그는 직무를 설계함에 있어서 구성원들의 "동기요인(motivators)"에 초점을 두어야 함을 강조하며, 기존의 표준화된 하향식 직무설계에 부정적 견해를 보였다.

"식당 구석에서 쭈구려 앉아
맨날 더러운 접시만 닦다가, 은접시 닦게 되면 해피해지냐!!"

업무동기와 성과향상을 위해서는

- 일에 중요성과 의미를 부여하고,
- 책임감과 성취감을 느끼해 해주며,
- 일을 통한 자아성장과 사회적 인정과 보람을 고취시키는 등의

직무재설계(job redesign)

동기요인을 강화시키는 직무재설계(job redesign)를 해야 한다는 것이 허츠버그의 주

장으로 직무충실화와 맥락을 같이 하며, 허츠버그는 1960년대 말 직무재설계 운동의
아버지로 불리게 된다.

2요인 이론의 흐름을 이어받아 해크만(Hackman)과 로울러(Lawler)는 1971년『업무
특성에 대한 조직원들의 반응(Employee reactions to job characteristics)』이라는 논문을
통해 구성원들의 내적동기(intrinsic motivation)에 영향을 주는 네 가지 업무특성으로
자율성, 다양성, 과업정체성, 피드백을 제안하고, 이 네 가지 특성이 높은 직무에 종사
하는 사람들의 내적 동기부여, 직무 만족도, 생산성이 높다는 것을 발견한다. 그들의
연구는 또 다른 후속연구들로 이어졌고, 이후 직무설계에서 가장 광범위하게 연구되
고 논의된 직무특성이론의 기초가 된다.

직무특성이론(JCT: Job Characteristics Theory)

해크만(Hackman)과 올드햄(Oldham)은 1976년『업무설계를 통한 동기(Motivation
through the design of work: Test of a theory)』라는 논문을 통해 직무특성이론을 소개
한다.

직무특성이론(JCT: Job
Characteristics Theory)

직무특성이론의 주요관점:

- 핵심적 업무특성들이 구성원들의 심리상태를 형성하여 다양한 성과들에 영향을
  미친다는 것.

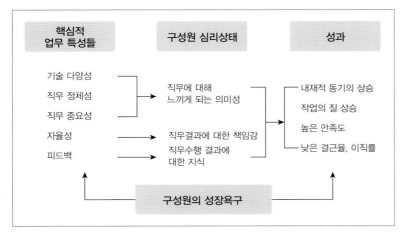

출처: Hackman & Oldham, 1976; 네이버 지식백과

여기서 **핵심적 업무특성**은:

기술 다양성(skill variety)

(1) **기술 다양성**(skill variety):

업무를 수행하는 데 있어서 **다양한 기술 및 능력을 사용하는 활동들이 요구되는**
정도

(**높음**) 회사 대표의 비서는 어떤 기술이 필요할까?

: 업무능력 + 눈치, 민첩성, 신속성, 신중성, 다개 국어 구사?

(**낮음**) 역도 선수는 어떤 기술이 필요할까?

: 무거운 거 잘 들어올리기

직무 정체성(task identity)

(2) **직무 정체성**(task identity): 업무가 요구하는 전체로서의 완결 정도. 즉, 작업 전
체를 놓고 보았을 때 **본인의 업무가치 및 중요성 정도**

(**높음**) 내가 빠지면 프로젝트 자체가 아작난다.

(**낮음**) 내가 빠져도 프로젝트 전체로 보면 티가 하나도 안 난다.

직무 중요성(task significance)

(3) **직무 중요성**(task significance): 내가 하는 업무가 **다른 사람들의 삶에 영향을 미**
치는 정도

(**높음**) 내가 하는 일이 다른 사람의 인생에 영향을 미친다.

- 의사와 구급대원은 사람의 목숨을 살리고,

  (그 손 끝에 사람의 생명이 왔다 갔다 한다)

- 파일럿은 승객들이 안전하게 여행할 수 있게 해주며,

  (비행기 조종 잘못하면 수백 명이 훅! 간다!)

- 교수들은 제자들이 경력을 쌓아가는 데 길을 열어주고 도움을 준다.

(**낮음**) 내가 일을 하거나 말거나 다른 사람들과는 전혀 상관이 없다.

하지만 실제로 모든 직업들은 다른 사람의 인생에 크든 작든 영향을 미친다. 굳
이 거창하게 생명을 다루고, 삶의 방향을 이끌어주는 직업들에만 국한되는 것이
아니다.

- 환경미화원은 환경을 깨끗하게 관리하여 사람들에게 쾌적함을 주고,

- 요리사는 맛있는 음식을 만들어 사람들에게 소소한 행복을 준다.

자율성(autonomy)

(4) **자율성**(autonomy): 업무에 대한 일정을 계획하거나 직무를 수행하는 절차를 결
정할 때 **구성원에게 허용된 자율, 독립성, 재량권의 정도**

(높음) 난 내가 알아서 업무일정을 짜고, 업무방향을 정한다.

(낮음) 시키는대~~로, 고대~~로 해야 한다. 맘대로 할 수 있는게 전~~혀 없다!

(5) 피드백(feedback): 업무수행의 효율성과 결과에 대해서 얻는 직접적이고 확실한 정보의 양

> 피드백(feedback)

(높음) 일을 마치고 나면 그 결과에 대해서 바로 알 수 있다.

(낮음) 기획서를 제출하라고 해서 냈는데 한 달이 지나도 감감무소식이다.

이들 업무 특성들 중에서

- 기술 다양성, 직무 정체성, 직무 중요성은 직무에 대해 느끼게 되는 의미성 (experienced meaningfulness of the work)
- 자율성은 직무결과에 대한 책임감(experienced responsibility for outcomes)
- 피드백은 직무수행 결과에 대한 지식(knowledge of the actual results of the work activity)을 형성시키고, 구성원들이 경험하는 이 세 가지 측면의 심리상태들은 내적동기, 업무성과, 만족도 및 결근·이직과 같은 성과에 영향을 미친다.

여기서 잠깐!!

위의 세 프로세스를 사용해 우리는 **동기부여 잠재점수(MPS: Motivating Potential Score)**를 계산할 수 있다.

> 동기부여 잠재점수(MPS: Motivating Potential Score)

$$MPS = \frac{기술다양성 + 직무정체성 + 직무중요성}{3} \times 자율성 \times 피드백$$

요즘에는 (기술다양성 + 직무정체성 + 직무중요성)/3 대신 다섯 개의 핵심 업무특성들을 단순평균하는 방법이 보다 합리적인 것으로 인정되고 있는 추세이다.

이외에도, 구성원들의 개인적 특성, 예를 들어 **성장욕구 강도(growth-need strength)**는 핵심 업무 특성들이 성과에 미치는 영향을 강하게, 혹은 약하게 만들 수 있다.

> 성장욕구 강도(growth-need strength)

예시 1) 기술 다양성은 직무에 대해 느끼게 되는 의미성을 형성시킴으로써 내적동기를 증진시킨다.

▶ 만약 이 일을 하는 담당자의 성장욕구가 강하다면?

업무 의미성이 더 커지면서 기술 다양성이 내적동기에 미치는 영향이 더욱 강해

질 것이다.

예시 2) 자율성은 책임감 향상을 통해 업무성과를 높인다.
▶ 업무 담당자의 성장욕구가 강하다면?
책임감을 더 강하게 느끼며, 자율성이 업무성과에 미치는 긍정적 영향이 강해질
것이다.
▶ 업무 담당자가 전~~혀 성장욕구가 없다면?
자율성이 오히려 원치 않는 부담으로 작용하면서 책임에 대한 스트레스를 받을
테고, 그러면서 성과가 오히려 떨어질 수도 있다.

조절변수(moderator)

이렇게 어떤 요인이 다른 요인들 간의 관계에 영향을 미쳐서 그 관계를 강화, 혹은
약화시키는 경우, 우리는 그것을 조절변수(moderator)라고 일컫는다.

상황변수(contingency)

조절변수는 상황변수(contingency; contingent factor), 제한된 조건(boundary
condition)이라고도 불린다. 다른 다양한 요소들의 적용이 가능하다는 것이다. 중간 프
로세스인 구성원 심리상태를 다른 측면(예: 심리적 안전, 자기 효능감 등)으로 제시해도
되고, 성장욕구 이외 다른 조직 및 개인 특성들(예: 조직의 크기, 중앙 집중화, 수직적 구
조; 심리적 유연성, 스트레스, 성격 등)을 조절변수로 고려할 수도 있다.

4.3 상향식(bottom-up) 직무설계

과학적 경영기법
하향식(top-down) 직무설계

과학적 경영기법에 근거한 경영에서 하향식(top-down) 직무설계는 당연한 것이었다.
생산공정을 최소단위로 나누고, 이를 최대한 효율적으로 배치하면서 각 개인의 업무
와 역할이 규정된다. 경영자와 공학전문가가 과학적이고 체계적 분석을 통하여 업무
를 수행하는 데에 있어서 최적의 동작과 절차를 설계하고 지시하면, 노동자들은 시키
는 그대로만 하면 되는 아주 간단한 논리였다.

그러다가 인간관계론이 등장하면서 근로자들을 부품이 아닌 사람으로 대해야 한다
는 인식이 생겨났고, 이후 다양한 동기이론들이 출현하였지만, 그럼에도 불구하고 직
원들의 업무수행 방식에 있어서는 하향식 직무설계에 의한 업무관행이 여전히 지배적
이었다.

- 직무기술서(job description)
- 업무 매뉴얼(task manual)

표준작업방식(SOP: Standard
Operating Procedure)

- **표준작업방식**(SOP: Standard Operating Procedure)
- 작업방식과 절차의 루틴(routinized work practice)

■ 하향식 직무설계의 한계!!

이런 건 업무 매뉴얼에 없다고~~!!

- **테일러**가 철강공장에서 One Best Way를 외치며 과학적 과업관리를 하고,
- **포드**가 컨베이어 시스템으로 공정을 분업화하여 체계적으로 모든 것을 컨트롤하며,
- 설계한 고대~~로 톱니바퀴처럼 착착 맞아 떨어지던 그 시대!

그러나, 하향식 직무설계는 20세기 후반을 기점으로 21세기로 넘어가면서 한계점들을 드러내기 시작했다. 가장 큰 문제는 테일러리즘, 포디즘(Fordism)이 지배하던 20세기 초와 달리 **산업 환경과 업무가 다양화되**었다는 점!! 경영자들이 만들어 놓은 기존 매뉴얼에서 답을 찾을 수 없는 상황들이 여기저기서 툭툭 튀어나오기 시작했다.

- 고객이 반품을 할테니 당장 환불을 해달라고 한다.

  어떻게 처리할지 업무 매뉴얼에 없다!
- 정보입력 오류로 오늘 거래처 입금이 안 된다고 은행에서 전화가 왔다. 어떻게 해야할지 이것도 **업무 매뉴얼에 없다!**

- 자재공급 일정 변경, 대금연기, 클레임 등 매일 뭔가 터진다.
- 이리저리 뛰어다니며 관리자들에게 물어보았지만, 앵무새같은 대답만 반복한다. **"표준대로" "절차대로"!!**

- 그 표준과 절차가 눈을 씻고 찾아봐도 없다고!!!
- 눈을 뒤집어 까도 안 보인다고!!
- No 표준, No 절차라고~~~~~!!!!!!

산업 다변화, 조직 다양성, 업무 다양성이라는 새로운 시대로의 흐름은 업무상 발생할 수 있는 모든 상황을 예측하여 정답을 주는 표준 절차, 그리고 그대로 따라하기만 하면 되는 완벽한 업무 매뉴얼의 존재 가치를 떨어뜨리며, 전통적 경영기법인 하향식 직무설계를 대체할 새로운 대안에 대한 필요성이 서서히 대두되었다.

상향식(bottom-up) 직무설계

오늘날에는 하향식 직무설계와 통제가 아닌 직원들이 주도적 역할을 하는 **상향식 (bottom-up) 직무설계**에 대한 다양한 아이디어들이 제안되고 활용되고 있다.

상향식 직무설계에서의 권장사항들은:

직무역할 행동(in-role behavior) 직무역할 외 행동(extra-role behavior) 조직시민행동(OCB, Organizational Citizenship Behavior) 적극적 업무행동(proactive behavior)

- 규정된 **직무역할 행동**(in-role behavior)과 함께 상황의 요구에 따른 유연한 **직무역할 외 행동**(extra-role behavior)
- 동료와 조직, 그리고 업무향상을 위한 자발적 **조직시민행동**(OCB: Organizational Citizenship Behavior)
- 지시 순응형, 의무방어적인 업무 행동이 아닌 스스로의 능동적이고 **적극적 업무행동**(proactive behavior)

들로,

자율적 직무설계

오늘날 구성원들의 자율성과 능동성에 대한 가치와 중요성이 높아지고, 이러한 추세가 직무설계에도 반영되며, 직원들에게 자율적 직무설계의 기회를 주는 기업들이 늘어나고 있다.

잡 크래프팅(job crafting)

잡 크래프팅(job crafting)
잡 크래프팅은 상향식 직무설계의 대표적인 예로,

- 직무특성을 변화시키기 위한 개인 주도적 직무 재설계
업무 맞춤화
- 자신의 욕구, 가치, 기술 및 능력에 맞게 업무 맞춤화
- 일을 통해 삶의 의미, 긍정적 정체성, 웰빙, 성과개선을 위한 **자발적 노력**

이라는 특징을 가진다.

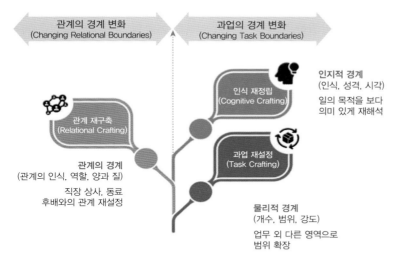

Add a little bit of yourself to your job!

잡 크래프팅은 세 가지 측면으로 나타날 수 있다.

(1) 인지적 크래프팅(cognitive crafting)

업무에 대한 인식을 재정립하는 것으로 자신의 일을 다른 시각에서 해석한다. 업무 자체는 동일하지만, 본인의 욕구와 가치관에 더 부합하는 방향으로 자신의 업무에 대한 인지적 의미를 부여하고 재해석하는 것을 말한다.

예시) 장례지도사들에게 "당신이 하는 일은 무엇입니까?"라고 질문할 때 "시체 처리하고, 장례 치르고, 안치하는 일을 합니다"라고 대답하기보다는 "저는 이 생을 마감하시는 분들이 행복하게 새로운 세상으로 갈 수 있도록 유족들에게 따뜻한 손길을 빌려드리는 일을 합니다"라고 자신이 하는 일에 더 가치 있는 의미를 부여할 수 있다.

(2) 업무적 크래프팅(task crafting)

업무 내용 및 범위를 재설정하는 업무변경(task revision, task modification) 활동으로 새로운 업무를 추가하거나, 동일한 업무라도 새로운 방식으로 시도해 본다. 본인의 능력과 취향에 맞추어 업무의 경계를 재정의하여 업무 맞춤화를 시도해 보는 방식이다.

인지적 크래프팅(cognitive crafting)

업무적 크래프팅(task crafting)

예시) 오전에 집중빨이 높다면 집중을 요구하는 업무는 오전에 몰빵시키고, 고도의 집중력이 필요하지 않는 업무를 오후에 하는 것으로 일정을 조율할 수 있다. 혹은 본인이 빅데이터 분석작업에 탁월한 능력을 가지고 있다면 기존의 시장분석 방식을 자신의 능력을 활용하여 바꾸어 적용해 보는 것도 가능하다. 자신의 능력를 최대화시키는 방식으로 업무를 변경하고 조정하는 활동.

관계적 크래프팅(relational crafting)

(3) 관계적 크래프팅(relational crafting)

타인과의 상호작용, 관계를 재구축하는 것으로 인지적, 업무적 크래프팅이 업무의 의미와 경계를 재해석하고 변경하는 것이라면 관계적 크래프팅은 업무 상의 대인관계를 변경하고 확장하는 활동을 말한다.

예시) 본인이 사회적인 친애욕구가 강하다면 상사, 동료는 물론 다른 팀과 조직으로 인적 네트워크를 확장하고 자주 모임을 가질 수 있다. 또한, 업무 자체의 지루함을 적극적 교류를 통해 극복하기도 한다. 헤어디자이너가 긴 서비스 시간 동안 고객과 대화를 하면서 관계적 크래프팅을 할 수도 있다. 그러나!! 방해받지 않는 자신만의 시간을 원하는 고객들도 있다. 관계라는 것은 상호적인 것으로 나만 좋으면 되는 것이 아니다. 상대방의 성향 파악, 배려와 존중, 그리고 조심성이 필요하다.

이러한 일련의 잡 크래프팅 활동들을 통해 구성원들은 자신이 하고 있는 일에 더 큰 의미를 부여하게 되고, 이는 내적 동기부여와 업무 만족도, 성과로 이어진다.

직무요구-자원(JD-R: Job Demands-Resources) 모델

> ### ■ 직무요구-자원(JD-R: Job Demands-Resources) 모델
>
> 2012년 네덜란드 조직심리학자인 마리아 팀스(Tims)와 그녀의 동료들은 직무요구-자원(JD-R: Job Demands-Resources) 모델에 기초하여 크래프팅 유형을 더욱 구체적으로 세분화시켰다. 연구 팀이 제시한 네 가지 유형은 다음과 같다.
>
> 구조적 직무자원 증가(increasing structural job resources)
> 사회적 직무자원 증가(increasing social job resources)
>
> - **구조적 직무자원 증가(increasing structural job resources)**
>   개인의 역량을 더욱 개발시키고, 새로운 기술과 지식을 얻기 위해 노력하는 활동들
> - **사회적 직무자원 증가(increasing social job resources)**
>   사회적 맥락으로부터의 피드백 최대화, 즉 상사나 동료들에게 조언을 구하고 업무적으로 도움을 요청하는 활동들

- 도전적 직무요구 증가(increasing job challenges)

  기회가 생길 때마다 더 배우고자 노력하고, 업무가 마감되면 또 다른 일을 스스로 찾아서 하는 활동들

- 방해하는 직무요구 감소(decreasing hindering job demands)

  업무를 하면서 경험하게 되는 정신적 스트레스를 줄이고자 하는 활동들

자원은 증가시키고 요구사항은 감소시키면서 자신에게 업무를 맞춤화하는 일련의 활동들이 잡크래프팅에 해당한다.

도전적 직무요구 증가(increasing job challenges)
방해하는 직무요구 감소 (decreasing hindering job demands)

(1) 직무요구-자원(JD-R: Job Demands-Resources) 모델에서 제시된 네 가지 유형 중 가장 중요한 활동은 무엇이라고 생각하는가?

(2) 그 이유에 대해서 서술하라.

그룹토론문제

신나는 직무설계(playful work design)

오늘날 경영환경에서 개인이 주도하는 상향식 직무설계는 기업 입장에서도 불가피한 선택이 되고 있다. 개인의 성향과 역량을 고려한 셀프 직무 재설계가 중요해지는 시대가 되고 있다.

신나는 직무설계(playful work design)

하다하다 이제는 신나는 직무설계(playful work design)까지 등장!
요것이 무엇이냐~하면?

직원이 자기주도적 직무설계를 하는 데에 있어서 신나게 노는 활동으로 업무를 재구성하는 것을 가리킨다. 그렇단다.

신나는 직무설계는 놀이(play)라는 개념에 기반을 두고 있다.

업무가 놀이라는 목적 자체가 되면서 집중력, 열정, 행복감을 끌어내는 활동으로 변신하는 것!

신나는 직무설계는 놀이의 두 가지 속성을 반영한다.

단순놀이(ludic play)
목적놀이(agonistic play)

- **단순놀이**(ludic play): 농담, 상상, 유머 등으로 재미를 추구
- **목적놀이**(agonistic play): 규칙에 근거한 게임, 경쟁 등 도전을 통한 성취감 추구

이렇게 놀이의 두 가지 속성을 본인의 업무에 반영하여 일과 놀이를 통합하는 '신나는 직무설계'에는 다음 두 가지 유형이 있다.

재미설계(designing fun)
경쟁설계(designing competition)

- **재미설계**(designing fun): 일 자체에 재미있는 탐험, 상상력에 의한 스토리 등 흥미로운 요소를 투입
- **경쟁설계**(designing competition): 자신과의 경쟁 유도, 업무속도, 시간, 양 등에 도전하는 셀프 챌린지

게이미피케이션(gamification)

> ■ **일? 놀이? 게이미피케이션(gamification)!!**
>
> 신나는 직무설계에서 최근 가장 핫한 것은 게이미피케이션(gamification)!
>
> 게임 자체가 주는 "재미(fun)" +
>
> "극도의 몰입감과 격한 흥분감"을 자극하는 "경쟁(competition)"
>
> 게임의 재미, 경쟁, 도전과 같은 요소들은 이미 앱 개발뿐 아니라 교육설계, 마케팅, 홍보 등 다양한 분야에 널리 활용되고 있다.

자발적 동기 부여
즐거움과 재미 제공

Gamification

주어진 미션이나 과제를 **단계적으로**
수행하면서 획득한 다양한 성과를 통해서
사용자들 스스로 동기부여를 가지도록
만드는 기법

금전적 보상을 제공하거나,
자격이나 권한을 부여하는 형태로
성취(ACHIEVEMENT)를 주는 것이 중요

자발적인 열정과 갈망!!

경영자들이 이걸 놓칠리가 없다!!

그래서!!

많은 회사들이 상향식 직무설계의 한 방식으로 게이미피케이션을 도입하고 있다.

게이미피케이션은 구성원들의 자기주도적 '신나는 직무설계' 활동을 기업에서 지원해 주는 방식으로 운용된다. 하향식과 상향식이 접목된 하이브리드 직무 재설계!

— 하이브리드 직무 재설계

- 조직 입장에서는 직원들이 알아서, 신나게, 재미있게 일을 해주니 좋고,

- 직원 입장에서는 재미있게 노는 와중에 게임머니가 생기니 거절할 이유가 없다!

직장 업무의 게이미피케이션에서 많이 활용되는 방식으로는:

- **포인트 적립!** 선물, 휴가권으로 교환

- **미션 성공!** 배지, 트로피, 굿즈! 어때? 폼나지?

- **레벨업!** 만렙 먹고 말테다!!

- **랭킹이 실시간 스크린에!!** 무하하하~ 난 역시 잘났어!

게이미피케이션에 대한 경영자 측의 진정성을 보이기 위해서는:

- 일을 게임처럼 만드는 재미있는 **스토리와 설득력 있는 내러티브**가 필요하고,

- 게임의 규칙이 **명확하고 공정**해야 하며,

- 챌린지임과 동시에 달성 가능한 명확한 **목표**를 제시하여야 하고,

- 업무 과정, 게임 진행에 대한 **신속한 실시간 피드백**을 제공해야 한다.

이런 조건들이 갖춰져야 직원들이 미친듯이 몰입한다!!

출처: https://cinegamification.com/introduction/how-does-gamification-work/

핵 심 용 어

- 직무분석(job analysis)

- 전략적 직무분석

- 기능적 직무분석

- 성격기반 직무분석

- 역량기반 직무분석

- 국가직무능력표준(NCS: National Competency Standards)

- 하향식(top-down) 직무설계

- 직무확대(job enlargement)

- 직무충실화(job enrichment)

- 직무순환(job rotation)

- 내적동기(intrinsic motivation)

- 직무특성이론(JCT: Job Characteristics Theory)

- 기술 다양성(skill variety)

- 직무 정체성(task identity)

- 직무 중요성(task significance)

- 자율성(autonomy)

- 피드백(feedback)

- 상향식(bottom-up) 직무설계

- 잡 크래프팅(job crafting)

- 인지적 크래프팅(cognitive crafting)

- 업무적 크래프팅(task crafting)

- 관계적 크래프팅(relational crafting)

- 직무요구-자원(JD-R: Job Demands-Resources) 모델

- 신나는 직무설계(playful work design)

- 게이미피케이션(gamification)

연습문제

01 직무분석(job analysis)의 정의에 대해 간단히 논하라.

02 직무분석의 유형에 대해 논하라.

03 국가직무능력표준(NCS: National Competency Standards)에 대해 설명하라.

04 직무분석의 방법에 대해 논하라.

05 직무설계가 어떻게 발전되어 왔는지 기술하라.

06 직무확대(job enlargement)와 직무충실화(job enrichment)의 차이점을 설명하라.

07 직무순환의 개념과 의의에 대해 설명하라.

08 직무특성이론(JCT: Job Characteristics Theory)에 대해 설명하라.

09 잡 크래프팅(job crafting)의 개념과 세 가지 유형에 대해 논하라.

10 직무요구-자원(JD-R: Job Demands-Resources) 모델에 기초한 크래프팅 네 가지 유형에 대해 설명하라.

06

인적자원개발

학습목표

• 인적자원개발의 개념에 대해서 설명할 수 있어야 한다.

• 인적자원이 조직의 핵심역량이 된 배경에 대해서 이해하여야 한다.

• 교육요구도 평가에 대해서 설명할 수 있어야 한다.

• 교육효과성 평가방법에 대해 설명할 수 있어야 한다.

1. 인적자원개발의 개념과 배경

인적자원개발(HRD: Human Resource Development)은 인적자원(human resources)과 개발(development)의 합성어로 영어 줄임말 그대로 흔히 HRD라고 부른다.

- 정의 = 인적자원의 교육, 훈련, 육성, 역량개발 및 경력관리 등을 관리하는 활동
- 목적 = 조직원 역량개발과 업무수행 개선을 통해 기업 내부에서 인적자원을 확충하고 조직의 성과를 창출하는 것

> **⑤ ChatGPT 인적자원개발이란?**
>
> - 구성원들의 기술과 지식을 개발하고 향상시키는 체계적 프로세스로
> - 구성원들의 지속적인 학습과 향상을 촉진함으로써
> - 조직의 전략적 목표와 구성원들의 역량을 부합시키는 데에 그 목적이 있다.

핵심역량(core competence)

쉽게 말해,
- 조직 구성원들을 조직의 **경쟁적 우위**(competitive advantage) 창출의 **핵심역량**(core competence)으로 만들고자
- 교육, 훈련, 개발시키는 일련의 활동으로
- 조직과 구성원 양측의 **상생**을 추구하는 **전략적 인적자원관리**의 주요 활동이다.

앞서 2장 전략적 인적자원관리에서 인적자원이 언제부터 조직의 핵심역량으로 인식되기 시작했는지 그 배경을 살펴보았다. 간략하게 다시 상기해 보자.

전략경영(strategic management)

- 오늘날의 인적자원관리를 흔히 **전략적 인적자원관리**(SHRM: Strategic Human Resource Management)라고 일컫는다.
- 전략적 인적자원관리는 **전략경영**(strategic management)과 **인적자원관리**(human resource management)의 합성어로
- HRM에서 중요시하고 강조하는 핵심역량이라는 개념이 **전략경영**에서 비롯되었다는 것을 콕 집어서 알려주는 용어이다.

전략경영의 시대적 발전을 간략히 살펴보면:

- 장기전략계획 시대: 2차 산업혁명 이후
  - 대량생산과 기업들의 비대화
  - 기능적 활동들을 통합하는 초기 단계의 의사결정정책

  장기전략계획

- 경영전략 시대: 1960년대 말
  - 세계 2차 세계대전(1939~1945년)과 세계 경제대공황(1929~1939)을 거치면서 환경의 불확실성 증가
  - 기업과 환경을 연관시켜 전략을 수정하고 대응

  경영전략

- 산업구조론 시대: 1970년대 말
  - 1973년 오일쇼크의 파장으로 매력적인 산업에 속해 있는지의 여부가 중요한 문제로 대두, 즉 내가 지금 무슨 사업을 하고 있느냐에 따라 잘 나가는지와 폭 망하는지로 결정
  - 전방위적 산업구조분석(예: 경쟁자, 시장, 공급, 수요 등)을 통해 환경을 예측하며 기업전략 수립

  산업구조론

- 자원준거관점 시대: 1980년대 말
  - 동일 산업에 속한 기업들 간 성과차이가 나타남
  - 외부 환경분석의 한계를 느끼고, 전략수립의 근거를 기업 내부자원에서 찾고 이를 개발하고자 하는 시도가 시작됨

  자원준거관점

→ 인적자원이 기업의 핵심역량으로 부각되기 시작한 것은 전략분야의 자원준거관점(RBV: Resource-Based View)에서 강조하는 조직의 가치 있는 자원들이 인적자원의 특성들과 맞물리면서부터이다.

→ 자원준거관점은 인적자원을 눈에 보이지 않는 무형자산으로 규정하고,
  - 가치 있고,
  - 희소성 있으며,
  - 모방이 불가능하고,
  - 조직에 체화된

그래서 조직핵심역량의 원천이 될 수 있는 기업특유(firm-specific) 자원으로 가치를 부여한다.

기업특유(firm-specific) 자원

인적자원개발은 크게 세 가지 영역으로 구성되어 있다.

- **교육 · 개발**(T&D: Training & Development)
  향후 직무를 수행하는 데에 필요한 역할과 책임을 할 수 있도록 지식과 기술을 배양
- **조직개발**(Organization Development)
  거시적 · 미시적(macro · micro) 변화를 통해 조직효과성과 복지 증진
- **경력개발**(Career Development)
  멘토십을 통해 구성원 개인의 경력을 개발하고 관리

우리가 일반적으로 말하는 인적자원개발인 HRD는 **교육 · 개발**(T&D: Training & Development)을 말한다. 그럼 교육과 개발의 차이가 무엇인지 살펴보자.

교육(training)은
- **현재 혹은 향후 수행할 직무에 특화**
- **직원이 업무를 완수하기 위해 요구되는 기술과 방법을 습득하는 과정**
- **교육의 효과는 즉각적이고 단기적 결과로 측정**

개발(development)은
- 당장의 업무성과 향상보다는 **직원들의 미래와 성장을 지향**
- 장기적이고 넓은 의미의 역량에 초점
- 사내교육이 아닌 **외부 교육**으로 기업이 등록금을 지원하는 외부 석 · 박사, MBA 프로그램

■ **Build or buy?**(키울까? 사올까?)

노동시장은 노동력의 수요와 공급을 둘러싸고 거래가 이루어지는 시장으로 고용상태, 급여, 노동조건을 기준으로 1차 노동시장과 2차 노동시장으로 나눈다.

우리는 이를 **이중노동시장**(double labor market) 혹은 **분절노동시장**(segmented labor market)이라고 일컫는다.

	1차 노동시장	2차 노동시장
고용상태	안정	불안정
급여	높음	낮음
노동조건	양호	열악

한국의 노동시장은 정규직을 중심으로 하는 1차 노동시장(내부노동시장)과 비정규직을 중심으로 하는 2차 노동시장(외부노동시장)으로 양분되어 있는 이중노동시장의 특성이 강한 구조를 가지고 있다.

내부노동시장(internal labor market):
- 직원들의 재배치, 훈련, 승진 등을 통해 노동시장의 기능을 대신하는 것
- 내부에서 인력을 배양

내부노동시장(internal labor market)

외부노동시장(external labor market):
- 기업 외부에서 노동력 거래가 이루어지는 곳
- 외부에서 숙련노동자(high-skilled labor)를 구매

외부노동시장(external labor market)

출처: Google

내부노동시장은 1차 노동시장 성격이 강하고, 외부노동시장은 2차 노동시장 성격이 강하다. 따라서, 근로자들 입장에서야 당연히 고용상태가 비교적 안정되고 급여가 높은 1차 정규직 노동시장(내부시장)에 속하기를 원한다.

그렇다면 기업 입장에서는 어떨까??

인재를 내부에서 키울 것인지, 외부에서 사들여와야 하는지 고민이 시작되는데…

노동자들이 자신에게 유리한 시장을 선호하듯, 기업도 당연히 기업 입장에서 두 시장의 **비용과 가치**(costs-benefits)를 비교 · 분석하고 합당한 시장을 선택한다.

시장, 비용, 가치에 대한 분석에 있어서 두 가지 관점을 살펴보자.

거래비용이론(transaction cost theory)

거래비용관점

미국의 경제학자로 버클리대학교 교수였던 올리버 윌리엄슨(Oliver Williamson, 1932~2020)은 1975년 『시장과 위계: 분석 및 독점금지에 대한 함축성(Markets and hierarchies: Analysis and antitrust implications)』이라는 저서를 통해 경제학에 기초한 **생산비용 절감**과 **효율성**을 강조하는 **거래비용이론(transaction cost theory)**을 제시했다.

기업은 거래를 하는 집합체이고 여기에는 당연히 거래비용이 발생한다. 거래비용은 적당한 대상자를 찾고, 계약하고, 모니터링하는 등 거래 과정에서 발생하는 모든 비용을 포함한다. 기업은 외부시장 거래 시 발생하는 비용과 내부시장 관리비용을 비교하고, 경제학적으로 비용이 덜 드는 쪽을 선택한다. 쉽게 말해, 싸게 먹히는 쪽을 선택!!

- **외부시장 거래비용 〉 내부시장 관리비용 : 내부시장**
- **외부시장 거래비용 〈 내부시장 관리비용 : 외부시장**

시장거래비용이 내부관리비용보다 높은데도 시장거래를 했다? x~신!!

사회공동체 관점

사회적 자본(social capital)
결합자본(bonding capital)
연결자본(bridging capital)

사회공동체 관점

하버드대학 교수인 로버트 데이비드 퍼트넘(Robert David Putnum, 1941~)은 **기업이 거래비용만으로 설명할 수 있는 개체가 아니라**는 점을 강조하며, 기업을 사회공동체 관점에서 해석했다.

즉, 기업은 사람들이 모여 정보와 지식을 공유하고, 협업함으로써 새로운 가치를 창출하는 곳으로 이렇게 다수가 만들어낸 **사회적 자본(social capital)**이 경제적 관점에서의 비용절감 이상의 가치를 가지고 있다는 것이 핵심 주장. 그는 사회적 자본을 **결합자본(bonding capital)**과 **연결자본(bridging capital)**으로 특정 지으며, 기업을 개인의 단순한 결합이 아닌 네트워크로 형성된 개체로 정의하고, **기업가와 근로자 간 상호보완적 역할과 시너지 효과의 중요성**을 강조하였다.

그룹토론문제

(1) 거래비용이론과 사회공동체 이론 중 어느 것이 더 합당하다고 생각하는가?

(2) 그렇게 생각하는 근거는 무엇인가?

■ 거래비용 "제로"?

오늘날의 기술 발달, 지식사회로의 전환(크라우드펀딩, SNS 등)은 외부자원의 활용에 수반되는 **거래비용을 기하학적 수치로 감소**시켰고 1인 기업체제 구축에 큰 공헌을 했다.

나 혼자서도 충분하다면(superman) 구태여 구색을 맞추겠다고 여러 명의 직원들을 고용해 불필요한 내부 관리비용을 발생시킬 필요가 전~~혀 없다. 잘난 독고다이에게는 외부시장 활용이 유리하다. 실력 있는 작가 한 사람이 혼자 일하는 것이 팀으로 일을 하는 것보다 성과가 더 좋다는 게 실증연구를 통해서도 밝혀진 바이다.

물론 혼자 잘 나서 1인기업을 하는 것보다는, 취업난이 심해지고 워라밸을 중시하는 사회구조에서 아이디어 하나로 1인 기업을 차리는 사례가 더 많긴 하다.

여기서 잠깐!!

1인기업과 프리랜서의 차이점은??

둘 다 개인의 전문성을 중심으로 네트워크를 형성하여 시장과 가치를 창출한다.

그러나

- 1인기업 = 자신만의 전문 서비스를 제공함으로써 가치를 창출하는 회사이고,

- 프리랜서 = 스스로 시장 수요를 만들기보다는 의뢰받은 일을 진행한다.

2. 교육 요구도 평가

2.1 교육 요구도 평가의 개념

교육 요구도 평가(TNA: Training Needs Assessment)는:

- 기업 목표달성을 위해 직원들이 갖추어야 할 지식, 능력, 기술 등을 결정하기 위해 사용하는 평가 프로세스로

- 기업들은 교육에 대한 계획을 수립하기 이전, 교육 요구도 평가를 통해 조직의

교육 요구도 평가(TNA: Training Needs Assessment)

요구 사항을 파악하고,
- 직원들에게 가장 합당한 교육 방법을 선택하고 결정한다.

한마디로:
- 교육이 필요한지
- 필요하다면 어떤 교육이
- 누구에게 필요한지 결정하는 것을 가리킨다.

직원의 숙련도
기술 사용 빈도
기술수준

교육 요구도 평가의 세 가지 핵심영역 = 직원의 숙련도, 기술 사용 빈도, 기술수준

교육 요구도 평가 시 고려할 사항:
- 현업에 종사하는 직원들이 조직이 요구하는 지식과 기술을 보유하고 있는가?
- 예상 성과와 실제 성과의 차이(gap)는 어느 정도인가?
- 직원들이 효율적으로 업무수행을 함에 있어 지식, 기술 측면의 장애 요인은 무엇인가?
- 예상 성과 기준 충족을 위해 필요한 교육은 무엇인가?

교육 실시 전제 조건:
- 직원들을 교육시킨 후 실무에 투입함으로써 얻는 이점이 교육을 안 하는 것보다 커야 함
- 즉, 이익(benefits) 〉 비용(costs)
- 이를 위해 타당성분석(feasibility analysis)과 요구분석(needs analysis)을 실시한다.

여기서 잠깐!!

요구분석(needs analysis)

요구분석(needs analysis)이란?

목표달성을 위하여 필요한 역량과 구성원의 현재 역량 간 차이를 분석하는 것.

1980년 사회과학자 보리치(Borich)가 『추가분석을 위한 요구평가모델(A needs assessment model for conducting follow-up studies)』이라는 논문을 통해 소개한 현재 수준과 바람직한 수준 간의 격차를 분석하는 계산법이 가장 널리 활용되고 있다.

$$\frac{\sum (필요 - 현재\ 수준) \times 평균\ 필요\ 수준}{전체\ 사례수}$$

교육 요구도 평가는

• 현재의 조직과 미래에 지향하는 조직 간의 **간극(gap)을 최소화**하고자 하는 노력의 일환으로 기업 인적자원관리의 주요활동으로

• 교육을 실시함으로써 충족되는 조직의 요구에 대한 정보를 수집하는 과정이기도 하다.

2.2 교육 요구도 평가의 과정

교육 요구도 평가는 통상적으로 다음 다섯 단계의 과정을 거친다.

(1) 바람직한 결과 설정

• 뚜렷한 목표설정: 매출5% 향상, 고객 유지율 10% 향상, 신규고객 10% 확보, 고객불만 10% 이하 등 기대하는 바를 명확하게 해야 한다.   목표설정 충족조건

• 목표가 뚜렷해야 원하는 결과를 달성할 수 있는 **충족조건들이 명확**해진다.

• 어떤 새로운 기술이 필요한지, 원하는 방식으로 작동하지 않는 부분이 어디인지, 해당 부분에서 어떤 점을 개선시키고자 하는지 결정해야 한다.

출처: https://m.blog.naver.com/derich68/222023612429

• 1사분면: 축하(celebrate)
  – 요구 · 중요도와 역량 · 성과가 둘 다 높은 경우
  – 꾸준히 고성과를 낼 수 있도록 지속적 관리와 유지발전이 필요

- 2사분면: 고려(consider)
  - 요구·중요도는 낮은데 현재 역량·성과가 높은 경우
  - 특별히 변화를 줄 필요가 없으나 자원의 재배분을 고려할 수 있다.
  - 현상을 유지하면서 추이를 지켜본다.

- 3사분면: 무시(ignore)
  - 요구·중요도와 역량·성과가 모두 낮은 경우
  - 특별히 중요한 것도 아니고 조치를 취한다고 제대로 먹히지도 않을 것 같은 상황
  - 일단은 그냥 두고 차후에 사업 자체를 전환하는 중장기 개선방향으로 간다.

- 4사분면: 해결(fix)
  - 요구·중요도는 높은데 현재의 역량·성과가 낮은 경우
  - 심각한 상황. 빨간불!!
  - 즉각적 조치를 통한 긴급 개선이 필요.

(2) 구체적인 문제점 파악

- 목표가 확실히 정해졌다면, 이에 부합하는 활동이 필요
- 결과에 내재되어 있는 과정을 분석함으로써
- 현재의 문제와 해결방안을 도출해야 한다.

예를 들어, 고객지원팀으로의 소비자 불만 접수를 줄이고 싶다면, 무엇이 지금의 불만을 야기하고 있는지를 조사해야 한다. 제품 문제인지, 서비스 문제인지, 고객과의 의사소통 문제인지 파악한다.

문제점 파악 방법:
- 직원 관찰 및 현장 평가
- 설문조사:
  직원들에게 필요하거나 요구하는 바를 직접 물어본다.
- 교육 요구도 평가:
  각 영역에 걸쳐 교육 요구도 평가를 재수행한다.
- 데이터 평가:
  면접, 직무역량, 기술, 성과 평가, 사고 및 안전 보고서 및 기타 기록(판매, 비용 및

현장 평가
설문조사
교육 요구도 평가
데이터 평가

생산 기록) 등 각종 기록을 검토해 본다.

예를 들어, 생산부서에서 작업장 사고가 급격하게 증가한 경우 안전 관행 및 절차에 대한 교육을 실시하기 전 사고 보고서를 먼저 검토해 보아야 한다.

- **개별 인터뷰:**
  - 문제나 격차를 파악하기 위해 직원, 상사 및 고객을 인터뷰할 수 있다.
  - 예를 들어, 현장에서 사고가 발생했을 경우, 회사에서 이미 안전교육을 하고 있다면 최근 사고를 경험 혹은 목격한 직원을 인터뷰하는 것이 바람직하다. 이 결과를 사고 경험이 없는 직원과의 인터뷰와 비교하여 안전교육 프로그램을 개발할 수 있다. 사고가 장비와 관련된 것이라면 장비업체에 찾아가 인터뷰를 한다.
  - 인터뷰를 통해 수집하는 정보는 회사가 해결해야 할 격차를 파악하는 데 큰 도움이 된다.

개별 인터뷰

(3) 현재역량 평가

해결해야 할 문제 파악이 끝났다면,

- 목표를 달성하기 위해 필요한 지식, 기술 및 역량의 목록을 작성하고,
- 목표와 현재 역량 간 격차를 감소시키는 교육 프로그램을 선별한 후,
- 개인수준에서 교육이 성공적으로 이루어졌는지 확인할 수 있는 방법, 즉 역량 및 기술이 필요한 수준까지 달성되었는지를 측정할 수 있는 방법을 마련해야 한다.

현재역량 평가

(4) 교육 우선순위 설정

개발해야 하는 지식, 기술 또는 행동을 결정했으면,

- 교육 내용, 일정, 대상에 대한 우선순위를 정한다.
- 우선순위는 교육의 긴급성(얼마나 신속하게 성과를 올려야 하는지)과 연속성(교육 전에 먼저 선행되어야 할 교육)을 고려하여 결정한다.

교육 우선순위

(5) 교육 방식 선택

교육목표 설정, 대상자 선발, 교육프로그램, 긴급성 등이 결정되면,

- 외부강사 교육, 가상강사 교육, 오디오 및 비디오 교육, 시뮬레이션 및 온라인 교육 등 교육방식을 선택한다.
- 교육 컨설팅업체를 통해 프로젝트에 적합한 옵션을 제안받을 수도 있다.

■ **교육 훈련 및 개발의 불편한 현실!!**

인적자원 = 조직 특유의 자원 = 핵심역량!!

안다고! 안다고!! 그래서 그나마 제일 똑똑한 직원들을 뽑았다고!

그랬더니만 이제는 인적자원개발, 직원역량개발, 경쟁력 강화네 어쩌네 하며 직원들에게 투자를 해야 하네! 능력을 개발해 줘야 하네!! 하며 난리들이다!!

그런데!!

빡빡~한 예산!
그 놈의 "도~~온~~!!"이 없다고! "No money라고!!"

모든 기업들이 직원들의 교육훈련과 개발에 투자를 할 만큼 넉넉한 예산을 가지고 있는 것이 아니다. 이 책에서야 대기업의 사례를 많이 다루고 있지만, 현실에서는 애플, 삼성 같은 대기업보다 하루하루 운영비 감당도 어려워 허덕이는 중소기업들이 훨~~씬 많다.

- 직원 수 300명 미만과 이상 기업의 교육훈 련비 차이는 약 7배로 저소득층과 고소득 층 간의 사교육비만큼이나 차이가 크다.
- 중소기업의 경우, 교육을 통해 직원들의 역량을 강화하기에는 어림도 없는 예산

현실적 방안을 생각해야 한다.

개인 맞춤형 교육

일률화된 집체교육보다는 개개인의 부족한 부분을 개선할 수 있는 **개인 맞춤형** 교육이 대안이 될 수 있다. 예를 들어, 넷플릭스에 익숙한 Z세대 직원들에게는 온라인 **구독** 서비스 형태의 선택형 학습을 지원함으로 써 비교적 저렴하게 자기주도형 맞춤형 교육을 유도할 수 있다.

3. 교육 프로그램 관련 학습이론

교육훈련은 조직구성원들의 특성과 조직의 요구를 고려하여 가장 효과적으로 제공하여야 한다. 이를 위해 다양한 학습이론을 간략히 살펴보자.

인지학습이론

- 정보와 과거의 경험을 연결하는 능동적 학습
- 암기 촉진보다는 학습자의 새로운 지식활용과 적용을 장려
- 인간 상호작용을 통해 적극적인 학습을 유도

인지학습이론
능동적 학습

행동학습이론

- 사람들이 자극과 반응의 체계를 통해 환경과 상호작용함으로써 학습한다는 개념에 중점
- 바람직한 행동을 장려하기 위한 학습환경 구축을 강조
- 학습에 보상을 주는 환경을 구축하여 학습 장려

행동학습이론

■ **사회학습이론(social learning theory)**

Albert Bandura

(1925 - 2021)

Known for:

- Social learning theory
- Bobo doll experiment
- Self-efficacy

사회학습이론은 학습에 관한 인지적 이론과 보상에 따른 행동강화 측면을 통합한 접근법으로 사회심리학자 알버트 밴두라(Albert Bandura)가 제시한 **사회인지이론(social cognitive theory)**에 기초한 이론이다.

보보 인형 실험

실험에 참여한 아이들에게 다른 아이들이 인형에게 난폭한 행동을 하는 것을 지켜보게 하였다. 그 난폭한 행동에 대해

- 처벌받는 것을 보면, 따라하지 않는다.
- 처벌받지 않는 것을 보면, 신나게 따라한다.

사회학습이론(social learning theory)
사회인지이론(social cognitive theory)

**역할 모델(role model)
대리학습(observational,
vicarious learning)**

사회 학습은 사회환경에 존재하는 사람들에 대한 개인의 인지적 구성이다. 사람들은 자신의 눈에 근사해 보이고, 그래서 따라하고 싶은 사람(역할 모델: role model)의 행동을 관찰하고, 모방하면서 자연스럽게 학습한다. 이를 관찰을 통한 대리학습(observational, vicarious learning)이라고 한다.

**사회정보처리이론(social
information processing theory)**

역할 모델 선택은 그 사람의 지위, 능력, 권력, 사회적 친밀감에 의해 영향을 많이 받는다. **사회정보처리이론(social information processing theory)**은 환경의 요구, 기대, 규범, 내게 도움이 되는 정보를 제공하는 원천(source)의 중요성을 강조한다. 어릴 때에는 나의 생존권과 삶에 가장 큰 영향을 미치는 부모나 선생님이, 그리고 직장에서는 내가 필요한 자원을 가지고 있는, 그리고 내 커리어에 영향을 미치는 리더들이 보통 역할 모델(role model)이 된다.

**업무 중 교육(OJT: On-the-Job
Training)**

사회학습이론에서 제시하는 관찰을 통한 대리학습 과정은 신입사원의 사회화는 물론 직원들에 대한 **업무 중 교육(OJT: On-the-Job Training)** 과정에서의 코칭, 멘토링, 도제식 견습 등의 효과를 설명하는 중요한 이론적 근거가 된다.

특히 리더를 대상으로 한 사회학습은 구성원의 태도, 가치, 행동을 형성하는 중요한 요소이다.

폭포수 효과(cascading trickle-down effect)

- 우리 회사의 **최고경영자**는 윤리적 리더십을 실천하고 있다.

- 임원들이 최고경영자의 윤리적 리더십을 학습하면서 따라한다.

- 직원들이 임원들의 윤리적 가치관을 내재화하고, 관련 규정을 준수한다.

폭포수 효과(cascading trickle-
down effect)

윤리적 리더십에만 한정된 게 아니다. 직원들은 리더들이 보이는 다양한 가치와 태도를 내재화하고 리더가 보이는 행동을 따라한다. 윗물이 맑아야 아랫물이 맑다!

출처: https://www.explorepsychology.com/albert-bandura/

성인학습이론

- 성인은 아이들보다 더 강한 내적인 학습동기를 가지고 있고,
- 개인적인 목표달성에 도움이 되는 학습을 요구
- 다양하고 실용적인 수행학습 전략을 통합하는 것이 중요
- 정해진 교육과정을 따르기보다는 스스로 문제를 해결하도록 촉구하는 것이 효과적

성인학습이론

자기주도학습이론

자기주도학습이론
- 학습자에게 학습에 대한 통제권 부여
- 학습자들이 온전히 스스로 한다는 것을 의미하지는 않음
- 학습자들이 언제든 접근할 수 있는 학습 라이브러리를 구축하여 각 분야 전문가들의 지식을 팀과 공유하도록 유도하는 것이 효과적

변혁적 학습

변혁적 학습
- 학습자의 기존 가치관에 도전하는 "방향감각 상실 딜레마"를 만드는 것이 목표
- 학습자에게 기존 신념에 대한 재평가와 더불어 새로운 관점을 개발하도록 유도
- 타인에 대한 선입견에 대해 생각해보게 하는 반편향성(anti-bais), 다양성 훈련 활용

평생학습

평생학습
- 지식의 공백을 메우고 경제적 지위와 연령 등의 경계를 극복하는 데 기여
- 모든 사람에게 균등한 학습의 기회를 주는 것이 목표

협력학습

협력학습
- 구성원들이 스스로 질문하고 답을 찾는 상향식 학습법
- 동료 간 상호작용의 중요성에 초점
- 지식 공유, 탈중앙화학습, 자기주도학습을 기반으로 한 학습 촉진

그룹토론문제	(1) 위에서 여러가지 학습이론을 살펴보았다. 여러 학습이론 중 오늘날 기업에서 조직원을 교육하는 데에 가장 적합한 이론은 무엇이라고 생각하는가? (2) 그 이유는 무엇인가?

4. 교육의 유형

4.1 다양한 형태의 교육방법

성공적 교육 효과를 거두기 위해서는 교육 프로그램의 요구사항 및 원하는 결과에 따라 가장 적절한 교육 방법을 선택하는 것이 중요하다. 기업들이 채택하고 활용하는 교

육방법에 대해 살펴보자.

집합교육훈련: 오프 더 잡 트레이닝(Off-JT: Off the Job Training)

- 강의, 토론, 사례분석, 그리드 교육(수년에 거쳐 진행되는 단계별 교육), 경영교육, 컨퍼런스 등의 형식으로 진행되며,
- 역할극, 시뮬레이션, 인바스켓(상상의 회사), 비즈니스 게임 등의 방식으로 진화하고 있다.
- 집합교육훈련의 경우 풍부한 학습 기회를 제공하고 프로그램의 구성이 체계적이라는 장점이 있으나,
- 시간적, 재무적 비용에 대한 부담이 크고,
- 교육의 본질 자체가 업무와 직접적 상관이 낮을 수 있으며,
- 근무시간 외 교육이다 보니 기회비용 발생과 함께 현장 업무생산성이 떨어질 수 있다.

오프 더 잡 트레이닝(Off the Job Training)

현장실습교육(OJT: On-the-Job Training)

- 직무순환, 코칭, 멘토링, 직무지시, 과제부여, 인턴십 등의 현장 실습방법으로,
- 실제 업무활동에 참여함으로써 **빠른 실무적 학습과 적용이 가능하고**,
- 팀원들 간 유대감을 향상시키는 장점이 있지만,
- 현장 교육을 제공하는 관리자들의 능력이 부족할 때 교육 자체가 어렵고,
- 교육과 업무가 같이 진행되기 때문에 상호 간섭이 발생하며,
- 업무 상황에서 학습의 기준을 명확하게 정의하기 어렵다는 단점이 있다.

현장실습교육(OJT: On-the-Job Training)

인터랙티브 트레이닝(interactive training)

- 시뮬레이션, 시나리오, 게임, 퀴즈 등 상호작용에 초점을 둔 교육으로,
- 시나리오를 받아 실전 전 적용해 보는 장점이 있으나,
- 지속적인 피드백을 받아야 하기 때문에 비용이 크다는 단점이 있다.

인터랙티브 트레이닝(interactive training)

사회학습

- 다양한 상황에서 타인의 행동을 관찰하고 모방하는 학습방법으로
- 업무역량과 대인관계 등 전방위적 측면에서 **효과적인 훈련방법**이다.
- 문제해결력 향상뿐 아니라 팀원들 간 공감을 유도하고 촉진할 수 있다.

사회학습

온라인 교육

온라인 교육
- 이러닝 과정, 동영상, 습득한 기술을 테스트하는 웨비나, PC 기반 프로그램, 대화형 멀티미디어 교육, 인터랙티브 웹 기반 교육 등이 있고,
- 실시간 온라인 교육과 메타버스 등의 형태로 진화하고 있다.

야외훈련
- 직원들 간 팀워크를 향상시키기 위한 도구로 많이 사용되는 방법으로
- 야외에서 등산이나 래프팅과 같은 단체활동을 통해
- 직원들이 친해질 수 있는 기회를 제공하는 사회적 팀빌딩(team building)을 지향하는 활동이다.

4.2 온보딩

온보딩(onboarding)

기업에서 이루어지는 다양한 교육 중 요즈음 기업들이 공을 들이고 있는 것은 신입사원들 대상의 온보딩(onboarding).

온보딩은:
- 신입사원들이 회사에 빠르고 순조롭게 적응할 수 있도록 도와주는 프로세스로,
- 업무를 빠르게 파악해 혼자서도 업무를 수월하게 해내고,
- 조직에 잘 적응할 수 있도록 도와주는 데에 그 목표가 있다.

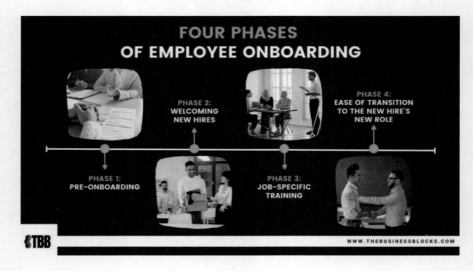

온보딩의 4단계 과정:
온보딩 과정은 4단계에 걸쳐 진행된다.

Step 1: 사전-온보드
- 불확실성이 가장 강한 시기로 잘못된 의사소통이나 오해는 아무리 사소한 것이라도 입사자들의 마음을 변하게 만들 수 있다.
- 출근 첫 날 업무시작 방식에 대해 구체적 정보를 주는 것이 좋다.

Step 2: 신입사원 환영
- 신입사원들의 적응에 도움을 주는 오리엔테이션 제공
- 조직 운영방식에 대해 명확히 알려주는 것이 중요하다.

Step 3: 직무별 교육
- 직무별 실무교육은 성과와 직접적인 관련이 있다.
- 명확하지 않은 업무는 불안과 불만을 초래하고 이직으로 이어진다.
- 신입사원들이 가장 편하게 느낄 수 있는 업무방식을 선택하게 하는 것이 좋다.

Step 4: 새로운 역할로의 전환 용이성 함양
- 신입사원에서 정식 구성원이 될 수 있게 도움을 주는 단계로
- 조직이 구성원에게 바라는 기대치와 구성원으로서 감당해야 할 의무와 책임
- 생산성, 품질, 성과의 결과가 어떤 모습으로 나타나는지 구체적으로 알려주는 것이 좋다.

온보딩의 4가지 주요 내용:
4C: Compliance, Culture, Clarification, Connection
- 규정(compliance)
  : 회사의 구성원으로서 지켜야 하는 원칙, 기준, 규정
- 문화(culture)
  : 조직 문화와 일하는 방식, 조직의 핵심 가치와 규범
- 명확성(clarification)
  : 자신의 역할, 주변의 기대, 업무 내용, 업무 방식, 협력 대상

규정(compliance)
문화(culture)
명확성(clarification)

유대감(connection)

- 유대감(connection)
  : 동료들과의 관계와 유대감 형성

피플팀(people team)

■ **대표적인 국내기업 온보딩(onboarding) 사례**

- 회사에서의 첫 순간을 따뜻하게 채워주는 것을 목적으로 하는 온보딩 팀이 있는 우아한 형제들의 **피플팀(people team)**
- 피플팀은 구성원의 어려움을 해결해 주는 역할을 하는 팀으로 직원들을 관리의 대상이 아니라 **보살핌의 대상**으로 인식한다.

- 입사 1일차 '웰컴온 환영식'과 함께 팀 내에 한 달간 **지정 돌보미**(보통 멘토라고 하는 선배 사원)를 배정하여 업무적, 문화적으로 생소할 수 있는 부분들을 빠르게 습득할 수 있도록 현업 팀에서 지원한다.
- 입사 1개월 이내, 배민컬처캠프(3일간)를 통해 회사의 창업과 성장 스토리, 사업, 조직 문화와 철학, 제도 등에 대한 교육과정을 제공하는데, 단순 강의 형식이 아닌 **체험과 활동 위주의 경험 학습**을 할 수 있도록 설계되어 있다.
- 입사 3개월 후(수습 종료 시점)에는 다른 조직 리더 2인과 수습 해제 인터뷰를 진행하여, 수습기간 3개월 동안 느낀 점들을 공유한다.

출처: https://story.baemin.com/3020

토스(Toss)

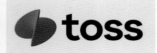

문화 전도사(컬처 에반젤리스트)

- **문화 전도사(컬처 에반젤리스트, CE: Culture Evangelist):** 기업의 문화를 만들어가는 역할을 담당하며, 신입사원을 위한 온보딩 전담
- 입사 후 3개월 동안 토스의 핵심 가치에 따라 일하는 방식 및 속도, 기대하는 결과물의 완성도를 알려주며, 입사자들이 '**토며들(토스에 스며듬)**' 수 있도록 도와준다.
- 경력직을 포함한 모든 직원은 3개월의 수습 기간을 거치고, 입사 후 동료들과 피드백을 주고받으며, 서로가 기대했던 바에 부합하는지 확인하는 절차를 걸치고, 그 결과 함께 일할 수 있다고 검증된 인재만이 토스에 최종 합류

출처: https://dbr.donga.com/article/view/1201/article_no/10065/ac/search

5. 교육 효과성 평가

기업에 특화된 인재는 그 기업의 지속적 경쟁우위를 가능케 해주는 핵심역량의 원천이다. 이에 수많은 기업들이 외부시장에서 인재를 사는 대신, 막대한 시간과 비용을 감수하고서라도 다양한 교육의 기회를 제공하면서 맞춤형 인재를 키워내기 위해 공을 들이고 있다.

자, 이제 투자를 한 가치가 과연 있었는지 교육의 효과를 평가해 보아야 한다. 기업교육의 효과를 측정하기 위한 평가 방법으로는 설문조사, 퀴즈, 참가자 사례조사, 공인인증시험 등이 활용되고 있다.

5.1 커크패트릭(Kirkpatrick)의 분류체계모형

기업이 제공하는 교육 프로그램의 효과를 평가하기 위해 가장 널리 사용되는 기법 중하나이다.

돈 커크패트릭(Don Kirkpatrick)이
개발하고 설계한 프레임워크로
교육과정과 프로그램의 효과를 평가하는
4단계 전략을 제시한다.

출처: https://www.infodiagram.com/slides/kirkpatrick-levels-training-model-chain-/

반응(reactions)

- Level 1: 반응(reactions)
  교육 참가자들의 교육 프로그램의 질(quality)에 대한 초기 반응을 살펴보는 것으로 참가자들에게 짧은 설문조사나 피드백 양식을 작성하게 하여 학습자의 만족도를 조사

학습(learning)

- Level 2: 학습(learning)
  교육을 통해 얼마나 많은 정보가 제공되고 효과적으로 학습되었는지, 그리고 개인의 학습목표에 도움이 되었는지를 평가하는 단계로 참가자들이 훈련을 통해 무엇을 배웠는지 확인

행동(behavior)

- Level 3: 행동(behavior)
  교육이 끝나고 일정 시간 후에 이루어지는 단계로 교육프로그램에서 학습한 내용이 얼마만큼 학습자들의 행동에 영향을 미쳤고, 직무상의 역할수행에 실제로 적용되었는지를 평가. 참여자들의 자기평가 혹은 상사의 수행평가를 사용

결과(results)

- Level 4: 결과(results)
  기업 교육과 관련된 비즈니스 목표(생산성 향상, 오류 감소 등)가 달성되었는지 객관적 성과지표의 수치 확인

5.2 필립스(Phillips)의 교육 투자수익률(ROI) 모델

투자수익률(ROI: Return On Investment)

커크패트릭(Kirkpatrick) 모형에 투자수익률(ROI: Return On Investment) 평가를 추가한 모델로

교육 투자수익률

교육 투자수익률:
= (교육프로그램에 의한 이익 / 프로그램 소요 비용) ×100

투자비용 대비 이익이 낮다면, 교육훈련에 대한 기업의 방식 변화가 필요하다.

안다고! 안다고! 이럴 땐 그냥 입 다물고 조용히 있어야 한다. 옆에서 깐죽대다가 x 맞는다!!

■ 직원 교육훈련의 민낯: 이런 거 계속 해야 하나?

인적자원개발에서 풀지 못하는 가장 큰 고민은 바로 교육효과의 측정!!

내 돈이 돈 값을 제대로 했는지, 하고 있는 건지, 할 것인지 알 수가 없다!!

교육훈련을 제공하는 기업 입장에서도, 받는 구성원들 입장에서도, 그 실효성이 참으로 의심스럽다! 회사에서 교육받고 오라고 공고가 났다.

"바빠 죽겠는데 무슨..."

"에라! 가서 며칠 놀다 와야겠다."

회사 예산이 풍족한 경우, 집체 교육을 교외의 한적하고 경치 좋은 연수원에서 할 수도 있고, 혹은 근사한 호텔에서 할 수도 있다. 교육을 받는 시점에 업무가 과중하지 않다면 며칠 '월급루팡(일하지 않고 임금을 도둑질한다는 의미의 속어)'을 할 수 있는 절호의 기회!!

경치 좋~은 데 가서, 혹은 삐까뻔쩍 호텔 가서 설렁설렁 강연 듣고, 중간에 나와서 점심 먹고, 간식 먹고, 담타도 하고, 수다도 떨고 하다 보면 공식 일정 끝!

저녁엔 친목 도모해야지~~ 교육보다는 보상휴가 같다.

그러나 이런 형태의 교육은 어디까지나 승진대상자, 임원들에게 해당되는 말이고...

때로는 **성과향상 프로그램**(PIP: Performance Improvement Program)의 대상자가 되는 모욕적인 일을 당하기도 한다. 말이 좋아 성과향상 프로그램이지 저성과자들 대상 교육으로 대내외적으로 얼굴에 x칠!! 저성과자라는 표딱지가 마빡에 딱 붙어서 사내·외에 공식적으로 공표되며 망신, 망신, x망신을 당한다!

실제 대기업에서 진행되고 있는 프로그램이다.

최근 3년간 인사평가 결과를 바탕으로 하위 1%의 저성과자를 선정하고, 이후 3개월에 걸쳐 소속 부서장 감독 아래 직무수행능력, 업무수행에서의 태도, 성과 등을 평가받는다. 이렇게 '행동관찰, 심사'를 추가한 2단계를 거쳐 검증위원회가 교육대상자를 선정해 PIP를 실행! 구태여 돈 들여서 이런 짓을??

성과향상 프로그램(PIP: Performance Improvement Program)

5.3 앤더슨(Anderson)의 학습평가 모형

훈련 효과성 측정을 위해 사용되는 3단계 평가모형으로 교육의 내용을 조직의 전략적 목표에 맞추는 것이 특징이다.

앤더슨 모델의 3단계는:

- 전략적 우선순위에 따라 현재 교육 프로그램을 평가
- 교육이 전략적 비즈니스 성과에 미치는 기여도를 측정
- 조직에 가장 적합한 방식으로 충분한 가치가 있는지의 여부를 판단하여 결과가 만족스럽지 않을 경우 교육 프로그램을 개선

성공사례 방법

5.4 브링커호프(Brinkerhoff)의 성공사례 방법

교육의 효과성을 측정하기 위해 개발한 포괄적 접근방법으로 성공 또는 실패라는 극단적인 사례에 초점을 맞추어 프로그램의 영향을 파악하고 분석하는 방법이다.

이를 위해:

- 최상의 시나리오에서 교육훈련 프로그램이 얼마나 잘 작동하는지?
- 교육 프로그램이 작동하지 않을 때 그 이유가 무엇인지?

를 확인한다.

(1) 사례 파악:

- 성공사례: 교육의 결과로 탁월한 성과를 보여준 개인 또는 집단을 파악한다. 성공사례는 교육 프로그램의 긍정적 결과를 보여준다.
- 실패 사례: 교육에 참여했음에도 불구하고 원하는 성과 향상을 달성하지 못한 개인이나 집단을 파악한다. 이러한 실패 사례는 교육 프로그램의 잠재적 장벽이나 한계를 파악하는 데에 활용한다.

사례심층면담

(2) 사례심층면담:

- 교육 · 훈련의 어떤 측면이 잘 작동하였는지,
- 학습을 적용함에 있어 어떤 어려움에 직면하였는지,
- 교육 · 훈련 프로그램에 대한 학습자의 경험에 대한 상세한 정보를 수집하는 목적

(3) 결과 분석:

- 인터뷰를 통해 수집된 자료를 분석하여 공통 주제, 패턴, 경향을 파악한다.

(4) 행동 계획:

- 교육 프로그램을 강화하기 위한 피드백과 건의사항을 바탕으로 행동 계획을 개발
- 행동 계획은 교육의 내용, 전달 방법, 지원 시스템, 참여자들이 경험한 특정 과제 해결과정 등을 포함한다.

각 교육의 평가방법들은 고유한 장 · 단점을 가지고 있다. 예산, 시간, 자원의 가용성 등에 따라 각 조직에 적합한 평가방법을 선택하면 된다. 그러나 교육훈련 평가에 있어서 공통적으로 권장되는 사항은

- **확실한 목표 설정:** 교육 프로그램의 구체적인 목표와 명확한 지향점을 설정하고,
- **다중 평가방법 사용:** 교육 프로그램의 효과를 종합적으로 보기 위해서는 설문조사, 관찰, 수행평가 등 다양한 평가 방법을 사용하며,
- **여러 출처에서 자료 수집:** 평가의 타당성과 신뢰성을 보장하기 위하여 교육참가자, 감독관, 동료 등 여러 출처에서 자료를 수집하고,
- **표준화 평가도구 사용:** 결과의 일관성과 비교 가능성 확보를 위하여 검증 및 테스트를 거친 표준화된 평가도구를 사용하는 것이다.

■ 근데 들어는 봤나? 법정의무교육?

인적자원개발의 일환으로 기업이 자율적으로 제공하는 역량 및 성과향상 교육과 달리 기업, 의료, 공공기관을 비롯한 모든 기업에서 의무로 받아야 하는 교육이 있다.

바로 **법정의무교육!**   법정의무교육

다음 다섯 가지 과목을 이수해야 한다.

- **산업안전보건 교육:**   산업안전보건 교육
  현장에서 발생할 수 있는 위험을 사전에 예방하고, **사고 발생 후에도 적절히 대처할 능력을 갖출 수 있도록 하기 위해 시행**

- **직장 내 성희롱 예방교육:**   성희롱 예방교육
  직장 내 지위를 이용하거나 업무와 관련하여 다른 근로자에게 성적 굴욕감 · 혐오감을 느끼게 하고, 요구에 따르지 않는다는 이유로 고용상 불이익을 주지 않는 것을 목적으로 시행

개인정보보호 교육

장애인 인식개선 교육

퇴직연금 교육

- **개인정보보호 교육:**
  이름, 주소, 연락처, 직업, 영상(CCTV) 등 개인의 직접정보와 그 '개인'에 대한 타인의 의견, 평가, 견해 등 제3자에 의해 생성된 **간접정보를 보호하기 위해 시행**

- **직장 내 장애인 인식개선 교육:**
  장애인에 대한 올바른 이해와 인식 향상을 도모하여 부정적인 시각에서 긍정적인 시각으로 유도하여 **장애인의 고용 촉진 및 안정적인 근무여건 조성을 위해 시행**

- **퇴직연금 교육:**
  퇴직연금제도 도입의 필요성과 퇴직연금의 유형별 특성에 대한 이해를 바탕으로 근로자 자신에게 가장 적합한 유형을 파악해 본인의 **연금을 적절하게 운용할 수 있는 노하우를 가르치기 위해 시행**

출처: https://shiftee.io/ko/blog/article/5LegalCompulsoryEducation

법정 의무교육은 사실 꼭 필요한 교육이다.

- 안전 교육: 나 안전하자고 배우는 거고,
- 성희롱 교육: 인간으로서 최소한의 품위를 지키고자 하는 것이고,
- 정보보호 교육: 몰라서 퍼뜨렸다가 철창에 갇히는 거 방지시켜 주는 것이고,
- 장애인에 대한 인식개선 교육: 보다 성숙하고 배려 있는 사람으로 만들어주는 것이고,
- 퇴직연금 교육: 중요하지!! 100세까지 버티려면 도온~~!!이 있어야지!

그런데 이 법정교육들 제대로 시행은 되고 있을까??

오프라인:

- "대충 빨리 끝내~~"
- "그냥 거기 사인하고 자료 들고 가~"

온라인:

- "몇 배속으로 틀어 둘 거야?"
- "빨리 돌리기 안 되던데?
- "퀴즈 나오면 대충 때려~ 100점 안 맞아도 돼~"

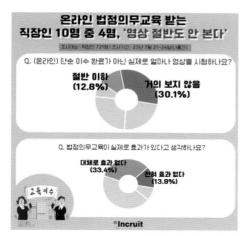

법정의무교육을 받은 응답자들은 교육 내용을 기억은 하고 있을까?

- 모두 기억한다(10.5%).
- 일부를 제외하고 기억한다(32.8%).
- 기억 안 난다(56.7%).

어라~! 기억 안 나~~!! 그래 놓고서

"별 것도 아닌 내용들
왜 매년 들으라는거야?~~"

출처: http://www.lawissue.co.kr/view.php?ud=20230809081834854820 4ead0791_12

"그니까 말이다. 그 별 것도 아닌 내용들을 그렇~~~게 듣게 하고, 또 듣게 하는데도
계속 사고를 쳐대고, 추잡을 떨기 때문이다!!!
금붕어냐?? 조두야?? 사이코패스야??"

예시)

등산이면 환장하는 00은행 김 이사.

등산 동호회에 남자들만 있으니까 심심하다.

여자 회원들이 있으면 분위기 좋~을텐데~~라는 생각이 가슴 깊~은 곳에서서 스멀스멀 올라온다. 너무 몰입하다가 순간 입 밖으로 톡!

"여직원들은 역시 창구가 최고지!!" "얼굴이면 얼굴, 몸매면 몸매! 참~ 착하잖아~~!!"

이 추태를 어쩔??

- 직원 A: "요즈음 어디 가서 그런 말씀하시면 진~~짜 큰일납니다."
- 직원 B: "요즘엔 휴일에 동호회 나오라고 하면 사적 업무지시로 직원 괴롭힘에 걸립니다."

그나마 사회의 인식개선 교육 효과의 실효성이 나타나고 있는 걸까?

핵 심 용 어

- 인적자원개발(HRD: Human Resource Development)
- 교육 · 개발(T&D: Training & Development)
- 이중노동시장(double labor market)
- 분절노동시장(segmented labor market)
- 내부노동시장(internal labor market)
- 외부노동시장(external labor market)
- 거래비용이론(transaction cost theory)
- 사회공동체관점
- 사회적 자본(social capital)
- 연결자본(bridging capital)

- 교육 요구도 평가(TNA: Training Needs Assessment)
- 타당성 분석
- 요구 분석
- 온보딩(Onboarding)
- 사회학습이론
- 커크패트릭(Kirkpatrick) 분류체계모형
- 필립스(Phillips)의 교육 투자수익률(ROI) 모델
- 앤더슨(Anderson)의 학습평가모형
- 브링커호프(Brinkerhoff)의 성공사례 방법

연습문제

01 인적자원개발(HRD: Human Resource Development)을 정의하라.

02 인적자원개발(HRD: Human Resource Development)의 목적을 설명하라.

03 인적자원개발이 기업의 주요 전략활동으로 자리매김한 배경에 대해서 논하라.

04 교육(training)과 개발(development)의 차이점에 대해 논하라.

05 교육요구도 평가(TNA: Training Needs Assessment)에 대해 설명하라.

06 이중노동시장(double labor market)의 개념을 설명하라.

07 내부노동시장(internal labor market)의 개념과 장단점에 대해 논하라.

08 외부노동시장(external labor market)의 개념과 장단점에 대해 논하라.

09 거래비용이론(transaction cost theory)의 핵심관점에 대하여 설명하라.

10 사회공동체관점의 주요 논점을 설명하라.

11 요구분석의 개념을 간략히 설명하라.

12 사회학습이론에 대해서 논하라.

13 교육훈련 프로그램 개발에 기업은 다양한 학습이론을 고려하고 적용한다. 인지학습, 행동학습, 성인학습이론의 핵심 아이디어는 무엇인지 설명하라.

14 자기주도학습이론, 변혁적 학습, 평생학습, 협력학습의 핵심 논지를 설명하라.

15 커크패트릭(Kirkpatrick) 분류체계모형의 평가 4단계에 대해서 기술하라.

16 필립스(Phillips)의 교육투자수익률(ROI) 개념에 대해 설명하라.

17 앤더슨(Anderson)의 학습평가모형의 핵심은 무엇인지 논하라.

18 브링커호프(Brinkerhoff)의 성공사례 방법에 대해서 설명하라.

07

경력관리

학습목표

- 경력관리의 개념에 대해서 설명할 수 있어야 한다.

- 경력개발의 과정에 대해 이해해야 한다.

- 경력개발과 진로선택을 설명하는 이론에 대해서 설명할 수 있어야 한다.

- 경력개발제도의 의의에 대해 설명할 수 있어야 한다.

1. 경력관리의 개념

1.1 경력관리의 정의

우선 경력과 경력관리의 사전적 의미를 살펴보자.

경력(career)
경력관리(career management)

경력(career)은 내가 어떤 일을 할 것인지에 대한 방향 설정에 따른 행동 방침이며, 경력관리(career management)는 내가 원하는 일을 하기 위해 평생에 걸쳐 지속적으로 자원을 투자하는 과정이다.

🟢 **ChatGPT** **경력관리란?**

· 전문가로서의 삶과 경력을 계획하고, 조직화하고, 통제하는 과정으로,

· 다양한 경력을 탐색하고, 특정 경력을 개발해 나가는 일련의 활동이다.

· 개인의 책임감뿐 아니라 고용주와 다른 이해관계자들의 지원과 협력과도 밀접하게 관련되어 있다.

사람들은 커리어를 만들기 위해
다양한 자원이라는 물을 주고,
끊임없는 노력이라는 햇빛을 비추어 주며,
나만의 나무를 만들어낸다.

"나"라는 나무에 내 평생을 쏟아
시들지 않게, 잎이 무성하게, 건강하게 보살피고
가꾸어야 한다.

출처: https://leapcoaching.ie/career-management/

경력관리는

· 경력을 계획, 탐색, 개발하는 과정으로

· 개인적인 목표를 선택 · 설정하고, 목표를 달성하기 위한 전략을 수립하는 것을 포함한다.

출처: Google

- 개인차원의 경력관리는 경력목표를 설정하고, 이를 달성하기 위해 계획을 수립하여 현재와 미래에 필요한 업무능력을 개발함을 의미하고,

- 조직차원의 경력관리는 조직적인 맥락에서 예상되는 인적자원관리 상의 요구사항을 충족하기 위한 조치이자, 조직의 요구와 개인의 요구가 일치할 수 있도록 구성원의 경력을 개발하는 활동을 의미한다.

경력관리는 개인이 주도적으로 자신의 경력을 쌓아가고 발전시키는 것으로 조직차원에서 보다는 개인 차원에 더 초점을 맞추고 있으나 경력이라는 것 자체가 조직과 개인의 관계에서 형성되기 때문에 개인이 속한 조직이 개인의 경력에 큰 영향을 미치기도 한다.

특히, 조직보다 개인에 초점을 맞추는 Z세대들의 경우 본인의 경력에 도움이 되어야만 조직에 긍정적인 태도와 업무동기를 가지기에 조직에서도 입사단계에서부터 직원들의 경력에 관심을 가지고 이에 대한 비전을 제시해야 한다.

여기서 잠깐!!

직장인과 직업인의 차이점은??

직장인:
- 남이 만들어 놓은 조직에 규칙적으로 출근하여 급여를 받아 생활하는 사람
- 특정 회사에 소속되어 있기 때문에 발휘할 수 있는 능력을 가진 사람
- 자신의 능력이 아닌 자신이 소속된 회사, 부서, 직책 등으로 인해서 업무가 가능
- 따라서 특정 조직에 속할 때에만 능력을 발휘

직장인

직업인

직업인:
- 직장 소속 여부와 무관하게
- 특정 직업에 종사하고 있는 사람
- 내 능력과 기술로 돈과 교환할 수 있는 전문성을 갖추고 몸값을 높이는 사람

"경력개발은 직장인이 아닌 직업인으로서의 역량과 자질을 개발하는 것을 말한다."
는 것이 사전적 의미에서 해석한 직장인과 직업인의 차이이다.

조금 더 현실적으로 이 이슈에 대해 생각해 보자.

"지금 내가 서 있는 바로 이 자리.

이 자리가 내가 있기로 선택하고 결정한 바로 그 자리인가?"

- 직장인은 일하는 공간인 "workplace"를 필요로 하는 사람이고,

- 직업인은 "job"을 추구하는 사람으로 "나"를 "브랜드"로 만드는 능동적이며 자율적인 존재이다.

일자리가 없다고 난리인 세상이지만, 기업들은 항상 인재에 목말라하고 있다.
이런 아이러니가 생기는 이유는 무엇일까?
구직자들은 직장을 찾고 있고, 기업은 직업인을 찾고 있기 때문이다.

직장은 누군가에 의해 빼앗길 수 있지만, 직업이 있으면 직장은 어디에나 존재한다.
직업이란 내가 포기하지 않는 이상 누군가 인위적으로 잃게 만들 수 없기 때문이다.

직장인은 직장을 잃을까 두려워하지만,
직업인은 직업을 잃을까 두려워하지 않는다.

현재 내 명함에 찍혀 있는 "00기업 00팀장 000"이라는 타이틀이 없더라도 어디에서든 지금 하고 있는 일을 할 수 있다면 난 직업인!

출처: https://www.safety1st.news/news/articleView.html?idxno=1185; https://brunch.co.kr/@rmfkdwy/38

1.2 경력관리의 요소

(1) 경력 계획: 경력 계획
- 특정한 경력 목표를 달성하기 위한 방향과 시기를 정하기 위해 교육, 개발, 경험에 대한 기회와 제약 그리고 선택과 그 결과를 인지하는 신중한 과정으로
- 직원은 자신의 관심사, 동기 및 향후 개발해야 할 사항들을 파악하고,
- 자신의 기술, 경험, 재능 그리고 장점과 단점을 분석한다.

"성공은
노력과 능력의 결과로 이루어진
성취를 의미한다.
적절한 준비는 성공의 열쇠이다.

— 《The Richest Man in Babylon》의
저자 George Clason —

출처: Google

　　조직은 조직의 모든 수준에서 업무를 수행하기 위해 적절한 훈련을 받은 사람들의 꾸준한 공급이 필요하다. 따라서 조직이 구성원들의 성공적인 경력 계획과 실행을 지원하고 구성원과 함께 경력개발을 하면 조직과 개인의 상생을 통하여 더욱 효과적인 성과를 거둘 수 있다.

(2) 경력 탐색: 경력 탐색
- 경력 계획 과정을 통해 도출된 기대치를 바탕으로
- 가능한 경력을 탐색하는 단계로
- 다양한 경력 선택지를 고려하는 과정이다.

출처: Google

<table>
<tr>
<td>그룹토론문제</td>
<td>(1) 경력에 있어서 좋아하는 일을 하는 것이 좋을지, 잘 할 수 있는 일을 하는 것이 좋을지 생각해 보자. 어떤 일을 선택하겠는가?

(2) 그 이유는 무엇인가?</td>
</tr>
</table>

경력개발

(3) 경력개발:

- 구성원이 경력 목표를 세우고, 그 목표를 달성하기 위해 계획을 수립하는 것으로
- 조직은 조직의 요구사항과 전략적 방향에 맞춰 구성원의 경력개발을 지원하고,
- 직업 경로를 따라 잘 성장할 수 있도록 교육 및 개발의 기회를 제공함으로써 서로의 요구를 만족시켜야 한다.

구성원의 경력 요구와 조직의 인력 요구를 일치시키는 역동적인 과정

경력경로(career path)

수많은 조직에서 직원들의 경력개발을 지원하고, 핵심인재의 유출을 최소화하기 위해 노력한다. 효과적인 경력개발지원을 위해서는 경력경로(career path)를 구체화할 필요가 있다.

경력경로를 구체화시키기 위해서는:

- 승진, 이동 및 순환이라는 일련의 경력 과정경로를 설정하여,
- 직원들에게 구체적인 단계별 목표를 전달하고,
- 조직 내에서 실현 가능함을 보여주는 현실적인 역할 모델을 제시해야 한다.

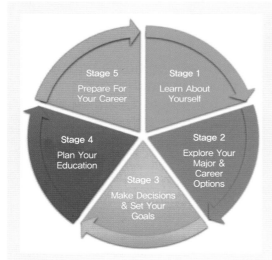

경력의 계획, 탐색 그리고 개발은 별개의 활동으로 구별되고 있으나 사실 경력개발을 위한 일련의 연관된 과정으로 **상호보완적 역할**을 한다.

따라서 경력을 직선으로 진행되는 선형적 전개(linear progress)가 아닌 새로운 커리어를 위한 자아성찰, 경력 탐색, 선택, 계획, 준비와 실행 등의 순환 과정이 단계에 따라 발전하는 **상향순환(upward spiral)**으로 이해하는 것이 타당하다.

상향순환(upward spiral)

2. 시대변화와 경력개발

2.1 직장의 의미 변화

1970년대에 태어난 세대들에게는 좋은 대학을 졸업하고, 대기업에 들어가는 것이 모범 답안이었다. 한 회사에서 승진을 하고, 은퇴를 하고, 연금을 받는 삶. 그러다가 1990년대 말 최대의 국난이라고 했던 IMF사태 이후로 국내기업에서 **평생직장**의 개념은 빠르게 희석되었다. 경쟁은 더욱 치열해지고, 기술 발전으로 AI들이 사람들의 일을 대체하면서 수많은 일자리들이 사라지고 있다. 기업들은 광범위한 구조조정을 밥 먹듯이 해대고, 40대면 은퇴를 강요당한다.

평생직장

■ 평생직장?? 이제 그딴 건 없다!!

직장인 5명 중 4명은 지금 자신이 하고 있는 일이 자신의 평생직업은 아니라고 생각한다.

- 직장인과 구직자 절반 이상이 평생직장은 대한민국에서 이미 사라진 개념이라고 답하고,
- 19%의 직장인만이 지금 하는 일을 평생 할 수 있다고 생각한다. 이것도 물론 희망사항일 뿐이다.

출처: https://www.superookie.com/contents/591ead738b129f4f393c1c3a

조용한 퇴사(quite quitting)

직원들은 더 이상 그들이 속한 조직에 의무감을 느끼지도 않고, 충성하지도 않는다. '더도 말고 덜도 말고 딱! 돈 받은 만큼만 일한다.'는 마인드로 바뀌었고, 조용한 퇴사(quite quitting)와 이직으로 대응하기 시작하였다.

퇴사전략

■ **퇴사전략 4가지: 어차피 할 거라면 퇴사도 똑똑하게!!**

내가 꿈꾸었던 것과는 다른 사회생활, 기대했던 것보다 낮은 연봉, 또라이 상사…

크고 작은 갈등을 경험하며, 회사를 떠난다.

어차피 할 거라면 퇴사도 똑똑하게! 깔끔하게!

이번주에 퇴사해요

퇴사하기 며칠 전 통보는 동료들에게도 '민폐'

최소 한 달 전 퇴직 의사를 밝히고 자신의 후임을 뽑을 수 있게, 또 업무 인수인계는 깔끔하게 마무리 지을 것

퇴사 전 체크리스트

- 퇴사 통보 후 일정 조율
- 인수인계 자료 및 후임자 인수
- 퇴직금 및 실업급여 계산해 보기
- 국민연금(실업 크레딧제도) 및 건강보험 자격확인 및 신청
- 각종 서류 미리 챙겨두기

(1) 1년 이상 일했다면 퇴직금 챙기기

퇴직금

퇴직금은 1인 이상이 근무하는 모든 사업장에서 일주일에 평균 15시간 이상, 1년 이상 계속해서 근무한 경우 누구나 받을 수 있다. 이 퇴직금은 정규직뿐 아니라 아르바이트나 파견 근무, 계약직에 모두 해당된다. 회사

와 퇴직금에 대한 이야기를 하지 않았더라도 법적으로 받을 수 있는 내역이다.

퇴직금 계산은?

$$퇴직금 = 1일\ 평균\ 임금 \times 30일 \times (재직일수/365)(근속연수)$$

근로자에게 정기적으로 지급하기로 한 시급, 일급, 주급 등의 통상임금이 평균임금보다 높을 경우, 통상임금을 기준으로 한다. 네이버 **퇴직금계산기**로 미리 계산해볼 수 있다.

회사는 퇴직금과 미지급 급여를 퇴직일로부터 2주 내에 처리해야 한다. 2주 내에 **퇴직금** 정산이 이루어지지 않으면 임금체불에 해당한다.

(2) 퇴직일은 월요일로

퇴직을 앞두고 있다면 퇴직일에 대한 개념도 정확히 있어야 한다. 보통 마지막 근무일을 퇴직일이라고 생각하기 쉽지만 그게 아니다! 노동법에서 퇴직금 산정 및 4대보험 상실일 등 기준이 되는 **퇴직일이란 '마지막 근무일의 다음 날'**을 의미한다. 하루 차이가 별거 아니라고 생각할 수 있지만, 만약 1년을 일하고 퇴사할 경우, 마지막 근무일과 퇴직일의 하루 차이는 퇴직금에 큰 영향을 미친다.

왜??

- 365일에서 하루 모자란 364일을 근무하면 계속 근로기간이 1년 미만으로 퇴직금을 받을 수 없다.
- 또한 마지막 근무일이 목요일이라면 1주일을 개근할 경우 부여받을 수 있는 주휴수당 역시 받을 수 없다.

고용노동부에 따르면 주휴일은 소정근로일을 개근함으로써 발생된 피로의 회복과 노동력의 재생산을 위해 부여하는 것으로 '퇴직일'은 근로를 제공한 다음 날이기 때문에 회사는 주휴수당을 지급해야 할 의무가 없다.

따라서 사직서를 낼 때 입사일과 퇴사일을 잘 계산해 총 근무일이 365일이 되었는지 확인하고, 일요일까지 **근무일로 산정해 퇴직일을 월요일로 하는 것이 퇴직금과 주휴수당을 모두 받을 수 있는 방법이다.**

(3) 사용하지 못한 연차는 연차수당으로 지급받기

퇴직을 앞두고 있는데 1년 이내에 **사용하지 못 하고 남은 연차**가 있다면 그 일수만큼 연차수당을 지급받을 수 있다. 퇴직금 기준의 근무 시간을 채우지 못했더라도 법에서 정한 만큼 근무했다면 연차수당을 받을 수 있으니 남은 연차를 잘 확인해 보아야 한다.

1년 미만의 재직자도 연차수당을 받을 수 있는데 우리나라 현행 근로기준법 제60조에 의거하여 1년 미만의 기간 동안 근로를 하고 퇴사를 했더라도 근무하는 기간 동안에는 1개월 개근 시마다 1일 연차휴가가 발생한다. 만약 발생한 연차를 사용하지 않은 경우에는 이에 대한 연차수당을 지급받을 수 있다. 만약 1년 미만 근무하고 퇴사했는데 발생한 연차보다 사용한 연차가 많다면, 초과 사용한 연차휴가 일수만큼 임금에서 차감될 수 있기 때문에 이 부분도 꼭 확인하자.

해촉증명서

> (4) 해촉증명서, 경력증명서, 원천징수 영수증 챙기기
>
> 직장인은 퇴사 후 바로 4대보험 상실 신고를 회사 측에서 수리하는 것이 일반적이다. 그러나 프리랜서 또는 4대보험을 들지 않은 곳에서 일을 했다면 **해촉증명서**를 받아야 한다. 해촉증명서는 근로가 끝났다는 것을 명시하는 증명서로 이 서류가 있어야 건강보험료를 조정하고 국민연금 납부를 정지할 수 있다.
>
> 또한, 이직을 염두에 두고 있다면 성공적인 재취업을 위해 경력증명서를 퇴사 전 챙겨서 퇴사하는 것이 좋다. **경력증명서**는 대부분의 경력직 이직 시 제출 서류로 사용된다. **원천징수 영수증**은 이직 시 연봉을 책정할 때 필요하고, 연말정산 시에도 필요하다.
>
> 출처: http://www.mhns.co.kr/news/articleView.html?idxno=217030

경력증명서
원천징수 영수증

2.2 경력개발

대이직(great resignation, great
reshuffle) 사회
경력개발전략

현대사회를 '**대이직**(great resignation, great reshuffle) **사회**'라고도 말한다. 기성세대에게 이직이나 퇴사는 조직의 부적응자, 실패자, 경쟁에서 밀린 자라는 의미를 내포하였다. 그러나, Z세대에게 이직 및 퇴사는 공포나 두려움의 대상이 아니다. 현대사회에서의 이직은 자신이 원해서 주도적으로 새로운 곳을 찾아가는 일종의 **경력개발전략**으로 인식되고 있다.

2020년 1월 취업포털 인크루트가 직장인 1,831명을 대상으로 한 조사에서 응답자의 87.6%가 첫 직장에서 퇴사한 것으로 나타났는데, 특히 재직 1년 미만에 퇴사한 경우가 30.6%로 가장 높은 수치를 보였다. 이직을 한 이유로는 1위가 임금과 복리후생, 2위는 직장 상사를 포함한 근무환경으로

> "회사 보고 들어와서(입사), 상사 보고 나간다(퇴사)."

는 조직상황을 여지없이 보여주며, 여전히 조직문화 개선과 소통이 필요함을 시사하였다.

그룹토론문제	(1) 인간은 사회적 관계에서 벗어날 수 없다. 회사가 좋아서 들어갔는데 상사와의 관계가 편치 않다. 이럴 경우 어떻게 해야할지 생각해 보자.
	(2) 조직원 입장에서, 이를 인지한 회사 입장에서 각각 어떤 해결책을 제시하는 것이 좋을지 그 방안에 대해서 생각해 보자.

2022년 11월 잡코리아의 설문조사에 따르면 Z세대들에게 이직은 성장의 기회(60.2%), 경력관리를 위해 반드시 필요한 도전(53.4%)으로 인식되는 것으로 나타났다. 2020년 12월 청소년정책연구원 보고서에 따르면 일한 경험이 있는 청년 중 1회 이직한 경우는 45.5%, 2회 이상은 55.5%로 나타났다. 이 중 자발적으로 직장을 옮긴 경우가 88.4%로 집계되었다.

불안한 미래!!
우리는 새로운 업무기술을 가르쳐 주거나
커리어를 성장시켜 줄 회사를 원한다!!

2020년 사람인이 실시한 설문조사 결과, Z세대들이 가장 가고 싶은 기업은:

- 직무 전문성을 기르고 경험을 많이 쌓을 수 있는 기업(26.5%)
- 상사와 동료의 능력과 인성이 좋은 기업(15.7%)
- 연봉이 높은 기업(14.7%)
- 고용 안정성이 뛰어난 기업(12.9%)
- 워라밸이 지켜지는 기업(11.9%)
- 성장가능성이 밝은 기업(8.7%)으로 나타났다.

■ '잡호핑(job hopping)족'의 탄생!!

잡호핑(job hopping)족

직장인 38.8% '나는 잡호핑족'
※20,30대 남녀 직장인 1,724명 대상 조사. 자료 : 잡코리아

- 직업을 의미하는 'Job'과 뛰는 모습을 표현한 'Hopping'이 결합된 용어
- 경력을 쌓아 여러 번 이직하는 사람을 가리킨다.

기타 (9.7%)
3년 이상 (7.9%)
2~3년 미만 (15.5%)
3~6개월 미만 (18.7%)
6개월~1년 미만 (23.9%)
1~2년 미만 (24.2%)

Q 잡호핑족 평균 이직 주기는?

JOBKOREA

출처: https://www.m-i.kr/news/articleView.html?idxno=735298

그럼, 경력시장에서 환영받는 사람들은 어떤 사람들인지 살펴보자.

스카웃 많이 받는 사람들은 어느 회사에 다닐까?

	1위	2위	3위
IT	네이버	LG CNS	LG유플러스
금융	카카오페이	카카오뱅크	한국투자증권
유통 · 판매	쿠팡	롯데쇼핑	무신사
화학	아모레퍼시픽	LG화학	한화솔루션
소비재	CJ제일제당	LF	대상
제약 · 바이오	셀트리온	대웅제약	종근당
전자	삼성전자	LG전자	LG디스플레이
광고	제일기획	이노션	HS애드
전략컨설팅	보스턴컨설팅그룹	베인앤컴퍼니	맥킨지앤컴퍼니
법무법인	법무법인 율촌	법무법인 세종	김앤장 법률사무소
회계법인	삼정회계법인	삼일회계법인	한영회계법인

출처: https://www.joseilbo.com/news/htmls/2023/09/20230903496565.html

경력직 수시 채용 트렌드가 자리잡고 있는 가운데 종합 비즈니스 플랫폼 '리멤버'가 공개한 데이터 분석 결과에 따르면 IT 분야에서 스카웃 제안을 가장 많이 받는 기업은 해당 산업을 IT로 혁신하고 있는 플랫폼 기업들로 네이버, LG CNS, LG유플러스 순으로 나타났다.

금융업에서는 카카오페이와 카카오뱅크가 1, 2위를 기록했고, 유통업의 경우 쿠팡, 롯데쇼핑에서 근무하던 경력직 사원들이 스카웃 제의를 가장 많이 받는 것으로 나타났다. 스카웃 제안을 가장 많이 받는 연차는 실무 투입이 바로 가능한 5~8년차(38%), 산업군은 IT(24%), 직무는 소프트웨어(SW) 개발(14%)에 대한 러브콜이 가장 많은 것으로 나타났다.

또한, 과거에는 네카라쿠배당토(네이버 · 카카오 · 라인 · 쿠팡 · 배민 · 당근마켓 · 토스) 출신 팀 전체를 싸잡아 데려가는 경우가 많았지만, 최근엔 '소확채(소규모 확실한 채용)', 적게 뽑더라도 길~게 갈 인재를 뽑고 있다. 또한, 이직 과정에 있어서도 짧고 공격적인 전략을 쓴다. 보통 2주 안에 서류 검토부터 이직 제의가 끝나고, 연봉 또한 기존 대비 40% 인상! 거절할 수 없는 유혹!!

▌ Z세대 잡호핑족의 무기 긱 이코노미!!

Z세대 취준생들이 입사에 성공하고도 쉽게 퇴사와 이직을 할 수 있는 배경에는 원할 때 원하는 일을 쉽게 찾을 수 있게 해주는 **긱 이코노미의 확산**이 있다. 글로벌 시장조사기관인 스타티스타(Statista)에 따르면 전 세계 긱 이코노미 시장 규모는 2018년 2,040억 달러(한화 약 273조 원)에서 2023년 기준 4,552억 달러(한화 약 609조 원)로 급성장하였다.

긱(gig)이란 특정 기간 동안만 직업을 유지함을 일컫는 은어로 **긱 이코노미**(gig economy)는 기업들이 디지털 플랫폼에서 독립근로자(independent workers)를 단기적으로 고용하는 것을 가리킨다. 긱 이코노미의 확산은 프리랜서가 잠재고객과 연결할 수 있는 디지털 플랫폼의 영역과 대상을 확대시켰고, Z세대들에게 취직 이 외에 다양한 옵션들을 준 셈이다.

긱 이코노미(gig economy)
독립근로자(independent workers)

직장이 마음에 안 들면 일단 때려치우고 쉬면서 **긱 워크**(gig work)를 하면 된다. 언제든 쉽게 먹고살 만큼의 수입은 챙길 수 있다. 알바로 연명 가능!

긱 워크(gig work)

▌ 경력관리전략: 승진 후 이직!!

승진은 조직 내에서 더 높은 지위와 보상을 제공한다. 내 입지 또한 공고해진다.

그런데 그건 과거의 이야기이다. 오늘 날에는 승진이 경력개발의 도구가 되고 있다

미국 고용정보업체 ADP가 2019~2022년 미국 근로자 120만 명을 분석한 '승진의 숨겨진 진실' 보고서에 따르면, 첫 승진 후 한 달 이내에 승진자의 29%가 회사를 떠났다.

넬라 리처드슨(Nela Richardson) ADP 수석이코노미스트는 "첫 승진을 하고 나면 자신의 가치에 대한 자신감이 올라간다"고 말한다. 능력을 인정받은 걸 계기로 이직 시장에 도전할 용기를 얻게 된다는 것.

승진자가 이직을 할 의향이 없었더라도 능력·성과가 검증됐다고 보고 다른 회사의 채용 담당자가 먼저 접근하기도 한다. 최근엔 링크드인(LinkedIn) 같은 직장인 소셜미디어나 채용 플랫폼에 직급 변경을 표시하는 경우가 많아 승진자를 외부에서 알아보기가 훨씬 쉬워졌기 때문이다.

또한, 승진자 입장에서 승진을 했지만 기대보다 보상이 적거나, 새로운 업무가 과중하다고 여길 경우에도 이직을 결심할 수 있다. 경영진은 승진의 결과 더 높은 성과를 바라지만, 승진된 구성원 입장에서는 부담감과 거부감이 들 수도 있다.

승진 후 이직

승진 후 회사를 그만두는 현상은 미국만의 이야기는 아니다. 승진 후 오른 연봉을 기준으로 타사와 협상이 가능하고, 더 높은 직급으로 이직 제안을 받을 수도 있으며, 특히 오늘날에는 평생직장의 개념이 없기 때문에 '승진 후 이직'을 전략적으로 계획하는 경우도 증가하는 추세이다. 승진이 새로운 경력개발을 위한 무기가 되는 것.

그럼 회사의 대처 방안은?

몰았다가 승진을 시키고 보상을 해주는 대신 직급을 단순화해 승진 대신 매년 성과에 대해 보상을 해주거나, 조건부 스톡옵션 같은 장기성과급 위주로 보상하는 방법을 고려해 볼 수 있다. 승진 시 연봉을 대폭 인상하는 방식이 오히려 이직률을 높일 수 있기 때문이다. 그러나 가장 중요한 것은 기업이 구성원들과 인재개발계획 및 경력개발계획을 공유하면서 핵심 인재가 소속감과 안정감을 가지고 일할 수 있는 환경을 만드는 것이다.

리더 포비아(leader phobia) 증후군

국내 기업들의 경우, 오히려 완전히 거꾸로 승진이나 "장"을 기피하는 현상도 두드러진다. 만년부장으로 버티면서 '상무포기부장(상포부)', '팀장포기차장(팀포차)' 등 과거와는 다른 이상한 경력을 추구하는 것. 직급평준화가 이루어지고 있는 대기업에서 부서장을 맡는 것은 급여 차이도 별로 없이 업무량과 책임만 커진다. 이러다 보니 승진을 서로 미루는 상황 발생! 나보다 어린 팀장과 일해도 좋으니 팀장, 부서장은 절대 사절이라는 지도자 기피 현상 '리더 포비아(leader phobia) 증후군'이 늘고 있다.

출처: https://www.chosun.com/economy/weeklybiz/2023/09/21/VK2U6N65BBBZXF33ARQZ7CYANQ/

　　오늘날 경력관리는 개인들이 자신의 전문성을 살리고 자신이 원하는 길을 능동적으로 계획하고 통제할 수 있는 주요한 수단이 되고 있다. 이와 더불어 조직들 역시 구성원 개인들의 지속적인 성장을 지원함으로써 공생하고 발전하는 관계를 만들어야 하는 사회로 변화하고 있다. 개인들도 조직들도 새로운 환경에 적응해야만 하는 시대가 된 것이다.

　　경력관리는 직원과 조직의 요구를 모두 고려하여 함께 성과를 만들어내고 성장하는 파트너십을 만들어내는 개인과 조직의 지속적이고 공식화된 노력이다.

　　경력관리를 통해 조직은:
- 구성원의 능력을 최대로 개발시켜 개인의 경력욕구를 충족시키고,
- 조직차원에서 적시적소에서 개인능력을 활용함으로써 조직의 유효성을 향상시킬 수 있다.

3. 경력개발이론

경력개발이론(혹은 진로선택이론)은 경력개발에 도움을 주고자 하는 이론들로 주로 심리학, 성격학, 사회학 등에 기초하여 발전하였다.

3.1 파슨스(Parsons)의 특성-요인 이론

특성-요인 이론(trait-factor theory)은 1900년대 초 직업지도 운동의 선구자인 프랭크 파슨스(Frank Parsons)가 노동착취의 방지와 노동자들이 능력과 흥미에 맞는 직업을 선택할 수 있도록 산업과 교육, 그리고 사회제도를 개혁해야 한다고 주장하면서 등장하였다.

특성-요인 이론(trait-factor theory)

개인-직무 적합성(person-job fit)

직업 선택 시에는:

- 자신에 대한 명확한 이해
- 직업에 대한 지식
- 그리고 개인특성과 직업요인 간의 합리적인 연결과 매칭(matching)이 필요하다는 것이 핵심주장으로

개인-직무 적합성(person-job fit)과 같은 맥락이다.

프랭크 파슨스(Frank Parsons)
출처: Google

특성
- 성격
- 흥미
- 능력

＋

요인
- 책임감
- 성실함
- 직업성취도

＝

진로선택

- 특성(trait)은 개인의 성격, 적성, 흥미, 가치관 등 개인의 특성을 말하며,
- 요인(factor)은 책임감, 성실성, 직업성취도 등 직업에서 업무를 수행하는 데에 요구되는 요소들을 일컫는다.

특성-요인 이론의 기본 가설은:
- 사람들은 독특한 특성을 가지고 있고,
- 직업은 구체적인 특성을 구성원들이 갖추고 있을 것을 요구하며,
- 직업선택은 개인의 특성과 직업의 요구요인을 연결하는 것으로
- 개인특성과 직업에서의 요구사항이 밀접하게 관련될수록 직업에서 성공할(생산성, 직무만족) 가능성이 커진다는 것이다.

3.2 밀러(Miller)의 특성-요인 이론

1974년 밀러(Miller)는 특성-요인 이론의 다섯 가지 기본 가정을 제시한다.

- 직업발달은 개인과 직업특성 간 관계를 합리적으로 추론하여 의사결정을 도출하는 인지과정으로,
- 직업선택의 과정에서 발달보다는 '선택' 자체가 중요하고,
- 개인에게는 자기한테 맞는 하나의 적절한 직업이 있으며(다재다능 불가),

- 각 직업에는 그 직업에 맞는 특정 형태의 사람이 있고,
- 누구나 자신의 특성에 맞는 직업을 선택할 수 있다는 것이다.

이후, 특성-요인 이론은 미네소타 대학교(University of Minnesota)의 직업심리학자들이 다양한 적성검사, 인성검사 등의 다양한 도구를 개발함으로써 더욱 발전되었다.

특성-요인 이론을 진로상담에 적용해 진로상담 시 문제를 **변별진단**(differential diagnosis)하는 방법은 크게 두 가지로

변별진단(differential diagnosis)

- 하나는 미네소타 그룹의 대변자로 불리우는 윌리암슨(Williamson)이 제시한 진단 체계이고,
- 다른 하나는 크라이티스(Crites)가 제시한 진단체계이다.

(1) 윌리암슨의 진단체계
윌리암슨은 다음 네 가지 범주의 진단체계를 제시하였다.

분류	내용
진로 무선택	• 학교 교육와 직업 훈련을 마친 후에도 자신이 갖고자 하는 직업이 어떤 것인지, 무엇을 원하는지 모르는 상태로 • 선택 의사를 표현할 수 없는 경우
불확실 선택	• 직업을 선택하긴 했지만, 그것이 맞는 것인지 자신의 결정에 의문을 가지고 있는 경우
현명하지 못한 선택	• 능력과 흥미가 불일치하는 경우 • 능력과 직업의 요구가 불일치하는 경우
흥미와 적성 간 모순된 선택	• 적성이 직업의 요구보다 낮은 경우 • 능력 이하의 직업에 관심을 갖는 경우 • 자신의 흥미와 능력에 맞지 않는 직업을 선택한 경우

(2) 크라이티스의 진단체계
크라이티스는 세 가지 기준을 활용하여 7가지의 분류모형을 제시하고 있다.

대분류	소분류	내용
적응 문제	적응자	흥미 및 적성수준과 일치하는 직업을 선택
	부적응자	흥미 및 적성수준이 일치하지 않는 직업을 선택

우유부단의 문제	가능성이 높은 자	지나치게 다재다능하여 하나의 직업을 선택하지 못하는 경우
	우유부단한 자	성격 및 기질적 불안으로 직업 선택을 못하는 경우
비현실성의 문제	비현실적인 자	자신의 능력보다 높은 수준의 직업을 선택
	수행포기자	자신의 능력보다 낮은 수준의 직업을 선택
	강요된 자	적절한 능력수준에서 선택하였으나 자신의 흥미와 일치하지 않는 직업을 선택

특성-요인 이론은 직업 선택 시 개인의 특성을 고려한 표준화된 검사도구와 직업의 분석과정을 제공하여 진로선택과 상담에 유용하다는 장점을 가지고 있다.

그러나
- 선택한 직업에서의 성공 여부를 정확하게 예언하지 못한다는 점
- 직업 선택을 1회적 행위로 간주하여 장기간에 걸친 인간의 직업발달 과정을 간과했다는 점
- 개인의 특성이 어떻게 발달하는지 설명하지 못한다는 점
- 효율적인 진로상담을 위한 지침을 제공하지 못한다는 단점을 가지고 있다.

3.3 홀랜드(Holland)의 진로선택 이론

진로선택 이론(theory of career choice)
홀랜드 검사

홀랜드의 진로선택 이론(theory of career choice)은 흔히 직업흥미유형, 인성이론으로 불리운다. 고등학교 때, 직업 훈련을 받을 때, 그리고 대학교에서 직업흥미유형을 검사할 때 받는 것이 바로 홀랜드 검사이다. 미국의 심리학자인 존 루이스 홀랜드(John Lewis Holland)가 개발하였으며, 성격 유형에 기반하여 직업 유형을 선택할 수 있게 한 심리검사 이론으로 홀랜드는 직업흥미검사를 통해 본인의 성격과 어떠한 활동들에 흥미를 느끼는지 검토함으로써 스스로 직업흥미유형과 관련된 직업정보를 탐색할 수 있는 기준을 제시하였다.

"직업적 흥미는 일반적으로 성격이라고 불리는 것의 일부분이다. 따라서 개인의 직업적 흥미에 대한 설명은 곧 개인의 성격에 대한 설명이다"

John Lewis Holland, 1919-2008

홀랜드가 제시한 진로선택 이론에는 4가지 기본 가정이 있다.

- 대부분의 사람들은 현실형, 탐구형, 예술형, 사회형, 진취형, 관습형의 6가지 인성유형 중 하나로 분류되고,
- 마찬가지로 환경도 6개의 인성유형 중 하나로 분류될 수 있으며,
- 사람들은 자신의 능력과 기술을 발휘하고 자신에게 맞는 역할을 수행할 수 있는 환경을 찾는데,
- 개인의 행동은 성격과 환경의 상호작용에 의해 결정된다는 것이다.

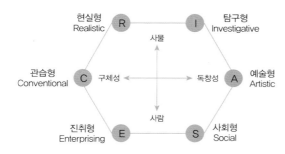

출처: https://blog.naver.com/suseongpsylang/221422557707, https://kicat-kr.tistory.com/11

　홀랜드는 디즈니랜드의 관람차를 본떠서 6각형으로 진로유형을 나누고, RIASEC이라는 이름을 붙였다. 개인은 자신의 흥미유형과 일치하는 작업환경을 추구하고, 이런 환경에서 일할 때 잠재력을 최대한 발휘할 수 있다는 가정이다. 시계방향으로 돌아가는 RIASEC에서 이웃 유형끼리는 상관이 높고, 대각선의 유형끼리는 대비되는 성격특징을 가진다.

유형	특성 및 직업활동
R (Realistic 현실형)	• 현실감각, 신체능력, 구체성, 자연친화성, 손재주 • 연장·대상·기계 등의 조작을 주로 하는 활동과 신체적 기술을 좋아하고, 교육활동은 좋아하지 않음 • 농부, 기술직, 비행기 조종사 등
I (Investigative 탐구형)	• 논리성, 합리성, 호기심, 탐구성, 분석능력 • 물리적, 생물학적, 문화적 현상 등을 체계적으로 관찰하고 상징화하는 활동을 좋아하는 반면, 사회적 활동과 반복적인 활동은 선호하지 않음 • 과학자, 의사, 교수 등

Realistic(현실형)
nvestigative(탐구형)

Artistic(예술형)
Social(사회형)
Enterprising(진취형)
Conventional(관습형)

A (Artistic 예술형)	• **예술성, 창의성, 감수성, 직관, 표현능력** • 자유롭고 창조적, 상징적 활동과 변화무쌍한 활동에 관심을 가지지만, • 체계적이고 구조화되어 있고 • 명확한 결과를 나타내는 활동에는 무관심함 • 문학가, 미술가, 조각가, 작곡가 등
S (Social 사회형)	• **대인관계능력, 사회성, 배려, 타인 이해, 봉사정신** • 기계나 물건을 다루거나 체계적으로 조작하는 데에 관심이 없음 • 교사, 상담사, 심리치료사 등

E
(Enterprising 진취형)
	• **리더십, 설득력, 도전정신, 목표지향성, 경쟁심**
	• 다른 사람들에게 인정받고 권위를 얻는 데 관심이 많아 조직의 목적과 경제적
	  이익을 위한 업무계획, 인재관리 등 타인을 통제하는 업무를 좋아하지만, 탐구
	  형 활동에는 관심이 없음
	• 정치가, 사업가, 연출가 등

C (Conventional 관습형)	• **책임감, 계획성, 성실성, 순응성, 안전지향성** • 체계적인 작업환경에서 일하는 사무적이고 계산적인 활동, 정해진 원칙과 계획 에 따라 기록, 정리하는 일에 흥미를 느끼지만, • 비체계적이고 자율적이며 창조적이고 예술적 활동에는 관심이 없음 • 사무직 근로자, 회계사, 은행원 등

* 위에서 제시한 직업의 예시는 노동부가 홀랜드의 모형을 토대로 제시한 것

흥미와 직업이 일치하는 사람들

현장형: 김연아
"노력과 타고난 재능이 반반인 것 같아요.
재능을 유지하려면 많은 노력이 필요하니까,
끊임없는 연습과 노력 모두 중요하다고 생각해요."

탐구형: 에디슨
"나는 평생 하루도 일하지 않았다.
그것은 모두 재미있는 놀이였다."

사무형: 코리 스탬퍼
"하루 8시간 완벽한 침묵 속에서
오직 단어만 생각합니다."

예술형: 월트 디즈니
"웃음은 유행을 타지 않고,
상상력은 나이를 따지지 않고, 꿈은 영원하다."

진취형: 마윈
"인생에서 작은 결실이라고 맺고 싶다면,
목표를 향해 하나씩 도달하다 보면
이상을 실현할 수도 있다."

사회형: 이태석 신부
"나는 당신을 만나기 전부터
당신을 사랑했습니다."

홀랜드가 제시한 진로선택 육각형 모델의 특징은

- 앞의 두 문자가 육각형에서 서로 인접해 있을 때 일관성 있는 진로특성이라고 볼 수 있고,
- 개인이나 작업환경을 더 명확하게 규정하는 변별성(직업선호도)을 가지며,
- 개인의 정체성은 개인이 가지고 있는 현재와 미래목표의 확실성과 안정성이 높을 때 커지고,
- 가장 적합한 조합은 자신의 성격유형과 동일하거나 유사한 환경에서 일하는, 일치성이 높은 경우이다.

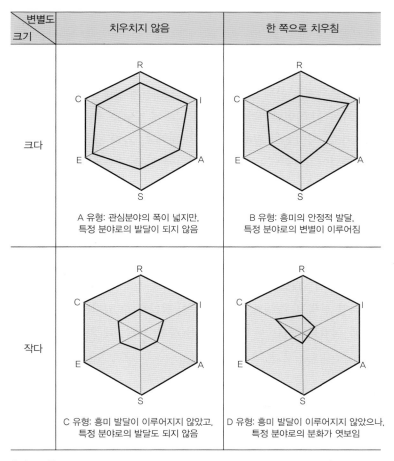

변별도 크기	치우치지 않음	한 쪽으로 치우침
크다	A 유형: 관심분야의 폭이 넓지만, 특정 분야로의 발달이 되지 않음	B 유형: 흥미의 안정적 발달, 특정 분야로의 변별이 이루어짐
작다	C 유형: 흥미 발달이 이루어지지 않았고, 특정 분야로의 발달도 되지 않음	D 유형: 흥미 발달이 이루어지지 않았으나, 특정 분야로의 분화가 엿보임

출처: http://www.globaljobs.co.kr

홀랜드는 진로선택이론을 적용하여 몇 가지 검사도구를 개발하였다.

직업선호도 검사(VPI: Vocational Preference Inventory)

- 직업선호도 검사(VPI: Vocational Preference Inventory)

  160개의 직업목록에 흥미 정도를 표시하는 것으로 직업에 대한 좋고 싫음을 표시한다.

자기주도탐색(SDS: Self-Directed Search)

- 자기주도탐색(SDS: Self-Directed Search)

  점수를 기록하는 1시간용 측정 워크북과 소책자가 있어 활동, 능력, 직업에 대한 태도, 자아능력을 평가한다. 특별유형에 대한 강한 선호도를 알 수 있다.

자기직업상황(MVS: My Vocational Situation)

- 자기직업상황(MVS: My Vocational Situation)

  20개의 질문으로 구성되어 직업정체성, 직업정보의 필요성, 선택된 직업목표에 대한 장애 등을 측정하는 도구이다.

직업탐색검사(VEIK: Vocational Exploration and Insight Kit)

- 직업탐색검사(VEIK: Vocational Exploration and Insight Kit)

  1980년 홀랜드가 진로문제로 인해 스트레스를 받는 대상자들에게 사용하기 위한 도구로 개발한 검사이다. 직업탐색검사를 통해 미래에 진로로 생각하고 있는 직업의 수를 증가시키고, 직업에서 원하는 바를 이해하고, 과거 경험과 현재 직업목표가 어떻게 관련되어 있는지 그리고 지금 어디에 있고 다음에는 어떤 단계로 넘어가야 하는지를 돕기 위해 개발한 검사이다.

로(Roe)의 진로선택 이론

3.4 로(Roe)의 진로선택 이론

미국의 임상학자 앤 로(Anne Roe)가 제시한 이론으로 아동기, 특히 아동기 초기, 부모와의 상호 작용에 따라서 성격, 태도, 흥미, 가치관, 욕구 충족의 행동 양식이 달라지며, 성장 후 직업관과 직업 선택 및 결정 등 직업 행동이 달라질 수 있다는 이론이다.

이 이론은 욕구이론과 직업분류라는 두 가지 영역을 통합했다는 데 의미가 있다.

로(Roe)는 예술가들의 성격적 특성 연구를 기초로 진로발달 분야의 연구를 시작하였다. 이후에는 과학자들에 대한 연구를 하며, 어렸을 때 경험한 가족과의 상호작용 경험이 이후 진로선택에 미치는 효과를 검증하였다.

- 직업의 선택은 아동기 초기 경험에 의해 결정되고,
- 욕구의 차이는 어린 시절 부모-자녀의 관계에 기인한다는 것이 핵심 주장이다.

로의 진로선택이론에는 5가지 가정이 있는데 이를 살펴보면,

- 잠재적 특성의 발달에는 한계가 있으며, 개인에 따라 다르다는 점
- 유전적 특성의 발달 정도는 경험뿐 아니라 가정의 사회·경제·문화배경의 영향을 받는다는 점
- 흥미와 태도는 개인의 경험에 따라 발달하고,
- 심리적 에너지는 흥미를 결정하는 중요 요인이 된다는 점
- 그리고 개인의 욕구와 만족은 성취동기의 유발 정도에 따라 결정된다는 점이다.

부모와 자녀의 상호작용은 크게 세 가지로, 작게는 여섯 가지로 분류할 수 있다.

대분류	소분류	특징
수용형	무관심형	• 부모가 자식을 수용하기는 하나 부모와 자녀의 관계가 긴밀하지 않다. • 그러나 자녀들의 필요나 요구에 대해서는 부모가 민감하게 반응한다.
	애정형	• 부모, 자녀 관계가 긴밀하며, • 자녀의 요구를 들어주려 노력하고, • 자녀를 깊이 배려한다.
정서집중형	과보호형	• 부모가 자식을 지나치게 보호하려 하며, • 자식이 부모들에게 의존하기를 기대한다. • 이러한 부모들은 자녀의 낮은 수준의 요구는 즉시 들어주나, 상위의 요구는 아이의 행동이 부모나 사회의 기대에 부응할 때만 들어준다. • 이러한 분위기에서 자란 아이들은 타인에게 의존적이며, 남들에게 동조하는 행동을 많이 보인다.
	과요구형	• 자식이 부모의 요구에 부합되고 기대되는 성취를 한 경우, 자녀를 사랑하고 소중하게 여긴다. • 자식이 어떤 일이든 남보다 뛰어나길 바란다. • 그래서 엄격하게 훈련시키며, 취학 후 우수한 성적을 받도록 무리한 요구를 한다.
회피형	거부형	• 자녀의 행동을 전적으로 무시하고, • 자녀의 필요를 충족시켜 주려는 노력을 거의 하지 않는다.
	무시형	• 자녀와의 접촉 및 부모로서의 책임을 회피하려는 경향이 있으며, • 자녀의 욕구 충족을 위해 별다른 노력을 하지 않는다. • 자녀에 대한 관심이 적지만, 감정적으로 거부하는 것은 아니다.

인간의 욕구 구조는 유전적 특성과 어릴 때 경험하는 좌절과 만족에 의해 형성되는데,

- 부모와의 따뜻한 관계 속에서 자란 사람은 어떤 필요나 욕구가 있을 때, 사람들과의 접촉을 통해 만족하게 되는 방식을 배우게 되고, 이것은 인간지향적인 성격의 진로(서비스, 사업, 조직/단체, 일반 문화, 예체능 분야) 선택에 영향을 준다.
- 그렇지 않은 경우에는 어떤 문제가 있을 때, 부모나 주위 사람들의 도움보다는 다른 수단을 통한 문제 해결 방법을 배우게 되고, 대인 접촉이 적은 성향의 직업 (산업기술, 옥외 활동, 과학연구 분야)을 선택하는 경향을 보인다.

미네소타 직업평가 척도

로(Roe)는 미네소타 직업평가 척도에서 힌트를 얻어 흥미를 기초로 직업을 8가지로 분류하고, 각 분류별로 적합한 직업들의 목록을 작성했다. 이어서, 각 직업에서의 곤란도와 책무성의 정도에 기초하여 각 8가지 직업군을 6단계(비숙련, 반숙련, 숙련, 준전문, 중급전문, 고급전문 관리단계)로 나누어 8×6의 분류체계를 만들었다.

8가지 직업군

직군	특성
1. 서비스직(service)	다른 사람의 취향, 욕구, 복지에 관심을 가지고 봉사하는 직업들로 사회사업, 보건업무 등
2. 비즈니스직(business contact)	대면만남을 통해 비즈니스를 하는 직업들로 대인관계가 중요
3. 단체직(organization)	기업의 조직과 효율적인 기능에 주로 관련된 직업들
4. 기술직(technology)	대인관계보다 사물을 다루는 데 관심을 둔 직업들
5. 옥외활동직(outdoor)	기계화에 의해 상당부분 기술과학분야로 옮겨진 직업군으로 대인관계가 중시되지 않는 야외 근무 직업들
6. 과학직(science)	과학이론을 특정한 환경에 적용하고 연구하는 직업들로 사회과학, 자연과학, 공학 등을 포함
7. 일반문화직(general culture)	교육, 언론, 법률, 언어학, 인문학과 관련된 직업들
8. 예능직(arts and entertainment)	창조적인 예술과 연예에 관련된 특별한 기술을 사용하는 직업들로 대중관계에 초점을 둔 직업들

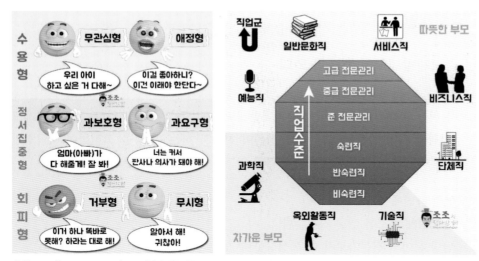

출처: https://blog.naver.com/sgjjojo/221210997384

로의 이론에서 중요한 것은 어느 직업군을 선택하는가의 여부보다는 어느 수준까지 도달해야 만족하는가라는 만족도가 아동기의 경험에 따라 좌우된다는 것이다. 각 직업군 내에서의 만족도는 개인의 욕구강도에 따라 결정되는데, 그 욕구의 강도는 가정 및 사회 · 경제적 배경과 밀접하게 관련되어 있다고 보는 것이다. — 욕구강도

예를 들어보자. 기술직을 선택하였다. 비숙련직에서부터 고급전문관리직에 이르기까지 다양한 수준이 있는데, 어느 수준까지 달성해야 내가 만족하느냐는 아동기 부모와의 관계에서 결정된다는 주장이다.

로의 이론은 재미있는 함축성을 전달했으나 실증적 근거가 결여되어 있다는 점과 부모와 자녀의 관계에 있어서 아버지와 어머니의 태도가 동일하지 않을 수 있다는 문제점을 가지고 있다.

---

(1) 경력개발에 있어서 가장 중요한 요소는 무엇인지 생각해보자. 세 가지를 예로 들어보자.

(2) 그 이유를 설명하라.

그룹토론문제

4. 경력개발제도

4.1 경력개발제도의 개념과 의의

경력개발제도

고성과자들의 조직 내에서의 역할과 입지가 중요해지면서 기업들은 고성과자들을 유지하기 위한 정책을 펼치고 있고 경력개발제도는 그 중심이 되고 있다. 경력개발제도는 구성원의 적성과 능력, 그리고 구성원이 하고자 하는 바 등을 고려하여 바람직한 경력을 쌓아갈 수 있도록 지원하는 조직의 의도적이고 체계적인 노력으로,

경력정체
성장비전

구성원 측면에서는:
- 경력정체 해소를 위한 직무순환,
- 담당 분야의 전문가로서 더욱 성장할 수 있는 경로 확충,
- 개인의 성장비전을 실현할 수 있는 체계화된 육성의 틀을 마련하고,

조직 부적응자
직무 전문성

조직 측면에서는:
- 미래 사업을 이끌어 갈 경영자 후보의 체계적인 육성,
- 저성과자 또는 조직 부적응자에 대한 효율적 관리,
- 조직역량 강화를 위한 직무 전문성 제고,
- 일과 사람 간 최적의 매치(match)를 통한 전체 조직역량의 제고

등을 성취하고자 하는 것이다.

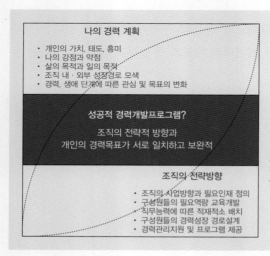

경력개발프로그램에 있어서 가장 중요한 것은
개인과 조직의 합
(Person-Organization Fit)!!

개인과 조직 쌍방이 서로의 발전과 성장에
도움을 줄 수 있어야 한다.

4.2 경력의 다양한 유형

전통적인 개인-조직 관계에서 개인은 조직에 충성하는 개체였다. 그러나 현대를 살아가는 개인은 자신의 경력개발을 위해 적극적으로 조직을 선택, 재선택하는 자발적이며 주도적인 주체이다. 경력이론 분야에서는 개인이 추구하는 경력을 프로틴 경력(protean career), 무경계 경력(boundaryless career), 만화경 경력(kaleidoscope career) 등 다양한 유형으로 설명하고 있다.

- 프로틴 경력(protean career)
  - 경력에서의 성공을 조직에 의존하지 않고,
  - 자신이 주도하는 경력에 초점을 두며,
  - 지속적 학습, 주도적인 자기 평가, 성취감과 같은 심리적 성공에 의미를 둔다.
  - 따라서 직업적 성공 자체보다 총체적 자아의 의미 있는 성장을 추구하는 경향을 보인다.

- 무경계 경력(boundaryless career)
  - 실리콘 밸리에서 나타난 현상으로
  - 기술인력들이 여러 기업을 옮겨 다니면서
  - 자신의 고용 가능성과 연봉을 상승시키는 현상에서 비롯되었다.
  - 직장인이 아닌 직업인으로서 잡 호핑을 주요 수단으로 삼는다.

- 만화경 경력(kaleidoscope career)
  - 내가 처한 현실, 환경, 요구, 생애단계에 따라서
  - 우선되는 가치나 기준이 자유자재로 변화
  - 내가 현재 원하는 바와 상황의 요구에 맞는 조건이 가장 중요하다.

프로틴 경력(protean career)

무경계 경력(boundaryless career)

만화경 경력(kaleidoscope career)

▌**몸값 높아진 인재유출방지 방법!**

조직보다는 개인들이 경력개발에 주도적인 역할을 하면서 개인의 정체성, 가치주도성, 자발성, 이동성, 유동성 같은 특징들이 경력관리에서 부각되고 있다.

개인 입장에서는 경력개발을 통해 자신의 전문성과 실무성을 끊임없이 업그레이드!

몸값을 쭉쭉 올리기 위해 노력한다!!

조직차원에서 몸값이 높아진 인재들의 유출방지를 위한 방법을 살펴보자.

인정과 보상

인정과 보상

직원의 가치를 인정하지 않거나 보상에 대한 확신을 주지 않고서는 직원을 유지할 수 없다. 직원들은 자신의 능력에 합당한 급여 및 복리후생의 댓가로 일을 한다. 그들은 **급여뿐 아니라 자신의 가치에 대해 인정받기를 원한다.** 조직이 해당 직원의 가치를 충분히 인정하고 가치 있게 생각하고 있음을, 그러기에 그에 상응하는 급여와 복리후생을 제공하고 있음을 확실하게 인지시켜주는 것이 중요하다.

인정과 보상에 대한 직원들의 의견을 얻을 수 있는 유용한 도구는 설문조사이다. 자동화된 질문을 사용하면 팀 리더가 직접 묻는 어색한 상황을 피할 수 있고, 직원들은 비밀이 유지되는 공간에서 자유롭게 의견을 말할 수 있다. 평소 의사소통의 기회가 적은 경영진과의 소통을 통해 유의미한 조치가 나올 가능성도 커진다.

워라밸(work-life balance)

워라밸(work-life balance)

팬데믹 기간 원격근무의 증가로 탄생한 일과 생활의 균형, 워라밸!!

버퍼(Buffer)의 2021년 원격근무 연구에 의하면, COVID-19의 결과로 원격근무를 경험한 직원의 96%는 계속 원격으로 근무하기를 원하는 것으로 나타났고, 특히나, 긴 통근 시간에 시달리는 경우 전통적 주당 근무 시간제에 얽매이고 싶어하지 않는 뚜렷한 경향을 보였다.

한국고용정보원 연구소에 의하면 **통근시간이 길어질수록 이직 의도가 높아지는 것으로** 나타났다. 통근 시간과 이직 의도의 관계가 과거에는 유의미하지 않았지만, 2018년 이후 조사부터는 통근 시간이 이직 의도에 영향을 미치는 중요한 요인으로 부각되기 시작하였다.

드라마 〈나의 해방일지〉 중

이는 개인적 삶을 중요하게 생각하고, 삶의 질을 향상시키고자 하는 현대 직장인들의 뚜렷한 경향으로 전통적 가치관에 얽매여서는 우수인력을 확보하고 유지하기가 어렵게 되었다.

커리어 성장

커리어 성장

높은 이직률과 큰 상관관계를 갖는 주요 요인 중 하나는 성장 기회의 부족.

현직에서 발전 방향을 찾지 못할 때 직원들은 현재 하는 일이 의미 없게 느껴지며, 방향성을 상실한다. 좌절감을 느낀 직원들은 다른 곳에서 기회를 찾고자 하고, 이는 현 직장의 업무참여도에도 영향을 미치게 된다. 승진은 커리어 성장과 개발 계획의 중요한 부분이다. 그러나 이 외에 일상 업무에서 성취감을 느끼게 하는 것 역시 중요하다.

사내 인정 이니셔티브 개발

커리어 개발과 관련하여 중요한 것은 **눈에 보이는 발전지표**이다.

지표가 많을수록 직원들은 자신에게 더 많은 가치를 느끼게 되고 이직 의도가 감소한다.

성과가 높은 직원을 지명하고, 공개포럼을 통해 **공헌도를 인정**하는 것도 중요하다. 업무 성과로 동료들의 인정을 받는 것 자체로 회사에 대한 소속감을 키울 수 있다. 업무의 게이미피케이션(gamification)이 커리어 상승의 지표를 제공할 수도 있다. 커리어에서도 만렙 챌린지!

심리적 안전감

심리적 안전감은 직원 참여 및 유지에 상당히 중요한 요소로 꼽힌다. 피드백을 공유했다가 비난의 화살을 맞을 수 있다고 생각하게 된다면 조직 목표에 관심을 갖지 않게 되고, 불만을 표출할 외부 플랫폼을 찾게 된다. **자유로운 발언권 보장**은 더 강한 문화의 토대가 되고, 직원들을 머물게 하는 유용한 방법이다.

출처: https://blog.workday.com/en-us/2022/secret-employee-retention-employee-engagement.html

> 발전지표

> 심리적 안전감

4.3 조직의 효과적인 경력개발 지원활동

개인이 가치를 주도하고, 경력을 추구하는 최근의 트렌드를 반영하여 조직 구성원들의 경력가치를 파악하고, 그들이 자신의 가치를 실현할 수 있도록 지원하는 활동은 오늘날 인적자원관리 활동의 핵심이 되고 있다. 기업들이 경력개발 프로그램을 효과적으로 설계하고 운영하기 위한 방안을 살펴보자.

(1) 구성원 경력정체성의 주기적 진단

경력정체성(career identity)은 경력욕구, 경력 닻(career anchor), 경력지향성(career orientation), 경력목표(career goal)라는 용어들과 유사한 개념으로 자신의 정체성에 부합하는 성공적인 경력이 무엇인지를 결정하는 주관적 인지(perception)를 말한다.

> 경력정체성(career identity)
> 경력 닻(career anchor)
> 경력지향성(career orientation)
> 경력목표(career goal)

　예전에는 경력성공의 기준이 지위, 권력, 물질적인 부와 같은 객관적 잣대였다. 물론 현대에 이르러서 이러한 요소들이 그 가치를 잃은 것은 절대 아니다. 단지 사회가 발달하고 개인들이 삶의 행복을 추구하면서 워라밸(work-life balance), 자유, 독립, 여유, 인간적 배려, 지속적 학습, 성장, 사회에 대한 기여 등의 삶의 가치에 대한 중요도가 같이 증가하고 있다.

　따라서 구성원들의 경력정체성 변화 및 새로운 욕구에 대한 정확한 진단을 바탕으로 경력개발 프로그램을 설계해야 한다.

(2) 역량모델에 기초한 경력단계별 프로그램 제공

경력개발은 자신의 경력목표를 달성하기 위해 지속적으로 학습하고 스스로를 발전시키는 과정이다. 각 개인이 보유한 역량 수준에 기초하여 경력단계를 구분하고 각 단계의 기준에 맞추어 역량모델과 목표를 수립해야 한다. 역량단계를 구분할 때에는 해당 분야의 전문지식, 노하우, 자질·능력 등과 같은 업무특성이 충분히 반영되어야 한다.

(3) 실질적으로 도움이 되는 활동 제공

멘토링(mentoring)

경력관리제도로 대표적인 것은 멘토링(mentoring) 제도이다. 해당 직원의 가치, 역량, 태도, 전공 분야 등이 유사한 선배들을 멘토로 선정하여 업무적으로 그리고 사회 심리적으로 실질적인 도움을 받을 수 있도록 지원해 주는 것이 중요하다. 이 외에도 과제 공모제, 부서이동·순환 제도, 일-가정 양립제도, 유연근무시간 제도 등으로 구성원들의 경력개발을 지원할 수 있다.

가장 중요한 것은 경력개발 지원제도에 구성원들의 의견과 욕구, 그리고 조직의 전략적 목적과 방향이 충분히 반영되어야 한다는 것이다.

■ 국내·외 기업들의 경력개발활동

개인의 일상적인 업무 수행과정이 조직의 성장으로 직결되고, 개인의 업무능력을 향상시킬 수 있는 체계적인 경력개발제도가 기업경쟁력을 좌우한다는 것에 대한 공감이 커지면서 **경력개발제도를 적극 활용하여 기업의 가치를 극대화하고자 하는 기업이 증가하고 있다.**

컨설팅 전문업체인 DBM코리아가 2022년 국내·외 기업 192개 업체와 384명의 직장인들을 대상으로 '기업의 경력 및 퇴직관리'에 대해 조사한 자료에 따르면, **국내 기업 39%, 외국 기업 51%가 경력개발제도를 도입**하고 있는 것으로 나타났다.

국내 기업은 삼성SDS, LG전자, 삼성네트웍스 등 일부 대기업을 중심으로 활발히 진행되고 있으며, 외국계 기업으로는 나이키, HP, 시스코시스템즈코리아, BAT코리아 등이 대표적인 기업으로 손꼽힌다.

삼성SDS

삼성SDS는 CDP의 성공적 도입을 위해 오래 전부터 경력개발 프로그램 개발을 주도하는 태스크포스(TF)팀을 출범, 글로벌 인재양성에 본격적으로 착수한 사례이다.

삼성SDS는 세계 10대 IT서비스 기업 진입을 목표로 새로운 조직문화 선포식을 하고, 전 직원을 IT 전문가로 키우기 위해 구축한 경력개발 프로그램인 '마이 프로웨이'를 추진하고 있다. 마이 프로웨이의 특징은 직군·직무 중심의 차별화된 인력운영체계를 수립했다는 데에 그 특징이 있다. '직군별 채용'은 직원들 개인의 경력경로를 관리하기가 쉽고, 동시에 맞춤형 인재를 선발할 수 있다는 장점을 가지고 있다.

신입사원들은 자신의 직군 내에서 가장 잘 수행할 수 있는 직무분야를 부서장과의 면담을 통해 결정하고, 이때부터 본격적으로 자신들의 경력을 관리하는 경력개발 프로그램인 마이 프로웨이 코스를 거치게 된다.

직무 중심의 차별화

LG전자

LG전자는 핵심역량인재인 HPI(High Potential Individual)를 집중적으로 육성한다. 기업을 크게 성장시킬 만한 능력이 있다고 평가되는 전체 직원의 3%, 약 500명의 핵심인력을 특별 관리하고 있다.

핵심역량인재
HPI(High Potential Individual)

경력개발 계획단계에서는 HPI의 고유역량과 특성을 반영해 육성 책임자가 개인의 육성 계획을 세우고, 계획 수립 후에는 이들의 역량을 개발하기 위한 본격적인 '경력개발 활동' 단계로 접어든다. 여기에는 개인의 능력을 향상시키기 위한 교육설계, 다양한 직무경험을 통해 개인의 능력을 키울 수 있는 보직 순환근무 등이 포함된다.

삼성네트웍스

삼성네트웍스는 '직군별 맞춤형' 시스템을 진행하고 있다. 직군별로 채용된 신입사원들은 '조기 전력화 프로그램'에 반드시 참여해야 하고, 이 교육은 'IT 기본교육'과 실습 위주의 강의로 진행되는 '직군 기술교육'을 포함한다.

직군별 맞춤형

모든 교육을 이수한 신입사원들은 현장 투입이 가능할 정도의 역량을 갖추게 되고, 기본 소양을 갖춘 사원들은 직군별 특성에 따라 3~4개의 레벨로 나눈 본격적인 CDP 코스를 밟는다. 시스템 엔지니어 직군에 채용된 사원이라면 시스템 관리자 → 시니어 시스템 엔지니어 → 프로페셔널 시스템 엔지니어 → 마스터 시스템 엔지니어로 경력을 키워 나갈 수 있다.

핵심인재들의 경력개발을 위한 '인센티브 코스' 과정도 별도로 마련되어 있어, 직군에 따라 선정된 우수인력들이 회사의 사업방향과 일치하는 신규 핵심기술을 터득할 수 있는 기회를 부여받는다. 인센티브 코스 단계에 있는 사원들은 전 직원 대비 3% 정도로 단기간 내에 각 전문분야에서 역량을 강화할 수 있도록 집중교육을 받는다.

인센티브 코스

WD(Workforce Development)

HP

HP는 2000년 3월 전 세계 160여개 국에 산재해 있던 교육팀을 하나로 통합한 GLfP(Global Learning for Performance)라는 조직을 새롭게 만들고, GLfP를 통해 개개인이 최고 전문가가 될 수 있는 전략적 프로그램을 시작하였다. 2002년 GLfP는 전문 교육기관인 WD(Workforce Development)로 재탄생하여 직원 경력개발의 전략적 파트너로서의 역할을 수행하고 있다.

HP의 교육 프로그램은 전사적으로 실시하는 회사의 비전과 전략, 가치창출을 위한 핵심 내용(company core), 해당 사업부에서 실시하는 기술 및 지식 전달 교육(business core) 등 10개로 구분된 핵심 기능교육으로 구성되어 있다. 직원들은 HP의 비즈니스 목표와 전략적으로 연결되어 있는 학습과정 중 본인의 업무에 해당되는 교육 프로그램을 선택해 각자의 연간 교육개발계획을 수립한다.

출처 : 아웃소싱타임스(http://www.outsourcing.co.kr)

핵심용어

- 경력
- 경력관리
- 경력계획
- 경력탐색
- 경력개발
- 긱 이코노미(gig economy)
- 파슨스의 특성-요인이론
- 밀러의 특성-요인이론
- 윌리암슨의 진단체계
- 크라이티스의 진단체계

- 홀랜드의 진로선택 이론
- 로의 진로선택 이론
- 경력개발제도(CDP: Career Development Program)
- 개인과 조직의 적합성(person-organization fit)
- 프로틴 경력(protean career)
- 무경계 경력(boundaryless career)
- 만화경 경력(kaleidoscope career)
- 경력정체성(career identity)

연습문제

01 경력관리의 개념에 대해 설명하라.

02 경력계획의 개념에 대해 설명하라.

03 경력탐색이란 무엇인가?

04 경력개발에서 가장 중요한 개념은 무엇인가?

05 긱 이코노미(gig economy)란 무엇인가?

06 파슨스의 특성–요인이론에 대해 간략히 설명하라.

07 파슨스의 특성–요인이론의 장단점은 무엇인가?

08 밀러가 주장한 특성–요인이론의 기본 가정에 대해 논하라.

09 홀랜드의 진로선택 이론에 대해서 간략히 설명하라.

10 로의 진로선택 이론에 대해 논하라.

11 프로틴 경력(protean career)이란 무엇인가?

12 무경계 경력(boundaryless career)의 개념을 설명하라.

13 만화경 경력(kaleidoscope career)이란 무엇인가?

14 경력정체성(career identity)이란 무엇인가?

08

성과관리

학습목표

• 성과관리의 개념에 대해서 설명할 수 있어야 한다.

• 성과관리의 목적에 대해서 이해해야 한다.

• 성과관리가 어떻게 발전해 왔는지 설명할 수 있어야 한다.

• 시대별 성과관리의 장 · 단점에 대해 이해해야 한다.

1. 성과관리의 개념

성과(performance)
역량(ability; can do)
동기(motivation; will do)

성과(performance)는 전문적 업무, 조직활동 및 기능분야에서의 성취도를 말하는 것으로 성과에 영향을 주는 주요변수로는 해당 직무를 수행할 수 있는 **역량**(ability; can do)과 직무에서 최선을 다하고자 하는 의지·동기(motivation; will do)가 있다. 한마디로, 성과는 각 구성원이 직무를 수행하면서 나타나는 결과이며, 그 결과의 합이 바로 조직 성과이다.

성과관리(performance
management)
관리 도구(management tool)

성과관리(performance management)의 사전적 의미는
* 조직이 기대하는 성과수준과 실제 성과 간 차이를 체계적으로 관리함으로써 조직의 전략목표 달성을 지원하는 경영관리 체계로
* 조직과 개인의 성과를 전략적으로 연계시킴으로써 조직의 성과향상을 지원하는 관리 도구(management tool)를 말한다.

따라서 성과관리는 전략적 기획, 성과목표설정, 결과 평가, 이에 따른 조직의 전략수립, 예산배분, 인적자원관리 등에 반영되고 활용되는 일련의 활동을 일컫는다.

 ChatGPT 성과관리란?

목표와 목적을 달성하기 위한 개인 또는 조직성과에 대한 계획, 모니터링, 평가의 일련의 프로세스로 개인, 팀, 조직 전체의 성과를 관리하고 향상시키는 체계적 접근법

성과관리를 구성하는 주요 요소로는:

* 명확한 목표수립
* 목표달성을 위한 성과계획
* 지속적인 모니터링과 측정
* 건설적 피드백과 의사소통
* 교육개발을 통한 역량 강화
* 성과평가
* 인정과 보상
* 지속적 역량 향상

성과관리는 관리자와 구성원의 협력을 요구하는

동태적이고 지속적 프로세스(dynamic and continuous process)이다.

■ 그래서 성과관리가 뭐라고? 뭘 관리한다고??

- 조직의 존재 이유 = 성과달성
- 조직의 모든 활동 = 성과관리의 일환
- 경영학 = 성과에 집중하는 학문

성과관리의 정의,
성과관리에 포함되는 요소들.
요딴 것들을 읽어 보면 뭐가 엄~~청 많다!

그냥 한마디로 말해주면 안대??
→ 그게 어렵다. ㅠ.ㅠ

인적자원관리 측면에서의 성과관리의 개념은 상당히 광범위하고,
때로 애매모호하기까지 하다.

- 인사팀 팀장: "oo님, 요즘 성과가 좀 안 좋아요."
- 인사팀 직원: "네, 성과 향상에 노력하겠습니다."

요때, 이 둘은 과연 같은 "성과"를 말하고 있을까??

성과창출의 과정은 xx게 복잡하다!

성과관리가 어렵게 느껴지고 갈등의 씨앗이 되는 중요한 이유는 성과라는 개념이 명쾌하게, 딱 하나로! 정의되고 측정되는 게 아니라는 점 때문이다.

다음 그림을 보자.

흔히 성과라고 하는 것은 위 그림에서의 마지막 단계인 결과!!

그거 아니야??

근데 그게 꼭 그렇지만은 않다.

실제 조직에서 성과관리를 할 때, 직무역량, 행동, 핵심지표, 결과 중 하나 혹은 둘 아니면 이 모~~든 과정이 성과로 간주되고 실제 성과평가에 반영된다. 그러다 보니 성과를 말할 때 서로 다른 생각을 하게 되는 것이다.

2. 성과관리의 목적

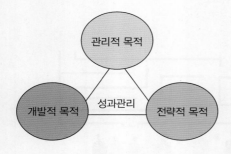

(1) 관리적 목적

관리적 목적(administrative purpose)

관리적 목적(administrative purpose)은 우리가 일반적으로 이해하고 있는 가장 미시적인 성과관리의 목적으로

- 고성과자와 저성과자를 구분하고,
- 그 결과를 바탕으로 급여 인상, 성과급 지급과 같은 보상 등의 기준정보로 활용하여
- 고성과자에게 이에 상응하는 보상을 하는 것(성과 있는 곳에 보상 있다!)
- 이와 더불어 조직 구성원에게 명확한 역할 기대치와 책임, 표준을 제시하기 위함이다.

(2) 개발적 목적

개발적 목적(developmental purpose)은 구성원 개인에게 직무의 목표를 부여하였다고 하더라도 구성원이 업무 목표를 달성하기 쉽지 않음을 감안하여

개발적 목적(developmental purpose)

- 해당 직무담당자에게 요구되는 역량과
- 목표 달성을 위해 필요로 하는 실무능력을 파악하여
- 그에 상응하는 능력개발을 지원하는 것이다.

즉, 성과관리와 구성원에 대한 개발을 동시에 진행함으로써 구성원과 기업이 함께 성장하는 선순환 구조를 구축하는 데에 그 목적이 있다.

(3) 전략적 목적

가장 거시적인 전략적 목적(strategic purpose)은

전략적 목적(strategic purpose)

- 전사 차원의 전략을 기반으로
- 개인 단위의 업무목표와 조직 내 업무활동 모두를 기업 전략과 연계하여
- 조직 전체의 전략실행력을 높이는 것이다.
- 이외 고성과자들을 평가하고 파악함으로써 차세대 경영자 후보군을 양성하고 최고경영자 승계계획을 수립하는 것이다.

분류해서 설명하긴 하였으나, 성과관리 목적의 가장 중요한 핵심은 조직 구성원의 성과를 측정하고, 더 나은 성과를 만들 수 있도록 지원하여 조직의 목표 달성에 효과적으로 기여하자는 것이다.

그룹토론문제

(1) 성과관리에는 관리적, 개발적, 전략적 목적이 있다. 이중 가장 중요한 측면은 어떤 것일지 생각해 보자.

(2) 직원 개인, 팀 그리고 조직 입장에서 보았을 때 각각 목적이 다른 가치를 가지고 있는지 논의해 보자.

성과: 행동(behavior)인가? 결과(outcome)인가?

성과에 대한 정의와 측정에서 가장 혼동이 되는 부분은 행동을 볼 것이냐 결과를 볼 것이냐 하는 점이다. 실제 성과관리시스템 구축 과정에서 전문가들도 이 부분에서 일관성을 유지하기 매우 힘들다는 어려움을 토로한다. 마케팅 팀에 근무하는 A 대리와 B 대리를 비교해 보자.

A 대리:

제일 일찍 출근, 제일 늦게 퇴근!

동료관계도 좋고, 모임에도 적극적이다.

근데 보고서 작성 지연 및 오류로 민폐, 민폐, x민폐!!

맨~날 앉아서 일하는데 도대체 뭐 한 거니?

B 대리:

책상에 앉아 있는 시간도 별로 없는 것 같고,

동료들과 어울리지도 않고, 모임에 얼굴 한 번 안 보인다.

근데 보고서 제출은 칼! 내용도 손 댈 필요 없이 깔끔하다.

얼굴도 잘 안보이던데 언제 다 한 거야?

누가 고성과자일까?

결과만 놓고 보자면 B 대리가 누가 봐도 고성과자이다.

그런데 이 조직이라는 곳이 사람들이 부대끼며 사는 곳이다 보니 결과가 안 좋아도 지딴엔 잘해보겠다고,
평소 잘 보이려고 노력하는 A 대리의 행동을 외면하기가 쉽지 않다.

Hard Work
Smart Work

Hard Work	Smart Work
그냥 열심히 한다. 질보다 양!	똑똑하게! 양보다는 질!
꾸준~하게 곰처럼!	영리하게 효율적으로 효과적으로 일한다.
계획하기 전에 일단 저지른다.	미리 계획을 다 짜놓고 일을 시작한다.
엄청난 노력에도 결과가 안 나온다.	최소 투입, 최대 효과!
손발이 고생. 고달픈 인생. 가엾다.	머리 써서 편하게 일한다. 얄밉다.

3. 성과관리의 발전

성과에 대한 관심은 산업화 이후 지속되어 왔으나, 기업들이 성과관리라고 부르기 시작한 것은 그리 오래되지 않았다. 1980년대의 세계화, 그리고 초경쟁(hyper competition) 사회로 진입하면서 기업들의 경쟁 우위 확보가 중요한 이슈로 떠오르고, 인적자원관리에도 전략적 접근의 필요성이 커지면서 성과관리라는 구체적인 용어를 사용하게 되었다. 그러나 성과관리라는 용어의 사용을 떠나 성과, 결과물, 생산성 등을 평가한 것은 꽤 오래 전부터이고, 성과지표에 대한 관심이 경영학의 발전을 이끌어 왔다고 할 수 있다.

초경쟁(hyper competition) 사회

3.1 1910년대 테일러리즘 시대

프레드릭 테일러(Frederick Taylor)의 과학적 관리법(scientific management)이 지배하던 시기로 미국의 기술자이며 세계 최초의 경영 컨설턴트로 알려진 테일러는 조직의 운영, 관리에 처음으로 객관적 수치와 데이터를 도입하여 현대경영학과 산업공학의 기초를 마련하였다. 테일러의 관리법을 정리한 『과학적 경영의 원리(The principles of scientific management)』는 20세기 경영에 가장 큰 영향을 미친 도서가 되었다.

과학적 관리법(scientific management)

■ 테일러의 과학적 관리법

테일러는 변호사이자 대부업을 했던 프랭클린 테일러의 아들로 명문사립고등학교를 졸업하고 하버드대학교의 입학시험을 통과. 그러나, 시력 악화로 대학 진학을 포기하고 견습 생산직 기술자로 사회생활을 시작하여, 이후 미드베일 철강의 생산공장을 총괄하는 관리자로 승진한다. 과학적 관리법은 바로 요 시기에 탄생한다.

프레드릭 테일러(1856~1915)

미드베일 철강회사 생산공장의 총괄 책임자가 된 테일러. 이상한 것을 발견한다.

노동자들이 기계를 일부러 작동시키지 않거나 가능하면 일을 하지 않으려고 한다는 것!!

당시 노동자들은 생산한 물건의 숫자만큼 수당을 받는 성과급(piece-rate pay) 방식이었는데 왜 돈을 마다하지?

여기에는 이유가 있다.

일을 열심히 해서 생산량이 늘어날수록 기업에서는 작업단위당 수당을 줄였다는 점이다. 결국 열심히 일할수록 그에 비례해서 수당이 줄면서 결국 수당은 똑같다.

바보가 아닌 이상 이 상황에서 열심히 일할 근로자들은 없다.

성과급이라는 이름 아래 눈 가리고 아웅! 테러를 저지른 관리자들.

차등 임금제도
테일러 시스템

이에 테일러는

• 기존 성과급 제도 대신 **차등 임금제도**를 도입.
• 노동자 한 명이 하루에 생산할 수 있는 생산량을 결정해 기본급여를 지급하고,
• 기준 이상을 생산한 노동자는 **기본급여의 50%**에 해당하는 성과급을 부여했다.
• 노동자 한 명이 하루에 제품을 얼마나 생산할 수 있는지 정확한 기준이 필요했기 때문에 **스톱워치**로 노동자의 업무를 초단위로 계산하는 방식을 채택.
• 이것이 바로 '**테일러 시스템**'!! 과학적 관리론의 시작이다.

이를 기점으로 테일러는 베틀레헴 철강회사 공장의 생산원가절감 프로젝트에 참여한다.

• 선철을 운반하는 노동자들이 정오가 되면 완전히 지쳐버리는 것을 목격한 테일러.
• 슈미트라는 노동자 한 명을 선택하여, 스톱워치로 시간을 재며 일하도록 한다.
• 26분간 운반 작업, 34분 쉬고, 다시 26분간 일하고, 34분 쉬고를 반복.
• 다른 노동자들이 평균 12.5톤을 운반한 반면, 슈미트는 47톤. 세 배가 넘는 양을 운반한다.

과학적 관리론은 원가절감에 관심이 많은 기업가들에게 상당히 매력적이었으나, **노동자들은 이에 큰 반감을 가졌다.** 왜?

→ 아주 비인간적 이론으로 사람을 도구로 해석하고, 더욱 더 합리적이고 과학적 방법으로 부려먹는다는 생각이 들었기 때문. 쥐어짜고 또 짜는 착취 시스템!!

생산성이 낮은 기업들에게도 테일러는 적(enemy)이 되었다. 이건 또 왜?

생산성이 임금의 기준이 되어야 한다고 주장했기 때문.

이게 뭔 소리?

현대도 마찬가지이지만, 당시 기업가·관리자들은 노동자들보다 높은 임금을 받았는데,

→ 기업가·관리자들의 생산성이 떨어지면 노동자들보다 낮은 임금을 받는 것이 마땅하다고 주장했기 때문! 내 밥그릇 건드리는 데 좋아할 인간은 없다!!

현대경영학에 막대한 영향을 미친 테일러의 과학적 관리기법. 그러나…

- 노동자들에게는 스톱워치 들고 쫓아다니며 감시한다고 욕 먹고,
- 기업가들에게는 노동자 편 든다고 욕을 또 바가지로 먹었다.

그럼에도 불구하고, 테일러의 과학적 방법론이 기업경영에 일대 혁신을 가져온 것은 부정할 수 없는 사실이다. 노동자의 나태함에 대한 대응으로 제시한 과학적 과업관리는 생산성의 향상을 불러일으켰고, 이는 원가절감, 매출증대, 기업성장으로 연결되었다. 생산활동의 효율증대와 기업성장은 활발한 경제활동을 초래했고, 대다수의 노동자들도 그 혜택으로 중산층에 진입하며, 미국의 경제적 황금기를 만들어낸 원동력이 되었다.

3.2 1920~30년대 포디즘 시대

미국의 대량생산 경제체제를 상징하는 자동차의 왕 헨리 포드(Henry Ford)가 5%가 아닌 95%를 위한 자동차를 만든다는 목표 하에 컨베이어 벨트 시스템을 통한 대량 생산체제를 구축하여 포디즘(Fordism, 포드주의)이라는 이름으로 생산공정을 세분화하고 생산성을 극대화했다. 이전에 자동차 한 대를 생산하는 데에 12시간 13분이 걸리던 작업을 1시간 33분으로 단축하고 하루 생산량을 25대에서 2,000대로 확대하여 판매했다. 이때 포드가 만든 대표적 상품인 모델T는 당시 미국에서 팔리는 자동차 시장의 60%를 차지하였고, 모델T는 20세기를 대표하는 차가 되었다.

포디즘(Fordism)

출처: 영화 포드 vs. 페라리; 모던 타임즈

그러나 노동자들은 당시 평균임금의 두 배 이상의 급여를 받았음에도 불구하고, 테일러리즘에 입각한 성과평가방식, 그리고 마치 기계의 부품처럼 일하는 포디즘의 노동환경에 대한 불만을 터뜨렸다. 작업 라인에서 일을 하다 기계와 한 몸이 되어 버리는 1936년 영화 『모던 타임즈(Modern Times)』에 나오는 찰리 채플린과 동료들의 모습

을 보면 당시 노동자들이 컨베이어 시스템을 어떻게 평가했는지 잘 반영하고 있다. 인간과 기계의 일체화!

▌ 과학적 관리는 이제 끝?

테일러리즘, 포디즘.

이런 얘기를 들으면 아주 오래 전, 백 년도 더 지난 흑백 영화 시절의 일들처럼 느껴진다.

그럼 이제는 다 지난 얘기일까?

사회학자 조지 리처(George Ritzer)는 『사회의 맥도날드화(The McDonaldization of society)』라는 저서에서 20세기에 이어 21세기에도 예측, 계산 가능성, 통제, 효율성 추구 등의 원리들이 맥도날드와 같은 패스트푸드 체인뿐 아니라 사회 전반에 걸쳐서 나타나고 있다고 주장했다.
여전히 존재하는 과학적 관리의 원칙!

최적화(optimization) 기술

공학의 **최적화(optimization)** 기술은 백 년 전과 비교할 수 없이 고도화되었고, 여기에 디지털 기술까지 접목되면서 작업과정의 효율화와 이에 따른 근로자들의 노동력 활용 극대화는 어쩌면 필연적인 것인지도 모르겠다. 효율화, 생산성 증대, 비용절감! 얘네들은 다 뭐다?

도~~~온!!! 경영자들이 이를 마다할 리가 없다.

아마존의 물류센터(Amazon Fulfillment Centers)에서 작업자들은 초 단위로 행동이 통제된다.

"25초 안에, A 아이템을, B 지점에서 집어서, C 택배박스에 넣으십시오!"

컨베이어에 택배박스는 계속 밀려오고 쉴 틈이 없다. 임무에 세 번 실패하면 징계!!

아마존에서는 직원들에게 평균보다 훨씬 높은 급여를 지급하고, 직원복지에도 신경을 쓴다고 주장한다. 사실 포드에서도 노동자들에게 당시 평균급여의 두 배에 해당하는 급여를 지급했다. 과연 근로자들을 위한 정책이었을까? 돈을 더 주더라도 수익창출에 이 방식이 더 유리하기 때문이 아니었을까?

미래에는 AI(인공지능)까지 가세해서 과학적, 합리적, 체계적으로 작업과정과 인간행동을 통제하는 시대가 올 수도 있다. 인간성이 완전히 배제된 비인간적 현장의 도래. 과거에는 과업과 성과관리가 주로 육체노동에 집중되었다면 미래에는 인간 고유의 영역이라고 여겼던 정신노동에도 적용될 것이다. 찰리 채플린의 시대에 인간이 기계의 한 부분이었다면, 미래에는 인간이 AI의 한 부분이 되는 날이 올지도 모른다.

물론 이런 비극적 디스토피아가 아닌 유토피아적 가능성도 있다.

일은 AI에게 다 시키고, 나는 머리로 지시만!!!

3.3 1950년대 이후 목표에 의한 경영

테일러리즘과 포디즘에 의거하여 고착화된 수요와 공급에 집중하는 관리 기법에 회의를 느낀 피터 드러커(Peter Drucker)는 기업이 근로자의 신뢰와 존경을 기반으로 구축된 공동체가 되어야 함을 주장하며, 1954년 『경영의 실제(The Practice of Management)』라는 저서를 통해 목표에 의한 경영(MBO: Management By Objectives)을 제안한다.

목표에 의한 경영(MBO: Management By Objectives)

목표에 의한 경영 이전의 경영 방식을

후대 경영학자들은

통제에 의한 경영(MBC: Management By Control)이라 부른다.

통제에 의한 경영(MBC: Management By Control)

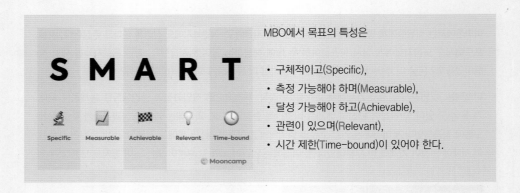

기계적 인간관에서 인간중심의 관점으로 경영의 철학이 옮겨지긴 하였으나 이 때에도 문제는 있었으니,

핵심성과지표(KPI: Key Performance Indicator)

- 중앙집중적으로 수립된 목표가 수직체계를 통해 하달되는 하향식(top-down) 방식이었기에 여전히 포디즘 스타일에서 벗어나지 못했고,
- 핵심성과지표(KPI: Key Performance Indicator)의 숫자에만 집중하였으며,
- 이에 연간, 분기, 월간이라는 기간별 목표 숫자만 만들어 할당하고,
- 실행부서에서는 숫자로 나타나는 결과에만 집중하여 과정을 간과하는 현상이 나타났다.

MBO라는 것이 과거지향적인 결과를 중심으로 재무적 수치에 의해 결정되었기 때문에 미래에 대한 비전과 비재무적 지표는 간과될 수밖에 없었다. 또한, 직원 한 명 한 명에 대해 측정 가능한 목표를 설정하는 데에 걸리는 시간, 평가 기간 내내 목표를 지속적으로 수정해야 하는 등의 문제점이 나타났고, 목표가 연봉 및 보너스 등의 보상과 직접적으로 연결되자 직원들은 달성이 어려운 과제를 의식적으로 피하면서 결과적으로 조직의 동력을 떨어뜨리는 요인이 되었다.

그럼에도 불구하고, 목표설정과 실행을 중심으로 한 MBO는 오늘날까지도 기업들이 성과관리 방법으로 가장 널리 쓰고 있는 방법이다.

성과주의
기여주의

> **■ 성과주의 vs. 기여주의**
>
> 성과주의는 열심히 일을 해서 성과를 낸 사람에게 더 많은 보상을 주는 체계.
>
> 그러나 문제는:

- 단기적 성과달성을 위해 무리하게 연장근무를 할 수도 있고,
- 부서 간 내부 경쟁이 치열해지면서 조직 전체의 효율성을 떨어뜨릴 수 있으며,
- 다른 사람의 성과를 가로챌 여지가 생기고,
- 보여주기 위한 수치적 프로젝트만 늘리며,
- 당장 성과가 줄면 보상도 줄기 때문에 신기술 개발보다는 눈 앞의 생산성에만 집중하여 장기적으로 조직의 성장을 저해할 수 있다는 단점이 있다.

이에 새로 등장한 개념은 기여주의!

획일화된 생산량에 따라 평가하는 성과주의의 단점이 부각되자 얼마만큼이라는 정량적 수치가 아닌 회사의 미션과 조직 전체목표에 어떻게 기여했는지를 평가기준으로 삼는 것.

직원 A와 B가 있다.
A는 한 시간에 10개를 생산하고,
B는 한 시간에 5개를 생산.
성과주의 측면에서 보자면 A가 win!

그런데 B가 신기술을 익혀 한 시간에 20개를 만들 수 있는 데에 기여했다면?
기여주의 측면에서 보자면 B가 win!

출처: https://post.naver.com/viewer/postView.naver?volumeNo=30502373&memberNo=9353678

3.4 1990년대 균형성과표

핵심성과지표인 KPI(Key Performance Indicators)가 중심이 되는 MBO의 문제를 보완하기 위한 많은 시도들이 있었다.

Robert Kaplan   David Norton

하버드대학교의 로버트 캐플런 교수(Robert Kaplan)와 데이비드 노튼(David Norton) 교수는 균형성과표(BSC: Balanced Score Card)를 개발하여 세계적으로 엄청난 유행을 일으켰다.

균형성과표(BSC: Balanced Score Card)

BSC는 기업의 활동을 고객(customer), 프로세스(process), 학습 및 성장(learning & growth), 재무(finance)의 4가지 관점으로 측정하여 균형 잡힌 성장을 이루도록 하는 방법론이다.

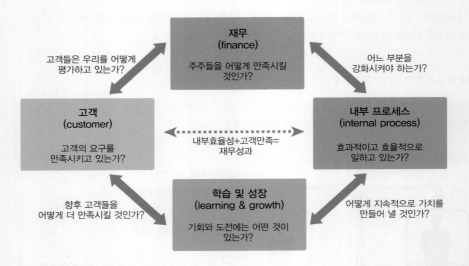

MBO에서는 KPI 숫자만을 목표로 하고 있기 때문에 눈에 보이지 않는 비재무적 부분에 대한 평가가 이루어지지 않았다. 고객과 프로세스 그리고 직원들의 학습과 성장까지 고려하여 균형 있게(Balanced) 점수표(Score Card)를 만들어 성장을 관리하자는 것이 BSC의 핵심 주장이다.

개념의 명확성과 논리력으로 BSC는 큰 반향을 일으켰지만, BSC를 성과관리체계로 성공한 사례는 드물다. 그 원인을 살펴보자면,

- 비전 및 전략이 명확하지 않은 상태에서 BSC를 구축했다는 점,
- BSC를 개인의 성과평가 수단으로 성급하게 연결했다는 점,
- 정보시스템 구축이 BSC의 성공을 보장하지 못했다는 점들이 있다.

이런 실행 상의 오류는 다른 경영시스템의 도입과 마찬가지로, 새로운 체제를 도입만 하면 저절로 실행될 것이라는 착각에 기인한다. 더불어, BSC가 원래 추구하고자 하는 가장 본질적 목적보다는 성과에 따른 평가와 보상이라는 실무적 요구가 우선하는 경우가 많은 탓도 있었다.

조직특성과 장기전략은 고려하지 않은 채 무리하게 사업부와 부서별로 등급을 매기

는 성과평가에 개인평가결과에 따른 금전적 보상이라는 현실적 문제에 치우치게 되는 것이 BSC의 개념과 현실 사이에 존재하는 간극(gap)이다.

■ 합리주의 성과관리가 뭐 어떻다는 거지??

나는 보험영업팀 팀장이다.

이번 회계연도가 앞으로 일주일 후 끝난다. 올해 실적마감과 다음 년도 예산안 검토로 죽기 직전이다. 일 년 중 가장 바쁜 시간이다. 그런데 인사팀에서 전화가 와서 팀원들에 대한 성과평가를 이틀 안에 제출해 달라고 한다. 젠x!! 하필 이렇게 바쁠 때에⋯

출처: Google

"이건 진짜 시간 낭비다⋯" 다들 외근을 하기 때문에 난 팀원들의 활동을 직접 볼 수도 없고, 내가 알고 있는 성 과는 판매 수치에 근거한 것뿐이다. 판매 수치는 팀원 들의 노력보다는 판매 제품의 질과 시장 상황의 영향이 더 크다. 그리고 내가 성과평가를 한다고 해도 팀원들 보상에는 영향을 전혀 못 미친다. 지금 불경기인데다가 급여는 성과보다 연공서열에 의해 결정되기 때문이다.

에잇! 모르겠다!! 그냥 똑같이 잘했다고 해야지!
20분도 안 걸려서 성과평가 다 하고 난 내 할 일로 복귀!!
왜 이런 일이 생길까?

- 오직 6%만이 성과관리 체계가 실질적 성과를 창출한다고 인식하고 있다(Deloitte, 2014).
- 우리 회사의 성과관리 체계를 신뢰하지 않는다(기업 HR 임원 750명 중 58%는 평점 C 이하, World at work & Sibson consulting).
- 직원 성과평가는 회사생활의 불합리성을 상징한다. 매니저와 직원들 모두 성과관리는 시간 소모적이 고, 지나치게 주관적이며, 의욕을 저하시켜 아무에게도 도움이 되지 않는다고 본다(McKinsey Quarterly, 2016).
- 전통적 형태의 연간/반기 성과평가 시스템은 비즈니스의 역동성, 그리고 실질적 변화의 흐름을 반영하 기에 매우 부족하다(Forrester, 2014).
- 현재의 평가 시스템은 공정성과 정확성 여부를 떠나 평가자, 피평가자, 인사팀 모두에게 너무 복잡하고 난 해하다. 낭비되는 시간이 너무 많다(HBR, 2015).

테일러식 합리주의에 따른 계량, 예측, 경쟁, 효율은 비즈니스의 상식으로 오래 통용되어 왔다. 그러나 이런 합리성을 바탕으로 한 기업성과관리체계는 업무 현장에서 다양하고 가변적인 맥락을 읽지 못하는 한계점이 있다.

출처: https://dbr.donga.com/article/view/1201/article_no/8853

3.5 2000년대 목적설정방법론

목적설정방법론(OKR: Objectives and Key Results)

목적설정방법론(OKR: Objectives and Key Results)이 세계적으로 유행을 타기 시작한 건 비교적 최근이지만 이를 앤디 그로브(Andy Grove)가 처음 만든 것은 거의 50년 전이고, 존 도어(John Doerr)가 실리콘밸리 기업들에 적용한 것은 40년 전의 일이다.

intel MBO: iMBO

현대 경영에 지대한 영향을 미친 경영자 중 한 명인

앤디 그로브(Andy Grove)

젊은 시절 피터 드러커의 MBO에 대한 글을 접하고 큰 감동을 받은 후, 1968년 자신이 경영하던 Intel의 성과평가방식을 바꾸고, "intel MBO: iMBO"라 칭했다. 이후 목표(Objectives)와 핵심결과(Key Results)의 앞 글자를 따서 iMBO를 OKR(Objectives and Key Results)이라고 명명했다.

이후 1974년 존 도어(John Doerr)가 인텔에 입사하고 앤디 그로브로부터 OKR을 배우게 된다. 퇴사 후 벤처 투자자로 활동하면서 기업자문과정에서 자신이 인텔에서 배운 OKR을 적극 추천한다.

존 도어의 최고 포트폴리오는 구글(Google)!

1999년 OKR을 처음 도입하여 당시 직원 수 40명에서 현재 직원 수 6만 명이 넘는 세계 최고의 IT 기업이 되었고, 지금까지도 OKR을 사용하고 있다. 구글은 OKR을 모든 직원의 노력을 동일한 방향으로 집중할 수 있는 경영도구로 인정한다. 이후 OKR은 실리콘밸리의 다른 회사들로 퍼졌고, 스포티파이(Spotify), 트위터(Twitter), 링크드인(LinkedIn), 에어비앤비(Airbnb) 등 많은 회사들에서 활용되고 있다. IT 기업 외에도 월마트(Walmart), 타겟(Target), 가디언(The Guardian), 그리고 아이엔지 은행(ING Bank) 등도 OKR을 도입해 성과관리에 적용하고 있다.

OKR은 조직과 개인의 목표를 일치시키는 목표관리 기법으로 조직의 역량을 집중시켜 빠른 속도로 목표달성을 추진하는 데에 그 목적이 있다. MBO가 SMART한 목표설정에 초점을 두었다면 OKR 구조의 핵심은:

- 하나의 목표(O: Objectives)를 여러 개의 중요 달성지표(KR: Key Results)로 분해하는 형식으로
- 목표가 여러 개의 달성지표와 세부과제(tasks, initiatives)로 나뉘는 과정이 조직 전체, 팀, 개인수준에서 연결성을 가지고 일어나 OKR의 과정이 유기적으로 진행된다.

세부과제(tasks, initiatives)

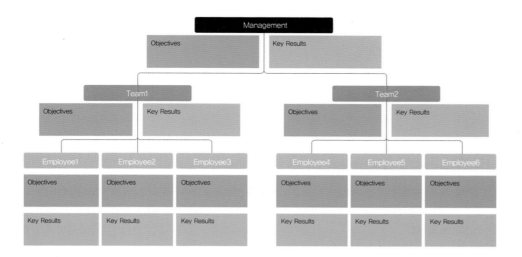

■ OKR(Objectives and Key Results) 사례

목표와 핵심결과.

말은 간단한데 기업에서 어떻게 실제로 활용되는지 예시를 통해 살펴보자.

OKR의 핵심은 **어떻게 측정될 것인가**(as measured by)!!

측정이 없으면 목표는 허상에 불과하고 모든 것이 그저 바램으로 끝난다. 존 도어의 공식은 OKR의 구조를 설명하는 가장 좋은 방법으로,

목표공식(Goal Formula):

I will (Objective) **as measured by** (this set of Key Results).
나는 특정목표 XXX을(를) 어떤 방식 XXX로 측정하겠다.

- **목표**(objectives)는 달성하고자 하는 바에 대한 명확한 서술로 목표는 반드시 간결하고, 고무적으로 팀에게 확실한 동기부여를 해야 한다.

핵심결과(key results)

- **핵심결과(key results)**는 목표를 성취하기 위한 일련의 활동들에 대한 진척상황을 확인하는 것으로 **각 목표에 대해 2~5개까지의 핵심결과**를 제시하여야 한다. 지나치게 많은 결과를 늘어놓으면 아무도 기억하지 못한다. **핵심만!!**

예시 1)

목표: "고객에게 근사한 경험을 만들어주기(Create an Awesome Customer Experience)"

듣기엔 좋은데 경험이 근사했는지 어떻게 알 수 있냐가 문제이다.

OKR에서 중요한 것은 뭐다??

"측정이 없다면, 목표도 없다!!"

고객들에게 근사한 경험을 준다면 그걸 어떻게 측정해야 할지 생각해보자. 그래서 필요한 것이 핵심결과이다.

순고객추천지수(NPS: Net Promoter Score)

재구매율(repurchase rate)

순고객추천지수(NPS: Net Promoter Score)와 **재구매율(repurchase rate)**은 두 가지 유용한 옵션이다. 고객들이 좋은 경험을 하면 다른 사람들에게 추천을 하고 재구매를 할 것이다.

그러나 이 두 가지로만 측정하는 것에는 오류가 있다. 어떤 비용을 들여서라도 고객들을 행복하게 만들면 끝이 아니다. 고객확보비용을 고려해야 한다. 즉, 비용을 통제한 상태에서 고객들을 행복하게 만들고 싶다는 것이 목표이다.

따라서 OKR의 완벽한 예시는:

- **목표**: 고객에게 근사한 경험을 만들어 주기
- **핵심결과**:
  - 순고객추천지수(NPS: Net Promoter Score) X에서 Y로 증가
  - 재구매율 X에서 Y로 증가
  - 고객확보비용 Y 수준 유지

예를 하나 더 들어보자.

예시 2)

자, 이제 우리 팀은 자사의 온라인 서비스를 이용하는 고객들을 더 확보하고 싶다. 그래서,

- **목표**: 고객을 즐겁게 만들기
- **핵심결과**:
  - 구매취소율 X%에서 Y%로 감소
  - 고객의 매주 방문 숫자 X에서 Y로 증가

– 프로파일 완성도 X에서 Y로 증가

핵심결과는 OKR을 완성시키는 중요한 지표로 고객을 만족시키거나 행복하게 한다. '즐겁게 한다'라는 같은 목표를 지향하더라도 각 팀은 서로 다른 핵심결과를 제시할 수 있다.

목표관리기법에는 이처럼 다양한 종류가 있고 시대상황에 맞추어 조금씩 변화하면서 발전해왔다. 혼동을 일으킬 수 있는 개념은 KPI(Key Performance Indicators), MBO, 그리고 OKR.

세 개념의 차이점을 살펴보자.

	OKR	MBO	KPI
목적	목표 달성 뿐만 아니라 달성 과정을 통해 조직과 개인 모두의 성장이 목적	보수와 승진을 결정 짓는 요소로 목표 달성이 최우선	프로젝트의 목표 달성 목적으로 후차적인 보고용 지표 성향이 강함
운영주기	분기별	1년 또는 6개월	프로젝트별로 상이함
피드백 빈도	매주(연 100회 이상의 많은 피드백 빈도를 갖는다)	1년 또는 6개월	매주 또는 매월 (프로젝트별로 상이함)
공유 범위	기업의 모든 직원(전사)	팀장과 팀원	프로젝트 멤버
목표 달성 가능수준	60~70%	100%	100%

요약하자면:

- OKR은 조직과 개인의 목표를 일치시키는 전사적 목표관리 기법으로 목표를 몇 가지의 중요한 핵심결과로 분해하여 목표를 구체적으로 설정하여, 조직의 힘을 집중하고 직원의 의욕을 향상시켜 목표달성을 추진한다.

- MBO는 목표에 의한 관리를 의미하며, 조직의 목표와 개인의 목표를 통합하여 기업성과를 향상시키려는 관리기법으로 개별 구성원에 초점을 둔 성과평가 기법으로 많이 사용되며, 목표와 결과의 명확성으로 관리자와 직원의 합의를 얻을 수 있는 장점이 있다.

핵심목표지표(KGI: Key Goal Indicator)

- KPI는 핵심 성과지표로, 최종 목표인 핵심목표지표(KGI: Key Goal Indicator)를 달성하기 위한 중간지표이다. 목표를 달성하기 위한 필수적인 과정을 측정하며, 정량적인 지표에 초점을 맞춘다.

개인성과를 평가하는 MBO의 경우 일년에 한두 번 성과리뷰를 하면서 피드백을 실시하는 반면, OKR은 매주 피드백을 실시하고, KPI도 비교적 빈번한 피드백을 실시한다. 피드백이란 수립한 목표의 진척상황을 상사와 부하 사이에서 확인하는 면담을 말한다.

MBO에서는 일반적으로 '중간 피드백'이나 '성과리뷰 면담'이라고 불리는 경우가 많고, OKR과 KPI에서는 1 on 1 면담을 통해서 목표의 진척상황을 상시 확인한다.

결론적으로, OKR의 가장 큰 특징은:
- 다른 방법에 비해 피드백의 빈도가 잦다는 것. 그래서, 장기적으로 방향성을 잃지 않고, 환경과 상황에 유연하게 대처하기 위해 가장 중요한 일에 집중할 수 있다는 것이고,
- 전사적 차원에서 조직 내 전 구성원이 모두가 같은 방향을 바라보고 움직인다는 것이며,
- 기업 내에서 일어나는 모든 일이 투명하게 공유되어 누구든지 서로에 대한 업무 진행상황과 결과를 확인할 수 있다는 것이다.

따라서 서로에 대한 신뢰가 구축될 수 있는 장점이 있고, 직원 개개인의 전문성을 서로 인정해 주는 조직문화가 자리 잡을 수 있게 된다.

목표관리기법에는 다양한 종류가 있고 여기서 소개한 3가지 기법 간에도 다양한 차이가 있다. 당연한 소리이지만 절대적으로 좋기만한 방법은 존재하지 않는다. 각 기법의 특징을 정확히 이해하고 자사에 가장 적합한 기법을 활용하는 것이 중요하다. 현실에서는 이들 기법들이 명확하게 구분되지 않고, 각 특성이 혼용되면서 성과관리가 설계되고 실행되는 경우가 많다.

■ **성과관리는 성과를 정말 향상시킬까?**

성과관리와 성과향상과의 관계

이 관계에 의문을 제기하고 성과관리체계를 재설계하는 기업이 점점 늘고 있다. 그 이유인 즉슨 성과관리가 오히려 업무 효율과 생산성을 떨어뜨린다는 불만 때문. 테일러도 기존의 성과급이 오히려 노동자들의

의욕 저하와 태업을 가져온다는 점에 착안하여 차별성과급 제도를 도입하였다.

무엇이 문제인지 살펴보자.

> "일반직원 뿐 아니라 관리자, 인력관리부서 모두 과도한 목표와 사후평가,
> 연중 행사가 된 등급 상정과 평가에 의문을 제기하고 있다."

> "관리를 위한 관리가 되어 버렸다.
> 성과를 높이려고 만든 제도인데 오히려 성과를 갉아먹는다."

성과관리를 엄격히 하는 조직일수록 성과의 면밀한 측정을 강조하여 많은 에너지를 쏟는다. 목표수립-중간점검-평가-피드백 과정에 상당량의 부가 업무가 발생하며, 낭비하는 자원이 많아지고 비효율성이 증가하는 웃픈 상황 발생!

 딜로이트(Deloitte)는 성과관리체계를 재설계하면서 기존의 성과관리 절차상 얼마나 많은 자원이 투입되었는지 조사했다. 그리고 65,000명의 임직원이 연간 약 200만 시간을 성과관리 문서작성과 회의에 사용하고 있다는 것을 알게 된다.

이에 딜로이트는 단계적 목표 설정, 1년에 한 번씩 하는 종합 평가, 360도 평가 등을 모두 없애고 기존의 성과관리 방식과 보상결정을 분리한다. 대신 분기마다 혹은 프로젝트마다 개인의 '퍼포먼스 스냅샷(performance snapshot)'을 통해 개선된 평가지표를 제공하고, 관리자들로 하여금 주간 점검을 통해 지속적 성과 창출이 가능하도록 만드는 시스템을 구축하였다.

출처: https://www.e-hcg.com/bbs/board.php?bo_table=gallery&wr_id=130&page=3

4. 애자일 성과관리

기업경영과 늘 붙어다니는 성과관리. 다양한 기법을 거쳐 최근에는 애자일 성과관리가 주목을 받고 있다. 애자일(Agile)의 사전적 용어는 날렵하다, 민첩하다는 의미로 애자일 성과관리(Agile performance management)는 소프트웨어 개발 영역의 애자일 방법론에서 비롯되었다. 애자일 방법론은 시장 변화가 빠른 IT 시장에서 변화에 유연한 소프트웨어 개발을 위해 고안된 개념이다.

   기존 소프트웨어 개발이 '요구분석-프로그램 설계-코딩-테스팅-유지보수'라는 폭포수(waterfall) 방법으로 단선적 프로세스로 진행되었다면, 애자일 방법론은 '기획-검

애자일 성과관리(Agile performance management)

토'의 개발 단위를 여러 차례 반복함으로써 소프트웨어의 완성도를 높여 가는 방법이다.

애자일의 핵심은 협력과 피드백으로 "짧은 주기로 실제 작동 가능한 결과물을 만들고 보여주면서 지속적으로 수정·보완하는 협업 과정"이다.

2001년 켄트 벡(Kent Beck)을 포함한 소프트웨어 개발자 17명이 미국 유타의 한 리조트에서 모여서 애자일 방법론 선언을 발표한 이후, 비영리 조직 애자일연합(Agile Alliance)에 의해 개발 원칙들이 관리되고 있는데 당시 이들의 주요 선언을 보면:

- 절차와 도구를 넘어선 개성과 화합
- 문서화를 넘어선 실제 작동하는 소프트웨어를 개발
- 계약과 협상을 넘어선 고객과의 협력
- 계획 이행을 넘어선 변화에 대한 신속한 대응에 가치를 두고 있다.

애자일 성과관리의 특징은:

- 상대평가 시스템의 폐지
- 인센티브를 통한 외적 동기부여의 한계 인정
- 피드백의 중요성 강조
- 애자일 작동문화를 기초로 한 리더십 배양
- 인앤 아웃, 성장 마인드셋 강조이다.

위 특성들을 하나씩 살펴보자.

(1) 상대평가 시스템 폐지

스택랭킹, 랭크 앤 앵크 등으로 불리는 상대평가 시스템은 구성원 성과를 강제 서열화하고 차별적으로 관리한다는 기조를 가지고 있다. 구성원 성과를 정확하게 측정하는 것이 가능하다는 테일러식 합리주의에 경제학의 파레토 법칙과 수학의 정규분포 아이디어가 덧입혀져 있다.

> **여기서 잠깐!!**
>
> 스택랭킹(stack ranking):
> 평가점수를 기준으로 층을 쌓듯 구성원들을 서열화하는 것으로 GE의 전 CEO 잭 웰치가 고안해낸 상대평

스택랭킹(stack ranking)

가 제도. 임직원을 상위 20%, 중간 70%, 하위 10%로 나누는 평가방식으로 상위 20%에게는 보너스와 스톡옵션, 승진 등의 보상을 제공하고 저성과자들에게는 경쟁심리를 자극해 성과를 창출하도록 동기부여하는 방식.

랭크 앤 얭크(rank and yank):

매년 구성원 평가에서 동료들과 비교하여 상대등급을 매기는 성과평가를 **강제배분**(forced distribution) 방식의 평가제도를 비난하는 사람들이 일컫는 용어로 "등급을 매겨 쫓아내기"라는 뜻.

랭크 앤 얭크(rank and yank)
강제배분(forced distribution)

그러나 이 시스템의 가장 큰 문제는 내부 구성원 간의 과도한 경쟁으로 협업과 팀워크 구축을 방해하여 외부경쟁 환경에 대한 대응력이 떨어진다는 점이다. 직무 간 융합이 어느 때보다 강조되는 오늘 날 벨 커브(bell curve)에 따른 스택랭킹 체계는 오히려 구성원 간의 과도한 긴장과 갈등을 유발하여 조직생산성과 몰입을 떨어뜨리는 것으로 나타났다.

■ Bye~ 상대평가!!

GE의 잭 웰치(Jack Welch, 1935~2020)가 1981년 도입한 상대평가제도로 하위 10% 저성과자에게 퇴출을 권고하는 10% 룰(10% rule)은 엄격한 상대평가제도로 유명했다. 잭 웰치의 재임 기간 동안 GE는 기업가치가 무려 40배나 성장했고, 이 제도는 많은 기업의 벤치마킹 대상이 되기도 했다.

그러나 10% 룰은 이후 '파괴적이고 야만적인 제도'라는 여론이 들끓었고, 디지털 시대에 맞지 않는다는 판단 하에 2015년 10% 룰을 폐기하고, 상시 상호 피드백 중심의 PD@GE(Performance Development at GE)를 도입했다. 도입 이후 상명하복 문화가 사라지고 수평적이고 자유로운 분위기로 바뀌어 자연스럽게 협업이 늘고, 참신한 아이디어를 발굴할 수 있게 되었다고 평가되고 있다.

마이크로소프트(Microsoft)는 2006년 스택 랭킹(stack ranking)으로 잘 알려진 상대평가제도를 도입했다. 직원들을 정해진 비율에 따라 1~5등급으로 나누어 최하등급 직원들을 쫓아내었고, 이후 협업 문화에 큰 타격을 받았다.

스티브 발머(Steve Ballmer) 회장 시절
대부분의 임직원들이
"구글이 시장과 경쟁하는 동안 마이크로소프트는 내부 전쟁
과 경쟁문화에 빠져 회사가 붕괴되고 있다."
며 불만을 토로했다.

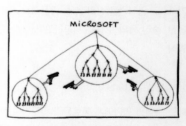

출처: https://dbr.donga.com/article/view/1201/article_no/8853

구글, 애플, 페이스북 등 급격히 성장하는 외부 경쟁자와 경쟁하기보다 내부 경쟁에 몰두했던 마이크로소
프트. 상대평가에서 손해를 입지 않기 위해 우수한 직원과 함께 일하는 것을 기피하기도 했다. 이러다 보
니 고성과자는 누구도 어울려 주지 않는 왕따!가 되었다. 성과관리를 위해 적용했던 스택랭킹이 '마이크로
소프트의 잃어버린 10년'의 주요 원인으로 손꼽히면서, 마이크로소프트는 결국 2013년 스택랭킹제도를 폐지
한다.

출처: https://www.e-hcg.com/bbs/board.php?bo_table=gallery&wr_id=130&page=3

상대평가의 또 다른 함정은 인간특성과 행동의 정규분포에 대한 가설이다. 엄청 특
출난 10~20%, 그냥 저냥한 60~70%, 사고만 치지 않으면 다행인 10~20%라는 상/
중/하의 비율에 대한 보편적 관점. 그러나 이게 현실과는 차이가 있다.

■ 상대평가와 벨커브의 진실

벨커브(bell curve)

스택랭킹의 기준은 정규분포를 이루는 벨커브(bell curve)이다.

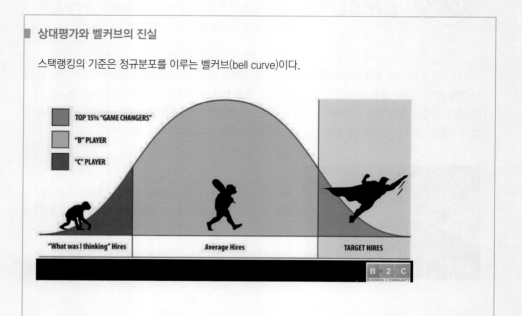

두뇌집단 20%, 중간집단 70%, 꼬리집단 10%.

가운데 70%를 차지하고 있는 중간집단자들의 경쟁심리를 이용하여 그들을 상위 20%로 올리겠다는 취지!

문제는 현실에서는 이러한 벨커브, 정규분포가정이 나타나는 것이 아니라 긴 **꼬리 형태의 멱함수(power law)**가 나타난다는 것이다. 멱함수는 분포가 중앙값에 몰려서 가운데가 올라간 정규분포형태가 아닌 아주 극소수에서 거대한 값들이 나오는 경우를 말한다.

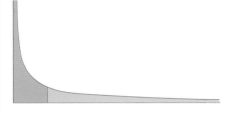

조직성과를 이끄는 구성원은 상위 20%가 아니라 좌측 초록색으로 표시되는 극소수의 **몇 명**. 그들이 창출하는 성과가 정규분포에서 예측하는 것보다 기여도가 훨씬 높다는 것이다.

예를 들어, 영업 1팀과 영업 2팀의 성과를 비교했을 때,

- 영업 1팀 10명:
  실적 100% 중 고성과자 2명이 30%, 중간 7명이 70%, 저성과자 1명이 0%(정규분포)

- 영업 2팀 10명:
  실적 100% 중 고성과자 2명이 80%, 나머지 8명이 20%(멱함수)

현실에서는 영업 1팀보다 영업 2팀 사례가 더 많다.

이것이 바로 **파레토 법칙(Pareto principle; 80대 20법칙)**!

소수성과자 법칙이라고도 불리운다.

파레토 법칙(Pareto principle)
소수성과자 법칙

맥킨지(McKinsey & Company) 2016년도 성과관리 보고서는:

- 초고성과자를 제대로 보상하고 관리할 것과,
- 이외 구성원들에 대해서는 강제적 우열분류보다 성과창출을 독려하기 위한 **성과개발(performance development)**에 인적자원관리의 초점을 둘 것을 건의하고 있다.

성과개발(performance development)

출처: https://dbr.donga.com/article/view/1201/article_no/8853

(2) 인센티브를 통한 외적 동기부여의 한계 인정

또 다른 이슈는 금전적 보상차별화와 경쟁강화가 성과를 촉진하고 동기부여의 원천으로 작동할 것인가의 문제이다. 물론 회사에 재능기부를 하러 나오는 것이 아닌 이상

인적자원관리에서 보상은 필수사항이다. 그러나 최신 연구에 따르면 금전적 보상이 단순하고 기계적 업무에는 생산성 향상에 도움이 되지만, 복잡한 사고와 문제해결을 요구하는 업무에서는 오히려 방해요소가 된다고 한다.

■ 금전적 인센티브 실험

듀크대학(Duke University) 행동경제학과
댄 애리얼리(Dan Ariely) 교수의 실험.

참여자들을 두 그룹으로 나눈다.
A 그룹에는 300달러, B 그룹에는 30달러의 인센티브를 건다.

실험 1:
- **미션**: 키보드에서 두 개의 키를 4분 동안 눌러 많이 입력하는 것
- **결과**: 더 많은 금액을 받는 A 그룹 학생들이 더 많이 누름

실험 2:
- **미션**: 수학 문제 풀기
- **결과**: 높은 인센티브를 지급한 A 그룹 성과가 B 그룹 대비 32% 낮아짐

실험 3:
- **미션**: 간단한 단어구성놀이(word scramble)로 그 모습을 다른 학생들이 지켜보게 함
- **결과**: 아무도 지켜보지 않을 때에 비해 성과가 50% 낮아짐

댄 애리얼리(Dan Ariely) 교수의 결론:
- 실험 1에서 보상을 받은 학생들은 실험 2에서도 보상을 원했고, 그 결과 **주의가 상금에 치우치면서 경제적 압박이 생기고 집중 결여 발생**, 그 결과 성과가 낮아짐
- 실험 3에서 **남들이 보고 있으니 정서적 압박감을 느끼고 성과가 더 낮아짐**

주의분산효과(distraction effect)

→ 결국 경제적 혹은 사회적 압박감이 주의와 정신력을 분산시키면서 업무에 집중을 못하고 성과가 낮아진 것인데 이를 **주의분산효과**(distraction effect)라고 한다.

출처: https://dbr.donga.com/article/view/1201/article_no/8853

그룹토론문제

(1) 댄 애리얼리(Dan Ariely) 교수의 실험 결과에 대한 해석에 동의하는가?

(2) 동의한다면 혹은 동의하지 않는다면 왜 그런지 그 이유를 논의해 보자. 혹은 어떤 다른 설명이 가능할까?

(3) 피드백의 중요성(all that feedback)

기존 성과관리체계가 결과를 정의하고, 계량적으로 측정하고 분석하여 정확한 평가를 한다는 것에 초점을 두고 있다면 애자일 방식은 불완전성에 초점을 두고 있다. 성과관리가 아무리 체계화되고 세분화되더라도 성과평가라는 것 자체가 정성적이며 불확실성을 내포하고 있다는 것을 인정하는 것이다.

피드백은
- 목표를 구체화시킬 뿐 아니라
- 측정된 지표를 주기적으로 확인하여,
- 목표달성의 여부를 타진하고,
- 목표달성이 어렵다면 대안이나 해결책은 어떤 것이 있는지,
- 어떤 도움이 필요한지 체크하여,
- 목표달성을 향해 궤도 수정을 하고 최적의 해결책을 찾는 것을 지향한다.

이와 더불어, 서로 피드백을 주고받으며 구성원들 간 서로 독려하는 과정에서 불확실성과 불완전성 그리고 결과의 공정성을 미리 보완하여 수용도를 높인다.

■ Swing Tree Meme

자, 그 유명한 고전 'swing tree meme'을 통해 폭포수 방법과 애자일 방법을 비교해 보자.

앞의 그림은 프로젝트의 진행 상황을 표현한 그림이다.

1. **고객 요구**: 나무에 그네를 달고 놀면 좋을 것 같아요. 3단 그네도 재미있을 것 같고요.

2. **프로젝트 리더의 이해**: 3단이면 그네를 못 타지. 무난하게 1단. 그리고 균형이 맞아야 하니까 나뭇가지는 두 개로.

3. **애널리스트의 디자인**: 나무통에 막히면 그네를 못 타잖아. 그러면 나무 통 가운데를 잘라내고 양쪽에 기둥을 받치면 되겠네! Perfect!!

4. **프로그래머의 코드**: 나무에 그네를 묶어 놓기만 하면 되는 거지?(나무 따로, 바닥에 널부러진 그네 따로)

5. **영업맨의 약속**: 아직 보지는 못했지만, 그네가 진짜 끝내주게 잘 나올 겁니다. 뭐 소파같이 푹신하게.

6. **프로젝트 서류**: nothing! 무슨 situation??

7. **실제 운용**: 나무에 줄만 하나 달랑 묶어 놓음

8. **고객에의 청구**: 롤러코스터 하나는 지은 듯 어마무시한 청구액

9. **제공받은 제품**: 꼴랑 나무 둥지 하나

10. **실제 고객이 필요했던 것은**: 나무에 묶어놓은 그네용 타이어

이런 어처구니없는 상황이 벌어진 것은 누구 때문일까?

- 정확하게 요구사항을 표현하지 않은 고객?
- 잘못된 분석을 한 분석가?
- 엄하게 설계한 설계자?
- 이상하게 구현한 개발자?
- 아님 확인도 없이 뻐꾸기 날린 영업사원?

중간중간 만들어진 결과물을 통해 고객이 실제 원하는 것이 무엇인지 의사소통을 통해 확인하고 피드백을 받아 수정 과정을 거쳤다면 이렇게 터무니없는 결과가 나오지는 않았을 것이다.

폭포수(waterfall) 방법
폭포수(waterfall) 방법

폭포수(waterfall) 방법은 처음 계획단계에서 첫 시작과 마지막 고객에 대한 서비스 과정까지 모든 것을 한 번에 기획한다. 일정에 맞춘 단계별 진행. 중간에 뭔가 의사소통이 제대로 되지 않아도 일단 마감을 향해 달린다. 그러다가 막판에 대형 사고!! 수습 불가!!

애자일(Agile) 방법
애자일(Agile) 방법

애자일(Agile) 방법은 짧은 주기를 바탕으로 고객에게 빠른 서비스를 제공하고 계속 수정하면서 진행한다. 따라서 문제가 생기면 바로 피드백을 통해 서로 소통하고 문제를 해결할 수 있다.

결론: 폭포수 방법은 중간에 오류가 생겨도 문제를 파악하고 변경하기가 쉽지 않다. 반면 애자일 방법을 쓰면 중간중간 피드백과 수정이 가능하다.

CHAPTER 08 성과관리 **295**

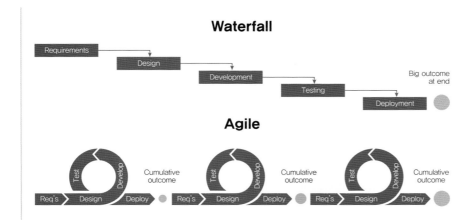

그래서 대세는 폭포수에서 애자일로의 전환이다.

그러나!!!

요게 요게 쉽지가 않다. 왜??

- 한번 만들고 수정을 자꾸 하면 비용이 상승한다.
- 짧은 주기로 일정을 짜고, 덜 완성된, 불확실한 상태로 일을 해야 한다.
- 서로 다른 직군과 공정 사이에서 기존보다 훨~~씬 많은 소통이 필요하다.
- 조직 내의 합의가 필요하기 때문에 문화가 이를 받쳐주어야 한다.
- 예전보다 더 어렵고 불편한 방법을 써야 하는 의구심이 들며, 과거의 익숙한 방식으로 회귀하려는 성향을 보인다.

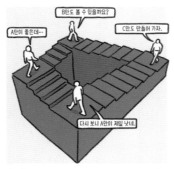

애자일 방법이 성공하기 위해서는 담당자가 애착을 가지기 전에 빨리 공유하고 피드백하는 것이 중요하다.

자기 것에만 몰두하면 애착이 생기고 변화가 생기는 것을 꺼려 한다. 구체화하기 전 공유를 하면서 내 것이 아닌 "우리의 것"을 만들어야 한다.

출처: https://svprojectmanagement.com/from-waterfall-to-agile-making-the-process-match-the-way-people-really-work

(4) 애자일 문화를 기초로 한 리더십 배양

조직 건강도를 증진시키고자 할 때에, 특정 제도 개선 혹은 교육 등의 단편적 접근으로 이를 이루기가 쉽지 않다. 조직건강이 조직 전체의 문화관리를 통한 총체적 접근을 요구하듯이, 애자일로의 전환도 조직문화가 상호 협조적이고 학습을 권장하는 분위기가 우선 조성되어야 애자일에 기반한 성과관리의 적용이 가능하다.

애자일이라는 용어는 슈나이더(Schneider)의 조직문화 모델에도 언급된 바 있다.

슈나이더(Schneider)의 조직문화 모델

애자일문화(Agile Culture)

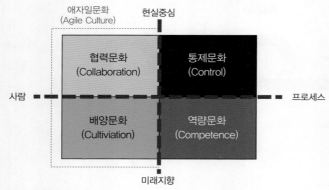

애자일문화
(Agile Culture)

현실중심

| 협력문화
(Collaboration) | 통제문화
(Control) |
| 배양문화
(Cultiviation) | 역량문화
(Competence) |

사람   프로세스

미래지향

출처: Schneider, 2014

애자일 성과관리에 적합한 조직은 비공식적이지만 참여적인 방법으로 의사결정을 내리고, 사람과 맥락에 초점을 두어 협력 및 배양을 중시하는, 자유와 책임의 문화를 가진 조직이다.

통제 및 권한문화에서 피드백만 늘린다면 구성원 입장에서는 오히려 그 시간들이 고통스럽게 느껴질 것이다. 의사소통은 내용, 태도, 표현 방식에 있어서 높은 수준의 상호 배려와 이해, 그리고 예의가 필요하다.

(5) 인 앤 아웃, 성장 마인드셋 강조

애자일 조직문화와 성과관리가 가지고 있는 특징을 보면 높은 수준의 직무전문성과 개인 역량을 전제하고, 또 요구하고 있음을 알 수 있다. 직원들의 직무전문성에 조직의 민첩함과 빠른 의사결정, 유연성을 요구한다.

소프트 스킬(soft skill)

또한, 인격적 성숙함에 기반한 의사소통과 조율 능력 등과 같은 소프트 스킬(soft skill)이 애자일 성과관리를 성공적으로 이끄는 중요한 요인으로 작용한다. 애자일 관리는 구성원 모두가 조직이 추구하는 가치규범에 부합하는 자질을 가진 좋은 동료들이라는 것을 가정하기 때문에 인적역량의 편차가 커지는 것을 조직의 위험신호로 받아들인다.

어떤 사람을 채용하고 배제하는가의 문제는 조직문화와 가치관이 드러나는 가장 중요한 잣대이다. 조직의 가치는 천차만별로 인 앤 아웃(In & Out)의 기준은 회사마다 다르다. 최근 기업 채용에 있어서 초점을 맞추어야 할 보편적 특성의 하나로 '성장 마인드셋(growth mindset)'을 꼽는다. 성과는 타고난 재능에 의해 결정되는 것이 아니라 후천적 노력에 의거한다는 마인드셋으로 개인의 성장과 타인과의 협력을 지향한다.

성장 마인드셋(growth mindset)

■ 고정 마인드셋 vs. 성장 마인드셋

마인드셋은 스스로 어떤 관점을 택하느냐에 따라 자신이 되고 싶은 사람이 될 수 있는지와 인생의 가치를 실현할 수 있는지를 결정하는 힘을 갖게 해준다.

출처: Google

	고정 마인드셋(Fixed Mindset)	성장 마인드셋(Growth Mindset)
기본 가정	지능은 정해져 있다.	지능은 성장 가능하다.
욕구	똑똑해 보이고 싶다.	더 많이 배우고 싶다.
도전	도전 회피	도전 수용
역경	쉽게 포기	앞서 싸움
노력	중요하지 않음	인생을 위한 도구로 느낌
비판	무시한다.	비판에서 배운다.
남의 성공	위협을 느낌	교육과 영감
결과	현재 수준에 정체되고 잠재력을 발휘하지 못함	잠재력을 발휘해 최고의 성과를 냄

고정 마인드셋(Fixed Mindset)

마인드셋을 강조하는 학자들은 "세상은 강자와 약자로 나뉘는 것이 아니라 배우려는 자와 배우지 않는 자"로 나뉘는 것이라고 주장한다.

고정 마인드셋의 소유자라고 성장을 하지 않는 것은 아니다. 문제는 너무 어려운 상황에 부딪히거나 재능이 부족하다는 것을 느낄 때 쉽게 흥미를 잃고 그만 두는 데에 있다. 성장보다는 성공이 중요하기 때문에 실패의 확률이 높은 일은 아예 시작하지도 않는다. 자신의 우월성을 증명하는 데에 도움이 되지 않을 뿐더러 실패자라고 낙인 찍히고 싶지 않기 때문이다.

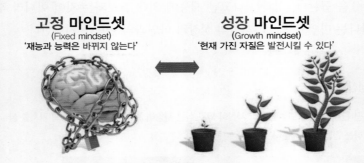

고정 마인드셋
(Fixed mindset)
'재능과 능력은 바뀌지 않는다'

성장 마인드셋
(Growth mindset)
'현재 가진 자질은 발전시킬 수 있다'

출처: https://m.blog.naver.com/mitox/221815241600

그렇다면 성장 마인드셋을 가진 사람은 실패를 해도 아무렇지도 않은가?

멘탈 갑? 그건 아니다. 실패는 누구에게나 아프다.

그러나 성장 마인드셋을 가진 사람은 실패를 통해 무엇인가를 배울 수 있는 기회로 삼는다.

고정 마인드셋은 성취, 경쟁, 압박, 인센티브 등을 주요 골조로 삼았던 지금까지의 경영 시스템과 상당히 부합한다. 이에 반해 **성장 마인드셋은 애자일 성과관리**와 일맥상통한다.

지금까지 성과관리의 개념, 의의, 발전, 다양한 성과관리기법을 살펴보았다. 성과관리시스템은 성과표준 수용도뿐 아니라 조직의 문화적 차이에도 민감해야 한다. 또한, 보상에 대한 개인의 선호도를 고려하여 직원의 가치에 맞는 방식으로 직원의 기여를 보상하고 인정해야 한다. 전사적 관점에서는 기업가치, 윤리적 행동 및 비업무적 측면에 대한 기여도 역시 성과관리 시스템에 통합되는 것이 합당하다.

핵 심 용 어

- 성과관리
- 관리적, 개발적, 전략적 목적
- 테일러리즘(Taylorism)
- 차등임금제도
- 포디즘(Fordism)
- 목표에 의한 경영(MBO: Management By Objectives)
- SMART 목표
- 핵심성과지표(KPI: Key Performance Indicator)
- 과거지향적 결과
- 재무적 수치
- 균형성과표(BSC: Balanced Score Card)
- 고객(customer)
- 프로세스(process)

- 학습 및 성장(learning & growth)
- 재무(finance)
- 성과주의 vs. 기여주의
- 목적설정방법론(OKR: Objectives and Key Results)
- iMBO
- 목표공식(Goal Formula)
- 애자일 성과관리(Agile performance management)
- 스택랭킹(stack ranking)
- 랭크 앤 앵크(rank and yank)
- 슈나이더(Schneider)의 조직문화 모델
- 성장 마인드셋(growth mindset)

연 습 문 제

01 성과관리의 정의는 무엇인가?

02 성과관리의 관리적, 개발적, 전략적 목적에 대해 설명하라.

03 목표에 의한 경영(MBO: Management by Objectives)의 개념을 설명하라.

04 MBO에서 목표의 특성을 간략히 논하라.

05 균형성과표(BSC: Balanced Score Card)를 주요기업 활동으로 설명하라.

06 OKR(Objectives and Key Results)의 개념과 진행과정을 설명하라.

07 KPI(Key Performance Indicators)에 대해서 설명하라.

08 애자일 성과관리(Agile performance management)의 핵심개념에 대해서 설명하라.

09 스택랭킹(stack ranking)과 랭크 앤 앵크(rank and yank)의 개념을 설명하라.

09

보상관리

학습목표

- 보상과 보상관리의 개념에 대해서 설명할 수 있어야 한다.

- 보상의 의의에 대해서 이해해야 한다.

- 보상의 각 유형과 장단점을 이해해야 한다.

- 다양한 보상이론을 설명할 수 있어야 한다.

1. 보상과 보상관리의 개념

보상(compensation)

보상(compensation)은 조직과 구성원의 교환관계에서 가장 구체적인 방식으로 개인의 공헌에 대하여 재무적 그리고 비재무적 혜택을 제공하는 체계이다. 이러한 보상의 체계는 기업 경쟁력의 중요한 요소이며, 구성원의 입장에서도 동기부여, 직업만족도, 더 나아가 삶의 질을 결정하는 중요한 요소이다.

출처: https://www.aihr.com/blog/types-of-compensation/

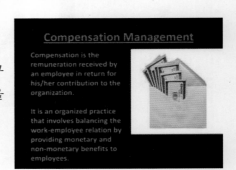

보상관리(compensation management)

보상관리(compensation management)는 구성원들의 적정수준에서의 임금 및 복지혜택을 관리, 분석, 결정하는 일련의 프로세스이다.

ChatGPT 보상이란?

보상은 노동에 대한 교환으로 근로자들이 받는 금전적 그리고 비금전적 혜택들(perks) 모두를 포함한 패키지이다. 고용인(employer)과 피고용인(employee) 간 관계에서 근로자들을 확보하고, 유지하고 동기를 부여하는 데에 큰 역할을 한다.

보상을 구성하는 주요 요소로는:

- **기본임금(base salary/wages)**: 고정급여
- **보너스(bonuses)**: 추가적인 금전적 인센티브(monetary incentives)
- **혜택(benefits)**: 비금전적(non-monetary compensation) 보상으로 건강보험, 퇴직계획, 휴가, 병가 등
- **스톡옵션(stock options)**: 자사 주식
- **커미션(commissions)**: 성과의 일정액을 분배
- **충당금 · 보조금(allowances)**: 자동차, 여행, 주택보조금
- **이익분배(profit sharing)**: 기업 이익의 일정액을 분배
- **인정과 포상(recognition and awards)**: 우수성과에 대한 비금전적 인정(non-monetary recognition), 이달의 사원 혹은 올해의 우수사원상 등

보상은 인적자원관리와 조직의 성공에 있어 가장 핵심적인 요소라 할 수 있다.

기본임금(base salary/wages)
보너스(bonuses)

2. 보상의 유형

보상은 크게 직접급여와 간접급여로 나뉜다.

2.1 직접급여

직접급여(direct payment)란 근무시간, 생산성, 기술 및 직업 전문성과 같은 요소를 기반으로 한다. 기본급은 생산량 수준에 관계없이 받는 금액으로 수수료나 인센티브를 통해 추가 급여를 받을 수 있다. 보너스와 이익 분배는 직원들이 특정 목표를 달성하거나 회사의 이익에 기여한 것에 대해 보상을 받는 형태의 급여이다.

직접급여(direct payment)

직접급여에는 다음 네 가지 유형이 있다.

(1) 시간당 임금(시급)
- 시간당 임금은 보통 비숙련 노동자, 준숙련 노동자, 임시 노동자, 시간제 노동자, 계약직 노동자들의 시간과 노동의 대가로 제공된다.
- 시급을 받는 직업은 소매업, 서비스업, 건설업 등이다.
- 시간당 임금을 받는 직원들은 보통 초과 근무 수당을 받을 수 있다. 이 급여는 정

시간당 임금(시급)

해진 계약 외에 추가로 일한 시간에 대한 보상이다.

최저임금법

• 직원들의 임금을 정할 때는 최저임금법을 준수해야 한다.

■ **최저임금제도란?**

국가가 저임금 근로자의 생활 보호를 위해 임금의 하한선을 정하고, 사용자에게 이 수준 이상을 지급하도록 법으로 강제하는 제도이다.

쉽게 말해 고용자가 피고용인을 저임금으로 부리는 착취를 막기 위해 정부에서 정한 피고용인에게 지급해야 할 최소한의 임금으로, 법으로 최소한의 의식주 생활이 가능한 급여기준을 정하여 근로자의 생존권을 보호하는 제도적 장치이다.

최초의 최저임금제도는 1894년 뉴질랜드 정부에 의해 시행되었고, 미국이 1938년, 프랑스가 1950년, 대한민국은 1986년 12월 31일에 제정하여 1988년 1월 1일부터 시행하였다. 2024년 최저임금은 시간당 9,860원. 이를 월급으로 환산하면 하루 8시간, 주 5일의 경우, 월 근로시간은 주휴시간 35시간을 포함해서 209시간이 되어 최저월급은 2,060,740원이 된다.

근로기준법에 의하면 근로자가 1주 15시간 이상 근무를 하면, 그 주에 하루 8시간에 해당하는 주휴수당을 지급하게 되어 있다. 이는 의무조항이기에 주휴수당을 지급하지 않는 경우 임금체불로 제소할 수 있다. 따라서 주당 15시간을 채우고 월 주휴수당 챙겨 받자!

급여(연봉)

(2) 급여(연봉)

연봉은 일반적으로 대부분의 정규직 또는 숙련된 직원과 관리직들에게 제공되는 것으로 조직이 장기적인 미래를 위해 이 직원에게 투자한다는 것을 나타낸다.

급여명세서

■ **급여명세서**

근로자의 근무에 대한 급여 내역을 문서로 기재한 것이 바로 급여명세서(임금명세서)이다. 한국에서는 2021년 11월부터 개정된 근로기준법에 따라 급여명세서 발급이 의무화되었다.

4대보험

계약 연봉과 실 수령액은 다르다. 급여에는 보통 4대보험을 제외한 금액을 수령하게 되어 있고 이것이 바로 실 수령액이다. 4대보험은 인턴, 비정규직, 정규직 상관없이 누구나 필수로 가입해야 하는 의무가입 보험으로 다음 4가지를 포함한다.

사회적 위험	노령	질병	실업	상해
4대보험	국민연금	건강보험	고용보험	산재보험

국민연금은 근로자와 사업주가 각각 급여의 4.5%, 건강보험 3.43%, 고용보험 0.8%를 함께 부담하고, 산재보험은 전액 사업주가 부담한다.

그러나 4대보험을 가입하지 않을 경우,

- 이직을 하면 대부분 4대보험 납부 내역으로 근무기간과 연봉을 가늠하는데 이 기록이 없으면 객관적 증명이 어려워지고 은행에서의 대출도 어렵다. 일을 했어도 공식적, 법적으로는 무직이었던 셈.

- 의료비의 경우, 공단부담금이 없어지면서 의료비를 내가 혼자 감당해야 한다. 병원에서 비급여 항목으로 처리되는 치료비나 약제비의 금액은 어마무시하다.

회사에서 제시한 연봉만 생각하다가 실제 월급을 수령할 때 4대보험비가 공제되고, 기대했던 것보다 적은 금액이 통장에 찍힌 것을 보면 가슴이 무너져 내린다!

출처: https://www.jobaba.net/thema

지급 내역	지급액	공제 내역	공제액
기본급	2,994,710	국민연금	163,750
식대 *비과세	100,000	건강보험	126,560
육아근로수당 *비과세	100,000	고용보험	30,350
연장근로수당	366,600	장기요양 보험료	12,970
시간 외근로수당	253,600	소득세	181,590
휴일 근로수당	0	지방 소득세	18,150
연차휴가수당	0	연말정산 소득세	0
직책 수당	100,000	연말정산지방 소득세	0
그외수당	80,000	연말 정산 농특세	0
급여소급분	0	상조회비	7,000
		기타 공제	0
		공 제 액 계	540,370
지 급 액 계	3,994,910	차 인 지 급 액	3,454,540

지급 액계 - 공제 액계 = **최종 지급액** (세후 급여)

출처: https://shiftee.io/ko/blog/article/howToCalculateRegularWage

4대보험뿐 아니라 기타 소득세 및 지방소득세 등 세금마저 빠져 나간 후 내 통장에 실제로 찍히는 금액이 실수령액이다. 나중에 뒤통수 잡지 말고, 세전과 세후의 급여 차이에 대해 미리 알고 있자.

근로소득세율

소득세의 경우, 소득 구간에 따라 세율이 별도로 존재하며, 부양가족에 따라 또는 소득세 감면 등에 따른 금액 차이가 발생한다. **근로소득세율은 연봉 구간에 따라 다르다.**

과세표준	근로소득세 세율	누진공제액
~ 1,200만 원 이하	6%	–
1,200만 원 초과 ~ 4,600만 원 이하	15%	108만 원
4,600만 원 초과 ~ 8,800만 원 이하	24%	522만 원
8,800만 원 초과 ~ 1억 5,000만 원 이하	35%	1,490만 원
1억 5,000만 원 초과 ~ 3억 원 이하	38%	1,940만 원
3억 원 초과 ~ 5억 원 이하	40%	2,540만 원
5억 원 초과	42%	3,540만 원

출처: https://m.post.naver.com/viewer/postView.naver?volumeNo=27123357&memberNo=25828090

과세표준

과세표준을 5천만 원이라고 가정해 보자.

그러면 과세표준 ₩50,000,000 × 세율 24% - 누진공제액 ₩5,220,000

따라서 소득세는 = ₩6,780,000이다.

※ 누진공제액은 소득에 따라 세율이 계단식으로 높아지므로, 해당하는 세율을 곱해서 나온 값에서 낮은 세율 부분 세금에 대해서 공제해 주는 금액을 말한다.

임금지급의 4대 원칙:

- **통화지급의 원칙:** 통화로 임금을 지급, 근로자에게 불리한 현물 급여 금지
- **직접지급의 원칙:** 임금을 근로자 본인 이외의 자에게 지급 금지
- **전액지급의 원칙:** 임금의 일부를 공제하여 지급하는 것을 금지
- **정기지급의 원칙:** 임금에 대해 매월 1회 이상의 일정한 기일을 정하여 지급

■ **평균임금 vs. 통상임금!!**

평균임금과 통상임금은 근로조건과 회사의 기준에 따라 법적 해석이 달라질 수 있다.

구분	평균임금	통상임금
정의	산정해야 할 사유가 발생한 날 이전의 3개월 동안 지급된 임금의 총액을 그 기간으로 나눈 금액	근로자에게 정기적이고 일률적으로 소정근로 또는 총 근로에 대해 지급하기로 정한 시급, 일급, 주급, 월급
목적	각종 임금 계산	각종 수당 계산
산정수당	퇴직금, 연차유급휴가, 재해보상, 휴업보상 등	해고예고수당, 산전후 휴가수당, 연장, 야간, 휴일수당 등

평균임금(근로기준법 제 2조1항6호)

- **산출된 평균임금이 통상임금보다 적으면 통상임금액을 평균임금으로 한다.**
- 평균임금 산정에서 제외되는 기간은?
  - 근로계약 체결 후 수습을 시작한 3개월 이내의 기간
  - 고용주 귀책사유로 휴업한 기간
  - 출산 전후, 유산, 사산으로 인한 휴가기간
  - 업무상 부상 및 질병으로 요양을 위해 휴업한 기간
  - 육아휴직 및 쟁의행위기간
  - 병역, 예비군, 민방위 의무로 휴직 또는 근로하지 못한 기간
  - 업무 외 부상, 질병, 그 밖의 사유로 고용주의 승인을 받아 휴업한 기간

통상임금(근로기준법 시행령 제6조)

- 급여 항목 중, ① 정기적으로, ② 일정한 조건에 따른 모든 노동자에게, ③ 사전에 지급하기로 정해진 임금
- 통상임금은 정기성, 일률성, 고정성이라는 3가지 요건을 모두 충족해야만 한다.
  - **정기성**: 정해진 기간마다 지급되는 것으로 한 달을 초과해 지급되어도 일정한 간격을 두고 계속적으로 지급되면 통상임금에 포함
  - **일률성**: 근로자에게 일률적으로 지급
  - **고정성**: 업무 성과나 업적에 상관없이 근로 제공 시 고정적, 확정적으로 지급
- 기본급 외 분기별로 지급되는 상여금, 격월로 지급되는 직책수당 등이 통상임금에 포함
- 해고예고수당, 초과근무수당, 연차휴가수당, 육아휴직 및 출산전 휴가급여 등을 계산할 때 사용한다.
- 근로조건이 모두 시간 단위로 산정되기 때문에 원칙적으로 시간 단위로 산정된다. 일급, 주급, 월급은 시간급으로 환산하여 계산한다.

출처: https://shiftee.io/ko

커미션

(3) 커미션
- 커미션은 보통 영업·판매 업무를 하는 직원들에게 제공되는 형태의 보상으로
- 미리 정해진 할당량 또는 목표에 따라 결정되는데 할당액이 높을수록 커미션이 높아진다.
- 커미션의 비율 계산은 수익과 이익률을 포함하여 다양한 요소에 기초한다.
- 일부 직원들은 커미션제로 일하거나 수수료로 월급을 받는다.

보너스

(4) 보너스
- 연말 사업 결과나 개인이 정해진 목표를 달성한 것에 기초하여 제공
- 보너스는 보통 매년, 분기별 또는 각 프로젝트가 완료된 후에 지급
- 직원이 특정 목표를 달성하지 않아도 지급 가능하다. 한 해 실적이 좋은 경우 회사에서 모두에게 보상하기로 결정하면 이 경우 보너스는 변동 급여로 분류된다.

상여금

성과급

▌상여금과 성과급!!

상여금:
- 상으로 주지만 연봉에 포함
- 회사 규정에 근거하여 일정한 주기로 지급하는 확정적 대가

성과급:
- 연봉에 포함되지 않음
- 경영실적이나 사업주의 결정에 따라 지급하는 불확정적 대가

이해하기 쉽게 연봉으로 계산해 보자.

나의 세전 연봉은 4천만 원. 연금과 소득세를 전부 빼면 실 수령액이 3,500만 원 정도.

따라서 이를 12로 나누면 매달 292만 원을 수령한다. 하지만 요게 아니다라는 것.

상여금은 보통 연 2회(설날과 추석) 나간다. 연봉에서 상여금을 빼고 나누어야 매달 실 수령액이 제대로 계산된다. 만약 상여금이 연 400만 원이면, 1년 실 수령액 3,500만 원에서 400만 원을 뺀 3,100만 원을 1년 12개월로 나누어야 한다.

그럼 매달 실 수령액은 258만 원.

명절 상여금을 정기적으로 지급하는 회사의 경우 연봉을 14(12+2)분의 1로 나눠 2개월치 기본급을 설과 추석에 나눠서 지급하거나, 20(12+2+8)분의 1로 나눈 후 추석, 설날 및 짝수 혹은 홀수 달에 상여금을 지급하는 회사도 있다. 그러나 **상여금**이란 것 자체가 연봉에 포함된 것을 쪼개 주는 것이기 때문에 사실상 근로자들에게는 의미가 없다.

> "어차피 연봉에 포함된 금액을
> 상여금이라는 명목으로 쪼개 주면서 회사가 생색내는 것이다."

성과급은 다르다.

연봉에 포함되지 않는 금액으로 기본급의 100%, 500%, 1,000%와 같이 지급받는다. 성과급은 연봉이 아니므로 성과급을 주고 말고는 사업주 마음이다.

출처: https://content.heumtax.com

■ 한국의 임금체계: 호봉급, 직능급, 직무급

한국의 임금체계를 살펴보자.

- **호봉급**은 재직연수와 연령에 따라서
- **직능급**은 근로자의 **직무능력과 숙련 정도**에 따라서
- **직무급**은 직무의 난이도, 업무강도, 책임의 정도, 요구되는 기술에 따라서 임금이 결정되는 체계를 말한다.

한국의 임금체계는 크게 세 번에 걸쳐 변화하였다.

호봉급
직능급
직무급

한국 임금체계 역사(자료: 한국노동연구원)

- **1.0** · 1960~1987년 · 연공급적 임금체계 본격 확산
- **2.0** · 1987~1998년 · 노동조합의 요구로 사무관리직 근로자에 적용되던 호봉제를 생산직에도 적용
- **3.0** · 외환위기~현재 · 호봉제를 중심으로 한 연봉제의 확산

한국·일본·EU의 근속 1년 미만 대비 30년 이상 임금수준

*근속 1년 미만 임금을 100으로 할 때 근속 30년 이상의 임금 수준

한국	일본	독일	EU 15개국	프랑스	영국	핀란드
295	277	180	165	163	152	124

출처: 2022년 고용노동부

1기(1960년대 초반~1987년)

- 연공급적 성격의 임금체계.
- **연공급 · 호봉급**이란 재직연수에 따라 더 높은 임금이 지급되는 것을 말한다.
- 억울하면 너네도 나이 먹든지!!

2기(1987~1998년)

- 생산직을 포함하여 산업계 전반에 걸쳐 호봉제가 널리 적용.
- 인사평가에 의한 차등인상 관행이 대폭 축소되고,
- 단체협약 등을 통하여 일률적인 승급과 급여 인상이 일반화.

3기(1998년 이후)

- 외환위기를 기점으로 연봉제 확산.
- 100인 이상 사업체 중 연봉제를 도입한 곳의 비중이 1997년 3.6%에서 2015년 74.5%로 증가.
- 그러나 무늬만 연봉제!
  오랜 기간 임금체계의 토대가 된 호봉제 탓에 사실상 호봉제와 큰 차이를 보이지 않고 있다.

그러다 보니 1년 미만 경력자와 30년 이상 경력자 간의 임금 격차는 3배에 육박한다.

2020년 기준 우리나라 재직 30년 이상 근로자의 월 임금총액(초과급여 제외) 평균은 697.1만 원으로, 재직 1년 미만 근로자의 월 임금총액 평균 236.5만원보다 2.95배 높다.

반면, EU 평균은 2018년 기준 1.65배.

임금 격차가 가장 작은 국가는 핀란드(1.2배), 스웨덴(1.3배).

대기업 근로자 직종별 임금체계 유형
한국경제연구원이 리서치앤리서치에 의뢰해 매출액 600대 기업 대상 설문조사 결과

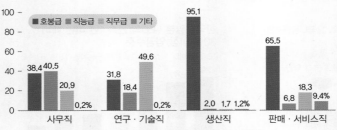

※정규직 근로자 300인 이상 비금융 기업 한정, 120개 사 응답

직종별 임금체계를 살펴보면,

- 사무직 근로자는 직능급,
- 연구 · 기술직 근로자는 직무급,
- 생산직과 판매 · 서비스직 근로자는 호봉급이 가장 많았다.
- 생산직의 경우, 호봉급이 95.1%를 차지한 것으로 나타났다.

■ 한국 임금체계의 미래는?

향후 국내 기업들이 지향하는 임금체계의 개선방향은 '성과 중심 보상체계 확대(67.5%)'와 '임금 연공성 완화(23.3%)'이다. 기존의 호봉급 혹은 연공서열식의 연봉제 임금체계에서 **생산성에 기반한 직무·직능급 위주로 개편해야 한다**는 것이 핵심!

미국, 일본 등 주요 선진국들은 지속적인 임금체계 개편을 통해 연공성을 약화시키고, 직무에 따른 **페이밴드(pay band: 급여 구간)**를 정해 두거나, 개인 성과를 임금에 크게 반영하고 있다. 미국의 경우, 개인 성과와 직무의 시장가치 변동 등에 따른 기본급 인상은 이루어지지만 재직연수에 따른 임금 인상은 거의 없다.

평생직장의 개념이 없어지는 상황에서, 더구나 MZ세대의 공정성과 투명성에 대한 요구가 증가하는 조직 상황에서 호봉이나 재직연수에 따른 임금결정체계는 더 이상 유효하지 않다.

20, 30대에는 일하는 것 대비 적게 받고, 40, 50대에는 슬금슬금 놀면서 많이 받으면 되니 세월이 해결해 준다는 과거의 방식은 더 이상 먹히지 않는다.

> 페이밴드(pay band: 급여 구간)

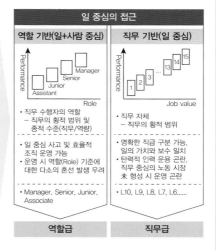

출처: https://n.news.naver.com/mnews/article/277/0005097344

따라서 국내기업들의 조직구조와 직급제도 개편에 따라 임금체계도 직급에 의한 "사람 중심의 접근"에서 직무 자체의 가치, 역량, 역할을 기준으로 하는 "일 중심의 접근"으로 변화되어 갈 것으로 예상된다. 재직연수에 따라 연봉이 오르는 연공서열제의 대안은 일한만큼 받는 '직무급 제도'이다.

> 사람 중심의 접근
> 일 중심의 접근
> 직무급 제도

- 동일노동 동일임금의 원칙에 입각해 직무의 중요성과 난이도에 따라 각 직무의 상대적 가치를 평가하여
- 이에 따른 적절한 임금을 지급하는 제도로
- **장기근속 여부와 상관없이 직무에 따라 차등 지급되어**
- 직무를 통해 인력을 재배치할 수 있기 때문에
- 인력의 유연한 활용이 가능하게 된다.

출처: https://blog.naver.com/eon_consulting/221833739840; https://n.news.naver.com/mnews/article/421/0004154764

2.2 간접급여

간접급여(indirect payment)는 연금, 건강보험, 휴가와 같은 혜택들이다. 4대보험이 의무조항인 것처럼 실업, 재해 및 사회보장 등과 같은 혜택 중 일부는 법에 의해 요구되기도 한다. 고용주는 유급휴가, 추가보험, 퇴직저축 계좌, 주식구매 옵션 등 법적으로 의무화되지 않은 혜택을 선택적으로 제공할 수 있다. 간접급여는 금전적 가치가 있지만, 현금 형태로 제공하지 않는다.

간접 급여의 예는:

(1) 스톡옵션

직원이 일정 기간 후에 정해진 수의 주식을 일정한 가격에 매입할 수 있는 권리로 회사에 대한 어떠한 소유권도 갖지 않기 때문에 지분 패키지와는 다르다.

(2) 복지혜택

대표적 복지혜택에는 건강보험, 생명보험, 퇴직연금, 장애보험, 법률보험 등이 있다. 의료 서비스는 미국 회사에서 직원들에게 제공하는 일반적 혜택이다. 퇴직금과 연금제도는 직원들이 새로운 조직으로 이직을 할 때 고려하는 중요한 사항이다.

(3) 비화폐성 보상

금전 이외의 보상도 직원 만족도에 큰 영향을 미치는데 유급 또는 무급휴가, 자유시간제, 학습과 개발의 기회, 육아휴직과 자동차, 통신료, 노트북, 식사 비용 지원 등이 포함된다.

설문조사기관 프랙틀(Fractl)이 발표한 자료에 따르면 미국 직원들은 의료 서비스 혜택을 가장 중요하게 여기며, 이외에 추가 휴가, 보육료, 등록금 상환 지원 형태의 간접보상형태를 가장 원하는 것으로 나타났다. 실리콘밸리 회사들은 직원들에게 콘서트, 요가 수업, 마사지, 휴가 시 무료 숙박, 미식축구 테이블, 그리고 맞춤 점심을 포함한 다양한 매력적인 특전을 제공한다.

이러한 형태의 보상들은 아주 사소해 보이지만, 직장 안팎에서 직원들의 전반적인 만족감과 행복도를 향상시킬 수 있다.

■ 진화하는 사내복지

사내복지가 MZ세대(1980년대~2000년대 초반)를 만나 조직의 신성장 무기로 진화하고 있다. 자녀 교육비 지원, 육아휴직 수준에 머물렀던 사내복지가 최근에는 다양한 형태로 나타나며 파격적으로 변화하고 있다.

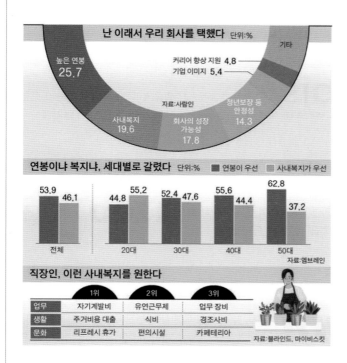

최근 사내복지는 집 청소 서비스, 반려동물 동반 출근, 골프 회원권 대여, 심리상담 등으로 확대되고 있다. 연봉과 복지는 일을 하는 데에 있어서 동기부여와 만족도에 영향을 미치는 가장 중요한 요소이다. 2022년 글로벌리서치 패널 엠브레인 조사에 따르면 **20대 층에서는 복지에 대한 선호도와 요구가 연봉을 앞지르는 것으로 나타났다.** 그러다 보니 젊은 직원들이 많은 스타트업, IT 분야 회사들은 다양한 형태의 복지제도를 도입하고 있다.

토스

팀원들이 업무에 집중할 수 있는 환경을 조성하기 위해 회사 생활 외적인 부분, 즉 **일상생활에서 받는 스트레스를 감소시키는 복지** 제공

토스의 사내복지는 종합선물세트이다. 출근길 모닝커피부터 옷 수선, 택배 발송 등 구성원들이 일상생활에서 필요로 하는 서비스를 회사가 모두 제공한다. 너네는 일만 해! 일만!!

- 입사자들에게 점심 · 저녁 식대 제공
- 반기별 팀 성과에 따른 성과급 지급
- 직장 단체보험 제공과 연 1회 종합건강검진 제공
- 사내 카페 · 편의점 · 헤어샵 무료 이용
- 주택자금 대출 무이자 1억 원 지원
- 성탄절 전후 10일간 모든 사원(고객센터 제외) 겨울방학

인공지능(AI) 세무회계 플랫폼 자비스

2주간 특별 휴가 + 1주일 워케이션(work + vacation), 개인별 법인카드 발급, 3주간 리프레쉬 비용 303만 원 제공

넥슨 자회사 네오플

본사를 제주도에서 서울로 이전하면서 1인당 4억 원까지 전세보증금 무이자 대출, 이사 비용 전액 지급, 이전 지원금 5천만 원

커머스 플랫폼 브랜디

가사, 세탁, 베이비(펫)시터, 반찬 주문 중 2개 프로그램을 선택해 누릴 수 있는 '라이프 지원 프로그램' 제공. 이 프로그램은 직원들이 성장에 더 집중할 수 있도록 하겠다는 취지로 시행

직원만족팀
내부 고객

20년 전부터 구글이 하던 복리후생제도를 도입하면서 인재를 확보하려는 국내 스타트업들이 많아졌고, 최근에는 대기업들도 이를 따라가는 추세이다. 오늘날의 기업들에게 인사팀과 별도로 직원들의 업무환경과 복리후생 컨설팅을 담당하는 **피플팀은 필수 부서**가 되어가고 있다. 고객만족팀처럼 **직원만족팀 탄생!** 이제는 **외부 고객뿐 아니라 내부 고객**들도 챙겨야 한다!

MZ세대는 회사에 대한 충성보다는 스스로 만든 차별성과 경쟁력이 자신을 지탱해줄 거라고 생각한다. 그렇기에 그들의 업무적, 심리적 성장을 도와줄 수 있는 복지제도가 더욱 매력적이고 효과적일 수 밖에 없다.

출처: https://www.joongang.co.kr/article/25051249#home

최근 설문조사에 의하면 30대 이후 연령대에서는 연봉이 사내복지를 여전히 앞서고 있으나, 20대층에서는 사내복지에 대한 바램이 연봉을 앞섰다.

(1) 연봉과 사내복지, 어떤 측면이 더 중요하다고 생각하는가?

(2) 금전적 보상의 중요성에도 불구하고 사내복지가 20대층에서 앞선 이유가 무엇이라고 생각하는가?

그룹토론문제

Q. 병가(sick leave), 유급일까 무급일까?

병가(sick leave)

근로 기준법상 규정되어 있는 법정휴가로는 연차유급휴가, 난임치료휴가, 출산전후휴가, 남녀고용평등법상 가족돌봄휴가, 배우자출산휴가 등이 있다.

회사 생활을 하다 보면 질병, 사고 등으로 불가피하게 업무를 수행하지 못하는 경우가 발생한다. 이때 사용되는 휴가 제도가 '병가'로 제공 의무가 있는 근로일의 근로 의무를 면해주는 제도로 그 법적 성격은 휴가에 해당한다.

병가는 근로자가 질병으로 인하여 출근이 불가능할 때 사용하는 휴가로 업무상 재해인 '산재'와는 다르다. 업무상 부상 또는 질병을 얻었다면, 산업재해 보상보험법으로 보호를 받을 수 있지만, 업무 외적인 개인 사정으로 인해 얻은 부상이나 질병 등으로 인한 병가는 근로기준법상 별도로 보호하는 규정이 없어 약정휴가에 해당한다.

병가와 같은 약정휴가는 법령에 구체적으로 규정된 바 없으므로 기업 내 취업규칙, 단체협약 등 사내 인사 규정이나 관행에 따라 운영된다. 사업장 내 병가와 관련된 별도의 규정이 없다면, **무급 처리가 원칙이다.**

법정 휴일과 같은 유급휴가는 근로자에게 임금 지급이 보장된 휴일로, 휴가를 사용하더라도 통상적인 근로를 한 것으로 보지만, 병가의 경우는 법정휴가가 아닌 약정휴가이다. 따라서 특별한 규정이 없는 경우 병가 휴직 기간 동안 근로자의 임금청구권은 발생하지 않는다.

약정휴가
임금청구권

대법원 판례에서도 병가 기간은 근로관계가 정지된 기간으로 보기 때문에 임금을 지급할 의무가 없다고 판단하고 있다(대법원 2009.12.24. 선고 2007다73277 판결).

통상적으로 병가 신청 시 결재 양식을 작성 후 진단서나 소견서 등 증빙서류를 제출해 최종 승인을 거친다. 무급으로 병가를 사용한다고 하더라도 인사담당자나 관련 결재자의 승인을 받지 않고 무단으로 병가를 사용할 경우 무단 결근에 해당된다. 또한, 알바의 경우라도 연락 없이 안 나가면 근로계약 위반사항에 해당된다.

■ Q. 병가 사용 시, 연차휴가로 대체가능한가?

무급병가의 경우 사용자와 근로자가 합의한다면, 연차차감으로 유급을 보장받을 수 있다. 그러나 회사에서 임의로 병가기간을 연차로 대체하거나, 혹은 발생하지 않은 연차를 미리 사용하는 것은 근로기준법 위반에 해당한다.

■ Q. 병가 사용을 승인하지 않을 수도 있는가?

병가에 대한 별도의 관련 규정이 없다면 **고용주에게 병가 휴가 사용을 승인할 의무는 없다.** 단, 병가에 대한 사내규정을 확인하고 근로자가 신청한 경우, 검토 후 승인이 필요하다.

■ Q. 퇴직금 산정 시, 병가 휴직 기간에 대한 평균임금 산정 기준은?

병가로 휴직한 기간을 제외한 나머지 일수 및 임금을 대상으로 평균임금을 산정한다.

■ Q. 병가 휴직 기간 중 연차 유급휴가는 어떻게 산정하나?

개인사정 등으로 인한 **병가 휴직 기간**은 근로관계의 권리 의무가 정지된 기간으로 보고 근로일수에서 제외하고 연차휴가를 산정한다.

출처: https://shiftee.io/ko/

3. 보상관리의 의의

한정된 자원으로 가장 높은 만족도를 유도하여, 그 효과가 성과로 이어지게 하는 전략적 기능이 바로 보상관리이다.

보상관리는
- 목적이 명확해야 하고,
- 보상으로 인해 회사가 원하는 기대효과를 거두어야 하며,
- 손익에 직접적으로 반영되는 경영활동이어야 한다.

인재확보(attraction)
인재유지(retention)
인재개발(development)

보상관리의 주요 목적은 인재확보(attraction), 인재유지(retention), 동기부여(motivation), 인재개발(development)이다. 따라서,

- 직원들의 요구를 만족시켜야 하고,

- 이해 가능한 수준과 방법이어야 하며,
- 법에 저촉되지 않아야 하고,
- 회사의 지불 능력이 고려됨과 동시에,
- 공정해야 하며,
- 모든 요구를 다 충족시킬 수는 없으므로 전략적이어야 한다.

4. 보상이론

앞서 언급된 다양한 보상의 방식들이 어떻게 구성원 만족도와 보상의 효과성 그리고 생산성 향상에 기여하는지 이해하기 위해서 몇 가지 주요 보상이론에 대해서 살펴보자.

4.1 강화이론

강화이론(reinforcement theory)의 기본 전제는 단순하고 직관적이다. 열심히 일하면 돈을 더 벌 수 있다는 단순한 인과관계에서 비롯된다. 강화이론은 외부 환경으로부터의 조작적 조건화(operant conditioning) 요소에 의존하는데, 강화와 처벌이 주요한 두 축이다.

강화이론(reinforcement theory)
조작적 조건화(operant conditioning)

정적강화 (Positive Reinforcement)	부적강화 (Negative Reinforcement)
정적처벌 (Positive Punishment)	부적처벌 (Negative Punishment)

정적 혹은 부적 강화와 처벌.

강화와 처벌은
옳고 그름의 문제가 아니라
행동을 증가시킬 것인가
혹은 감소시킬 것인가의 문제이다.

- 강화(reinforcement)는 미래의 어떤 행동이나 반응이 일어날 확률을 증가시키는 것이고,
- 처벌(punishment)은 어떤 행동을 제거하거나 빈도를 감소시키는 요인이다.

■ 인간은 원하는 대로 조작이 가능하다!

행동심리학자 버러스 프레드릭 스키너
(Burrhus Frederic Skinner, 1904~1990)

동물 실험을 통해 보상과 강화가 인간의 행동 형성 과정에 지대한 영향을 미친다는 것을 증명하며, 심리학 분야에서 행동이론을 개척했다.

거친 백발이 성성한 미치광이에 가까운 심리학자 스키너.

자신의 아이를 서커스단 동물처럼 훈련시키기 위해 상자 안에 넣고 키웠다고 널리 알려져 있다. 상자 속 도구와 버튼을 이용하여 엄격한 강화 계획 속에 사람들의 행동을 종속시키고 조정했다는 이야기가 전해지고 있다.

대학 교육을 받은 20명에게 스키너라는 이름을 대면 그 중 15명은 '사악하다'는 표현을 한다. 그런 답변을 한 15명 중 10명은 그가 딸을 상자 안에서 키웠다는 이야기를 꺼낸다.

딸의 이름은 데보라(Debora).
아버지 스키너는 딸을 훈련시키려고 꼬박 2년 동안 그녀를 좁은 상자 안에 가두고 종과 음식쟁반 등 강화와 처벌이 될 만한 것들을 집어넣은 후에, 그 진행 과정을 그래프로 표시하며 기록하였다.

조작적 행동(operant behavior)

하버드 대학의 뒤뜰에는 늘 다람쥐들이 뛰어다녔다. 스키너는 그 다람쥐들을 쳐다보며 '살아 있는 유기체를 조건화시키는 것이 가능할까?' 하는 의구심을 가졌다. 반사적이지 않은 행동을 만들어내는 것이 가능한지 궁금했다. 스키너는 그런 행동을 가리켜 **조작적 행동(operant behavior)**이라고 일컬었다. 개가 종소리를 듣고 침을 흘리는 행위는 단순반사. 그러나 인간이 음식이 생길 것을 기대하며 특정 행동을 하는 것은 환경에 작용하는 행동이지 반사적인 행동이 아니다.

머리를 오른쪽으로 돌리는 것처럼 아무 의미 없는 행동에 지속적인 보상을 해주면 그 조작적 행위가 뇌리에 새겨져 계속 오른쪽을 보게 만들 수 있지 않을까? 스키너는 쥐로 연구를 시작했다. 그는 쥐에게 음식을 보상으로 줄 경우, 지렛대를 누르는 방법을 배운다는 사실을 알아냈다. 쥐들이 지렛대를 밟으면 음식이 생긴다는 사실을 우연히 알고 나면, 그 보상을 토대로 우연히 했던 행동을 의도적으로 한다는 것을 발견한 것이다.

Rewards introduced to increase a behavior

그는 지렛대를 누르는 쥐들에게 음식이라는 보상을 지속적으로 제공하며, '고정비율 계획(fixed ratio schedule)' 실험을 시도하였다. 쥐들이 지렛대를 세 번 누르면 음식을 주는 것.

처음에는 지렛대를 한 번 누를 때마다 음식이 나왔지만, 다시 한 번 누르면 음식을 주지 않는다. 그러다가 세 번을 누르면 음식이 나오는 상황 설정.

출처: https://www.verywellmind.com/operant-conditioning-a2-2794863

이번에는 쥐들이 지렛대를 누를 때 부정기적으로 음식을 주는 '**변동 강화계획**' 실험을 했다.

대부분의 경우 음식이 나오지 않았고, 아주 가끔씩 40번을 누르거나 60번을 눌러야 음식이 나왔다. 보상을 규칙없이 아무 때나 아주 드물게 주면 좌절감이 생겨 행동이 소멸될 것 같았지만, 실제로는 그렇지 않았다. 음식이라는 보상을 간헐적으로 줄 때 쥐들이 그 결과와 무관하게 지렛대를 계속 누른다는 사실을 알아냈다. 어라?

게다가 그 간헐적 보상이 일정한 간격으로 주어질 때와 일정하지 않은 간격으로 주어질 때 어떻게 다른지 실험한 결과, 보상이 비정기적으로 이루어질 때 행동이 소멸되기가 가장 어렵다는 사실을 발견했다. 언젠가는 나올 거야! 언젠가는 먹고 말거야!!!

1950년대와 1960년대에는 스키너의 행동기법이 주립 요양시설에 활용되었고, 정신병 중증환자들에게 유용하게 사용되었다. 치유 불가능한 정신분열증 환자들까지 스키너의 조작적 조건화 원리 덕분에 자신의 손으로 옷을 입고 음식을 먹을 수 있게 되었다. 수저를 한 번 들 때마다 담배 한 개비가 보상으로 주어지는 방식이 적용되었다. 20세기 후반의 임상학자들은 공포증과 공황장애를 치료하기 위해 스키너의 조작화 이론에서 발전시킨 **체계적 둔감법(단계적으로 불안에 노출시켜 예민함을 점차 낮추는 치료법)**과 **자극 범람법(공포증 환자에게 공포의 원인을 직접 대면케 하는 치료법)**을 활용하기도 했다.

출처: https://blog.naver.com/leechland/220820155086 요약발췌

강화와 처벌은 정적(positive) 측면과 부적(negative) 측면으로 나뉜다.

(1) **정적강화**(positive reinforcement)
  • 긍정적 자극, 보상을 제공하여 바람직한 행동의 발생빈도를 증가시키는 것
  • 성과과 높아진 직원에게 칭찬, 인센티브 지급

정적강화(positive reinforcement)

(2) 부적강화(negative reinforcement)
- 불쾌한 자극을 제거하여 바람직한 행동의 발생빈도를 증가시키는 것
- 차의 안전벨트를 매지 않을 때 '띵띵띵띵' 소리가 나면 그 소리가 듣기 싫어 벨트를 매게 된다.
- 즉, '띵띵띵띵' 소리라는 불쾌한 자극을 제거. 안전벨트 매면 저 소리 꺼주~~지!!

(3) 정적처벌(positive punishment)
- 바람직하지 못한 행동에 대하여 부정적 자극을 주어 발생빈도를 감소시키는 것
- 성과가 현저히 낮아진 직원에게 감봉, 불리한 보직이동 등의 처분을 내림

(4) 부적처벌(negative punishment)
- 바람직하지 못한 행동에 대하여 긍정적 자극을 제거하여 발생빈도를 감소시키는 것
- 즐겨하는 일을 없앰으로서 발생빈도를 낮추려는 것
- 성과가 저조해지면 유급휴가를 박탈하거나 복지혜택을 정지시키는 것
- 치사해도 어쩔 수 없다. 먹힌다!!

강화이론은 긍정적 혹은 부정적 자극을 이용한 보상과 처벌을 통해서 고용주가 직원들의 행동에 영향을 미칠 수 있음을 시사한다. 강화는

- 고용주가 원하는 행동을 명확하게 지정하여 현재 행동을 측정하고
- 가장 적합한 강화시기와 방법을 정해야 하며,
- 지속적으로 평가하고 조정해야 한다.

보상과 처벌(carrot & stick)

강화이론은 동물이나 아동들에게 부분 적용 가능한 것이 아니냐는 비판을 받아왔었으나, 보상과 처벌(carrot & stick)은 인간들에게 아주 잘 먹힌다. 그 짭짤한 효과를 기업에서 포기할 리가 없다. 인적자원관리, 성과관리, 보상관리 등에서 인센티브, 보너스, 성과급 등에 대한 논의가 빠지지 않는 중요한 이유이다.

■ 성과급, 인센티브: 성과와 능력에 비례한 만큼 보상을 하겠다!!

요거 득일까 실일까?

"MZ세대는 더 이상 '평생직장'이나 '임원 승진' 등을 목표로 삼지 않는다.
그 대신 원칙, 공정 등을 중시하고 손해를 본다고 생각하면 거침없이 표현한다."

"성과급에 대해서도 '이 정도면 과거에 비해 많다'며 다독이는 식으로는 설득이 어렵다."

출처: https://www.donga.com/news/Economy/article/all/20210207/105324054/1

수많은 과학적 연구에서 확인되고 검증된 바는 인간은 확실히 인센티브에 민감하게 반응한다는 것이다. 문제는 실질적인 성과를 내기보다 일의 과정을 인센티브를 획득하기 위한 게임으로 변질시켜 버린다는 점!!

실험1 (보상과 봉사):

취리히 대학 경제학 교수인 브루노 프레이(Bruno S. Frey)는 실험을 통해 금전적 보상이 정치 분야 봉사활동에 미치는 영향을 연구했다.

- 금전적 보상액수가 **적은 그룹 A**(35달러 미만)
- 금전적 보상액수가 **많은 그룹 B**(35달러 이상)
- 금전적 보상이 **없는 통제그룹** C

결과:

- 보상이 많은 그룹(B)의 봉사 시간이 보상이 적은 그룹(A)보다 더 길었다.
- 보상이 적은 그룹(A)은 금전적으로 보상이 없는 통제그룹(C)보다 시간이 적었다.

B〉C〉A

- **금전적 보수를 받게 되자 적은 보수의 경우 무보수의 경우보다 봉사 시간이 오히려 줄어들었고, 줄어든 봉사시간을 원래 수준으로 늘리려면 금전적 보상 금액을 높여야 했다.**

- 즉, 봉사자들에게 돈을 조건으로 거는 순간 내재적 동기는 외재적 동기로 전환되고, 봉사자들의 관심은 봉사보다 인센티브에 쏠린다.

- 봉사자들에게 50달러 이상을 지불해야만, 돈을 받지 않고 순수한 목적에서 봉사를 했을 때와 똑같은 시간을 봉사활동에 할애하였다.

- 내재적 동기부여와 같은 결과를 외재적 동기로 내려면 필요 이상의 많은 돈을 지불해야 했다. **역설적이게도 '아주 비싼' '무료' 봉사가 되는 것.**

실험 2 (살라미 전술):

(살라미란? 소금과 양념을 넣어 건조시킨 이탈리아식 소시지)

살라미를 만들어 포장하고 판매하는 업주가 생산량을 증가시키고 싶어 매일 공장에서 출하되는 살라미 개수를 기준으로 성과지표를 만들었다.

결과:

- 직원들은 상황에 민첩하게 대응했다. 그리고 곧바로 생산량이 증가했다.
- 그런데 이상했다. 살라미의 실질적 생산량이 늘어난 것이 아니었다.
- 직원들은 살라미를 점점 얇게 잘라서 출하 개수를 늘렸고, 결국 살라미의 품질은 떨어졌다.
- 성과지표를 보상과 직접 연계하는 순간 인간은 이렇게 반응한다.
- **성과지표는 올라가지만. 목표의 본질과 오히려 멀어진 결과를 초래한 것.**

실험 3 (시험):

미국의 20여 개 주는 학생들이 치르는 시험 결과를 기준으로 학교와 교사에게 인센티브를 준다. 교육학 전문가인 로버트 린은 1980년대부터의 데이터를 분석하여 **교사들에게 인센티브를 줄 때, 학생들의 점수가 올라간 것을 발견했다.** 학생들의 성적에 의구심을 품은 린은 시험의 유형을 바꾸어 보았다.

결과:

- 시험 유형을 바꾸자 학생들의 성적이 형편없이 하락했다.
- **교사들이 인센티브를 받고자, 특정 시험방식을 분석해서 '집중 족집게 수업'을 한 것.**

이러한 현상은 특정 상황에만 해당되는 것이 아니다.

올해 4분기에 내 실적을 잡는 것보다 내년 1분기에 실적을 잡는 것이 내 인센티브를 얻는 것에 유리하다면 구성원들은 4분기에 가능한 실적을 미루거나, 혹은 숨겼다가 다음 해 1분기에 몰아서 보고를 한다. 어떻게 보면 너무나 당연한, 합리적 인센티브 추구!!

출처: https://www.wanted.co.kr/events/22_10_s01_b13

그러면 인센티브, 성과급을 싹 없애는 것이 정답일까?

그건 또 현실적으로 곤란하다. 성과급 없이는 동기부여가 사실 힘들다. 인센티브의 실질적인 목적과 그것을 달성하기 위한 올바른 실행, 구성원이 요구하는 투명한 성과급 대상, 내용, 금액 선정 등의 더욱 세심하고 슬기로운 보상관리가 필요하다!

4.2 공정성 이론

공정성 이론에 의하면, 개인은 이익을 추구하는 과정에서 투입(input) 대비 산출(outcome)을 비교하여 공정성을 평가한다.

애덤스(Adams)의 초기 공정성 이론(justice theory)에서는 형평성(equity)을 공정성과 같은 개념으로 보았기 때문에 애덤스의 형평성 이론(Adam's equity theory)으로 일컬어진다.

공정성 이론(justice theory)
애덤스의 형평성 이론(Adam's equity theory)

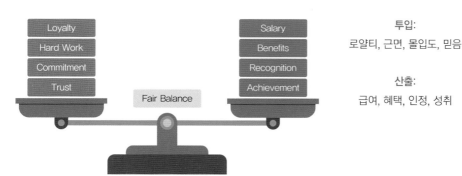

투입:
로얄티, 근면, 몰입도, 믿음

산출:
급여, 혜택, 인정, 성취

출처: https://slidebazaar.com/items/adams-equity-theory/

분배 결과의 공정성을 평가할 때에는 투입에 비례하는 보상의 형평성 원칙에 초점을 둔다. 개인에게 주어진 보상이 성과물을 산출하는 데 기여한 비율에 비례하여 분배가 되면 공정한 상태로 볼 수 있고, 만일 그 비율이 어긋난다면 공정하지 않은 상태가 된다. 그러나 이후 공정성 이론이 발전하면서 형평성에 근거한 자원의 배분 뿐 아니라, 절차적 공정성, 상호작용 공정성 등의 개념이 새로이 추가되며, 오늘날에는 공정성을 다양한 차원의 개념으로 간주한다.

— 공정성 규범(equity norm)

공정성의 인식에서 개인들은 절대적인 기준보다는 다른 사람과의 비교를 통해 자신이 받은 보상의 공정성을 평가하는 강한 경향이 있다. 개인이 공정성을 인식할 때 다른 대상과의 비교 과정은 필수적이다. 자신의 투입과 산출의 비율을 타인과 비교하게 되는데, 이러한 비교에서 양쪽의 비율이 같으면 공정한 상태가 되어 만족스럽다고 인식하지만, 양쪽의 비율이 같지 않으면 불평등하다고 인식하게 된다. 조직 구성원들은 자신이 기여한 정도에 따라 그에 맞는 보상이 이루어질 것이라고 믿는데 이러한 믿음을 '공정성 규범(equity norm)'이라고 한다.

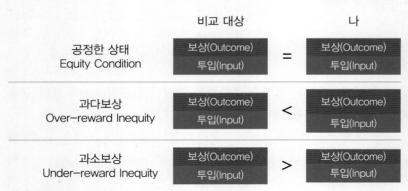

출처: https://m.blog.naver.com/james_parku/110143334450

공정한 상태:
- 자신의 투입 대비 산출 비율이 타인의 것과 동일할 때
- 공정성을 느낀 사람은 만족감을 경험하고 현 상태를 유지하려 한다.

긍정적 불공정:
- 자신의 투입 대비 산출 비율이 타인의 것보다 큰 경우
- 과대보상의 상황으로 죄책감(?), 부채감(?)을 경험(현실적으로는 행복감)
- 자신에게 유리한 상황이기에 빠르게 합리화시킨다.

부정적 불공정:
- 자신의 투입 대비 산출 비율이 타인의 것보다 적을 경우
- 과소보상의 상황으로 불만족과 분노를 경험
- 과소보상 시 과대보상에 비해 불공정에 대한 효과가 상대적으로 강하게 나타나는 공정성 인식의 비대칭성이 나타난다.

---

(1) 공정성 이론에서 긍정적 불공정성과 부정적 불공정성이 발생했을 때 불공정성을 해결할 수 있는 가장 적합한 방법은 무엇이겠는가?

(2) 그 이유는 무엇인가?

그룹토론문제

불공정의 해결 방법

(1) 환경 변화:
- 현재 직무에서 불공정성을 느낀 사람은 다른 직무로 전환하거나 퇴직함으로써 불공정성을 없애고자 한다.
- 불공정성이 상당히 커서 개인이 감당을 못할 때에 나타난다.

(2) 비교대상 변화:
- 비교대상을 자신과 비슷한 수준의 대상으로 변경함으로써 공정성 지각을 회복하려 시도한다.

(3) 투입 변화:
- 직무에 투여하는 시간과 노력을 감소시키거나,
- 다른 형태의 투입인 신뢰성, 협동, 창의성, 그리고 책임의 수용을 회피한다.
- 작업의 질을 증가시키거나 감소시키는 방법을 통해 개인의 투입을 증가 또는 감소시키기도 하는데, 과소보상일 경우 노력을 감소시키고, 과대보상일 경우 노력을 증가시킨다.

(4) 산출 변화:
- 노동 강도의 증가 없이 임금 인상, 휴가, 작업환경 개선을 요구할 수 있다.

(5) 지각·인식의 변화

- 투입과 산출을 실제로 변화시키기보다 자신 또는 타인의 투입이나 산출에 대한 인지 자체를 변화시켜 불평등 해소
- 그래, 솔~~직히 쟤가 나보다 잘하긴 해!

강화이론에 의한 인센티브, 성과급에 대하여 조직보상의 공정성을 왜곡시키고 회사에 물을 먹이는 자들이 있다. 그들은 바로 사무실의 도른자들!

■ 사무실의 도른자들: 조직 공정성을 말아 먹다!

직장에 다니다 보면 예상치 못한 난관에 부딪히는 일이 있게 마련이다. 도~ 저히 혼자 해결이 안 되는 경우도 있다.
그 이유는 '도른자'들!!

도른자는 '돌다' + '사람'의 합성어로 자신의 목표를 이루기 위해 '도무지 이해할 수 없을 정도로 이상한 행동을 마다하지 않는 사람'을 가리킨다.

"내가 출근하기 싫은 것은 저 인간 때문이다.
아!! 스트레스~~!!"

성과도둑형:

- 상사나 관리자 앞에서 내 아이디어를 기습적으로 뺏어가는 '**지적재산권 절도범**'
- 평소에는 내 아이디어나 프로젝트의 발전을 돕는 성실한 멘토나 친절한 친구처럼 굴다가, 결정적인 순간에 가로챈다.
- 내 능력에 대한 **질투로 가득 찬 사람인 경우**가 대부분이다.
- 성과 도둑질을 막기 위해선 상사의 역할이 중요하다. 일하기 전 누가 무엇을 할지 구체적으로 결정해야 하며, 성공적 결과만큼이나 노력의 과정도 공정하게 평가해야 한다. 성과도둑을 눈 감아주는 상사는 팀의 기강을 누구보다 빠르게 해친다.

강약약강형:

- **위로 올라가기 위해 수단과 방법을 가리지 않는 유형**
- 그들은 끊임없이 자신을 견줄 대상과 권력자들 앞에서 비판할 수 있는 먹잇감을 찾아낸다.
- 자기와 같은 위치에 있거나 아래에 있는 모든 사람을 경쟁자로 여긴다.

- 경쟁자를 따돌리기 위해 모함과 인신공격을 마다하지 않는다.
- 특히 상사가 보는 앞에서는 모든 동료를 공격하면서 자신만 유능하다는 걸 과시하려 한다.
- 이런 사람에 대해선 자신의 인맥을 쌓고, 행동의 문제점을 지적하는 등 적극적인 대처법이 처방이다.

불도저형:

- 경력과 인맥이 풍부한 직원 중에서 많이 나타나는 유형
- 집단 전체의 의사결정을 자신이 원하는 방향으로 좌지우지하려고 한다.

- 상사가 이를 제지하려고 하면 **공포와 겁박을 활용해 무력화**하려고 시도한다.
- 상사도 안중에 없으며, 고위급과 친분을 과시한다.
- 이 인간들은 타협도 없고, 제 뜻에 맞지 않으면 의사결정을 무기한 연기시키는 바람에 프로젝트가 진행되지 않는다.
- 불도저형에 대해서는 '말에는 말'로, '느낌에는 팩트'로 대응하는 것이 좋다.

무임승차형:
- 잘 돌아가는 팀, 중요한 팀에 들어가려고 노력하지만, 그 후로는 손가락 까딱 안하고 보상만 챙기는 유형
- 사람들과 잘 지내고 호감을 사며 유쾌한 분위기까지 만들기 때문에 뭐라고 하기가 좀 뭣하다!

통제광형:
- 직원의 개인 시간과 공간을 존중하지 않고 스토커급으로 통제하는 유형
- 불성실한 상사의 전형적 특징으로 일을 통제할 능력이 없기 때문에 늘 불안하다. 그 불안을 덜기 위해 과도한 통제를 한다.
- 이 유형이 가장 다루기 만만찮은 도른자.

가스라이팅형:
- 남을 기만하기 위해 큰 그림을 그린다.
- 우선 **희생자를 고립시키고** 그 다음 자기 입맛에 맞는 대안적 현실을 천천히 **구축**해 나아간다. 가스라이팅은 어떤 목적의 수단인 경우가 많다. 혼자서는 하지 못할 사기나 횡령의 한패가 되어줄 동료나 부하를 찾는다.

이런 **도른자들을 골라내고 걸러내는 것이** 조직과 관리자들의 **주요한 역할**이다. 아무리 좋은 복지혜택을 제공하더라도 이런 인간들이 있으면 떠날 수밖에 없다.

4.3 기대이론

브룸의 기대이론(Vroom's expectancy theory)

1964년 빅터 브룸(Victor Vroom)에 의해 소개된 이론으로 동기유발의 과정을 설명하는 유용한 이론이다. 흔히 브룸의 기대이론(Vroom's expectancy theory)이라 부른다.

$$동기부여 = f(기대감(expectancy) \times 수단성(instrumentality) \times 유의성(valence))$$

- 기대감(expectancy): 열심히 노력하면 성과를 달성할 수 있다고 개인이 지각하는 정도
- 수단성(instrumentality): 성과에 따라 보상을 받을 수 있을 거라는 개인의 지각 정도
- 유의성(valence): 성과 달성의 결과로 주어지는 보상이 개인에게 매력적인 정도

이 세 요소가 모두 충족되어 연계되는 경우 동기가 강화된다.

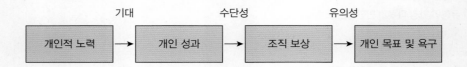

따라서 직원들의 동기부여를 위해서 다음 세 가지 요건을 갖추도록 해야한다.

- 노력–성과 기대감:
  노력을 했는데 상급자가 성과를 가로채지 않을까 하는 의심이 들게 하면 안 되고,
- 성과–보상 수단성:
  성과를 냈는데도 조직이 보상을 안하면 어쩌나 하는 의구심이 들게 해서는 안 되며,

- 보상-욕구 유의성:

  각 개인의 가치관과 요구가 다르기 때문에 보상은 구성원이 원하는 것이어야 한다.
  - 휴가를 원하는 직원에게 더 많은 '업무'와 '책임'을 부여하는 것은 삑!
  - 승진을 원하는 직원에게 휴가를 주는 것도 삑!
  - 금전적 보상이 필요한 직원에게 실제 인센티브 없이 '이달의 우수사원'으로 선 정하고 꼴랑 종이 상장 하나 주는 것도 삑!

핵 심 용 어

- 보상(compensation)
- 보상관리(compensation management)
- 직접급여(direct payment)
- 간접급여(indirect payment)
- 상여급
- 성과급
- 강화이론(reinforcement theory)
- 정적강화(positive reinforcement)
- 부적강화(negative reinforcement)

- 정적처벌(positive punishment)
- 부적처벌(negative punishment)
- 공정성이론(equity theory)
- 긍정적 불공정성
- 부정적 불공정성
- 기대이론(expectancy theory)
- 기대감(expectancy)
- 수단성(instrumentality)
- 유의성(valence)

연 습 문 제

01 보상관리(compensation management)의 정의는 무엇인가?

02 보상(compensation)의 유형에 대해 간략히 설명하라.

03 직접급여(direct payment)와 간접급여(indirect payment), 각각의 구성요소를 설명하라.

04 상여급과 성과급의 차이를 설명하라.

05 강화이론의 조작적 조건화(operant conditioning), 네 가지에 대해 논하라.

06 공정성이론(equity theory)의 핵심논지를 설명하라.

07 긍정적 불공정에 대해 설명하라.

08 부정적 불공정에 대해 설명하라.

09 불공정하다고 인식될 때 5가지 해결방법에 대해 논하라.

10 기대이론(expectancy theory)의 구성 요소와 각 요소의 개념에 대해 설명하라.

인적자원관리의
세부 기능 Ⅱ

10

노사관계관리

1. 노사관계의 개념

2. 노사관계에 대한 사회관계학적 접근법

3. 노사관계의 발전

4. 노동조합

5. 노동자 경영참가제도

6. 부당노동행위

학습목표

· 노사관계의 개념에 대해서 설명할 수 있어야 한다.

· 노사관계에 대한 다양한 접근법에 대해서 설명할 수 있어야 한다.

· 노동조합의 역사에 대해 이해해야 한다.

· 노동자의 경영참여제도에 대해 이해해야 한다.

· 부당노동행위에 대해서 설명할 수 있어야 한다.

1. 노사관계의 개념

노사관계(labor relations)

노사관계(labor relations)는 노동관계로도 일컬어지며, 노동관계의 직접 당사자인 근로자와 경영자 그리고 그들 관계에서 노사정책, 단체교섭, 노사분쟁에 관한 정책과 규정을 수립하는 정부를 포함한 노·사·정의 상호관계로 정의된다.

산업관계(industrial relations)

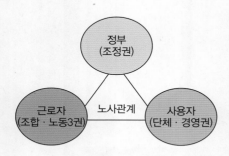

영미권에서는 노사관계를

· 인적자원 관리(human resource management)와

· 산업관계(industrial relations)의

두 핵심 분야로 구분하고 있으나, 한국에서는 이를 구분하지 않고 모두 노사관계로 칭한다.

노사관계는 노조의 고용상황을 관리하는 학문이자 관행으로 "자신이 누구와 함께 일하고 어떤 규칙 아래에서 일하는지"를 정의한다.

이 규칙들은

· 노동의 종류
· 보수의 종류와 정도
· 노동시간
· 신체적·심리적인 긴장의 정도
· 노동과 관련된 자유와 자율의 정도를 결정한다.

> ⑤ **ChatGPT** 노사관계란?
>
> · 흔히, **산업관계(industrial relations)**로 알려져 있다.
>
> · 고용인과 피고용인 간 근무여건을 어떻게 조성하고, 협상하며, 관리하는지에 대한 상호작용 및 관계를 말한다.
>
> · **고용인과 피고용인의 권리와 책임을 포함한다.**
>
> · 주요 구성요소로는 집단 협상, 노동조합, 노동법, 갈등해결, 조직원 관계 등이 있다.

2. 노사관계에 대한 사회관계학적 접근법

노사관계를 본질적으로 어떻게 해석하는지는 고용인과 피고용인 간 관계와 그들의 상호작용 방식에 큰 영향을 미친다. 사회관계학적 접근에는 세 가지 관점이 있다.

2.1 마르크스주의 관점

마르크스주의 관점(Marxist perspective)은 급진적 관점 또는 갈등 모델이라고도 한다. 자본주의의 사회 속성인 부와 권력의 불평등을 인정하는 것이다. 따라서 불평등에 따른 갈등을 자본주의의 자연스런 결과로 받아들인다.

마르크스주의 관점(Marxist perspective)

마르크스주의의 노사관계는 생산수단을 통제하는 자본가와 생산수단이 없어 노동력을 판매해야 하는 노동자라는 이분법적 계급관점을 기반으로 한다.

마르크스주의의 노사관계에서는

- 생산수단을 소유한 개인 자본가와 국영 기업,
- 생산수단의 부재로 자신의 노동력을 제공하고 임금과 교환해야 하는 노동자

라는 두 계급이 존재한다. 따라서 이들은 서로 다른 관점을 가질 수밖에 없다.

마르크스주의 관점에서 볼 때 충돌의 필연적 결과는 노동자가 기업을 장악해 자본주의자를 제거하는 노동자 혁명이다. 대립과 충돌이라는 논리에도 불구하고, 일단 먹고 살아야 했던 노동자들에게 생계형 임금을 지급했던 20세기 전반기에는 높은 인기를 끌었다.

■ 갈등이론

사회현상을 조화와 합의보다는 갈등과 분열로 설명하는 것이 적절하다고 보는 이론이다.

칼 마르크스에 의해 처음 개발된 이론으로 한정된 자원에 대한 경쟁 때문에 사회가 영구적인 갈등 상태에 있다고 주장한다.

갈등이론

갈등이론은

- 경제적 계급갈등을 강조하는 마르크스주의 갈등이론과
- 권력 및 권위의 불평등을 강조하는 베버의 갈등이론이 있다.

갈등이론의 기본 전제는 사회 내 개인과 집단이 자신의 부와 권력을 극대화하고자 한다는 관점으로 갈등을 기반으로 한 전쟁, 혁명, 빈곤, 차별, 가정폭력 등의 광범위한 사회 현상을 설명하고자 노력해 왔다. 갈등이론은 사회적 불평등, 자원의 배분, 서로 다른 사회경제적 계층들 사이에 존재하는 갈등을 설명한다.

카를 하인리히 마르크스(Karl Heinrich Marx)는 사람들을 부(richness)를 대표하는 부르주아(bourgeois) 집단과 가난한 노동자 계급인 프롤레타리아(proletariat) 집단으로 나누고, 소수인 부르주아 계급이 그들의 영향력을 이용하여, 다수 계급인 프롤레타리아를 억압하고, 현재의 불평등한 상태를 받아들이도록 강요하며, 부르주아 집단에 합류하지 못하게 막을 것이라고 가정한다. 가난한 것들! 영원히 가난하거라! 우리는 사는 세상이 다르다!

가난한 노동자 계급이 악조건에 처해 있을 때, 불평등에 대한 집단적 인식은 더 높아질 것이고, 결국은 반란으로 이어질 것이라는 것이 갈등주의의 핵심 가정이다. 따라서 갈등이론의 키워드는 경쟁, 구조적 불평등, 혁명 그리고 전쟁이다.

그러나

갈등 이론은 경제적 상호작용과 관련된 여러 계층과 당사자들에게 상호 이익을 줄 수 있는 방식을 고려하지 않았다는 한계를 가진다. 사용자는 노동의 대가를 가능한 한 적게 지불하기를 원하는 반면, 노동자는 임금을 최대화하기를 원하는 갈등으로 시작되는 분쟁과 혁명에만 집중하는 것.

실제로 모든 관계가 갈등으로 설명되는 것은 아니다. 고용주와 피고용주가 조화로운 관계를 맺는 경우도 있다. 연금 제도와 주식 기반 보상과 같은 제도는 고용주 성공에 대한 추가적인 지분을 근로자에게 제공함으로써 사용자와 노동자 간 경계를 모호하게 만들기도 한다. 또한, 오늘날의 인적자원관리의 흐름이 상생으로 향하고 있는 것을 고려할 때 갈등이론이 현대사회에서 가지는 상반되는 메시지, 함축성, 발전 방향에 대해 깊이 고민해 보아야 할 것이다.

■ 수저 계급론

최근 한국 사회를 지배하고 있는 타고난 가정 환경에 따라 개인의 사회경제적 지위가 결정된다는 '수저 계급론'.

웹툰 '신비한 금수저' 주인공 승천(왼쪽)이 대기업 사장 아버지를 둔 태용(오른쪽)에게 부모를 바꾸자고 하는 장면.

'공정한 노력을 통해 타고난 사회경제적 계층을 역전할 가능성'에 대한 질문에 한국인 2명 중 1명(50.5%)이 '10% 이하'라고 응답했다. 국민 절반이 한국 사회를 계층 간 역전이 불가능한 '닫힌 사회'로 인식하는 것으로 풀이된다. 특히, 청년층에서는 계층 역전 가능성에 대한 인식이 전체 평균값인 21.3%를 밑도는 19.3%로 가장 낮게 나타났다.

'수저 계급론'에 빗대어 자신의 사회경제적 계층이 어디에 속하는지 질문한 결과,

'동수저(46.9%)', '흙수저(41.3%)', '은수저(10.7%)', '금수저(1.1%)' 순으로 나타났다.

한국 사회에서 성공을 위한 요소별 중요성을 묻는 질문에는 '부모의 재력'이 88.4%로 가장 높게 나타났으며, 이어서 '부모의 직업이나 사회적 신분(87.4%)', '본인의 인맥(83.9%)', '본인의 학력(82.8%)', '본인의 의지와 노력(76.9%)' 등의 순으로 집계되었다. 이는 사회경제적 계급론이 자본주의 초기의 마르크스 계급주의에서만 잠시 나타난 현상이 아니라는 현실을 보여준다. 고대부터 현대에 이르기까지 인간사회에서 나타나는 집단의 분화와 이에 따른 갈등은 어쩌면 필연적인 사회현상일지도 모르겠다.

출처: https://www.donga.com/news/Economy/article/all/20170309/83241310/2요약발췌

2.2 다원주의 관점

다원주의(pluralism)는 다양성을 인정하고 다양한 의견을 존중하겠다는 입장이다. 노사 관계에 대한 다원주의 관점(pluralistic perspective)에서는 상황에 따른 이견이 존재하는 것을 필연적인 것으로 받아들인다. 따라서 고용주와 피고용주 간 갈등 역시 당연한 사

다원주의(pluralism)

회현상으로 해석하고, 이 갈등을 해결하기 위해 노동조합을 활용한다.

다원주의 관점에서는 자본가와 노동자 간 갈등도 관계에서 발생하는 자연스런 결과의 한 형태이기 때문에 마르크스주의가 묘사하는 정도의 극단적 형태의 충돌로 여기지 않는다. 노동조합을 통해 노동자들은 임금 인상, 복리후생 증대, 노동조건 개선 등을 주장하는 반면, 사용자들은 이윤극대화를 유지하고자 노력한다. 그러나 갈등해결 과정에서 양측은 폭력이 아닌 균형에 도달하기 위한 협상이라는 방법을 활용한다.

Pluralistic Perspective - Approaches to Industrial Relations
Industrial Relations

출처: Google

다원주의 관점의 핵심은

근로자들이 '회사가 발전하는 것이 자신들의 이익에도 최선'이라는 것을 인식하여 노조에 충성하는 동시에 고용자에게도 충성하는 것.

자본가들도 공정한 임금과 좋은 근로조건이 직원들을 더 생산적으로 만들어 결국 자신들에게도 이익이 된다고 생각한다.

양측 이해 관계자 간 균형 행위는 1930년대 루즈벨트의 뉴딜(New Deal) 정부 시기에 두드러졌으며, 오늘날에도 노사관계를 이해하고 설명하는 데에 많이 활용되는 관점이다.

여기서 잠깐!!

뉴딜(New Deal)은 실업자에게 일자리를 만들어 주고, 경제구조와 관행을 개혁해 대공황으로 침체된 경제를 되살리기 위해 미국 제32대 대통령 프랭클린 루스벨트가 1933~1936년에 추진한 경제정책이다.

미국 뉴딜 정책

- 1930년대 미국 루스벨트 대통령 대공황 탈출로 추진
- 3R(구제, 회복, 개혁) 목적 아래 재정 지출 확대
- 저·중소득층 소득 지원, 공공 근로사업, 정부주도형 SOC
- 노동자 단체교섭권 보장, 최대노동시간, 최저임금, 노동보험, 실업급여 등 기반 구축

출처: Google

출처: 위키백과 요약 발췌

2.3 일원주의 관점

일원주의 관점(unitary perspective)에서는 자본가와 근로자가 공통의 목적을 공유하고, 서로 조화를 이룰 것을 강조한다. 따라서 일원주의 관점에서 노조의 파업은 병(病)적인 것이며, 노동조합이 관여하는 노동관계는 부정적이고 불필요한 것이다.

일원주의 관점(unitary perspective)

일원주의 관점의 키워드는 '협력'이다.

자본가와 근로자는 같은 팀으로 같은 이해관계를 가지고 있고, 같은 가치와 목표를 공유하고 있다.

양측 모두 합의를 위해 노력해야 하며, 양측 간 갈등은 혐오스럽고 악한 것이다.

Unitary Perspective - Approaches to Industrial Relations
Industrial Relations

일원주의 관점을 가진 사람들은 자본가든 근로자든 노동조합을 경멸한다. 그들에게 있어서 노조는 불필요한 갈등을 유발하고 서로 싸우게 만드는 외부세력일 뿐이다.

요약하자면,

마르크스주의 관점:
- 자본가와 노동자의 관계는 갈등이며 충돌이다.
- 자본가는 이윤 극대화를 위해 노동자들을 착취하고,
- 노동자는 노동조합을 통해 정당한 노동의 대가와 자신들의 이윤을 추구한다.
- 이러한 갈등은 자본주의 소멸을 목적으로 하는 노동자 혁명으로 이어진다.

다원주의 관점:
- 자본가와 근로자 간에는 갈등도 존재하지만, 그 갈등의 정도가 심각하지는 않다.
- 자본가는 이윤 극대화를 목표로 하고,
- 근로자는 노동조합을 통해 더 나은 조건을 주장한다.
- 양측은 중간점을 찾기 위해 협상한다.

일원주의 관점:
- 자본가와 근로자 간의 협력을 강조한다.
- 이해관계와 가치를 공유하며, 같은 팀에 있다고 생각한다.
- 갈등은 바람직하지 않으며, 노동조합은 단결을 방해하는 외부세력으로 배척대상 이다.

노사관계를 바라보는 위의 다양한 관점들은 자본가–노동자 간 관계를 이해하는 데에 있어서 상당히 유용하지만, 각각의 접근법들은 자본가–노동자 간 복잡한 관계에 대한 완벽한 그림을 제공하지 못한다는 한계점이 있다.

그룹토론문제	(1) 위의 세 가지 접근법(마르크스주의 관점, 다원주의 관점, 일원주의 관점) 중 가장 타당한 것은 어느 것이라고 생각하는가? (2) 그 이유는 무엇인가?

3. 노사관계의 발전

노사관계는 산업혁명 이후 시대의 변화에 따라 각각 독특한 형태를 가지면서 발전해 왔다.

3.1 전제적 노사관계

소유경영(owner management)

19세기 중반까지 존재하였던 형태의 노사관계로서 자본이 주로 개인기업 혹은 합명·합자회사 형태로 운영되어 자유로운 자본시장이 충분히 형성되지 않은 시절, 경영의 대부분이 소유자에 의하여 이루어졌기 때문에 이른바 '소유경영(owner management)'으로 일컬어진다.

당시에는 근대적 노동시장 역시 성립되지 않았기 때문에 근로조건이 고용주의 일방적 의사에 의해 결정되었고, 이에 따라 노사관계는 전제적이고도 독재적인 성격을 가지게 된다. 근로자의 고용주에 대한 절대적 복종관계에서 노동자들은 임금, 근로시간, 근로조건 등 다방면에 걸쳐 착취를 당할 수밖에 없었다.

3.2 온정적 노사관계

19세기 초 영국의 사회주의자이며 산업자본가였던 로버트 오웬(Robert Owen)은 '고임금의 경제론'을 주장하고 이를 실제로 기업경영에 도입한다. 생산방식이 발전되고 정착 노동자가 증가하면서 전제적 방식으로는 근로자들의 협조를 구하기 어려워졌다. 이에 자본과 노동은 여전히 주종관계이지만, 인간적 상호작용를 강조하면서 점차 가족주의적 사회관계가 성립되었고, 그 결과 노사관계는 온정주의적·은혜주의적 관계로 발전한다.

고용주들은 어느 정도 근로자들의 요구를 충족시켜 주며 생산성을 증대시키려 하였고, 근로자들은 고용주가 주는 임금을 고용주가 노동자에게 베푸는 은혜로 생각하여 이에 보답하겠다는 온정주의적 사고방식을 갖게 되었다. 이 온정적 노사관계를 친권적(paternalistic) 노사관계라고도 하며, 독일과 일본에서 흔히 볼 수 있는 형태이다.

> 친권적(paternalistic) 노사관계

3.3 완화적 노사관계

산업혁명이 일단락된 19세기 말, 자본이 집중되고 경영규모가 확대되면서 유한회사와 주식회사가 탄생하였다. 이 무렵 테일러에 의한 과학적 관리기법(scientific management)이 등장하여 경영의 합리화가 중요시되었고, 고용의 정착, 숙련의 객관화, 직무 전문화가 이루어지면서 근대적 노동시장이 형성된다. 그러나 노동자들의 조직력은 여전히 자본가들의 힘과 대등한 지위에 미치지 못했고, 근로자의 종속적인 성격이 그대로 남아 있어 단체교섭에 있어서 노동조합의 힘은 미약했다. 이 시기에는 온정적 가족주의에 합리주의가 더해진다. 합리주의적 사고방식에 따라 자본가 측은 전제적 지배를 어느 정도 완화시킨다.

3.4 민주적 노사관계

제1차 세계대전이 끝나고 1930년대 초 세계 대공황 이후 자본의 집중, 독점화가 고도로 진전되고, 기업의 규모는 더욱 확대된다. 이와 더불어 자본과 경영의 분리가 촉진되어 직능의 분화, 전문화, 경영단체의 조직화가 이루어지고 전문경영자가 등장한다.

한편, 생산양식의 기계화·표준화와 함께 숙련공들이 대량으로 배출됨으로써 노동조합도 산업별 노동조합(industrial union)의 형태를 띠게 된다. 따라서 노동자의 성격이 개인에서 계급연대적 성격으로 변화한다. 이에 따라 노사관계는 기존의 종속관계에서 전문경영자와 노동조합 간 대등한 관계로 바뀌고, 단체교섭을 통한 고용조건의 결정이라는 산업민주주의(industrial democracy)의 개념이 형성된다.

> 산업민주주의(industrial democracy)

4. 노동조합

4.1 노동조합의 역사

노동조합(labor union)

노동조합(labor union)은 노동자들이 회사의 불합리한 대우에 대처하고, 적법한 이익을 누리며, 권리를 쟁취하기 위해 결성한 단체로 흔히 '노조'라고 칭한다. 세계 최초의 공식적 노동조합은 17세기 영국에서 결성되었다. 그러나 영국의회는 1799년 단결금지법을 제정하여 노조를 법률적으로 금지하며 노동자들을 탄압하였고, 이들 조직은 비밀결사의 형태로 활동하였다.

결국 1820년대 수많은 노동자들의 희생과 노력 끝에 영국은 노동조합금지법인 단결금지법을 폐지하였다. 이후 유럽과 미국 등 산업화된 국가에서 노동조합운동이 계속되면서 1890년 무렵 대부분의 영미권 국가에서 노동조합이 합법화되었다.

메이데이(May Day, Worker's Day)

▣ 근로자의 날, 메이데이(May Day, Worker's Day)의 유래

미국에서는 19세기에 노동조합이 형성되었다.

자본가들은 노동조합 간부를 청부 살인하는 등 극심한 탄압을 하였으나, 노동운동의 발전을 막지 못하였고, 1869년 결성된 노동자 기사단은 후일 세계산업노동자로 개칭하며 노동운동 역사에 큰 획을 그었다.

1886년 5월 4일 미국 시카고에서는 8만 명의 노동자들과 가족들이 8시간 노동제를 요구하며 미시건 거리에서 파업집회를 가졌다.

19세기 미국 노동자들은 10~12시간의 장시간 노동, 저임금, 임금 삭감 등 노동인권을 존중받지 못하고 있었다. 8시간 노동제를 요구하는 파업은 노동자들이 최소한의 노동인권을 존중받기 위한 단결이었다. 이날 노동자들과 경찰 사이에 충돌이 생겼고 경찰의 발포로 노동자 4명이 사망했다.

5월 4일 오후 7시 30분, 약 1,500명의 군중이 시카고 다운타운의 헤이마켓이라고 부르는 농산물 장터에 모여 전날 있었던 발포 사건에 항의하기 위한 집회를 열었고, 밤 10시 20분경 176명의 시카고 경찰들이 헤이마켓으로 다가왔다. 경찰 책임자가 집회 군중에게 해산을 명했는데 그 순간 어디로부터 폭탄이 날아와서 폭발했고, 놀란 경찰관들은 어둠 속에서 총을 발사했다. 당시 미국의 보수언론들은 미국 정부의 노동운동 탄압을 정당화하기 위해 노동자들을 공산주의자들로 몰았다.

이 사건은 사회적으로 큰 반향을 가져왔고, 노동자의 기본적 권리인 8시간 노동제가 실현되는 계기가 되었다. 이것이 바로 앞서 1장에서 간략히 소개한 헤이마켓 사건으로 이 사건을 기념하기 위해 제정한 날이 메이데 이(May Day)이다.

출처: https://ko.wikipedia.org/wiki/%EB%85%B8%EB%8F%99%EC%A1%B0%ED%95%A9 요약 발췌

4.2 한국의 노동조합 탄생과 현황

영국에서 시작된 산업화는 전 세계적으로 확산되었다. 산업화라는 역사에 먼저 발을 담근 영미권에서 노동자들의 투쟁, 그리고 자본가들과 정부의 탄압이 있었던 것처럼 한국도 비슷한 길을 걸어왔다. 한국에서는 일제강점기이던 1920년대 산업화가 진행되면서 1924년 4월 조선노동총연맹이 출범하였다. 일제강점기 노동계에서는 노동인권을 위한 단결투쟁과 함께 식민지 지배에 대한 저항 운동을 벌였고, 이에 일본 경찰의 대체 인력 투입, 빨갱이(공산당) 딱지 붙이기, 노조활동가 체포, 용역불량배를 통한 폭력 등이 행사되며, 노동자들의 노조활동을 억압하였다.

그러다가 광복 이후, 1948년 대한민국헌법이 공포되면서 노동3권이 헌법상의 권리로 보장되었고, 1953년 '노동조합법'과 '노동쟁의조정법'이 제정되었다. 이후 경제상황과 정권의 변동에 따른 노동정책의 변화로 수 차례 개정이 이루어졌다. 1986년과 1987년 노동조합법 및 노동쟁의조정법이 개정되었는데, 이는 민주화와 노동운동의 흐름이 반영된 것으로 평가되고 있다. 이후, 1997년 두 법을 통합하여 '노동조합 및 노동관계조정법'을 제정하였으며, 2010년 복수 노조의 전면 허용 및 교섭창구 단일화 절차 등의 법률안을 도입하였다.

노동3권

■ 노동3권

노동자들에게 있어 노동인권의 보장을 위한 노동3권은 큰 의미를 가진다. 헌법상 보장되는 **단결권, 단체교 섭권, 단체행동권의 보장을 목적으로 노동조합과 사용자의 집단적 노사관계를 규율하는 법률**이 바로 노동3권 이다.

※ 노동관계에 대한 법률조항 및 해석에서 **사용자는 고용주를** 의미한다.

- 단결권: 근로자가 사용자와 대등한 지위에서 근로조건의 개선 및 경제적 지위 향상을 도모하기 위해 단체를 결성하는 권리

- 단체교섭권: 근로자 단체인 노동조합이 사용자와 근로조건에 관하여 교섭하고 단체협약을 체결하는 권리

- 단체행동권: 노동쟁의 발생 후 근로자들이 주장을 관철하기 위하여 업무의 정상적인 운영을 저해하는 권리

노동3권은

- 사용자와 근로자 간 교섭력의 불균형을 고려하여

- 노사가 대등한 지위에서 교섭할 수 있도록

- 노동조합을 중심으로 집단적 근로조건의 유지와 개선을 실현하게 하는

- 노사관계의 기본 질서를 규율한 법률로서

- 근로기준법과 함께 현대 노동법의 핵심 법률 중 하나이다.

▶ 근로기준법과 최저임금법 등의 근로관계법이 근로조건의 최저 기준을 설정하고 이를 준수하도록 강제함으로써 근로자를 보호하는 역할을 하는 한편,

집단적 노사관계법

▶ 노동3권으로 대표되는 집단적 노사관계법은 근로자들이 조직한 노동조합과 사용자가 대등한 관계에서 단체교섭을 통하여 근로조건을 결정할 수 있도록 기본조건과 규칙을 정한다.

노동3권이 있어야 노동조합의 조직 · 운영, 단체교섭, 단체협약, 쟁의행위, 조정제도 그리고 부당노동행위 제도에 대한 규율이 가능하다.

최근에는 근로자 이익의 다양화, 기업 간 경쟁 격화 및 저성장경제의 시대를 맞이하여 근로조건 유연화와 복지향상과 같은 주제가 쟁점이 되면서 집단적 노사관계법의 질서와 방향을 새롭게 설정해야 한다는 여론이 형성되고 있다.

출처: https://encykorea.aks.ac.kr/Article/E0067919

2024년에 고용노동부가 발표한 자료에 따르면, 2022년 기준 전체 조합원 수는 272만 2,000명으로, 2021년(293만 3,000명)보다 21만 1,000명이 감소했다. 2022년 노조 조직률도 전년(14.2%)보다 감소한 13.1%로 집계되었다. 그러나 노조 신규 가입 자체가 감소한 것은 아니다.

2022년 한 해에만 431개 노조가 신설되었고, 신규 조합원 수는 7만 2,000명 증가하여 예년과 유사한 추세이다. 다만, 그동안 중복 집계된 수치를 실제 통계 수치에 반영한 영향이 크다. 민주노총 산하 플랜트건설노조는 조합원 수가 2021년 10만 6,000명에서 2022년 2만 9,000명으로 1년새 8만 명 가까이 줄었다고 보고했는데, 이는 조합원 수의 실제 감소라기보다는 여러 개 지부에서 중복 집계된 조합원 수를 통합한 결과로 보는 것이 합당하다.

2022년 상급단체별 노동조합 조직현황

조합원 수(명)		노조 수(개)
112만 2,000	한국노총	2,325
110만	민주노총	225
1만 1,000	장애인노총	7
4,000	전국노총	19
3,000	대한노총	5
48만 3,000	미가맹	3,424

조합원 수는 최저임금위원회 등 정부위원회나 사회적 대화 기구에 노동계 참여 비율을 결정하는 주요한 지표로 근로시간면제(타임오프)제도, 교섭창구단일화 제도 등에 큰 영향을 준다. 2022년 기준, 한국노총이 112만 2,000명으로 가장 많고, 뒤이어 민주노총(110만 명)으로 양대노총이 한국의 노조활동을 주도하고 있다.

사업체 규모별 노동조합 조직률 현황

단위: %

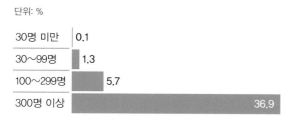

30명 미만	0.1
30~99명	1.3
100~299명	5.7
300명 이상	36.9

노조 조직률은 여전히 대기업에서 월등히 높은 것으로 나타났다. 300명 이상 사업체의 노조 조직률은 36.9%인 반면, 30명 미만은 0.1%로 중소 규모 기업 근로자들의 권익보호에 정부의 노력이 시급한 실정이다.

출처: https://n.news.naver.com/mnews/article/025/0003337071?sid=102

■ 근로자들의 단체행동!!

단체교섭이 결렬된다고 노동자들이 바로 파업의 형태로 단체행동을 하는 것은 아니다. 파업을 하기 위해서는 노동쟁의에 관한 법 규정과 절차를 준수해야 한다. 불법파업으로 낙인 찍히는 것은 노조로서도 상당히 부담스러운 일이다. 수십 억의 손해배상 소송이 들어올 수도 있고 사회에서 완전히 매장될 수도 있다.

**준법투쟁
피케팅**

- **준법투쟁**: 태업! 기업활동의 효율을 저하시키는 행위로 소심한 형태의 살~짝 반항!
- **피케팅**: 단체행동 참여 유도! 사업장과 공장 입구에서 피켓 및 플래카드를 들고 확성기 등을 이용해 파업에 참여하지 않고 출근하는 동료들에게 같이 참여할 것을 호소!

파업

파업: 초강경 투쟁!! "이건 사람 사는 게 아니다!! 이대로는 정말 못 살겠다!! 우리 가족 다 죽는다!!" 사업장과 공장의 출입문을 폐쇄한 채 공장 내에서 조합원들이 숙식을 해결하며 총파업에 돌입!! 노사갈등이 끝을 향해 치닫고, 격렬한 쟁의행위가 일어나 폭력사태의 위험 발생. 분위기 살벌!

직장폐쇄

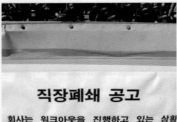

직장폐쇄: 파업상황에서 고용주의 초강력대응!

노조의 쟁의행위에 맞서 근로자의 근로행위를 거부하는 법적 권리. 쟁의행위가 종료되면 근로자들을 다시 취업시킨다. 긴급성과 필요성이 인정되는 경우 사용자가 행정관청과 노동위에 신고하고 진행하며, 직장폐쇄 기간 중 임금지불 의무는 면제된다. 이때 노조원들이 직장 내에 머물면서 파업을 한다면 불법행위가 되어 공권력 투입도 가능하다.

**필수업무 유지
긴급조정**

- **필수업무 유지**: 철도, 항공, 수도, 전기, 가스, 병원, 통신업 등에 종사하는 노동자들의 단체행동이 일반 국민의 일상생활에 직격타를 날리는 것은 금지!
- **긴급조정**: "나 좀 먼저 살자 제발~~!!" 벼랑 끝에 몰려 자살이라도 해야 할 상황에서 필수업무 유지 규칙이 눈에 안 들어온다. 이런 안타까운 상황으로 인해 파업에 참여하고 국민의 일상생활에 영향을 주는 경우, 노동부장관은 노동3권에 제한을 가할 수 있다. "너네 이제 고만~~!! **강제 중지!**" 긴급조정은 서로에게 못할 짓이다.

자, 그러면 향후 노동조합은 어떤 모습일지 예측해 보자. 한국노총이나 노동연구원에서 진행한 조사에 따르면, 오늘날 MZ세대 직원들은 노조에 대한 낮은 수용성과 함께 강한 정치적 중립성을 보이는 것으로 나타났다. 그러나 노조를 통한 복지혜택 기회의 확충을 꾀할 수 있다는 측면에서 노조의 필요성에 대한 의식과 노조가입 의사는 높은 것으로 집계되었다. 한마디로 노조에서 정치성은 빼고 실질적 혜택을 원하는 것.

■ **미래의 노동조합이 가야 할 방향은??**

오늘날 젊은 세대들에게 노동조합은 인권운동, 노동운동, 노동3권 강화를 위한 거창하고 거시적인 정치색을 띈 단체행동이라기보다 근로기준법에 의거한 **미시적 관점에서의 근로조건 및 처우 개선, 실리적인 복리후생을 위한 협상의 창구로서의 의미가 강하다.** 임금 인상, 근로환경 개선, 직원복지 등 지금 당장 내게 "X이득"이 되는 것을 해주면 좋겠다는 것.

과거 민주화운동과 노동인권운동이 맞물려 '투쟁의 생활화'가 일상이었던 시절에는 허구헌날 '최루탄', '화염병'과 '야구방망이'들이 날아다니고, 사람들이 서로 치고 받고, 짓밟히면서, 끌려 가고, 쥐어 터졌다(물론 전 국민이 다 그랬다는 것은 아니다).

2021년 KBS '오월의 청춘'

올~ 나 저런 거 영화에서 봤는데~~!!

그 때 그 시절 이후에 태어난 MZ세대에게 '피를 꼭 보고야 마는 투쟁'을 했던 과거의 노조, 강경한 입장을 고집하는 기존의 노조활동은 이해도 잘 안 되고 공감도 안 된다.

굳이?? 왜 저렇게까지???

1980년대의 대학 학생회는 민주화 투쟁과 정치 논쟁에 열을 올렸다. 실제적으로 대한민국의 민주화에 큰 기여를 하기도 했다.

그러나!

오늘날의 학생회는 기숙사 확충, 학식 가격 인하, A학점 제한 폐지 등 당장 내게 이득이 되는 아~~주!! 현실적이고 실리적인 문제들에 집중한다. 젊은 세대들의 가치관 변화는 향후 노조활동의 방향에도 큰 영향을 줄 것으로 예측된다.

2023년 진행된 2030세대 대상 노조에 대한 인식 설문조사 결과 '노조가 가장 우선적으로 할 일'로 근로환경 개선(46.2%), 직원복지 확대(17.7%), 임금 인상(16.2%) 등 주로 실리적 분야의 개선에 대한 요구가 주를 이루었다.

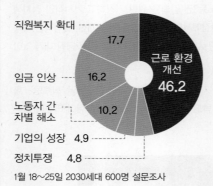

노조가 가장 우선적으로 해야 할 일은 무엇인가? 단위: %

- 직원복지 확대 17.7
- 임금 인상 16.2
- 노동자 간 차별 해소 10.2
- 기업의 성장 4.9
- 정치투쟁 4.8
- 근로 환경 개선 46.2

1월 18~25일 2030세대 600명 설문조사

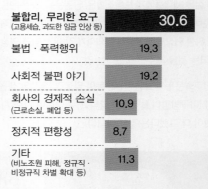

기성 노조가 주도한 파업의 문제는 무엇이라 생각하는가? 단위: %

- 불합리, 무리한 요구 (고용세습, 과도한 임금 인상 등) 30.6
- 불법 · 폭력행위 19.3
- 사회적 불편 야기 19.2
- 회사의 경제적 손실 (근로손실, 폐업 등) 10.9
- 정치적 편향성 8.7
- 기타 (비노조원 피해, 정규직 · 비정규직 차별 확대 등) 11.3

2030세대 직원들은 노조 파업의 가장 큰 문제점으로 '고용 세습, 과도한 임금 인상과 같은 불합리하고 무리한 요구(30.6%)'를 꼽는다. 처음부터 사측이 받아들일 수 없는 비상식적 요구, 집회와 파업으로 이어지는 단체행동에 대한 시선이 곱지만은 않다.

더군다나, 과거 노동조합이 노동자의 기본권리를 위한 투쟁의 성격이었던 반면, 오늘날에는 충분한 대우를 받으면서도 과한 요구를 하는 **귀족노조 · 강성노조**까지 출현하고 있다. 이는 **노동자 계층 내부에서도 양극화가 가속화되고, 청년들이 육체노동을 꺼리면서 생긴 인력난으로 노동자들에게 유리해진 환경이 조성된 데에서 그 원인을 찾을 수 있다.**

드물긴 하지만 노조가 기업 입장에서 도저히 수용할 수 없는 조건이나 중요한 경영전략의 변경을 요구하기도 한다. 문제와 갈등의 원인에 대한 해결이 아닌, 반사회적 형태의 불합리한 '땡깡'은 "어차피 안 될 거 너희도 골탕 한번 먹어 봐라~!!" 밖에 안 된다. 이런 형태의 "배까~! 배째!" 접근방식은 기업에 조 단위의 손실을 안기기도 하지만, 노동자의 실익에도 전~혀!! 도움이 되지 않는다.

미래의 노조는:

- 대기업을 위주로 2030의 젊은 직원들이 주도하여
- 기존의 생산기능직 위주보다는 사무직, 연구직 중심으로

- 단순 임금 인상보다는 과정, 공정성, 투명성 확보에 집중하는

- 현장보다는 온라인 모임 위주로 평화롭게

- 상급단체의 간섭이 없는 별도의 회사단위 노동조합이 될 것으로 예상된다.

실리와 투명성을 중시하는 현대 근로자들의 가치에 부합하는 노조활동의 새로운 방향성과 전략이 필요하다.

출처: https://www.donga.com/news/article/all/20230208/117782476/1

4.3 노동조합의 유형

노동조합은 그 대상을 기준으로 기업별 노동조합과 산업별 노동조합(산별노조)으로 분류된다.

기업별 노조:

산업별 노동조합에 가입되어 있지 않은 노동조합을 기업별 노동조합이라고 한다. 현대중공업 노동조합이 대표적인 기업별 노조이다. 기업별 노조는 조직의 형태에 따라 몇 가지 유형으로 나눌 수 있다.

> 기업별 노동조합

- 클로즈드 숍(closed shop):
  - 노동조합의 조합원 자격이 고용의 조건이 되는 조직 형태
  - 조합원 자격을 상실할 경우, 고용계약도 해지된다.

- 유니온 숍(union shop):
  - 채용된 노동자가 일정 기간 이내에 노동조합에 가입하는 것이 의무인 형태의 노동조합

- 에이전시 숍(agency shop):
  - 노동조합의 가입에 대한 강제는 없으나
  - 단체 교섭 당사자인 노동조합이 조합원이 아닌 노동자에게도 조합비를 걷을 수 있는 형태의 노동조합

> 클로즈드 숍(closed shop)
> 유니온 숍(union shop)
> 에이전시 숍(agency shop)

오픈 숍(open shop)

- 오픈 숍(open shop):
  - 노동조합의 가입 여부와 조합비의 납부가 온전히 노동자의 의사에 따라 이루어지는 형태의 노동조합

산업별 노조

산업별 노조:

산업별 노조는 산업 직군 즉, 같은 산업 직군에서 일하는 노동자들이 노동인권을 존중받기 위해 만든 노조이다. 민주노총, 금속노조, 건설노조 등이 있다. 이외에 특수 정체성에 따른 노동조합과 청년유니온, 국제연대 등이 있다.

- 특수 정체성에 따른 노조의 예로는, 대한민국 국적을 보유하지 않은 노동자, 이른바 이주 노동자들의 조합으로 차별, 열악한 노동환경, 대한민국 정부의 출입국 정책 등으로 노동인권을 존중받지 못하는 이슈를 해결하기 위해 만든 단체가 있다.
- 소속 조합원의 연령에 제한을 둔 한국 최초의 세대별 노동조합인 **청년유니온**은 **청년이라면 고용 형태와 관계없이 가입이 가능하다.**
- 151개 국 1억 7,500만 명이 가입한 국제노동조합연맹(ITUC)이나 세계노동조합연맹(WFTU)이 국제연대 조직이라고 할 수 있다.

■ **근로계약서, 법, 사규, 단체협약이 서로 다를 때 우선순위는?**

근로계약서

사업주와 근로자가 근로관계를 유지하는 기간 동안 양측 당사자들은 여러가지 규범에 의해 규율을 받는다. 가장 대표적인 규범은 사업주와 근로자가 직접 작성한 근로계약서이다.

임금	시급, 비급여내용(식비) 등
근무일, 시간	월 근무 일수, 실제 근무시간
휴일	주말·공휴일 근무 여부
연차	월차·연차 등 유급으로 사용할 수 있는 휴가 여부
장소와 업무 내용	정확한 근무장소와 자세한 업무 내용

근로계약서 외, **노동관계법령**, 사규, 노동조합과 체결한 단체협약 역시 노사의 양측 당사자 모두에게 적용된다. 이들 규범 간 충돌이 발생하는 경우 어떻게 진행되는지 살펴보자.

상위법 우선 원칙

두 개 이상의 규범이 충돌할 경우, 일반적인 법 해석 및 적용은 '상위법 우선' 원칙에 따른다.

헌법 〉 관계 법률 〉 단체협약 〉 취업규칙 〉 근로계약 순으로 상위법을 우선 적용하는 방식이다.

유리한 조건 우선 원칙

유리한 조건 우선 원칙

그러나 근로관계에서는 일반적인 법 적용 원칙과 달리, 상위법 우선의 원칙과 함께 '유리한 조건 우선' 원칙도 적용된다. 유리한 조건 우선 원칙이란 여러 법규 가운데 근로자에게 가장 유리한 조건을 정한 규칙을 먼저 적용하는 것을 말한다.

노동시장에서 '사용자에 비해 상대적인 약자인 근로자를 보호하겠다'는 노동법의 취지에 따라 규범 상호 간 충돌이 발생할 때에는 근로자에게 가장 유리한 조건을 정한 규범을 우선 적용한다.

근로기준법 제15조 제1항은 '이 법(근로기준법)에서 정하는 기준에 미치지 못하는 근로조건을 정한 근로계약은 그 부분에 한하여 무효로 한다'고 명시하고 있다. 근로기준법에 미달하는 근로조건을 정한 근로계약은 위법하다는 것이다(강행적 효력).

강행적 효력
대체적 효력

근로계약 전부 무효는 근로자 보호라는 근기법 취지에 반하기 때문에, 동조 제2항은 '제1항에 따라 무효로 된 부분은 이 법(근기법)에서 정한 기준에 따른다'고 명시하고 있다(대체적 효력).

결국, 근기법에 미달하는 근로조건 부분만 무효가 되고, 나머지 근기법을 상회하는 근로조건은 유효하다고 선언함으로써 유리한 조건 우선 원칙을 따르는 것이다.

법정 정년(60세)과 회사 정년이 충돌한다면?

'강행적 효력 및 대체적 효력'은 근로기준법 이외 다른 노동관련법률에서도 인정된다.

2017년부터 모든 사업장에 적용된 '고용상 연령차별금지 및 고령자 고용촉진에 관한 법률'에서 정한 법정 정년(60세)을 예로 들어 보자.

회사의 취업규칙에 정년을 55세로 정한 경우, 법 시행일 이후 취업규칙상의 정년 55세와 법정정년 60세가 충돌하게 된다. 이 경우 취업규칙보다 상위법인 연령차별금지법을 적용해 60세 정년을 보장해야 한다. 상위법 우선의 원칙과 근로기준법상의 대체적 효력이 적용되는 것이다.

반대로 상위법인 연령차별금지법상 법정정년은 60세인데, 하위법인 취업규칙상 정년규정을 65세로 정한 경우 상위법 우선 원칙은 적용되지 않는다. 유리한 조건 우선 원칙이 적용되기 때문에 사업주는 취업규칙상의 정년을 보장해야 한다.

회사 사규와 근로계약서 내용이 충돌한다면?

근로계약의 내용이 해당 사업장 취업규칙에 미달한다면(예를 들어, 취업규칙에 휴일수당 가산율을 200%로 정하고 있으나, 근로계약 시 150% 적용을 약정한 경우), 해당 조항은 강행효에 따라 무효가 되며, 대체효에 따라 취업규칙에서 정한 내용을 적용해야 한다. 반대로 취업규칙상 규정보다 유리한 조건으로 근로계약을 체결할 때에는 근로계약의 내용을 적용해야 한다(취업규칙에 휴일수당 가산율을 150%로 정하고 있으나 근로계약 시 200% 적용을 약정한 경우).

출처: https://www.nodong.kr/catch_up/1995095

5. 노동자 경영참가제도

노동자 경영참가제도(worker's participation in management)는 경영자의 전권으로 인식되어 온 경영권에 대하여 근로자의 참가를 인정함으로써 노사간에 협력을 증진하고 생산성을 향상시키기 위한 제도이다.

근로자의 경영참가는
- 좁은 의미로는 근로자가 기업의 의사결정과정에 직접 참가하는 것,
- 넓은 의미로는 자본참가, 성과 혹은 이익참가, 의사결정참가를 말한다.

경영참가는 단체교섭과 달리 공동체의 원리를 강조하는데, 오늘날 경영참가 문제에 대한 논의가 활발하게 전개되고 있는 배경에는 노동자 측의 강력한 요구와 변화에 따른 주체의식, 권리의식, 참여의식 향상 등이 있다.

(1) 자본참가

종업원을 출자자로서 기업경영에 참여시키는 것으로 종업원지주 제도와 노동주 제도가 있다.
- 종업원지주 제도는 근로자들에게 자사의 주식을 취득하도록 하여 주주의 지위를 가지게 하는 것이고,
- 노동주 제도는 일정 조건이 충족되는 노동자의 근로 자체를 일종의 출자로 보아 주식을 발행하여 주주의 지위를 갖도록 하는 것이다.

(2) 이익참가

기업의 경영능률을 높이기 위해 노동조합이 적극적으로 참가하여 협력한 행위에 대한 일종의 보상으로 기업이 얻은 이윤의 일부를 임금 이외의 형태로 노동자에게 분배하는 것.

이윤분배와 스캔론 플랜, 럭커 플랜이 있다.

- 이윤분배: 조직구성원들이 달성한 이익의 일부를 구성원들에게 배분함으로써 그들이 조직의 경제적 이익에 참여하게 함으로써 동기유발을 유도하려는 노동자 참가방법
- 스캔론 플랜(Scanlon plan): 생산성 변동에 임금을 연결시켜 산출하는 것으로 영업실적 향상에 의해 생긴 경제적 이익을 노사 모두의 협조에 의한 결과로 보고, 이를 노사 간 분배하여 근로자의 참여 의욕을 높이려는 제도로 인건비가 점하는

비율을 정하여 실제 지불한 임금과의 차액을 임금증액에 충당하는 방식으로 매출액에 대한 인건비 비율을 일정하게 하는 것이 특징
- 러커 플랜(Rucker plan): 평소보다 노동부가가치를 더 많이 창출한 경우, 초과부가가치를 성과로 배분하여 과거와 최근 시장상황을 고려해 결정된 목표비율과 비교하여 초과된만큼 보너스를 지급하는 방식

(3) 노사협의제

노동자와 사용자 모두에게 공통으로 관련되는 문제 발생 시 단체교섭만으로 해결이 어려운 경우 노사가 협력을 통해 문제를 해결하는 제도적 장치를 뜻한다.
- 노사협의회의 협의사항으로 생산성 향상 및 성과배분, 근로자의 채용, 노동쟁의 예방, 기타 근무환경 개선과 근로자의 건강증진 등 고용조정의 일반 원칙, 종업원지주제, 근로자의 복지증진을 위한 사항을 협의

노사협의제

(4) 근로자 중역 감사역제

- 근로자 측의 중역 및 감사역을 중역회의 및 감사역회의에 참가시킴으로써 경영에 참여하는 형태
- 근로자가 기업경영에 관한 의사결정에 직접 참가한다는 점에서 근로자의 경영참여방식 중 가장 적극적인 것으로 본다.

근로자 중역 감사역제

(5) 노사공동결정

노사공동결정은 조직구성원, 노동조합의 대표가 기업의 의사결정기관에 직접 참가하여 기업경영의 여러 문제를 노사공동으로 결정하는 제도를 말한다.

노사공동결정

---

(1) 근로자들의 경영참여에 대해서 어떻게 생각하는가?

(2) 긍정적이라면 혹은 부정적이라면 이게 합당한 이유에 대해서 논하라.

그룹토론문제

노란봉투법

■ 세상을 시끄럽게 만든 노란봉투법

정식명칭은 '**노동조합 및 노동관계 조정법 제2조와 제3조에 대한 개정법률안**'으로 2023년 11월 국회 본회의를 통과한 법률안이다.

2014년 쌍용차 파업 참여 노동자들에게 47억 원(47억 원이 누구 집 애 이름이냐?)이라는 손해배상판결이 내려지자 시민들이 모금운동을 통해서 '노란봉투(과거에는 월급을 현금으로 노란, 실제로는 누런 봉투에 넣어서 주었다)' 보내기 운동을 하면서 '**노란봉투법**'이라는 별칭이 생겼다.

사건 개요:

- 2009년 쌍용차 정리해고처분에 불복하여 파업

- 2013년 파업 조합원들에게 47억 원 손해배상판결

- 2014년 노란봉투 캠페인

- 2022년 대우조선 파업으로 쌍용차 파업 및 손해배상 문제가 다시 수면 위로 떠오름

- 2023년 노란봉투법 발의

쟁점 1: 사용자 범위 확대

사용자 범위를 기존의 직접적 고용주(근로체결 당사자)에서 '근로계약 형식과 상관없이 근로자의 근로조건에 대해 실질적 지배력 및 영향력을 행사하는 자'로 확대

논란 2: 쟁의행위 범위 확대

'근로조건의 결정에 관한 분쟁'에서 '근로조건에 관한 분쟁'으로 확대

논란 3: 과도한 손해배상청구 제한

조합원 수, 재정 규모 등을 고려해 노동자들의 쟁의행위에 대한 손해배상액 상한액 설정.

쟁의행위 원인과 결과, 재정상태를 고려해 감면 허용

그래서 뭐 어떻다구? 자, 노동계와 경제계의 입장을 들어보자.

사용자 범위

사용자 범위 확대

- **노동계(찬성)** = 사용자 범위가 확대되면 노동조합의 교섭행위와 권리가 더 확대되고, 하청과 같은 간접고용, 배달기사 등 특수고용 노동자까지 법으로 보호할 수 있다
  (이제 '너님'만 사용자가 아니래~ 다음엔 얘랑 얘기하고, 그 다음엔 쟤랑 얘기해~~!!)

- **경제계(반대)** = 불법파업이 더 많아질테고, 기업경영활동에 악영향을 미친다.
  (돌아가면서 맨날 얘기만 하냐? 그럼 일은 언제 할꼬얌?)

쟁의행위 확대

- 노동계(찬성) = 근로 <u>조건결정</u>에 대해서는 우리가 을이잖아~ 자, <u>조건</u>에 대해 얘기하자.

- 경제계(반대) = 툭하면 쟁의대상이라고 하면서 매일 파업할 거잖아!!

과도한 손해배상청구 제한

- 노동계(찬성) = 우리가 돈이 어디 있어? 개인대상 청구 금지!!

- 경제계(반대) = 정당한 파업이면 민형사상 책임 면제, 불법파업은 면책특권?(국회의원이냐?) 헌법 23조, 사적재산권 침해야!! 위헌이라고!!

손해배상청구

서로 다른 입장, 다른 의견, 다른 요구. 인간사회에서 나타나는 필연적 현상이다. **노동자들은 노동자들의 권리와 삶을 걱정하고, 기업들은 노사관계의 불안정, 갈등, 이로 인한 기업손실과 투자위축을 걱정한다.** 물론 내 삶이 가장 중요하다. 그러나 딱 한 걸음만 물러나서 상대방의 입장에서 생각해 보는 진정한 어른스러움을 기대해 본다.

출처: https://blog.naver.com/irishmocha/223265727465

6. 부당노동행위

6.1 부당노동행위의 개념

헌법 제33조제1항은 "근로자는 근로조건의 향상을 위하여 자주적인 단결권, 단체교섭권과 단체행동권을 가진다."고 명시하고 있다. 노동3권은 헌법에서 보장한 국민의 기본권이다.

부당노동행위

부당노동행위란?

- 사용자가 근로자의 노동조합활동과 관련한 노동3권(단결권, 단체교섭권, 단체행동권)을 침해하는 행위로

- 노조활동과 관계없는 회사의 일반적인 '부당한 행위(부당해고, 부당징계 등)'와는 구분되는 개념이다.

사진출처: Google

노동조합법

　　노동조합법은 노동3권과 부당노동행위에 대한 규정을 두고 있다. 노동3권의 침해행위를 구체적으로 기술하고, 이에 대해 노동위원회를 통한 부당노동행위 구제신청의 절차를 규정하고 있으며, 노동관청을 통해서 이에 대한 형사처벌을 할 수 있도록 하고 있다.

정리해고

> ■ 근로자들의 악몽: 정리해고!
>
> 근로자 입장에서 가장 황당하고 머리가 하얘지는 상황은 정리해고.
>
> 갑자기 나가란다. 하루아침에 밥줄이 끊기고, 이제 뭘 먹고 살아야 할지 막막하다.

회사가 한계 상황에 직면하여 워크아웃 및 기업회생절차를 밟아야 하는 경우가 간혹 발생하기도 한다.

- **워크아웃**은 채권자들이 채권행사를 유예하고 '**기업개선계획**'이라는 채무조정 및 자구계획을 관리하는 절차이다.
- **기업회생절차(법정관리)**는 '채무자 회생 및 파산에 관한 법률(채무자회생법)'에 의거하여 전체 채권자들의 채권행사를 일괄 유예한 후 채무조정 및 변제계획을 통해 '회생계획'을 실행하는 제도로 법원에 의하여 관장되는 절차이다.

그럼, 회사가 워크아웃이나 법정관리에 들어가면 정리해고는 당연한 것인가?

→ 그렇지 않다!!

회사와 근로자 사이의 근로계약은 회생절차가 개시되더라도 그대로 존속한다. 채무자회생법 규정에 따라 단체협약도 관리인이 임의로 해지하거나 효력을 부정할 수 없다.

정리해고 및 "경영상 이유에 의한 고용조정"의 경우도 마찬가지다.

근로기준법 제24조에 따른 정리해고 요건은:
① 해고를 하지 않으면 기업경영이 위태로울 정도의 긴박한 경영상 필요성
② 작업방식의 합리화, 신규채용 금지, 일시 휴직 및 희망퇴직 활용 등 해고 회피를 위한 노력
③ 합리적이고 공정한 기준으로 해고 대상자 선별
④ 해고에 앞서 노동조합이나 근로자 대표와 성실한 사전협의이다.

회사가 회생절차에 들어가더라도 근로자를 임의로 해고할 수 없고, 정리해고를 위해서는 여전히 위의 네 가지 요건을 충족해야 한다. 물론 기업 워크아웃이나 회생절차가 계획대로 진행되지 못하고 파산의 위험에 달하면 정리해고를 통한 인력 구조조정이 불가피한 상황이 오기는 한다. 결국 근기법이고 뭐고 회사가 공중분해되면 근로자들도 같이 날아간다.

출처: https://www.hankyung.com/article/202401154438i

워크아웃
기업회생절차(법정관리)

정리해고 요건

6.2 부당노동행위의 주요 요소

부당노동행위의 성립 요소는
- 사용자의 행위가 있어야 하고,
- 그 행위가 노동조합법 제81조에 기술된 5가지의 내용 중 하나에 해당되어야 하며,
- 사용자의 부당노동행위 의사가 있어야 한다.

사용자

(1) 사용자의 행위
부당노동행위는 사용자의 행위에 의해 이루어진다.

노동조합법에 의거하여 노동조합의 가입대상에 제외되는 사용자와 그 관련자는,
- 사업주
- 사업의 경영담당자
- 그 사업의 근로자에 관한 사항에 대해서 사업주를 위해 행동하는 자
- 사용자의 이익을 대표해서 행동하는 자를 말한다(노조법 제2조 제2호, 제4호).

사용자 범위에 속하지 않는 근로자라 할지라도 사용자의 지시에 따르거나 사용자의 묵시적 승인 아래 노동조합의 조직이나 운영을 방해하는 행위를 하는 경우, 사용자의 행위로 봐야 한다. 그러나 사용자와 무관한 일반 근로자가 개인적으로 노동3권을 침해하는 행위를 한 경우에는 이를 부당노동행위로 볼 수 없다.

(2) 부당노동행위의 5가지 유형
I. 노동조합 활동으로 인한 불이익 처분:

근로자가 노동조합에 가입 또는 가입하려고 했거나, 노동조합을 조직하려고 했거나, 기타 노동조합의 업무를 위한 정당한 행위를 한 것을 이유로 그 근로자를 해고하거나 그 근로자에게 불이익을 주는 행위(단결권 침해)

II. 반조합계약 작성:

근로자가 어느 노동조합에 가입하지 아니할 것 또는 탈퇴할 것을 고용조건으로 하거나 특정한 노동조합의 조합원이 될 것을 고용조건으로 하는 행위(단결권 침해)

여기서 잠깐!!

비열행위:

- 비열계약(yellow-dog contract)이란 고용조건 또는 고용유지조건으로 노동조합의 불가입, 조합 탈퇴, 특정 조합 가입을 내용으로 하는 계약을 말한다.

- 유니온 숍(union shop)의 취급
유니온 숍(입사 후 일정 기간 내에 노동조합에 가입하여야 하며, 가입하지 않을 경우 해고 등 불이익을 가한다는 단체협약)은 원칙적으로 비열계약에 속하나, 예외적인 상황으로 근로자의 2/3 이상을 조직하고 있는 노동조합은 유니온 숍 조항을 체결할 수 있다.

비열계약(yellow-dog contract)

Ⅲ. 단체교섭을 거부하거나 해태:

노동조합의 대표자 또는 노동조합으로부터 위임을 받은 자와의 단체협약체결 및 기타 단체교섭을 정당한 이유 없이 거부하거나 해태하는 행위(단체교섭권 침해)

- 단체교섭을 거부한다는 것은 노동조합이 요구하는 단체교섭에 응하지 않는 것을 말하며,
- 단체교섭을 해태한다는 것은 형식상으로는 단체교섭에 응하지만, 성실하게 임하지 않는 것을 말한다.

Ⅳ. 노동조합 활동에 대한 지배 및 개입이나 운영비 원조:

근로자가 노동조합을 조직 또는 운영하는 것을 지배하거나 이에 개입하는 행위 또는 근로시간 면제한도를 초과해서 급여를 지급하거나 노동조합의 운영비를 원조하는 행위(단결권 침해)

Ⅴ. 단체행동이나 부당노동행위에 대한 신고를 한 경우에 불이익 처분:

근로자가 정당한 단체행위에 참가한 것을 이유로 또는 노동위원회에 사용자의 부당노동행위를 신고하거나 기타 행정관청에 증거를 제출한 것을 이유로 그 근로자를 해고하거나 그 근로자에게 불이익을 주는 행위(단체행동권 침해)

(3) 부당노동행위의 의사

부당노동행위를 판단하기 위해서는 사용자가 부당노동행위에 대한 분명한 의사를 가지고 의도적인 불이익을 목적으로 했음이 분명해야 한다.

6.3 부당노동행위 구제절차

부당노동행위가 있는 경우, 해당 근로자 또는 노동조합은 지방노동위원회를 통한 행정적 구제절차 또는 법원을 통한 사법적 구제절차를 취할 수 있다. 사용자가 중앙노동위원회(중노위)의 구제명령을 따르지 않고 이에 불복하여 행정소송을 제기한 경우, 관할법원은 구제명령의 전부 또는 일부를 이행하도록 명할 수 있는데, 이를 '긴급이행명령제도'라고 한다.

부당노동행위! 부당처우! 구제절차!

먼 나라, 남의 나라 이야기일까? 그렇지 않다.

당장 편의점 알바를 하면서, 초보 직장인으로 일을 하면서 누구에게도 생길 수 있는 일들이다. 나 그럼 참아야 돼? 참지 말아라! 자기 권리는 자기가 챙기자!

■ 노동법 '몰라서' 부당대우 '당하는' 사회초년생!

법알못 탈출!!

1,378명을 대상으로 한 아르바이트 현황 조사 결과, 근로 중 부당대우를 경험한 알바생은 전체 응답자의 39.7%. 형태도 참 가지각색이다! 근로계약서 미작성, 주휴수당 미지급, 휴게시간 미준수, 최저임금 미준수, 폭언·욕설, 부당해고, 임금 미지급, 퇴직금 미지급, 성희롱 등 …

- 15~18세의 비율 35.2%

- 19세 이상 대학생은 36.5%

- 문제는 부당대우를 당했음에도 어떠한 대처를 하지 못했다고 응답한 비율 74%

대처를 못한 이유는

- 신고해도 개선되지 않을 것 같아서 55.8%

- 해고당할까봐 14.3%

- 사장님이 화 낼까봐 무서워서 11.6%

- 신고 방법을 몰라서 9.6%

행정이나 개선점에 대한 불신과 법알못!

원칙적으로 만 15세 미만의 노동은 금지되어 있다. 단, 취직인허증을 노동부장관에게 발급받고, 친권자의 동의가 있으면 가능하다. 15세 이상 18세 미만의 경우, 친권자의 동의서가 있으면 가능하나 1일 노동시간

간은 7시간, **일주일 최대 35시간으로** 제한되어 있다. **노동착취 금지!**

▶알바 시 꼭 확인해야 할 것! 근로계약서!

근로계약서에는 근로계약기간, 근로시간, 휴게시간, 임금, 임금구성항목, 계산방법, 지급방법, 업무내용, 근로장소의 기재가 필수사항이다. 문제가 안 생기는 게 가장 좋겠지만, 분쟁 발생 시, 증거가 필요하다. 나를 지켜줄 것은 바로 근로계약서.

근로계약서

시급을 1만 원으로 하자고 말로만 했다가, 시급 지급 시 1만 원으로 얘기한 적이 없다고 고용주가 쌩깐다?? 이때 증거가 필요하다! 증거가 없는 경우, 고용주가 최저임금기준만 만족시키면 노동청에서는 법적으로 문제삼지 않는다.

보통은 시급으로 급여를 책정하는 알바가 많아 일한 시간×시급으로 계산하지만, 근로계약서를 작성하여 임금에 대한 조건과 금액을 분명히 해놓는 것이 안전하다. **근로계약서를 위반하거나 작성하지 않을 시 법적으로 고용주에게 500만 원 이하의 과태료가 부과된다.**

입이 잘 안 떨어져도 일 시작하기 전에 근로계약서 쓰자고 꼭 얘기하자! 뭘 귀찮게 쓰냐고 해도 쓰자고 또 얘기하자!

▶ 임금체불 문제가 발생하면?

여기서도 필요한 것이 근로계약서. 근로계약서에 임금을 명시해야 한다.

임금체불

근로계약서에 임금조항이 포함되지 않았다면 최저임금이 적용된다. 임금은 반드시 통장으로 받아서 내역을 남겨 놓아야 한다. 현금으로 받는 경우 증명이 어렵다. 채용 포털에 올렸던 공고, 근로조건에 대한 문자, 메신저 내역 저장과 전화 시 녹취도 임금체불에 대응할 수 있는 방법이다.

뒷통수 맞지 않으려면 야무지게 굴 수밖에 없다.

▶ 만약 고용주가 폭언을 하거나 폭력 행위를 하면?

폭언·폭행은 근로기준법에서 엄격하게 금지하고 있는 사항이다. 특히 2019년에 발효된 직장 내 괴롭힘 금지법에서 '사용자 또는 근로자가 직장에서의 지위 또는 관계 등의 우위를 이용하여 업무상 적정범위를 넘어 다른 근로자에게 신체적·정신적 고통을 주거나 근무환경을 악화시키는 행위'로 정의하고 처벌기준을 제시하였다. **이를 사용자(고용주)가 위반한 경우 5년 이하의 징역, 5천만 원 이하의 벌금형에 처해지는데** 이는 형법상 폭행과는 별개로 두 가지 법 기준으로 처벌이 가능하다.

- **폭언의 경우,** 녹음과 목격자 진술을 확보하여 노동청에 진정 또는 고소하면 된다.
- **폭행의 경우,** 그 자리에서 바로 112에 신고하여 폭행사건 접수를 하고, 병원에 가서 치료를 받고 진단서를 받은 후, 노동청 또는 경찰서에 고소를 하면 된다.

폭언과 폭언은 심각한 범죄행위임을 잊지 말자!

▶ 부당하게 일을 배정하는 경우: 야근, 주말근무

연장근로의 원칙은 노사가 서로 합의 하에 하게 되어 있다. 하지만 현실에서 연장근로는 안 하겠다고 거절하기가 참 까리하다. 임금 계산에 연장근로 시간이 포함되어 있지 않다면, 연장근로 한 시간을 매번 체크해서 회사가 지급한 금액과 내가 받아야 할 금액을 비교해 보고, 시간보다 더 많이 연장근로를 한 경우, 추가 수당을 청구할 수 있다. 혹시 분쟁이 생길 때에는 시간을 정확히 계산한 내역을 바탕으로 노동청에 진정을 할 수 있다.

(저자) 근데 내가 써놓고도 현실적으로는 해결하기가 참 쉽지 않다는 것을 알긴 안다. 결국은 사회적 구조와 인식의 문제이다. 이 x또라이 고용주들!! 참 쉽지 않다! 물론 착한 고용주들도 있다! 있을 걸?

▶ 퇴사 시에는?

자발적 퇴사의 경우 사직서를 쓰고 나오면 된다. 단, 사용자(고용주)가 사직서를 반려하는 경우, 민법에 따라 30일이 경과해야 효력이 발생한다. 따라서 사직서를 작성하였으나 사용자가 반려하는 경우 민법상 효력이 발생할 때까지 회사를 다녀야 한다. 배 째고 안 나가면 무단결근으로 처리. 퇴직금 계산 시 무단결근으로 인한 금전적 손해가 발생한다.

※ 비자발적 퇴사는 권고사직과 해고로 나누어지는데 권고사직의 경우, 근로자가 180일 이상 고용보험자격을 가지고 있으면 실업급여를 받을 수 있다.

▶ 부당해고 시 해고예고수당?

해고의 경우, 입사 후 3개월이 지난 상태에서 30일의 해고예고 기간을 주지 않고 해고할 경우 사용자(고용주)는 근로자에게 30일 동안의 해고예고수당을 지급해야 한다. 5인 이상의 사업장인 경우, 해고가 부당하다면 복직을 요구하고, 노동위원회에서 부당해고 구제신청을 할 수 있다.

출처: https://mus.nocutnews.co.kr/news/5559902; 시사팩토리

연장근로

해고예고수당
부당해고 구제신청

핵심용어

- 노사관계(labor relations)
- 마르크스주의 관점(Marxist perspective)
- 갈등모델
- 다원주의 관점(pluralist perspective)
- 협상
- 뉴딜(New Deal)
- 일원주의 관점(unitary perspective)
- 전제적, 온정적, 완화적, 민주적 노사관계
- 노동조합(labor union)
- 기업별 노조
- 클로즈드 숍(closed shop)
- 유니온 숍(union shop)
- 에이전시 숍(agency shop)
- 오픈 숍(open shop)
- 산업별 노조
- 노조의 임금효과

- 경영참가제도(worker's participation in management)
- 종업원지주제도
- 노동주 제도
- 이윤분배
- 스캔론 플랜(Scanlon plan)
- 러커 플랜(Rucker plan)
- 노사협의제
- 근로자 중역 감사역제
- 노사공동결정
- 노사자주관리
- 경영참가제도
- 부당노동행위
- 노동3권
- 단체행동권
- 비열계약(yellow-dog contract)

연습문제

01 노사관계(labor relations)의 개념이란 무엇인가?

02 노사관계에 대한 마르크스주의 관점(Marxist perspective)에 대해 논하라.

03 노사관계에 대한 다원주의 관점(pluralist perspective)에 대해 논하라.

04 노사관계에 대한 일원주의 관점(unitary perspective)에 대해 논하라.

05 노사관계가 어떻게 발전되어 왔는지 논하라.

06 노동조합(labor union)의 개념에 대해 설명하라.

07 기업별 노조에 대한 개념과 유형에 대해 상세히 설명하라.

08 산업별 노조란 무엇인가?

09 노조의 임금효과에 대해 설명하라.

10 경영참가제도(worker's participation in management)란 무엇인가?

11 종업원지주제도의 개념에 대해 설명하라.

12 노동주 제도는 무엇인가?

13 이윤분배의 개념에 대해 설명하라.

14 스캔론 플랜(Scanlon plan)이란 무엇인가?

15 러커 플랜(Rucker plan)의 개념은 무엇인가?

16 노사협의제에 대해 설명하라.

17 근로자 중역 감사역제의 개념이란 무엇인가?

18 노사공동결정에 대해 설명하라.

19 노사자주관리의 개념에 대해 설명하라.

20 경영참가제도는 어떤 제도인가?

21 노동3권의 개념과 포함 요소에 대해 자세히 설명하라.

22 부당노동행위란 무엇인가?

23 비열계약(yellow-dog contract)의 개념에 대해 설명하라.

안전관리 및 복리후생

학습목표

- 안전관리의 개념에 대해서 설명할 수 있어야 한다.

- 산업재해에 대해서 이해해야 한다.

- 위험성평가 개념에 대해서 이해해야 한다.

- 조직원 복리후생에 대해서 설명할 수 있어야 한다.

근로현장에서 수많은 근로자들이 상해를 입고 있다. 여기서 상해란 신체적 상해뿐 아니라 정신적 상해도 포함하는 개념이다. 직원들이 느끼는 안전지수가 낮아지면 일터가 위험지역이 되고, 불행지수가 높아지며, 결국은 떠나게 된다. 따라서 오늘날 기업에서는 조직원에 대한 신체적·물리적 안전관리뿐 아니라 불필요한 스트레스를 야기하지 않도록 예방하여 조직 구성원들의 정서적 · 감정적 안전관리에도 신경을 써야 한다.

1. 안전관리의 개념과 의의

안전관리(safety management)

안전관리(safety management)는 재해로부터 인간의 생명과 재산을 보호하기 위한 계획적이고 체계적인 제반활동으로 보통 산업안전을 가리킨다.

- 광의의 산업안전:
  적극적 안전으로 인간생활의 복지 향상을 위하여 산업을 통해 직접 또는 간접적으로 어떠한 형태의 생존권도 침해하지 않는 상태를 말하며,

- 협의의 산업안전:
  소극적 안전으로 산업으로 인한 재난으로부터의 보호, 즉 사고의 결과인 재해로부터 인명과 재산을 보호하는 것을 말한다.

ChatGPT 안전관리는

- 위험을 감지하고 평가하며 통제하여
- 안전하고 건강한 환경을 조성하는 체계적인 프로세스로
- 안전을 위한 정책과 절차, 그리고 활동들을 개발하고 실행함으로써
- 사건, 사고 등 조직원의 안전에 위협이 되는 요소들을 방지하는 것을 목적으로 한다.

안전관리의 의의:
- 인도주의적 측면: 안전관리의 가장 기본적 이념은 인명존중이다.
- 사회적 책임 측면: 재해와 사고를 방지하여 인명과 재산상의 손실을 예방해야

한다.

- 생산성 향상 측면: 근로자의 사기진작을 통해서 기업의 생산성을 향상시켜야 한다.

안전관리는

위험의 감지와 평가를 통해

잠재적 위험을 감소시키고

안전교육과 지속적 모니터링을 통해

위험요소를 통제하여

안전의 기준과 부합하도록 하는 것이다.

대한민국 기업들에게 안전관리와 안전관리에 대한 관심은 특히나 중요한 의의를 가진다. 한국의 경우, 산업재해 발생이 높은 분야는 제조업, 건설업이다. 산재 사망자 수 기준 산업재해로 인한 사망률이 영국의 15배, 일본의 3.3배로 나타나 산업안전 측면에서 OECD 38개 국 중 34위로 최하위권에 머무르고 있다.

산업재해

산업재해는 근로자들의 삶을 피폐화한다. 뿐만 아니라 2020년 기준 산업재해에 의한 경제적 손실은 30조 원에 달하는 것으로 집계되었다. 사고로 인한 사망률이 1991년 2.67%에서 2021년 0.43%로 크게 감소하긴 하였으나, 감소 추세가 정체되어 있는 상태라 인적자원관리 차원에서 보다 세심한 안전관리가 필요하다.

■ 근로자들의 노동 현실

산업재해통계에 따르면 서울시 산업재해 대다수가 '노동환경이 취약한' 300인 미만 중소기업에서 발생하고 있다고 발표되었다. 문제는 대부분의 근로자들이 중소기업에서 근무하고 있다는 것이다.

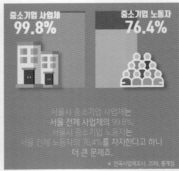

산업별로 살펴보면, 제조업은 육체적 위험에 취약하고, 건설업은 기계 진동 및 분진 등의 노출 위험에 취약하며, 서비스업은 육체뿐 아니라 정신적 위험에 복합적으로 취약한 것으로 나타났다. 특히, 서비스업 근로자들의 경우 건강에 문제가 생겼을 때, 합당한 조치가 이루어지는 비율이 제조업과 건설업에 비해 현저히 낮은 것으로 집계되었다.

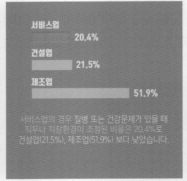

중대재해기업처벌법

2020년 「산업안전보건법」이 개정되면서 양형기준이 강화되고, 2022년 「중대재해기업처벌법」이 제정되어 산업재해의 책임에 대한 처벌이 강화되었다. 그러나 소규모 사업체의 경우 법과 제도의 강제성이 상대적으로 약해(중대재해기업처벌법 5인 미만 사업장은 처벌 대상 제외 등) 노동환경 감시와 개선에 한계가 있다.

대다수의 근로자들이 중소기업에 근무하고 있는 현실을 감안하여 사업체의 규모와 특성을 고려한 노동환경 가이드라인 마련, 산업재해 예방 및 노동안전보건 우수기업 선정 시 영세 소기업 우선 선발, 산재보상이 어려운 노동자들을 위한 산재보호망 마련 등이 필요한 실정이다.

출처: https://www.si.re.kr/node/64457

2. 산업재해

2.1 산업재해의 개념

안전이라고 할 때 가장 먼저 떠오르는 단어는 산업재해(industrial accident; industrial disaster)이다. 산업재해는 산업 현장에서 발생한 사고가 통제를 벗어나 인명과 재산상의 피해를 야기하는 것으로 산업안전보건법에 따른 산업재해의 정의는 근로자가 업무에 관계된 건설물, 설비, 원재료, 가스, 충격, 분진 등에 의해 사망, 부상, 질병이 발생한 것을 말한다. 인적자원관리에서 안전관리가 중요하게 된 배경에는:

- 재해 건수 증가
- 대형사고로 인한 인명피해의 증가
- 산업재해로 인한 손실 증가
- 기업의 사회적 책임강화 요구
- 대규모 안전사고에 의한 기업 이미지 약화라는 요인들이 있다.

산업재해(industrial accident)

■ Safety First! 안전제일!!

안전제일

오늘날의 안전관리는 **엘버트 헨리 게리(Elbert Henry Gary)**가 미국 U.S. Steel 회장이었던 1906년 실천한 경영방침으로 거슬러 올라간다. 게리가 부임할 당시 U.S. Steel의 경영방침은 '**생산제일, 품질제이, 안전제삼**'이었다.

일단은 많~이, 양질의 철강을 생산하라는 것! 노동자들의 안전은 뒷전으로 밀렸고, 그 결과 안전설비 미비와 설비 노후화로 인하여 수많은 재해와 부상자가 발생했다.

이에 게리 회장은 경영방침의 우선순위를 변경한다.

'안전제일, 품질제이, 생산제삼'

그러자 예상치 못했던 결과가 나오기 시작했다.

- 중대재해 43.2% 감소
- 제품 품질과 생산성 향상!

엘버트 헨리 게리(Elbert Henry Gary)

게리의 새로운 경영방침이 불러온 결과는 미국과 세계 각지에 큰 반향을 일으키며 미국뿐 아니라 유럽, 아시아로 퍼지게 된다.

여기서 잠깐!!

중대재해란?

산업재해 중 사망 등 재해의 정도가 심한 것을 가리킨다(산업안전보건법 시행규칙 제2조).

① 사망자가 1명 이상 발생한 재해

② 3개월 이상 요양을 요하는 부상자가 동시에 2명 이상 발생한 재해

③ 부상 및 질병자가 동시에 10명 이상 발생한 재해

중대재해

2.2 산업재해의 원인

재해(accident, disaster)는 직접원인(98%)과 간접원인(2%)에 의해서 발생한다.

· 직접원인: 불안전한 행동과 불안전한 상태
· 간접원인: 천재지변 등으로 인해 발생하는 불가항력인 경우

직접원인 중

불안전한 행동

· 불안전한 행동은 인적원인(88%)을 말하고,
· 불안전한 상태는 물적원인(10%)을 의미한다.

따라서,

재해발생 = 불안전한 행동(88%) + 불안전한 상태(10%) + 천재지변(2%)

불안전한 행동(인적 원인)	불안전한 상태(물적 원인)
· 위험 장소 접근 · 복장 및 보호구의 오사용 · 기계 기구의 오사용 · 불안전한 속도 조작 · 위험물 취급 부주의 · 불안전한 상태 방치 · 불안전한 자세, 동작	· 설치물 결함 · 안전방호장치 결함 · 복장 및 보호구의 결함 · 설치물 배치 및 작업장소 결함 · 작업환경 결함 · 생산공정 결함 · 경계표시 및 설비의 결함

인간의 불안전한 행동은 생리적, 심리적, 교육적 그리고 환경적인 다양한 요소들에 의해 영향을 받는다. 작업현장에서 인간을 통제하는 것이 쉽지 않기 때문에 산업재해를 줄이기 위한 노력은 보통 기계나 설비 등에 반영된다.

■ 사고예방 설계: 페일 세이프(fail safe)! 풀 프루프(fool proof)!

사고예방 설계는 과로 또는 오작동으로 기계 작동상 문제가 생기더라도 안전 사고가 발생하지 않도록 2, 3중으로 통제 장치를 가하는 것을 말한다. 즉, 기계나 설비가 고장이 나더라도 반드시 안전한 상태가 되도록 하는 것

사고예방 설계

페일 세이프(fail safe)

시스템에 고장(fail, 페일)이 발생할 경우, 그로 인해 더 위험한 상황이 되는 것이 아니라 더 안전한(safe, 세이프) 상황이 되도록 하는 설계나 장치를 말한다.

페일 세이프(fail safe)

대형 트럭이나 버스의 에어 브레이크는 고장이 나면 브레이크가 저절로 작동하여 자동차가 멈추도록 되어 있으며, 엘리베이터는 케이블이 절단되면 엘리베이터가 레일에 고정되어 움직이지 않게 설계되어 있고, 전기제품의 경우 일정 이상의 전류가 흐르면 퓨즈가 녹아 끊어지면서 전류가 차단된다.

풀 프루프(fool proof)

어리석은 사람도 사용할 수 있게 한다는 의미로

풀 프루프(fool proof)

사람의 실수나 부주의로 인한 사고를 방지하기 위하여 하는 안전장치(fool proof).

세탁기 뚜껑이나 전자렌지의 문을 닫지 않으면 작동하지 않는다.

재해의 90%는 규정 위반과 실수 때문으로 보고되고 있다.

작업을 할 때 안전장치는 사실 꽤 귀찮고 거슬린다. 전기톱으로 절삭작업을 할 때 앞에 보호가림막이 있으면 잘 안 보인다. 보호가림막을 치워버리고 싶은 격한 유혹!!

Never!! Ever!!

사고는 한 순간! 그러나, 내 긴~~ 인생은 아직이 난다.

- 아무리 오작동을 해도 안전한(fail safe)!
- 아무리 멍청하게 굴어도 사고가 나지 않을(fool proof)!

그럼에도 불구하고,

사고는 일어나더라~하는 현실!

3. 위험성 평가

3.1 위험성 평가의 개념과 목적

위험성 평가(risk assessment)

위험성 평가(risk assessment, risk audit)는:
- 사업주가 사업장의 잠재적으로 유해한 위험요인을 파악하고,
- 해당 요인이 사고로 발전할 수 있는 가능성(빈도)과 중대성(강도),
- 피해의 규모 및 위험도가 허용될 수 있는 범위인지의 여부를 추정하여
- 대책을 수립하고 실행하는 일련의 과정을 말한다.

위험요인 확인(hazard identification)

위험요인 확인(hazard identification):

위험요인은 인적·물적 손실 및 환경피해를 일으키는 요인들로 실제 사고(손실)로 이어지기 위해서는 자극이 필요하다. 이러한 자극으로는 기계적 고장, 시스템의 불량한 상태, 작업자의 실수 등 물리적, 화학적, 생물학적, 심리적, 행동적인 다양한 원인들이 있다. 잠재적 위험도를 가진 다양한 요인들을 도출하고 파악하는 것을 위험요인 확인이라고 한다.

위험도(risk):

위험성 평가에서 고려해야 하는 중요한 요소는 위험도이다. 위험도는 특정요인이 위험한 상태로 노출되어 특정 사건으로 연결되는 사고의 빈도(가능성)와 강도(중대성), 즉 위험의 크기와 정도를 말한다.

위험성 평가의 목적:

위험성 평가의 가장 중요한 목적은 사고의 방지이다. 위험성에 대한 피드백(feedback)을 바탕으로 체계적으로 문서화하는 동시에 지속적으로 수정, 보완해야 한다.

3.2 위험성 평가기법

산업재해 방지를 위해서는 사업주가 적극적 주체가 되어 안전보건 관리책임자, 관리감독자, 안전관리자, 근로자 모두 역할을 분담해 사업장의 유해한 위험요인에 대한 실태를 파악하고, 이를 평가해 개선방향을 제시해야 한다.

위험성 평가의 절차:

- 사전 준비
- 유해 · 위험요인 파악
- 위험도 추정(위험의 크기 산출)
- 위험성 결정(위험도의 크기가 허용 가능한지 판단)
- 위험성 감소대책 수립 및 실행의 순으로 추진한다.

4M 위험성 평가 기법

　4M 위험성 평가 기법은 산업재해를 유발하는 위험요인을 4가지 측면으로 분류하여

위험제거 대책을 제시하는 방법을 말한다.
- Man(인간): 근로자의 심리적 · 생리적 및 인간관계로 인한 인적 요인
- Machine(기계): 기계·설비 등 물적 조건 등 물적 원인
- Media(매체): 작업공간 및 작업환경의 조건 불량, 재료의 위험성이나 유해성 요인
- Management(관리): 안전관리, 작업계획, 작업지휘 등의 관리적 요인

(1) 인간(Man)

불안전 행동을 하는 원인에는 우유부단한 성격, 판단 실수, 부주의 등이 있다. 누구나 실수를 할 수 있다는 점을 인식해야 안전사고의 방지에 주의를 기울일 수 있다. 사고의 직접 원인은 작업자가 규칙을 무시해서 비롯되었을 수도 있다. 그러나 기계 작동 중 이상 상태가 발생하여 급히 정지를 시켜야 하는 상황에서 근처에 스위치가 없어 사고가 발생하기도 한다. 급박한 상황에 닥쳤을 때 사람들은 문제 해결에 몰입하여 안전수칙을 무시한 불안전 행동을 하기가 쉽다.

(2) 기계(Machine)

생산활동을 위해서는 다양한 기계를 사용하며, 용도에 부적합하거나 사용이 불편한 경우 개량하여 사용하기도 한다. 그러나 이렇게 임의로 변경하는 경우, 기계의 사용법을 제대로 알지 못하는 경우, 기계의 안전장치를 해제하는 경우, 기계의 부속품을 임의로 교체하는 경우 안전사고가 발생한다. 기계의 사양과 부적합한 변경은 기계장치의 파손을 초래하여 사고의 원인이 되기도 한다.

(3) 매체(Media)

안전사고가 발생하면 작업조건이나 작업환경이 적합했는지, 설비의 노후화는 없었는지 파악하여야 한다. 예를 들어, 제조현장에서 감지기 이상으로 경보장치가 자주 오작동하자 경보기 스위치를 꺼놓은 결과, 누출 사고 시 신속한 구제가 어려웠던 사례가 있다. 이 경우, 사고의 원인을 작업자의 안전수칙 위반이 아닌 시설의 노후화, 경보장치의 문제점으로 보아야 한다.

(4) 관리(Management)

근로자들이 안전수칙과 기준을 철저히 준수하도록 주지시키고, 안전보건관리 지침들이 현장의 활동에 적합한지를 고려하여 불합리하거나 현실과 괴리가 있는 실효성 없는 사항들은 즉시 수정하고 보완하여야 한다. 각종 규정과 기준들을 현장 상황에 맞게 지

속적으로 정비하고, 체계적으로 관리하는 노력이 필요하다.

■ 위험성평가 우수사업장 인정제도

기업들의 작업현장에 대한 위험성 평가를 장려하기 위해 **산업안전보건공단**에서는 '**위험성 평가 우수사업장 인정**' 제도를 만들어 위험성 평가를 실시하고, 인정신청서를 제출한 사업장에 대한 실태조사와 심사를 통해 위험성평가 우수사업장 인정서를 발급하고 있다.

위험성평가 우수사업장 인정을 받을 경우:

• 산재보험료 20% 인하

• 정부 포상 또는 표창 우선 추천

• 클린사업장 조성 지원 보조금 1천만 원 추가 지원

• 기술보증기금 보증 실행 시 최초 3년간 보증비율 100% 적용, 보증요율 0.2%p 감면

등의 혜택을 받을 수 있다.

(1) 위험성평가인 4M 중 가장 중요한 요소는 무엇이라고 생각하는가?

(2) 그 이유는 무엇인가?

그룹토론문제

4. 안전관리 방법

위험성평가가 잘 이루어지면 위험요소들을 체계적으로 파악하여 이로 인해 발생할 수도 있는 사고를 사전에 방지할 수 있다. 안전관리의 실질적인 노력은 다양한 방식으로 진행된다.

사고예방 노력의 가장 기본활동은 위험예지훈련 TBM(Tool Box Meeting). 작업자들이 모여서 현장에서 사고나 부상을 초래할 수 있는 위험요인(hazard)들을 찾아내고 이들이 위험한 상태로 있는지(risk)를 파악하여 사전에 제거 혹은 방지대책을 세우는 것을 말한다.

안전관리가 주로 제조업 분야와의 관련성이 높다 보니 한국은 물론 세계의 많은 기업들이 제조강국인 일본의 영향을 많이 받아왔다.

3현주의는 현장(現場)에서 현물(現物)을 관찰하고 현실(現實)을 인식함으로써 제대로 문제를 파악하고, 그 해결방안을 찾을 수 있다는 경영원칙이다. 혼다 자동차의 창업자 혼다 소이치로(本田宗一郎)가 회사의 기본이념으로 채택하면서 유명해졌다. 한국에서는 현대자동차와 LG디스플레이 등 제조업체에서 주로 도입하였다. 오늘날에는 물류관리 앱을 개발하는 IT 회사에서도 도입하는 안전관리 업무방식이다.

5S활동은 일본의 제조기업에서 안전과 생산성 향상을 위해 시작한 관리도구로 정리, 정돈, 청소의 일본식 발음이 모두 S로 시작한다고 해서 3S라고 했다가, 이후에 청결과 습관화를 추가하여 5S로 발전시켰다.

- 정리(seiri): 안전사고, 품질불량, 자원낭비를 방지하기 위해 수시로 정리
- 정돈(seiton): 필요할때 바로 사용할 수 있게 항상 정돈하는 작업환경 구축
- 청소(seisoh): 작업현장에 먼지나 오염물이 없도록 항상 청소
- 청결(seiketsu): 정리, 정돈, 청소를 철저히 하여 한눈에 문제점을 발견할 수 있는 현장 유지
- 습관화(shitsuke): 정해진 것을 항상 정해진 대로 사용

별 것 아니게 보이는 이 5S는 작업현장의 모든 상태가 정상인지, 이상이 없는지를 신속하게 파악하기 위한 유용한 관리도구로 현장의 문제점과 잠재적 위험요소를 쉽게 발견하게 해준다. 오늘날에는 제조업뿐 아니라, 물류창고, 매장 등 다양한 작업현장에 적용되고 있다. 우리 일상생활의 안전과도 깊은 관련이 있다. 손·발톱 깎다가 튄 것. 스

위험예지훈련 TBM(Tool Box Meeting)
위험요인(hazard)

3현주의

5S활동

테플러 심 떨어진 것, 귀찮아서 냅뒀다가 바닥에 떨어져 있던 거 맨발로 밟으면 살에 박힌다. 아프다. 욕 나온다.

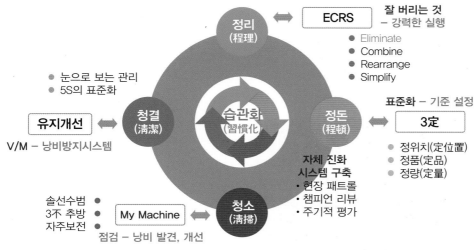

출처: 네이버

3정활동은 작업장에서 정해진 제품을, 정해진 수량만큼, 정해진 위치에 보기 쉽게 관리하여 근로자들의 편하고 안전한 업무수행을 지원하는 활동이다.

3정활동

- 정품: 정해진 제품과 부품을 사용·보관하고 품명을 정확히 표시하여 관리
- 정량: 보관 품목의 사용 상태를 파악하여 정해진 양대로 관리
- 정위치: 항상 정해진 위치에 보관

그러나 기계 및 설비의 안전 그리고 안전을 위한 관리체계보다 더 중요한 것은 안전관리의 중요성에 대한 구성원들의 인식이다. 안전관리의 중요성에 대한 구성원들의 인식을 제고시키기 위해 프랑스 기업 듀퐁(Dupont)의 경우 책상 필기구 통에 펜을 꽂을 때에도 날카로운 펜촉을 밑으로 넣도록 교육하고 있다. 작업장에서의 불안전한 행동에 대해 서로 이야기해 주고, 서로의 안전에 관심을 가지면서, 안전이 확보되지 않은 상태에서의 작업은 하지 않는 업무규칙을 만드는 것이 중요하다. 직장에서의 안전문화 구축을 통하여 안전한 행동을 습관화해야 안전한 일터를 만들 수 있다.

■ **사소하다고 은근슬쩍!! 사소하다고 x무시!!**
그러다가 걷잡을 수 없어진다!!

깨진 유리창 이론(broken window theory)

깨진 유리창 이론:

미국의 범죄학자인 제임스 윌슨(James Wilson)과 조지 켈링(George Kelling)이 1982년 월간지 『The Atlantic』의 '깨진 유리창(Broken Windows)'이라는 글에서 처음 소개한 **깨진 유리창 이론(broken window theory)**은 사회 무질서에 관한 이론이다.

한 건물의 유리창이 깨진 채로 방치되어 있다면 다른 유리창들도 곧 깨질 것이라는 신호이다. 왜?

깨진 유리창이 방치되어 있다는 것은 아무도 신경 쓰지 않는다는 것이고,

다른 유리창을 더 깬다고 문제될 게 있나?

다들 그러는데??

출처: 나무위키

깨끗한 길에서 나 혼자 쓰레기 투기? 안 한다! 눈치 보인다!

근데 쪼~기 구석탱이에 휴지들 몇 개가 버려져 있네? 나도 쪼~기에 살포~시 버린다.

그 작은 하나 하나가 모이고 모여서 엄청난 쓰레기 더미를 만든다.

깨진 유리창 이론은 아주 사소한 범죄의 징후와 무질서, 경미한 반사회적 행동을 방치하면, 사회 전체에 걸쳐 점점 더 심각한 수준의 범죄와 걷잡을 수 없는 무법상태를 야기할 수 있다는 것을 경고한다.

사소한 안전상의 문제, 사소한 파손, 사소한 오작동!
이것들을 방치하다가 그것들이 쌓이고 쌓여 대형 사
고를 일으킨다.

하인리히 법칙(Heinrich's law)

하인리히 법칙(Heinrich's law)은 미국 산업안전의 선구자로 '안전의 아버지(father of safety)'라고 불리우던 허버트 윌리엄 하인리히(Herbert William Heinrich)가 1931년 『산업재해 예방: 과학적 접근』이라는 저서에서 소개한 법칙으로 대형사고 발생 이전에 똑같은 원인으로 수십 차례의 경미한 사고와 오류 그리고 사고의 징후들이 나타난다고 말한다. 산업재해로 중상자 한 명이 발생했다면, 그 전에 동일한 위험요인으로 인한 경상자는 29명, 같은 원인으로 부상을 당할 뻔했던 잠재적 부상자들은 300명이었다는 것을 실증적으로 밝혀내었다. 큰 재해, 작은 재해, 그리고 사소한 사고의 발생 비율이 1:29:300이라 하여 '1:29:300 법칙'이라고도 불리고, 사고의 연쇄성을 강조해 도미노 이론(domino theory)이라고도 일컬어진다.

하인리히 법칙(Heinrich's law)
도미노 이론(domino theory)

출처: Google

업무현장에서 니어미스(near miss: 사고가 날 뻔!한 경우) 발생 시,

이를 보고하고, 원인규명을 철저히 해야 한다.

이 "아차 사고"들이 재발을 반복하다가 대형사고가 터진다.

산업 안전관리의 출발은 사소함!! 안전관리에도 적용되는 나비효과(butterfly effect)!

작은 구멍이라고 무시했다가 둑이 통째로 무너질 수도 있다.

니어미스(near miss)

오늘날, 기업들의 안전관리에 대한 인식이 커지면서 사고를 예방하고자 하는 다양한 안전관리기법들을 도입하고 있다. 그럼에도 불구하고 대부분의 사고들이 인간의 불안전한 행동, 인재라고 불리우는 오류(human error)로 인한 것임을 고려할 때, 미래에는 인공지능(AI)과 로봇으로 하여금 인간의 물리적 작업을 대체하게 하는 등 산업재해의 발생을 감소시킬 방안을 꾸준히 모색해야 할 것이다.

5. 산업재해 현황과 보상처리

5.1 한국의 산업재해 현황

사고사망자는 건설 · 제조업에서 70% 이상 발생하였고, '떨어짐', '끼임' 등 기본적인 안전수칙 준수로 예방 가능한 사고가 전체의 53.9%를 차지했다.

2022년 산업재해통계에 따르면,

한국 근로자들의 산업재해 건수는

총 13만 348명, 이 중

사고재해자수 10만 7,214명,

질병재해자수 2만 3,134명,

사망자수 2천 223명.

출처: https://www.safety1st.news/news/articleView.html?idxno=2534

- 재해자 기준 재해원인: '넘어짐', '떨어짐', '끼임', '절단 · 베임 · 찔림' 등
- 사망자 기준 재해원인: '떨어짐', '끼임', '부딪힘', '화재 · 폭발 · 파열' 등

떨어짐, 화재 · 폭발 · 파열 등은 신체에 심한 충격을 주어 사망으로 이어질 수 있는 가능성이 높은 재해이며, '넘어짐', '절단 · 베임 · 찔림' 등은 재해건수가 많은 것에 비해 사망자 수는 적은 것으로 나타났다.

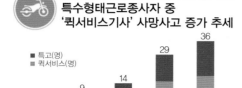

코로나19로 인한 배달 수요 증가로 특수형태근로종사자 중 '퀵서비스기사' 사망사고 증가 추세

■ 특고(명)
■ 퀵서비스(명)

출처:https://www.safety1st.news/news/articleView.html?idxno=2534

또한 코로나 팬데믹 발생 후, 요식업에서의 배달 수요가 급증함에 따라 특수 형태 근로자인 퀵 서비스 기사들의 사망사고율이 지속적으로 증가하고 있는 것으로 나타났다.

■ 일 중독: 과잉적응 증후군!!

현대인들 중에는 일 중독을 경험하는 사람이 많다. 일명 **워커홀릭(workaholic)**.

2018년 한국산업노동학회 발표에 따르면 **우리나라 근로자의 7%가 일 중독**인 것으로 나타났다.

워커홀릭(workaholic)

일 중독의 정신과적인 병명은 '과잉적응 증후군'으로 생산성과 성과에 대한 압박감에 시달리는 현대 직장인들에게 흔하게 나타나는 현상이다. 경제력에 대한 강박과 일에 대한 완벽주의적 성향을 말하는 것으로 단순히 일에 몰입하는 것과는 다르다. 독일의 신경정신과 의사 피터 베르거(Peter Berger)에 따르면 일 중독과 일에 몰입하는 것은 '일을 중단할 수 있는지 없는지'로 구분할 수 있다.

과잉적응 증후군

일 중독의 증상에는 어떤 게 있을까? 브라이언 로빈슨(Brian Robinson)이 집필한 『책상에 묶인 마음(Chained to the desk)』에서 소개한 일 중독의 10가지 증상:

• 항상 서두르며 매일 바쁘다.

• 과도하게 계획하고 과도하게 조직한다.

• 어느 것에도 만족하지 못하고 완벽하다고 느끼지 않는다.

• 일 때문에 인간관계가 어긋나곤 한다.

• 유난을 떨며 일한다.

• 끊임없이 일하고 불평을 자주 한다.

• 일에서 즐거움을 경험한다.

- 참을성이 없고 자주 화를 낸다.

- 일로만 자신의 가치를 증명할 수 있다고 생각한다 .

- 자신을 돌볼 시간이 없다.

해당사항이 많다면 일 중독을 의심해봐야 한다. 일 중독의 가장 큰 문제는 건강을 해치는 것이다. 중독이 되면 식욕, 수면욕 등 기본적인 생리 욕구가 줄어들기 때문에 제대로 챙겨 먹거나 충분히 잠을 자지 않아 소화계통의 문제가 생길 수 있고, 병을 제때에 치료하지도 않아 건강이 악화된다. 또한 **일 중독자는 정신적 보상을 일로 받기 때문에 일을 하지 않으면 우울증에 걸릴 위험이 있다.** 일 중독을 개인의 심리문제라고만은 할 수 없다. 건강한 조직이 되기 위해서는 구성원들의 신체적, 정신적 건강을 모두 관리하여야 한다.

5.2 산업재해의 보상과 처리

산업재해(산재)가 발생했을 때에 산재를 당한 근로자 본인과 가족들의 일상은 무너지고, 치료비, 수술비, 입원비, 재활비, 장애 후유증, 앞으로 어떻게 살지에 대한 걱정에 삶은 지옥이 된다. 그럼 고용주들은? 산재 처리를 했을 때 산재보험료가 인상될 것이라는 현실적인 걱정이 시작된다. 산재 발생 시 그 처리에 대해서 알아보자.

산업재해신고 의무

산업안전보건법

근로자가 업무상 부상을 당했을 경우, 고용주가 부담해야 하는 산재보험료 인상에 영향을 줄 수가 있다. 그렇다고 산재처리를 하지 않으면 더 큰 리스크가 발생할 수 있다. 산업재해가 발생하면 일단 신고를 해야 한다. 산업안전보건법은 '산업재해 발생 은폐 금지 및 고용노동부장관에 대한 보고 의무'를 사업주에게 부과하고 있으며, 이를 위반할 경우 형사처벌 및 과태료 처분을 내릴 수 있다. 휴업 3일 이상의 산업재해 발생 시, 한 달 이내에 신고를 해야 하고 신고하지 않을 경우, 과태료 2천만 원을 부과한다. 다만 근로자가 출·퇴근 시 당한 재해의 경우, 사업주의 책임이 없다면 신고를 하지 않아도 된다.

산재처리와 보험료 인상

산재보험료

사업장의 상시 근로자 수가 30인 미만인 경우 산재 처리가 산재보험료 인상에 영향을 주지 않는다. 따라서, 사업장 규모가 30인 미만인 사업장에서 산재가 발생한 경우, 사업주는 해당 사건으로 인해 산재보험료가 인상될 것이라는 걱정을 할 필요가 전혀 없다.

사업장의 상시 근로자 수가 30인 이상인 경우에도, 산재 처리를 한다고 산재보험료가 반드시 인상되는 것이 아니다. 이때 산재보험료 인상 여부는 산재가 어떠한 이유로 발생되었는지에 따라 달라진다.

- 업무상 부상을 당한 경우
- 업무상 질병에 걸린 경우
- 출·퇴근 시 재해가 발생한 경우

로 구분되는데 어떤 경우에 해당하는지에 따라 산재보험료 인상 여부가 달라진다.

- 업무상 부상의 경우 산재보험료가 인상될 수도 있고 그렇지 않을 수도 있다. 산   **산재보험급여액**
  재보험료는 사업장별로 과거 3년간 산재보험료를 납부한 금액의 합계액에 비하여 3년간 산재 처리를 하여 지급받은 산재보험급여액(산재보험금) 합계액의 비율에 따라 다르게 산정되는데, 해당 비율이 85%를 초과하게 되면 산재보험료율이 인상된다.
- 업무상 질병 및 출·퇴근 재해의 경우는 산재 사건이 발생하더라도 산재보험료 인상에 영향을 주지 않는다. 산재보험급여액 합산 시 업무상 부상 건은 포함되지만, 업무상 질병과 출·퇴근 재해 건은 포함되지 않기 때문이다.

산재보험운영의 주체

산재보험은 노동부 산하 기관인 근로복지공단이 운영한다. 근로자 1인 이상을 고용한   **근로복지공단**
사업주들은 (2000년 7월 1일부터) 근로복지공단에 보험료를 낸다. 작업장을 안전하게 관리하여 사고를 방지하여야 하겠지만, 일단 발생한 산업재해의 경우, 산업안전보건법의 규정에 따라 신고를 하고 산재 처리를 진행해야 하며, 실손보험·자동차 보험에 가입되어 있다면 중복 보상이 가능한 사항인지 등의 요건을 확인하여 부정수급이 생기지 않도록 주의해야 한다.

■ 일근로자들에게 일어나는 각종 사건 · 사고!

산재 처리와 보상, 가능한가?

근로자들이 가장 궁금한 것은 업무와 관련된 사고로 인해 부상 및 질병 발생 시 회사에서 보상을 해주는 지의 여부이다. 사고가 업무와 관련된 것인지, 산재 처리 및 보상신청을 해도 되는 사항인지 까리한 경우들이 많다.

다양한 사례를 살펴보자.

▶ 출 · 퇴근 중 교통사고로 부상을 입은 경우는?

공무상 부상에 해당하며,

공무상 부상 또는 그 부상으로 장해를 입거나 사망한 경우, 공무상 재해로 본다.

공무상 재해

사고는:

• 사업주가 제공한 교통수단이나 그에 준하는 교통수단을 이용하는 등 사업주의 지배관리 하에 출 · 퇴근하던 중 발생한 사고

• 그 밖에 통상적인 경로와 방법으로 출 · 퇴근하던 중 발생한 사고를 포함한다.

▶ 퇴근 길 편의점을 들렸다가 다치면?

출 · 퇴근 도중 개인의 일상생활에 필요한 행위로 인한 통상적인 경로 이탈은 업무상 재해로 인정이 된다. 생활용품 구입, 직무 관련 교육 수강, 자녀의 등하교, 진료, 가족 간병 등 **일상적인 범위에 포함된다면** 재해로 인정하고 있다.

▶ 내가 실수해서 사고가 났다면??

무과실 책임주의

산업재해에서는 사고의 책임을 묻지 않는다. 산재보상보험법에 따른 산재보상은 근로자가 작업 중 발생한 것일 경우 모두 해당된다. 회사의 관리 소홀이나 근로자의 실수가 있어도 책임을 묻지 않는다. 이를 '**무과실 책임주의**'라고 한다.

산업재해가 일어났을 때 근로자 과실로 책임을 전가하며 보상이 안 되는 것처럼 x빵을 치지만, 근로자의 실수로 재해가 일어났다 할지라도 업무로 인한 재해는 모두 보상을 받을 수 있다!! 산재에서 재해가 누구의

잘못인지는 상관이 없다. 다만, 민사소송에서는 본인 과실 여부 및 회사 과실을 따질 수 있다.

▶ 휴게시간 중 사고가 났다면?

사업주가 근로자에게 제공한 휴식시간 중 사업장 내에서 **사회통념상 휴게시간 중에 할 수 있다고 인정되는 행위로 인하여 발생한 사고는 산재로 인정된다.** 다만, 취업규정 위반 행위, 고의적 자해 및 범죄행위 또는 그 것이 원인인 경우는 산재에 해당하지 않는다.

▶ 작업시간 외에 사고가 났다면?

사업주가 관리하고 있는 시설의 결함 또는 사업주의 시설관리 소홀로 인하여 재해가 발생한 경우, 그 재해가 작업시간 외에 발생한 것이라도 산재로 인정된다. 다만, 근로자의 자해행위, 사업주의 구체적인 지시사항을 위반한 행위, 관리 또는 사용권이 근로자의 전속권한에 속하는 시설을 이용하고 있던 중 발생한 재해는 산 재로 인정받을 수 없다.

▶ 출장(외근) 중 사고가 났다면?

근로자가 사업주의 출장 지시를 받아 사업장 밖에서 업무를 수행하고 있을 때 발생한 사고는 산재에 해당한 다. 다만, 출장 시 정상적 경로를 벗어났을 때 발생한 사고, 근로자의 사적행위 · 자해행위, 범죄행위, 사업 주의 구체적인 지시사항을 위반한 행위 또는 그것이 원인이 되어 발생한 재해의 경우 산재로 인정하지 않 는다.

▶ 회사 행사(운동경기 · 야유회)참여 도중 사고가 났다면?

근로자가 운동경기, 야유회, 등산대회 등 회사의 각종 행사에 참가 중(혹은 행사 참가를 위한 준비연습 중) 발 생한 사고의 경우 산재로 인정한다.

• 사업주가 행사에 참여하는 근로자를 행사 당일 출근한 것으로 처리한 경우

• 사업주가 근로자에게 행사에 참여하도록 지시한 경우

• 사업주에게 행사 참여에 대한 사전보고를 통하여 사업주의 승인을 받은 경우

• 기타 위 세 가지 경우에 준하는 통상적이고 관례적인 행사에 참여한 경우

▶ 회사가 지원하는 취미활동 중 사고가 났다면?

회사가 사내 취미 모임에 활동보조비를 제공하였다는 점만으로 업무상 재해 여부를 판단할 수 없다. 재해가 발생한 취미활동 당일의 행사에 대해 회사가 구체적인 '**지휘감독권한**'을 행사하였느지가 주요 쟁점이 된다.

지휘감독권한

산업재해 후 보상

산재 발생 후 청구 가능한 보상과 절차에 대해 살펴보자. 산재에 해당되더라도 아무것도 안하면 보상을 받을 수가 없다. 보상 가능한 산재급여 및 절차를 확인하고 청구하자. 산재로 인해 청구가 가능한 급여로는 장해, 유족, 휴업, 간병, 요양급여 및 상병보상연금이 있다.

장해급여
유족급여
상병보상연금

- 장해급여:
  업무상 재해를 당한 근로자가 요양 후 치유되었으나 정신적 또는 신체적 결손이 남게 되는 경우, 그 장해로 인한 노동력 손실 보전을 위하여 지급되는 보험급여
- 유족급여:
  근로자가 업무상 사유로 사망 시 또는 사망으로 추정되는 경우, 그 근로자와 생계를 같이 하고 있던 유족들의 생활보장을 위해 지급되는 보험급여
- 휴업급여:
  업무상 재해를 당하거나 업무상 질병에 걸린 근로자가 요양으로 인하여 취업하지 못한 기간에 대하여 피해 근로자와 그 가족의 생활보호를 위하여 지급하는 보험급여
- 간병급여:
  요양을 종결한 산재근로자가 치유 후 의학적으로 상시 또는 수시로 간병이 필요하여 간병을 받는 자에게 보험급여를 지급하는 제도
- 요양급여:
  공단이 설치 또는 지정한 의료기관에서 요양을 하고 비용을 의료기관에 직접 지급하는 것을 원칙으로 하고 있지만, 부득이한 사유로 인해 근로자가 요양을 먼저 하고 진료비를 부담한 경우 및 급여의 성격상 근로자에게 직접 지급
- 상병보상연금:
  요양 개시 후 2년이 경과하여도 치유되지 아니하고 요양이 장기화됨에 따라 해당 피해근로자와 그 가족의 생활안정을 도모하기 위하여 휴업급여 대신 보상수준을 향상시켜 지급하는 보험급여

근로복지공단에 연락하여 상담을 통해 사전재해조사를 요청하고 산재신청을 한다. 근로복지공단은 조사내용에 의거하여 판정한다.

■ **산재보험: 오해와 진실!!**

산재보험에 관련된 다양한 오해와 진실을 살펴보자.

▶ 5인 이하의 사업장에서 산재를 당하면 산재보험이 안 된다.

아니다! 2000년 7월 1일부터 근로자 1인 이상의 모든 사업장에 적용된다.

▶ 사업장이 산재보험에 가입되어 있지 않으면 산재처리가 불가하다.

아니다! 사고 당시 산재보험에 가입되어 있지 않더라도 의무적 가입대상에 해당되면 산재처리가 가능하다.

▶ 산재는 회사가 인정해야 되고 신청도 회사가 하는 것이다.

아니다! 산재인정은 산재보험법에 따라 공단에서 결정하는 것이고, 산재 신청은 재해자나 유족이 직접 한다. 다만, 신청서에 사업주(사장, 회사)의 확인 도장을 받아야 하지만 사업주가 확인을 거부하는 경우, 사유를 적어서 제출하면 된다.

▶ 회사를 퇴직하거나 회사가 없어지면 산재보상을 받을 수 없다.

아니다! 산재로 치료 중 퇴직처리가 되거나 회사가 폐업하더라도 계속 산재보상을 받을 수 있다.

▶ 산재가 발생하면 회사에서 다 알아서 처리해 준다.

아니다! 산재보험법상 산재 승인 신청 및 보험급여 청구자는 재해자(유족)이다. 따라서 재해자나 유족이 직접 신청해야 한다.

▶ 회사와 합의하면 산재를 신청할 수 없다.

아니다. 신청을 할 수 있다! 다만, 사업주(사장, 회사)와 합의하여 금전적 보상을 받은 경우 합의한 범위만큼 산재보험 급여를 받지 못한다.

▶ 일용근로자(단시간 근로자 포함)는 산재처리의 대상이 아니다.

아니다. 산재처리 대상에는 정규직, 계약직, 일용직(일당제 근로자 포함) 구분이 없으며, 외국인(불법체류자 포함)도 산재보상을 받을 수 있다.

▶ 간병을 받으면 무조건 간병비가 지급된다.

아니다! 간병을 받았다고 간병비가 지급되는 것은 아니다. **산재보험법에 간병을 받을 수 있다고 정해 놓은 기준에 근거하여 산재근로자가 실제로 간병을 받은 경우에만 지급**된다.

▶ 입원해서 치료 받는 경우에만 산재보상을 받을 수 있다.

아니다! **통원치료도 해당**한다.

▶ 산재가 한 번 종결되면 그것으로 모두 끝난다.

요것도 아니다! 산재치료가 끝난 후 산재로 야기된 질병이 재발하거나 악화되어 이를 치료하기 위해 병원에서 적극적인 치료가 필요하다는 의사의 소견이 있는 경우, 치료 및 재요양을 위해 재신청이 가능하다.

출처: http://www.sanjae.net/html/consulting_3_8.html

6. 조직원 복리후생

오늘날 조직원들의 복리후생은 연봉만큼이나 젊은 세대들에게 중요한 의미를 가지고 있으며, 직업 선택의 주요 기준이 되고 있다.

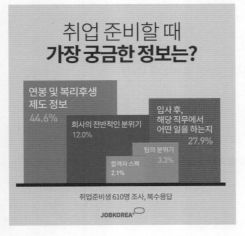

남녀 대학생 및 취업준비생 610명 대상 설문 결과, 취업준비를 하며 가장 궁금해 하는 기업정보는 '연봉 및 직원 복지제도(44.6%)'로 집계되었다.

6.1 복리후생의 개념과 발전

복리후생(welfare)이란?

근로자의 건전한 노동력 확보 및 노동 생산성의 향상, 근로생활의 안정화 및 질 향상 등을 위하여 기업이 직원과 그 가족을 대상으로 제공하는 임금 이외의 간접적인 보상으로 각종 복지 정책 및 시설을 포함하는 물질적·정신적 서비스 일체를 말한다.

산업사회로의 발전 및 산업 민주주의 실현에 따라 오늘날의 기업들은 직원들의 근로의욕 증대 및 인간관계 개선 등에 중점을 두고 경제적·사회적 측면에서 다양한 복지시설의 확충과 복리후생제도의 합리화를 추구하고 있다.

복리후생(welfare)

복리후생의 발전 과정

- 1단계: 온정적 노사관계와 복리후생

  18세기 말부터 19세기 중반까지 산업사회 초기의 온정적 노사관계를 배경으로 한 기업복리후생의 시기로 이 시기의 복리후생은 사용자가 종업원에게 제공하는 온정과 은혜로 인식되었다.

- 2단계: 근대적 노사관계와 복리후생

  19세기 후반부터 제1차 세계대전 전후까지의 복리후생으로 근대적 노사관계의 발전을 배경으로 형성된 기업복리후생의 시기이다. 이 시기에는 사용자와 근로자의 관계가 지배와 종속의 관계에서 벗어나 상호대등의 노사관계로 변하기 시작하면서 근대적 형태의 노사관계를 형성한다.

- 3단계: 민주적 노사관계와 복리후생

  1930년대 이후 노동조합의 결성 및 노동운동의 본격적 전개와 근로자들의 인권 보호를 위한 정부의 노동법 제·개정 등을 배경으로 발전된 민주적 노사관계의 시기로 기업복리후생이 더 다양하고 발전된 형태를 띠게 된다.

온정적 노사관계
근대적 노사관계

6.2 복리후생의 유형과 내용

복리후생은 시행 주체와 강제성 여부에 의해 분류할 수 있다.

(1) 시행주체에 의한 분류

- 기업복지: 기업이 주체가 되어 직원과 가족을 대상으로 제공하는 각종 복지시설 및 시책
- 노동복지: 노동조합 및 노동단체가 주체가 되어 조합원 및 조직 구성원을 대상으

기업복지
노동복지

로 제공하는 복리후생 활동

사회복지

- **사회복지**: 국가 및 지방 공동단체가 주체가 되어 국민, 근로자 전체를 대상으로 제공하는 복리후생 활동(건강보험, 국민연금, 고용보험)

(2) 강제성 여부에 의한 분류

복리후생 종류

법정복리후생
법에 의해 기업이 의무적으로 제공해야하는 복리후생 제도
예) 4대보험(건강,연금,산재,고용), 연차제도, 육아휴직 등

법정외 복리후생
법으로 정한 복리후생 외에 기업이 자율적으로 직원들에게 더 지급하는 복리후생 제도
예) 건강검진 제공, 휴가비 지원, 경조사 지원, 학자금 지원, 유류비 지원

법정복리후생

- **법정복리후생**: 국가의 법 규정에 의하여 의무적으로 기업 측에 부과
- **법정 외 복리후생**: 기업의 임의적이고 자율적 판단에 의해 근로자와 그 가족에게 제공하는 복리후생활동으로 기업의 각종 복지시설 및 제도

법정복리후생은 다음 4가지 보험(4대보험)을 포함한다.

의료보험
연금보험
산재보험
고용보험

- **의료보험**: 의료보험(국민건강보험)은 기업 내 구성원 및 그 가족에게 발생하는 질병의 치료나 사고를 예방하기 위한 강제적 사회보험
- **연금보험**: 연금보험(국민연금)은 근로자가 노령으로 근무능력을 상실하여 소득이 없거나, 사망했을 경우, 근로자와 그 가족의 생계를 지원해 주기 위해 일정의 연금을 지급하는 장기적 사회보험제도
- **산재보험**: 업무 수행과 관련하여 발생한 근로자의 부상, 질병, 사망 등의 재해에 대하여 보상을 행하는 사회보험임과 동시에 정부가 사업주의 보상 책임을 담보해 주는 책임보험제도
- **고용보험**: 고용보험은 근로자가 실직한 경우 발생하는 생활의 위협을 방지하기 위하여 도입된 사회보험제도

법정복지제도

법정복지(mandated benefits, legally required benefits)는 국가에서 법률로 기업에 대해 기업복지시설 설치 및 제도운영을 의무화하는 제도

법정복지제도가 다른 보상유형과 다른 점은

- 직원이 받은 보상을 금액으로 표시할 수 있다는 것

- 보상의 용도와 소비 목적이 받기 전에 정해져 있다는 것

- 노동이 아닌 다른 요건을 충족할 때 지급한다는 것

법정복지는 기업 스스로 도입 여부를 결정할 수 없고 법률에서 도입 여부나 운영 기준을 결정한다. 현금으로 지급하는 경우도 있지만 보통 휴일, 휴가, 연금, 보험 등 간접적인 혜택으로 제공한다.

영미권에서는 법정복지를 government-mandated benefits, mandated benefits, legally required benefits, involuntary benefits, benefits required by law, statutory benefits 등으로 다양하게 부르고 있다. 일본이나 한국에서는 법정복리, 법정복지, 법정복리후생 등으로 칭한다.

출처: http://pbrking.com

그룹토론문제

(1) 오늘날 기업들은 우수인재를 유치하고 유지하기 위해 다양한 복리후생을 제공한다. 형태도 다양한데 어떤 복리후생이 매력적이라고 생각하는가?

(2) 그 이유는 무엇인가?

(3) 기존에는 없지만 앞으로 있었으면 하는 복리후생에는 어떤 것이 있을지 논의해 보자.

법정휴일, 대체공휴일, 휴일대체

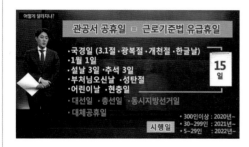

2020년 1월 1일부터 관공서가 아닌 **민간기업 근로자**들도 연간 약 15일의 유급휴일을 추가로 보장받게 되었다.

관공서 공휴일은 공무원에게만 적용되는 관공서의 휴일이었지만, 대기업에서는 관공서 공휴일을 자체 휴일로 운영하는 반면, 중소기업 근로자들은 어린이날, 크리스마스, 석가탄신일, 선거일 등에도 쉬지 못했다. 이에 휴식권과 투표권 등의 **차별이 있는 현실**을 반영하여 **2018년 3월 근로기준법이 개정**되었다.

법정휴일

법정휴일:

- 1월 1일

- 설 연휴 3일

- 추석 연휴 3일

- 석가탄신일

- 성탄일

- 어린이날(5.5)

- 현충일(6.6)

- 공직선거법 제34조에 따른 임기만료에 의한 선거일(대통령선거일, 국회의원총선거일, 전국지방동시선거일)

- 기타 수시 지정일(임시공휴일)

- 3 · 1절(3.1), 광복절(8.15), 개천절(10.3), 한글날(10.9), 제헌절(7.17)은 제외

대체공휴일

대체공휴일:

당초 공휴일	중복되는 날	대체공휴일
3.1절, 어린이날, 부처님오신날, 광복절, 개천절, 한글날, 성탄일	토요일, 일요일, 다른 공휴일과 겹친 경우	공휴일 다음의 첫 번째 비공휴일
설 연휴(3일), 추석 연휴(3일)	일요일, 다른 공휴일과 겹친 경우	

★ 대체공휴일이 적용되지 않는 날은 1월 1일, 현충일(6.6), 제헌절(7.17)

휴일수당은 그럼 어떻게??

휴일대체를 하지 않은 채 **근로자가 공휴일(대체공휴일 포함)에 근로**를 했다면 휴일근로 가산수당은 근로기준법 제56조 제2항에 의거하여, 1일 **8시간 이내** 근무의 경우 59%, **8시간 초과 근무의 경우 100%를 가산한 임금을 지급**해야 한다.

그러나 휴일대체를 했다면, 원래의 공휴일은 보통 통상근로일이기 때문에 고용주는 휴일근로 가산수당을 지급할 의무가 없다.

출처: https://www.nodong.kr/holyday/2031556

7. 조직원의 정신건강과 웰빙

근로자들의 인권 존중 및 안전의식 선진화에 따라 국내기업들도 다양한 안전관리기법을 도입하고, 직원들의 육체적, 정신적 건강을 증진하기 위해 복리후생제도를 확충하고 있다. 법정휴일, 연차휴가 규정이 개선되고, 일부 기업에서는 주 5일이 아닌 주 4.5일이나 주 4일 근무로 근무시간을 단축하는 움직임도 보이고 있다. 그럼에도 불구하고, 직장인들의 하루하루는 여전히 쉽지 않다.

예전에는 물리적 안전 측면이 안전관리에 국한되었지만, 현대에 이르러 상해는 신체적 상해뿐 아니라 정신적 상해를 포함하는 개념으로 발전하였다. 따라서 오늘날 직원들의 정신건강, 스트레스 관리는 안전관리의 주요한 영역이 되었다. 갤럽(Gallup)이 2022년 발표한 보고서에 의하면 전 세계 노동인구가 하루동안 느끼는 부정적 감정(스트레스, 걱정, 분노, 슬픔)이 각각 44%, 40%, 23%, 21%로 근로자들의 정신건강이 악화되며, 위험수준으로 넘어가고 있다.

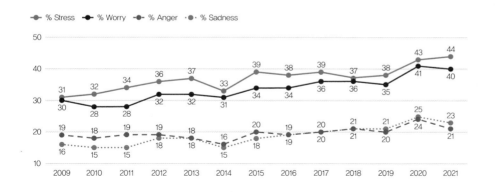

오늘날의 사회에서는 제조기업보다 서비스 및 기타 IT 산업군에 속하는 사람들이 더 많은 실정이다. 서비스 및 IT 산업군에 속한 근로자들의 경우 물리적 산업재해에서는 어느 정도 자유롭지만, 정신건강 관리 부분에서는 상당히 취약하다. 근로자들이 작업장에서 느끼는 스트레스와 걱정, 분노와 슬픔은 근무의욕, 태도, 행복감, 그리고 조직성과에도 큰 영향을 미친다. 근로자들이 직장에서 받는 스트레스는 남성(42%)보다는 여성(47%)이, 나이가 많은 층(39%)보다는 젊은 층(47%)에서 수치가 높게 나타났다.

국가별로는 동아시아(55%), 미국/캐나다(50%), 라틴아메리카(50%) 순으로 집계되었다. 동아시아의 근로자들이 전 세계에서 가장 많은 스트레스를 받고 있다는 집계는 우리에게 많은 시사점을 준다. 국내기업들에게도 직원들의 스트레스 관리가 주요 과제가 되고 있다.

DAILY STRESS

Did you experience the following feelings during A LOT OF THE DAY yesterday? How about stress?
(Yes, No)

% YES

Global

44%

Gender
47%
Female
42%
Male

Age
47%
<40 years old
39%
≥40 years old

	Regional Ranking	% Yes
1	East Asia	55
2	United States and Canada	50
3	Latin America and the Caribbean	50
4	Australia and New Zealand	47
5	Middle East and North Africa	45
6	Europe	39
7	Sub-Saharan Africa	39
8	South Asia	35
9	Southeast Asia	31
10	Commonwealth of Independent States	19

출처: 갤럽2022년 보고서

번아웃(burnout)

스트레스의 결과로 흔히 나타나는 직장인들의 번아웃(burnout).

2019년 세계보건기구(WHO)에서 제10차 국제질병분류에 번아웃을 포함하고 "만성적 업무 스트레스가 제대로 관리되지 못한 결과로 발생하는 일련의 증상"으로 정의했다. 심리학자 크리스티나 매슬랙(Christina Maslach)은 번아웃의 주요 증상을 에너지 고갈과 소진, 직장과 업무에 대한 거부감, 냉소주의, 업무 효능감 감소로 특징 지으며, 과도한 업무량, 통제력 상실, 보상과 인정의 부족, 인간관계, 공정성 결여 및 가치관 불일치를 번아웃의 주요 원인으로 꼽았다. 다양한 요인들이 있지만, 직장인들의 스트레스 지수와 번아웃에 가장 큰 영향을 주는 요인은 바로 '인간'이다.

■ **이 철천지 웬수!! 너 나한테 왜 이래??**

'직장 내 괴롭힘'

직장 내 괴롭힘

2017년 국가인권위원회 실태조사에 따르면, **직장에서 괴롭힘을 당한 적이 있다고 대답한 직장인이 73.3%**에 달한다. 직장 내 갑질은 직원들의 정신건강에 치명타를 입히며, 회사를 떠나게 하는 주요 요인으로 작용하고 있다. 직장 내 괴롭힘은 갖가지 형태로 나타난다. 폭언(35.7%), 부당한 인사조치(15.5%), 험담 · 따돌림(11.5%).

> \# 말끝마다 "x발 죽여 버린다"라고 욕을 하고 갑자기 다가와 때릴 것처럼 위협한다. "야, 너 이 바닥 좁은 거 알지? 내가 가만 둘 것 같아?"라고 협박한다. 스트레스로 밥도 제대로 먹지 못하다가 용기를 내 노동청에 사장을 신고하면서 사장이 욕했던 녹음 내용과 카톡을 증거로 보냈다.

> \# 상사가 저를 불러 다른 업무에 대해 물어봐서 확인하고 말씀드리겠다고 하면서 더 급한 업무를 마치고 하겠다고 말하자 상사가 책상을 잡더니 제 쪽으로 넘어뜨려 컴퓨터와 사무용품에 맞았다. 상사가 "야, x발 내가 너 없으면 일 못할 것 같아? 이 x발x아, 내가 너 눈치보며 일해야 하냐"고 소리쳤다.

직장 내 괴롭힘 사건 처리 현황

직장 내 괴롭힘 금지법

직장 내 괴롭힘 금지법이 시행된 2019년 7월부터 2021년 10월까지 접수된 사건 1만 2,997건 가운데 개선 지도가 이루어진 사건은 23.8%. **검찰에 송치**된 사건은 1.2%.

사건이 취하되거나 기타로 분류된 건은 74.9%.

법 적용 대상이 아니라는 이유 등으로 단순행정종결로 처리되고 있으며, 5인 미만 사업장, 간접고용, 특수고용 등 직장 내 괴롭힘 금지법의 보호를 받지 못하는 사각지대가 많은 실정이다.

출처: 직장갑질 119

2021 평등상담사례집에 따르면 직장 내 성희롱을 당한 피해자 46.4%가 직장 내 성희롱을 거부하거나 신고 후, 해고나 퇴사하게 만드는 분위기 조성 등의 2차 피해를 겪었다고 한다.

> \# 파견회사 소속으로 입사 후 회식 자리에서 인사부장에게 성추행을 당했다. 대표에게 신고했다. 그러자 인사부장은 "짐 싸서 나가"라고 했고, 파견회사로부터 해고를 당했다. 노동청에 직장 내 성희롱을 진정했고 경찰에 가해자를 강제추행으로 고소했다. 직장 내 성희롱은 인정됐지만, 강제추행은 증거불충분으로 불기소 결정이 났다. 그러자 인사부장이 무고로 고소했고, 손해배상을 청구했다. 다행히 법원에서 손해배상이 기각됐다.

\# 스타트업에 입사한 지 갓 3개월 된 사회 초년생인 C 씨를 상대로 회사 임원이자 투자자인 상사가 수시로 만남을 요구하며 괴롭혔다. 동료 직원을 지칭하며 "누구는 야망이 있어서 다 해주는데 내 진짜 관심은 너다"라며 희롱했다. 피해자가 항의하자 가해자는 전 직원을 모아놓고 "우리 회사에 명예훼손하고 다니는 범죄자가 있다"며 비난하기도 했다. 가해자의 요구가 받아들여지지 않자 일주일에 한 번꼴로 시말서를 쓰게 하거나 '왜 뒷문을 연 채 나갔다 왔느냐'며 꼬투리를 잡는 경우도 있었다.

(머리와 등을 쓰다듬으며)
아이고, 우리 XX씨는 참 예뻐~

요거요거 무슨 상황일까요?

① 진짜 가족처럼 예뻐하는 모습
② 이성으로서 몸을 터치하는 모습
③ 평범한 일상

출처: https://m.blog.naver.com/Post

막상 닥치면, 감당하기 어렵다! 걸고 넘어져야 하는 건지, 참고 넘어가야 하는 건지…

우리 여린 사회초년생들에게는 동공지진이 일어날 일들이다.

성희롱 · 성추행 발생하면 이렇게 대응하세요

 피해를 당한 즉시 가해자의 언행과 자신의 감정을 문자나 메일로 자세히 적어 항의한다.

 욕설 · 비난 등 폭언으로 가해자에게 빌미를 주지 않도록 주의한다.

 'ㅎㅎ' 'ㅋㅋ' 등 상대방이 긍정적으로 오해할 수 있는 표현을 피한다.

 되도록 출근하면서 해결 과정을 직접 챙긴다.

 사건 발생 후 회사 지시에 대해 '지시 거부' 등 꼬투리를 잡히지 않도록 가급적 따른다.

\# 상사니까 참는데 사람인지라 그만두고 싶을 때가 많다.

\# 괴롭힘이라는 게 눈에 보이는 것보다 사소한 것에서 느껴지는 것이 많아 신고해도 처벌이 어려울 것 같다.

\# 갑질을 일삼던 원장의 뒷배경이 워낙 커서 피해 사실을 숨길 수밖에 없었다.

출처: https://news.unn.net/news/articleView.html?idxno=528553; http://snaptime.edaily.co.kr

■ 자살 산업재해: 월급쟁이는 존버만이 정답일까?

과로, 스트레스 등으로 극단적 선택을 한 '자살 산업재해'가 2021년 기준 158건이 발생한 것으로 집계되었다. 사회생활을 하면서 겪게 되는 폭언, 모욕, 반말, 부당 지시!

월급쟁이들은 그저 참고 견뎌야 할까?

"서울시청 공무원이 투신자살했다."

"집배노동자가 목을 매 자살했다."

"경마장 기수가 자신의 차량에 불을 피워 자살했다."

그들은 왜 죽음을 선택할 수밖에 없었을까?

분명 업무와 관련된 죽음인데, 그들의 죽음은 왜 제대로 규명되지 않은 걸까? 왜 우리의 일터는 사회적 살인의 장소가 되었을까?

고용주나 직장 상사가 지위를 이용해 다른 직원에게 고통을 주는 행위를 금지하는 '직장 내 괴롭힘 금지법'이 만들어진 지 3년이 넘었다. 법 시행 전에 설문조사를 했을 때 직장인의 45% 정도가 직장 내 괴롭힘을 겪었고, 2023년 조사에서는 30% 안팎 수준으로 나왔다. 그러나 법 시행 후에도 30% 이하로 도통 떨어지지를 않는다.

잡코리아가 직장인 1,049명을 대상으로 '직장생활에 지칠 때'를 주제로 설문조사를 실시한 결과, 직장인 10명 중 7명은 존버를 하고 있다고 답변했다. 직장생활 중 버티기 힘들다고 느낄 때가 있다고 고백한 직장인은 89.2%. 가장 큰 이유는 인간관계 스트레스(22.3%)로 집계되었다.

'직장 내 괴롭힘 금지법' 제정 후, 갖가지 문제들이 수면 위로 떠오르고 있다. 과거의 심각한 괴롭힘과 회식 강요, 술자리 벌주, x가리 박기 등의 문화는 줄었으나, 새로운 형태의 괴롭힘들이 문제로 떠오른다.

- 과거: 짝 찾아주는 게 미덕
    → 타인의 사생활 간섭 No!
- 과거: 여직원 콕 집어 불러서 커피 타오게 하기

→ 성차별 No!

- 과거: 자녀 결혼식, 부모 장례식에 부하 직원들 총동원

  → 사적 업무 지시 금지 No!

- 과거: 야근 당연! 6시 칼퇴? 저런 후x자식을 봤나?

  → 강요 No!

세대도 변하고 사회도 변하고 있는데 관행이 남아있다는 것이 문제이다. 신고가 이루어지면 대부분의 회사들은 적당한 선에서 얼버무리고 싶어한다. 그러면서 신뢰는 사라지고 직원들은 존버의 상태를 위태위태 지속한다.

직장 내 괴롭힘이 누군가를 죽음으로 내몰 수 있는 심각한 범죄라는 것을 인식하는 것이 중요하다. 그리고 발생한 사건에 대한 해결에 있어서 이를 단순히 업무나 관리 측면이 아닌 조직문화 개선, 인권의식 상승 측면으로 접근해야 할 것이다.

출처: https://www.hankookilbo.com/News/Read/A2023082907410001219?did=NA

직장 내 괴롭힘의 배경에는 '갑질 심리'가 자리잡고 있다. 갑질 심리는 상대에게 모욕감을 주면서 내가 우월하다고 느끼는 상태이다. 괴롭히는 사람들은 '조직을 더 튼튼하고 효율적'으로 하려는 노력이었다는 x소리들을 한다.

여기에 근로자들이 경험하는 '저항의 무기력함'도 한 몫한다. 입사 초기에는 불합리한 관습에 저항해 보지만, 곧 소용없음을 알게 된다. 국가인권위원회 2017년 자료에 따르면 피해자 중 60.3%가 아무런 문제를 제기하지 않았고, 문제를 직접 제기한 사람들은 26.4%, 공식적으로 문제를 제기한 사람들은 12%에 불과했다. 문제를 제기한 사람 중 적절한 조치가 이루어지지 않았다고 응답한 사람들이 절반을 넘는다(53.9%). 저항하고 반항해도 소용없다는, 결국 손해보는 건 나라는 학습된 무기력감(learned helplessness)이 형성되는 것이다.

괴롭힘의 기준이 모호하다는 것도 한 몫한다. 신체적 상해의 경우 산업재해방지 및 보험 등으로 근로자들을 보호하는 장치를 마련하고, 이를 더욱 확충시켜 나아가고 있지만, 직장 갑질 방지법이 생긴지 이제 불과 몇 년 지난 시점에서 구성원들의 정신건강을 지켜주는 사회적, 제도적 장치는 아직 미미한 실정이다. 그럼에도 불구하고 직장 내 괴롭힘 방지법 시행이 근로자들을 보호하고, 정신건강이라는 새로운 형태의 안전을 제공하고자 하는 노력의 시작이라는 점에서 큰 의의가 있다. 직장 내 갑질에 대한 적극적 예방과 인성교육, 그리고 공감과 배려가 당연시되는 사회분위기와 직장문화를 만들어야 한다.

학습된 무기력감(learned helplessness)

핵 심 용 어

- 안전관리
- 산업재해
- 불안전한 행동
- 불안전한 상태
- 사고예방 설계
- 위험성 평가
- 위험성 평가기법(4M)
- 위험예지훈련(TBM: Tool Box Meeting)

- 3현주의
- 5S활동
- 3정활동
- 깨진 유리창 이론(broken window theory)
- 하인리히 법칙(Heinrich's law)
- 무과실 책임주의
- 법정복리후생
- 법정외 복리후생

연습문제

01 안전관리의 정의는 무엇인가?

02 산업안전의 개념과 유형에 대해 설명하라.

03 산업안전의 목표를 세 가지 측면에서 설명하라.

04 재해의 직접원인과 간접원인이 무엇인지, 직접원인의 구성요소는 무엇인지 설명하라.

05 사고예방 설계의 개념과 유형에 대해 설명하라.

06 위험성 평가의 개념에 대해 설명하라.

07 위험성 평가에서 고려해야 하는 4가지 위험요인에 대해 설명하라.

08 위험예지훈련 TBM(Tool Box Meeting)이 무엇인지 설명하라.

09 안전관리를 위한 3현주의, 5S와 3정의 개념에 대해 설명하라.

10 산재 발생의 세 가지 주요 원인에 대해 설명하라.

11 깨진 유리창 이론(broken window theory)이 안전관리에 어떻게 적용될 수 있는지 논하라.

12 하인리히 법칙(Heinrich's law)과 안전관리에 대해 논하라.

13 상병보상연금은 무엇인가?

14 무과실 책임주의에 대해 논하라.

15 법정복리후생과 법정 외 복리후생의 차이점은 무엇인가?

PART

04

인적자원관리의
트렌드와 도전

12

다양성관리

학습목표

· 다양성의 개념에 대해서 설명할 수 있어야 한다.

· 다양성의 유형에 대해서 설명할 수 있어야 한다.

· 다양성 조직이 갖는 의의에 대해서 이해해야 한다.

· 다양성을 설명하는 이론들을 이해하고, 비교할 수 있어야 한다.

1. 다양성의 개념

다양성(diversity)

다양성(diversity)이란?

신체적·정신적 특성, 삶의 경험 등에서 독특한 정체성을 가지는 다양한 특성을 가진 구성원들이 섞여 있는 것을 말한다. 구성원들의 다양성이 증가하면서 조직의 다양성 관리가 주목받고 있다.

■ 우리는 당신이 당신이라는 것에 대해 가치를 부여하고 존중합니다!!

"당신의 배경, 나이, 출신지, 성별, 성적 성향, 정체성 또는 능력에 관계 없이,

우리는 당신이 자신의 모든 것을 일터로 가져올 수 있는

포용적인 문화를 구축합니다."

소덱소(Sodexo)는 직원 수 422,000명의 프랑스 회사로 세계적으로 영향력을 끼치고 있는 식품회사이다. 한국에도 지사가 있다.

성평등에 초점을 맞춘 소덱소는 블룸버그의 성평등 지수에 포함, 회사 집행위원회의 37%, 이사회의 60%가 여성으로 구성되어 있다. 소덱소는 조직 구성에서 최적의 성 균형을 이루었을 때 직원 참여 4%, 총 이익 23%, 브랜드 이미지는 5% 증가한다고 보고하고 있다.

2. 다양성의 유형

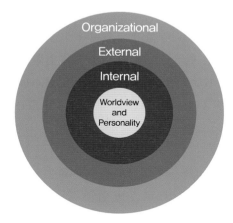

다양성은 크게 네 가지로 구성된다.

- 세계관과 성격
- 내부요인
- 외부요인
- 조직

- 세계관과 성격:

  성격, 인격, 가치, 신념 및 세계관을 의미한다.
- 내부요인:

  내부요인은 인간이 타고난 선천적 요소들로 인종, 성별, 연령, 국적 등을 포함한다.
- 외부요인:

  외부요인은 후천적 교육, 종교적 믿음 등을 포함한다.
- 조직:

  조직 관련 특성은 직위, 기능, 업무 경험 등과 직장의 위치, 경영상태, 부서 등을 포함한다.

2.1 성별 다양성

성별 다양성(gender diversity)은 과거 남성 중심적 노동력 편향을 극복하고 각 성별이 가지고 있는 장점을 살려 기업 성과에 중요한 기여를 할 수 있는 다양성의 중요한 지표이다.

성별 다양성(gender diversity)

보스턴 컨설팅 그룹은 구성원 성별이 다양한 기업이 더 높은 수익성을 보인다고 보고하고 있다.

- 성별 다양성이 높은 기업이 그렇지 않은 기업 대비 48%의 성과차이를 보이고 있

으며, 임원진의 성별 다양성이 높은 기업의 경우, 평균 이상의 수익성을 누릴 가능성이 25% 더 높다고 평가하고 있다.

유리천장(glass ceiling)

맥킨지는 2030년까지 전 세계 노동시장에서 성별 다양성이 구현된다면 전 세계 GDP가 13조 달러 증가할 것이라고 예측하고 있다. 한국 100대 기업의 여성 임원 비율은 2019년 3.5%에서 꾸준히 상승하여 2023년 6%에 진입하였으나, 유리천장(glass ceiling)을 깨기 위해서는 아직 갈 길이 멀다. 성별 다양성을 위한 노력에는 차별 없는 채용, 승진, 임금 지급 등이 있다.

- 2023년 2월 기준, 16세 이상 여성들이 미국 전체 직원의 47%를 차지하는 가운데, 2022년 정규직 여성의 주당 소득이 남성 대비 83%로 성별 임금 격차가 지속되고 있으며,
- 남성 100명당 87명의 여성만이 관리직으로 승진하고 있는 것으로 나타났다.

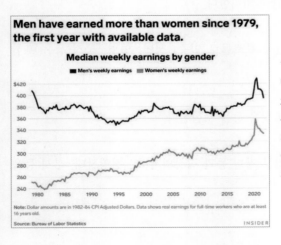

1979년부터 2020년 근로자 임금 통계를 살펴보면, 사회 및 기업활동에 있어서 다양한 형태의 차별 철폐를 위해 노력을 한다는 미국에서도 남성 근로자 대비 여성 근로자의 임금이 현저히 낮은 것을 발견할 수 있다. 임금 격차가 점차 감소하고 있는 추세이지만, 그 격차는 아직도 상당한 것으로 집계되고 있다.

인종별로 보면, 흑인계와 히스패닉계 여성 근로자들의 경우, 남성 근로자 대비 40% 낮은 임금을 받는다. 한 가지 주목할 점은 미국에서 일하는 아시아계 여성 근로자들의 연 소득이 남성 근로자들 대비 1% 높은 것으로 집계되었다는 것이다. 이는 아시아계 여성들의 교육수준이 높고 양질의 직업을 가지고 있기 때문으로 추정된다.

한국의 현황을 살펴보자.

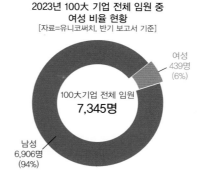

출처: https://www.fnnews.com/news/202309061834591007; imnews.imbc.com/news/2023/econo/article/6546343_36140.html

여성가족부가 발표한 통계에 따르면, 2023년 여성 고용률 60% 시대에 진입하였
으나, 여성 임금근로자 중 저임금 근로자는 22.8%로 남성 저임금 근로자 비율(11.8%)
의 2배가량이며, 여성 근로자들의 임금은 남성 근로자들의 약 65% 수준에 머무르고
있다.

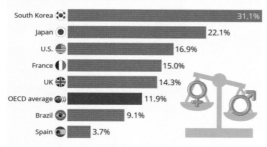

OECD가 발표한 **전 세계 남녀임금격차 랭킹!!
한국이 1등 먹었다!!**

OECD 통계에 따르면 남성근로자가 100만 원을
받을 때 여성 근로자는 69만 원을 받는다.

이것이 단순히 특정 성 집단에 대한 합리적 이유
없는 차별과 불이익인지, 객관적 근거와 자료에
의한 임금 차이인지에 대한 명확한 분석과 조치
가 필요하다.

출처: https://www.statista.com/chart/13182/where-the-gender-pay-gap-is-widest

성차별(sexism; gender discrimination)

■ 말 많고, 탈 많은 성차별(sexism; gender discrimination)!!

성차별을 이야기할 때, 여성에 대한 성차별이 주를 이루지만, 남성들도 할 말이 많다.

청년의 성평등 인식 단위: %
청년(19~34세, 6,570명) 포함, 15~39세 청(소)년 1만 101명 대상 조사

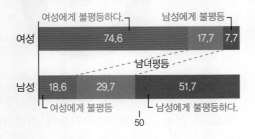

- 여성들은 여성들에게 불평등한 사회 (74.6%)라고 하고,
- 남성들은 남성들에게 불평등한 사회 (51.7%)라고 한다.

청년의 성차별 관행 경험 단위: %
청년(19~34세, 6,570명) 포함, 15~39세 청(소)년 1만 101명 대상 조사

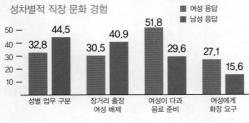

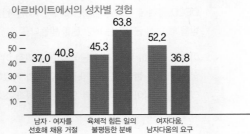

- 여성들이 가장 많이 느끼는 성차별은 다과나 음료 준비를 시키는 것!
  - 너는 손 없냐?
  - 내가 하녀냐?

- 남성들이 가장 많이 느끼는 성차별은 육체적으로 힘든 일의 불평등한 분배!
  - 요럴 때만 여자냐?
  - 이 정도는 너도 할 수 있는 거 알거든!

■ 성차별 나도 받고 있거든!!

사회 진출 및 공직 진출에서 여성에 대한 차별 개선을 위해 일정 비율을 여성에게 할당하는 제도인 **여성할당제(여성 쿼터제)!**

- 여성 56.3% 찬성! (너네가 애 낳을래?)

- 남성 41.8% 반대! (너네도 그럼 군대 가!)

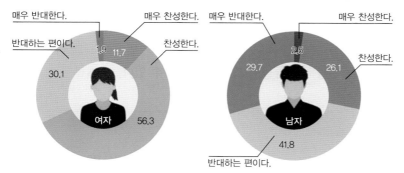

매우 반대한다.　　　　매우 찬성한다.

반대하는 편이다.　　　　찬성한다.

1.9　11.7

30.1

여자　56.3

매우 반대한다.　　　　매우 찬성한다.

2.5

찬성한다.

29.7　26.1

남자

41.8

반대하는 편이다.

출처: https://n.news.naver.com/mnews/article/003/0010386433

참 어려운 문제이다.

남자와 여자 자체를 언급하는 것조차 불편해 하는 경우들도 많다.

이성을 깎아내리고 모욕하는 게 입에 배어 있는 것도 문제 중 하나이다.

• 여자가 하는 게 그렇지! 여자들이 문제야!!

• 남자가 찌질해서는⋯ 남자가 되서 그것도 못하냐?? 꼴에 남자라고⋯

차별(discrimination)과 차이(difference)는 엄격히 구별해야 한다.

'**다름**'에 대한 인정이 선행되어야 진정한 **형평성**에 대한 고민과 **배려**와 **포용성**이 생기고, 사람다워진다. 서로를 향해 악다구니를 쓰는 짓들! 모냥새 빠진다!!

2.2 인종·문화 다양성

인종 다양성(race diversity)에서 인종은 보통 생물학과 연관된 신체적 특징들이지만, 사실 문화 다양성과 동일시된다. 인종·문화 다양성은 서로 다른 문화를 가진 사람들의 독특한 경험과 가치관을 접할 수 있는 기회를 제공한다.

인종 다양성(race diversity)

　보스턴 컨설팅 그룹의 보고서에 따르면,

• 인종 다양성이 높은 회사들의 직원 1인당 현금 흐름이 2.5배 더 높고,
• 인종 다양성 상위 4분위 기업이 하위 4분위 기업 대비 수익성에서 36% 앞서며,
• 인종 다양성이 높은 경영진과 이사회를 가진 기업의 수익성이 다양성이 낮은 기업 대비 19% 높은 것으로 나타났다.

다국적 기업은 세계 각국 출신의 직원들로 구성되어 각 구성원들의 다양한 경험과 독특한 가치관을 활용하여 문제를 해결한다. 이러한 잠재적 시너지 효과는 다국적 기업들에만 국한된 것이 아니다. 한 국가에서 사업을 하는 기업이라도 그 국가 내의 다양한 지역들 또는 다른 인종의 사람들로 조직을 구성할 수 있다.

인종차별(racism, race discrimination)

■ 인종차별(racism, race discrimination)

- 미국 노동력의 대다수는 백인으로 77%를 차지한다. 히스패닉과 라틴계가 18%, 흑인계 13%, 아시아계 근로자들이 7%를 차지하고 있다.

- 2000년 포춘지(Fortune)가 선정한 500대 기업을 대상으로 조사한 결과, 백인 남성들이 리더십 포지션의 96% 이상을 차지하는 것으로 나타났다. 2020년 약 86%로 떨어졌지만, 리더들의 압도적인 대다수가 여전히 백인 남성으로 구성되어 있다.

갤럽 여론조사에 따르면

- 흑인계, 히스패닉계, 라틴계 직원의 24%가 직장 내 차별을 경험했다고 보고하고 있다.

- 또한, 흑인인 것이 티가 나는 이름을 가진 경우 채용 과정에서 인터뷰까지 가는 확률이 낮은 것으로 나타났다.

범죄 발생 시 백인이 감옥에 갈 확률은 평균의 절반, 흑인이 감옥에 갈 확률은 2.5배.

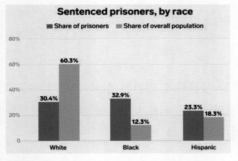
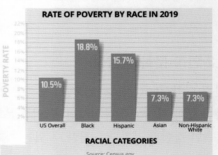

출처: https://moveforhunger.org/hunger-is-a-racial-equity-issue

단순히 흑인에 대한 차별?

조금 더 면밀한 분석이 필요하다. 흑인계 빈곤율은 백인과 아시아계의 두 배 이상이다.

사람들은 자신들과 비슷한 사람들, 자신이 속한 경제적·사회적 계층에 속한 사람들에게 호의적이고 관대한 편이다. 그들은 내가 속한 내집단(in group) 멤버!

내집단(in group)

내집단(in group) vs 외집단(out group)의 내집단이다. 내 집단(my group)이 아니다!!

사회지도층을 장악하고 있는 부류가 백인임을 고려할 때 백인에게 관대하고, 흑인에게 엄격한 잣대를 댈 확률이 높은 점도 고려해야 한다.

출처: https://moveforhunger.org/hunger-is-a-racial-equity-issue; https://n.news.naver.com/mnews/article/032/0003247551

외집단(out group)

한국은 단일민족으로 다른 나라에 비해 인종 다양성에 대한 이슈가 크게 부각되고 있지 않은 편이다. 코로나 팬데믹 이후 감소하였으나, 외국인 노동자들이 꾸준한 증가 추세를 보여왔다.

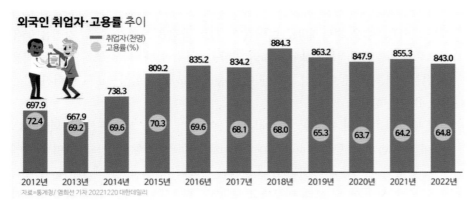

출처: https://www.dhdaily.co.kr/news/articleView.html?idxno=15060

2022년 통계자료에 따르면 우리나라 외국인 취업자는 84만 3,000명, 고용률은 64.8%로 집계되었다. 한국도 저출산, 노동고령화의 해결책으로 일본과 마찬가지로 외국으로부터의 노동인력 유입이 현실적 대안으로 고려되고 있는 상황이기에 국내기업에서도 인종·문화 다양성은 인적자원관리의 중요한 측면으로 대두될 것으로 예측된다.

2.3 연령 다양성

연령 다양성(age diversity)은 직원들의 연령이 서로 다른 정도를 나타내는 지표이다. 다양한 연령대의 서로 다른 삶의 경험과 기술은 다양한 방식으로 가치를 창출할 수 있다.

연령 다양성(age diversity)

- 생산성 촉진

경제협력개발기구(OECD)는 연령 다양성으로 인한 생산성 증가가 수익 향상, 브랜드 이미지 향상, 높은 시장점유율 등의 2차적인 이익으로 이어진다고 보고하고 있다. 나이가 많은 근로자의 비중을 10% 증가시킴으로써 기업은 1.1%만큼 생산성을 증가시킬 수 있다.

- 스킬 다양성 향상

다양한 연령의 직원들이 가지고 있는 각기 다른 기술, 경험, 관점들은 창의적 문제 해결과 조직혁신에 도움이 된다. 젊은 세대들은 소셜 미디어와 신기술에 능숙하고, 나이든 세대들은 리더십, 대인관계 기술, 그리고 문제 해결에 대한 노하우를 제공할 수 있다. 연령에 기반한 다양성 정책은 사업체들이 다양한 능력들을 활용하고 서로를 보완하는 팀을 만들 수 있게 해주는 유용한 정책이다.

- 멘토링 기회 창출

연령 다양성은 공동으로 기술향상을 할 기회를 더 많이 창출할 수 있다. 세대 간 멘토링(역멘토링)은 경력개발로 이어진다. 서로 약점을 보완해 주고, 강점을 공유함으로써 상호보완적(complementary) 역할을 할 수 있다. 이는 조직의 교육 비용을 절감하게 해줄 뿐 아니라 회사에 대한 충성도(loyalty) 향상으로도 이어진다.

- 직원 유지율 향상

연령 다양성은 직원 유지율 개선에도 도움이 된다. 평등 고용추진위원회(EEOC: Equal Employment Opportunity Commission)는 50세 이상의 근로자들이 직장에서 가장 높은 참여율을 보이는 통계 결과를 발표하며, 조직활동에 참여도가 높은 근로자들이 조직에 더 오래 머문다고 보고하였다. 직장에서의 연령 다양성은 직원 유지뿐 아니라 채용비용 절감에도 도움이 되는 것으로 나타나고 있다.

그러나 연령에 대한 편견 및 차별은 직장 및 사회전반에 걸쳐 나타나고 있는 현상이다. 연령차별이란 취업 지원자 또는 직원에 대해 나이를 이유로 차별하는 것을 말한다. 2008년 개정한 한국의 고용상 연령차별금지법과 고령자고용촉진에 관한 법률을 보면 "합리적인 이유 없이 연령을 이유로 하는 고용차별을 금지하고, 고령자가 그 능력에 맞는 직업을 가질 수 있도록 지원하고 촉진함으로써, 고령자의 고용안정과 국민경제의 발전에 이바지하는 것을 목적으로 한다"고 명시되어 있다.

연령차별금지법

미국의 고용상 연령차별금지법(Age Discrimination in Employment Act: ADEA)은 "40세 이상의 사람들을 차별하는 것을 불법으로 규정"하고 있다. 젊은 근로자에 대한 연령 차별을 보호하는 법을 가지고 있는 주도 있지만, 미국의 고용상 연령차별금지법은 40세 이하의 근로자를 보호하지는 않는다. 연령에 기반한 차별을 없애고자 하는 노력에도 불구하고, 연령에 대한 편견은 여전히 지속되고 있다.

▓ 연령차별(ageism)

연령차별(ageism)

누구나 나이가 든다. 나도 안다! 그런데도 불편하고 싫다.

여성과 소수인종이 차별의 대상이 되는 것처럼 연령에서는 노인이 차별의 타깃이 된다.

나이 들면서 생기는 약점들이 광고에 대문짝만하게 나온다.

눈 침침, 아이고 어깨, 허리, 무릎이야 각종 관절염, 혈액순환장애, 갱년기장애, 기억장애까지…

인력구조의 급격한 노령화로 "실버 쓰나미"에 대한 불안과 함께 생산성 저하, 국가사회적 부담에 대한 전망이 쏟아져 나온다. 그러다 보니

실버 쓰나미

나이가 많다.

= 사회발전과 가치생산에 도움이 안 되는 부류

= 사회지원에 의존하는 "잉여인간"이라는 공식이 생겼다.

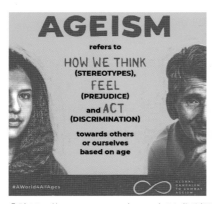

출처: https://n.news.naver.com/mnews/article/346/0000052732

2017년 평등고용추진회(EEOC: Equal Employment Opportunity Commission)에 따르면 **연령차별이 사회 전반에 걸친 중대한 문제이며, 상당한 사회적 비용을 초래하고 있다**고 보고하고 있다.

- 45세 이상 근로자 4명 중 1명이 상사나 동료로부터 나이로 인한 부정적인 평가를 받고,

- 나이가 많은 근로자 5명 중 3명은 직장에서 연령차별을 경험한 적이 있으며,

- 55세에서 64세 사이에 있는 고령 근로자들의 76%는 나이로 인해 노동현장에서 배제되고 있다고 생각하는 것으로 나타났다.

자신이 가치가 없고, 유용하다고 느끼지 않는 노인들은 그렇지 않은 노인들 대비 장애가 생길 가능성이 3배 더 높고, 조기 사망 가능성이 4배가 높은 것으로 보고되고 있다. 연령의 문제는 개인차원의 문제가 아니다. 향후 노동시장에서 **노동고령화** 현상은 불가피한 현실이다.

이 현실을 생산성 감소가 아닌 조직성과에 도움이 되는 방향으로 이끌어가는 조직의 전략적 접근이 필요하다.

■ 임금피크제: 차별인가 합리적 HRM 정책인가?

임금피크제(임피제)!! 근로자가 일정 연령에 도달하는 시점(피크)부터 근로 시간 조정 등을 통해 임금을 점차 줄이는 제도로 일정 나이까지 근무 기간을 보장해 주는 대신 일정 나이가 지나게 되면 임금을 삭감하는 제도를 말한다. 한국은 2013년 60세 정년 연장법이 국회를 통과한 후 2016년부터 본격 시행 중에 있다.

2022년 5월 대법원에서는 '합리적인 사유 없이 오로지 나이만으로 직원의 임금을 삭감하는 임금피크제는 무효'라는 판결을 냈고, 이후 사회적으로 큰 논란을 빚으며, 임피제를 시행했던 기업들은 난리통이 났었다!

법원(대법원 포함)판결 요지:

- 연구원이 도입한 임금피크제는 고령자고용법을 위반했기 때문에 임금피크제 시행은 무효이다.

- 임금피크제 자체가 위법은 아니지만, 이 경우 합리적 이유가 없는 연령차별에 가까운 제도로 활용되었다.

- **정년유지형**: 정년을 유지하면서 일정 연령 이상 근로자의 임금을 정년 전까지 삭감

- **정년연장형**: 정년을 연장하는 조건으로 정년 이전 특정 시점부터 임금을 삭감

- **재고용형**: 정년 퇴직자를 촉탁직 등 계약직으로 재고용할 것을 보장하고 정년퇴직 이전부터 임금을 조정

대부분의 기업들이 근로자 정년을 연장하는 대신 임금을 삭감하는 '정년연장형' 임금피크제를 채택하고 있다. 기업에 따라 운용 방식은 상이하지만, 일반적으로 임금이 가장 높을 때인 55세 전후에 근로자 스스로 퇴직 시기를 정하도록 하고 있다. 65세 퇴직을 선택한 경우, 60세까지는 최고 임금의 70~80%, 60세 이후부터는 절반 수준을 받는다.

출처:https://shiftee.io/ko/blog/article/prosAndConsOfWagePeakSystem;https://www.bbc.com/korean/news-61604154

2.4 세대 다양성

연령 다양성과 같이 짝을 이루어 존재하는 것이 바로 세대 다양성(generational diversity)이다. 연구자에 따라 기준이 조금씩 다르지만, 일반적 구분은 다음과 같다.

세대 다양성(generational diversity)

베이비붐 세대
X세대
밀레니얼(M) 세대
Z세대
Alpha세대

	출생 시기	특징
베이비붐 세대	1950~1964년생	• 제2차 세계대전이 끝난 뒤 베이비붐으로 태어난 세대 • 한국에서는 경제성장의 주역 • 경력발전 추구, 위계 중시, 조직에 충성
X세대	1965~1979년생	• 현재 노동력에 영향을 미치고 있는 기술적으로 진보한 세대 • 1990년대 불경기를 경험한 세대
밀레니얼(M) 세대	1980~1994년생	• 성취 및 전문성 지향적 • 자기 표현이 강한 세대 • 워라밸을 주장하는 세대
Z세대	1995~2009년생	• 인터넷(Internet)의 약자인 I세대 • 컴퓨터·인터넷과 함께 자란 디지털 세대 • 소셜 미디어, 전자적 소통에 강한 세대
Alpha세대	2010년~현재	• Z세대의 연장선? • 혹은 전혀 새로운 가치관? • 아직은 조금 더 지켜봐야 할 세대

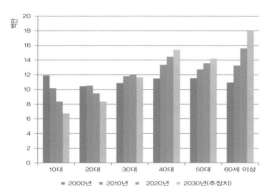

■ 2000년 ■ 2010년 ■ 2020년 ■ 2030년(추정치)

향후 10대, 20대는 점차 감소하고, 30대는 정체, 40대 이상은 증가하는 패턴을 보이면서 기업의 노동 인력구조에서도 고령화가 지속될 것으로 예측된다.

노동인구의 고령화와 기술의 급격한 변화가 맞물리면서 직장에서의 세대갈등은 더욱 심화될 가능성이 크다. 2021년 글로벌 설문조사는 한국을 "갈등공화국"으로 표현하면서, 각종 갈등으로 인하여 국가적으로 100~200조가량의 비용이 발생하고 있다고 보고했다. 가장 심각한 부분이 성별과 세대갈등으로 기업에서도 양성평등에 대한 교육, 세대 간 소통을 위한 다양한 제도를 시행하며 노력하고 있지만, 쉽지가 않다.

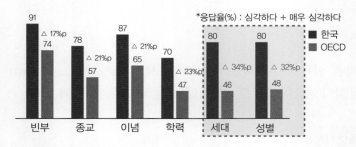

출처: 영국 킹스컬리지 2021년 글로벌 설문조사 보고서

세대차이

■ 세대차이는 인식 차이??

세대차이는 직장인들의 주요 고충 중 하나이다. 한 팀에서 같이 일을 하지만, 한 편은 '꼰대',

한 편은 '요즘 것들'로 구분되어 서로 이해하기가 쉽지 않다.

대한상공회의소가 2020년 발표한 직장 내 세대갈등 보고서에 따르면 직장인의 63.9%가 세대차이를 느낀다고 답했다. 한국리서치 여론 속의 여론팀이 2023년 전국 만 18세 이상 임금근로자 1,044명을 대상으로 조사를 실시한 결과, 직장생활 중 세대차이를 느끼지만, 업무에 부정적 영향을 크게 미치진 않는다는 결과가 나왔다.

• 직장 생활 중 다른 세대와 세대차이를 느낀다는 응답은 74%

• 대다수의 응답자가 직장 내 세대차이를 느끼는 것으로 나타났다.

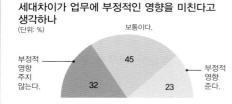

세대차이가 업무에 부정적인 영향을 미친다고 생각하나
(단위: %)

보통이다.
45

부정적 영향 주지 않는다.
32

부정적 영향 준다.
23

그러나 직장 내 세대차이가 업무에 부정적 영향을 미친다는 응답은 23%로 세대차이 체감도와 세대차이의 부정적 영향 체감도가 일관적이지 않은 것으로 나타났다.

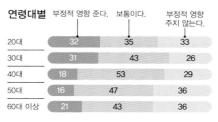

연령대별

	부정적 영향 준다.	보통이다.	부정적 영향 주지 않는다.
20대	32	35	33
30대	31	43	26
40대	18	53	29
50대	16	47	36
60대 이상	21	43	36

연령대별로 보면,

업무에 부정적인 영향을 미친다는 응답이 20대는 32%, 50대는 16%로 나타났다.

업무에 영향이 없다는 기성세대와 업무에 부정적 영향을 미친다는 젊은 세대. 이는 조직 내 수직적인 업무방식과 소통관행 탓에 세대차이로 인한 어려움과 불편함이 하위 직급에 몰리기 때문인 것으로 해석할 수 있다.

직장을 선택할 때 고려하는 것은(단위: %, 3개 중복 선택)

연봉	62
고용안정성	47
직장과 집 사이의 거리	37
업무	37
복리후생	31

직장 선택 시 가장 중요한 고려 요소는 '연봉'으로 전체 응답자의 62%가 직장을 선택할 때 연봉을 가장 우선적으로 고려한다고 응답.

그러나 60대 이상 응답자들이 고용안정성(59%)을 가장 중요한 요소로 꼽은 데에 반해, 20대의 응답자들의 경우, 가장 중요한 요소가 연봉(69%), 직장과 집 사이의 거리(44%), 업무(38%), 조직문화 및 근무분위기(38%) 순으로 집계되었다. 다른 세대와 달리 고용안정성이 순위 내에 없다는 점에 주목할 만하다. 이러한 인식은 최근 공무원에 대한 선호도 감소로도 체감할 수 있다. 'Z세대가 생각하는 일의 진짜 의미 보고서'에 따르면, 보수적인 조직문화와 업무량 대비 부족한 보상이 Z세대가 공무원을 선호하지 않는 주된 이유인 것으로 나타났다.

MZ세대가 직업을 통해 이루고 싶은 것
※MZ세대 취준생 및 직장인 1776명 조사   단위:%(복수응답)

1 개인의 역량 향상·발전	2 고연봉으로 경제력 높이기	3 일과 가정의 밸런스	4 하고 싶은 일 해보기	5 누군가에게 도움주기	6 사회적인 지위와 명성 높이기
56.4	54.6	46.8	42.3	25.8	24.4

자료:잡코리아

평생직장의 개념이 사라지고 있는 가운데, Z세대들은 자기주도적인 삶과 자아실현을 위해 경제적 여유와 성장을 모두 충족할 수 있는 일자리를 추구하고 있다.

출처: https://www.hankookilbo.com/News/Read/A2023042501340000197?did=NA

　　세대차이는 분명 존재한다. 기존세대와 비교했을 때 2030세대는 고용안정성보다는 조직문화와 분위기, 회사의 성장보다는 개인의 성장에 더 가치를 둔다. 그러나, 40대 이상에서도 업무 완성도를 높이는 것보다는 내가 하고 싶은 일에 더 많은 시간을 투자하겠다는 의견이 과반을 차지하고 있고, 2030세대도 중요한 업무상 연락은 업무시간 외에도 가능하다고 생각하고 있다.

　　2023년 전국경제인연합회에서 MZ세대를 대상으로 진행한 기업인식 조사 결과, MZ세대들 역시 기업의 긍정적 이미지 제고를 위해서 '조직원 간 소통 강화(37.2%)'를 가장 중요한 요소로 선택했다. 그러나 문제는, 소통방식의 선호에 있어 세대별 차이가 존재하며, 또 다른 갈등의 소지를 보이고 있다는 것이다.

구 분	베이비부머세대	X세대	MZ세대
선호하는 소통 방식	면대면, 원하면 전화, 이메일	전화, 이메일, 필요한 경우 면대면	온라인, 스마트폰
통신수단	전화	문자, 이메일	문자, SNS
멘토링	부정적인 의견은 다루지 않음	피드백을 받을 필요가 없음	마더링
피드백	공식적 문서 피드백	솔직하고 즉각적인 피드백	클릭처럼 빠른 피드백
소비 의사 결정 시 선호	대면 미팅, 온라인 선호 증가	온라인, 시간이 허락하면 면대면	면대면 친구&온라인 전문가 집단(덕후)

콜 포비아(Call phobia)

■ **따르릉~~ 콜 포비아(Call phobia): 업무, 꼭 전화로 해야 하나요??**

전화를 뜻하는 Call과 공포증 Phobia의 합성어인 콜 포비아(Call phobia)

단순히 전화를 기피하는 것뿐 아니라 통화할 때 두려움과 불안을 느끼는 등 전화가 올 때 긴장하는 현상을 말한다.

전화 통화 시 긴장, 불안, 두려움을 느끼는 사람들이 증가하고 있다.

구인구직 아르바이트 전문포털 '알바천국'이 2023년 MZ세대 1,496명을 대상으로 설문조사한 결과, 콜포비아 증상을 겪고 있는 이들은 35.6%, 이들이 가장 선호하는 소통 방식은 문자, 메시지 앱 등 텍스트 소통(70.7%)인 것으로 나타났다.

콜 포비아 증상을 겪는 MZ세대가 주로 호소하는 증상은 '전화를 받기 전 느끼는 긴장감과 불안(64.0%)'으로 집계되었는데 전화가 오면 시간을 끌거나, 받지 않는다가 설문 대상자의 51.2%로 나타났다. MZ세대의 경우 디지털, 텍스트, 소셜 미디어에 익숙하여, **면대면(face to face) 방식이나 전화를 통한 직접의사소통에 불편함을 느낀다.**

면대면(face to face)

메신저나 문자로 소통하는 것을 더 편안하게 느끼는 사람들이 증가하면서 전화는 익숙하지 않은 소통채널이 되고 있다. 인터넷, 스마트폰과 친숙한 MZ세대에서 특히 콜 포비아가 많은 이유이다. 또 다른 이유로는 코로나 팬데믹의 영향으로 비대면 거래나 언택트 마케팅(untact marketing)이 늘면서 전화가 아닌 앱을 통해 음식을 주문하고, 식당에서는 무인주문기계(키오스크)를 사용하기 시작하면서 면대면 커뮤니케이션 자체가 눈에 띄게 감소했기 때문이기도 하다.

텍스트 중심의 소통이 늘어나는 현상에 대해 텍스트로 소통을 하면 대화 기록 등이 상세하게 남아 편리하다(60.6%, 복수 응답)는 긍정적 평가와 더불어 텍스트 소통만으로는 상대방의 감정을 헤아리는 데 어려움이 있다는 부정적 답변도 67.3%에 달했다.

콜 포비아는 수평적 문화를 중시하는 MZ세대가 기성세대의 수직적 조직 문화와 충돌하면서 수면 위로 떠오르기 시작했다. 예고없는 전화, 전화를 통한 일방적 지시는 기성세대에게는 익숙하지만, MZ세대에겐 영~~ 편치 않은 소통 방법이다. 연락을 위해 전화번호를 반드시 주고받을 필요가 없는 젊은 세대에게 전화 통화는 합의된 소통 수단이 아니다. 이러다 보니 젊은 세대에게 느닷없이 울리는 전화벨은 변칙적이고 일방적이며, 때로는 무례하게 여겨지기도 한다.

텍스트를 위주로 의사소통을 하는 MZ세대끼리는 전혀 문제가 되지 않는다. 그러나, 불러서 앉혀놓고 얘기하기 및 전화 소통에 익숙한 기성세대 및 상사와의 소통에는 문제가 생길 수 있다. 직접 보고 얘기해야지, 적어도 전화로 목소리 들으면서 얘기해야지라고 생각하는 상사에게는 꼴랑 카톡 한줄로 해결하려는 젊은 세대가 또 무례하게 느껴진다.

출처: https://mobile.hidoc.co.kr/healthstory/news/C0000751133

(1) 전통적 면대면 소통, 전화 소통과 텍스트 소통. 어느것이 더 효율적이라고 생각하는가?

(2) 콜포비아 증상을 겪는 MZ세대들, 면대면 및 전화 소통에 익숙한 그 윗 세대들. 소통방식이 다르다는 것 자체에서 충분히 세대갈등이 생길 수 있다. 이 문제를 어떻게 해결하면 좋을지 생각해 보자.

그룹토론문제

2.5 기타 다양성

앞서 성별, 인종, 문화, 연령, 세대 다양성을 살펴보았다. 이 다양성들의 특징은 한 눈에 보았을 때 차이점을 바로 인지할 수 있는 **표면적 다양성(surface-level diversity)**들이다.

표면적 다양성(surface-level diversity)

심층적 다양성(deep-level diversity)

　　이 외에도 다양한 형태의 다양성이 존재한다. 종교, 인지능력, 교육, 성격, 가치, 태도, 관심사, 사회·경제적 지위, 근무경력, 정치적 신념, 세계관 등에서의 다양성이 있을 수 있다. 이들은 눈에 보이지 않는 심층적 다양성(deep-level diversity)으로 인간의 내적 측면이기 때문에 겉으로 나타나지 않고, 눈으로 봐서는 식별이 쉽지 않다. 서로 다른 가치관과 성격을 가진 사람들이 어울려 살면서 다양성의 장점을 누리기도, 혹은 갈등을 겪기도 한다.

3. 다양성을 설명하는 이론

다양성의 장점과 단점들의 이해에 도움이 되는 이론적 관점들을 살펴보자.

3.1 정보처리이론

정보처리이론 (information processing theory)

정보처리이론 (information processing theory)은 서로 다른 특성과 배경을 가진 구성원들의 다양한 자원과 경험으로 인한 보완과 상승 효과에 초점을 두는 이론으로 일터에서의 다양성이 생산성 향상에 미치는 긍정적인 측면을 강조한다.

　　정보처리이론은 컨설턴트적 접근방법으로 기업을 다양한 구성원들로 채워 기업에 긍정적 영향을 주기 위한 실무적 방안으로 고안되었다. 성별 간 차이에도 불구하고, 남성과 여성은 서로 보완적 역할을 할 수 있다. 남성은 주로 업무 중심적 일을 처리하고, 여성은 주로 대인관계, 의사소통과 관련된 일을 하면서 서로를 보완할 수 있다. 개인 특성에 따라 반대의 역할을 할 수도 있다.

지식상승효과

　　또한, 각기 다른 연령 간 차이에도 불구하고 장년층은 오랜 세월 조직에서 습득한 경험과 노하우를 전수해 주고, 청년층은 새롭게 학습한 첨단기술영역을 공유하면서 서로 보완작용을 하기도 한다. 또한, 세대 간 조합은 같은 세대끼리 흔히 발생할 수 있는 승진 등에서의 경쟁을 완화시켜주기도 한다. 특히, 업무 분야에서의 구성원 다양성 (예: 마케팅, 영업, R&D, 생산, 전략)은 서로 다른 인지적 능력과 경험을 바탕으로 지식상승효과를 내는 데 효과적이다. 세계화, 국제화 시대에 서로 다른 문화적 배경을 가진 다국적 구성원들은 다양한 관점과 시각을 제공한다.

성실성(conscientiousness)

　　조직구성원 성격을 조직 다양성 측면에서 보면 재미있는 결과를 얻는다. 조직구성원의 성실성(conscientiousness)은 조직성과에 전반적으로 긍정적 영향을 미친다. 그러나 집단 내 구성원들의 성실성의 정도가 큰 차이를 보일 경우, 성실성이 높은 직원과 낮은 직원 간 서로 다른 기대치로 인한 실망 및 동기 저하로 집단 전체의 성과에는 해가 될 수도 있다.

조직구성원의 외향성(extroversion)을 살펴보자. 집단 내 모든 구성원이 외향적 성격을 가진다면 서로 주도권을 차지하겠다고 경쟁적 분위기가 되면서 구성원 간 갈등이 생긴다. 이럴 땐 내향적 성격을 가진 구성원들이 적절히 섞여 있어 효과적으로 분업을 하는 것이 집단성과에 긍정적이다.

외향성(extroversion)

다양성은 포용적인 비즈니스를 구축하는 데에도 도움이 된다. 포용적 기업은 모든 배경을 가진 사람들을 지원하고 포괄하는 사업으로 모든 연령, 성별, 인종에 대한 포용과 통합을 강조한다. 이런 기업들은 더 혁신적이며, 문제 해결에 뛰어나다고 보고되고 있다. 또한 다양한 고객들에 대한 이해와 분석, 다변화된 시장 요구에 맞는 다양한 제품 및 서비스 개발, 그리고 효과적 소통에 유리하다. 보스턴 컨설팅 그룹이 1,700개 기업을 대상으로 조사한 결과, 다양성 수치가 평균 이상인 기업들의 혁신수익은 19%, 그리고 이자 및 세금 전 이익(EBT: Earnings Before Interest and Taxes)수익은 평균 9% 높은 것으로 나타났다.

이자 및 세금 전 이익(EBT: Earnings Before Interest and Taxes)

여기서 잠깐!!

EBIT(Earnings Before Interest and Taxes)란?

이자, 세금, 감가상각, 무형자산 상각비 차감 전 이익을 말한다. 기업의 영업 활동으로 창출된 수익을 나타내는 지표로 기업의 재무건전성과 수익성을 평가하는 데 사용된다.

수익성과 EBIT 이외, 조직이 다양성을 통해 얻게 되는 이점은,

- 의사 결정:
  포용적인 일터는 직원들이 최대 20%까지 더 나은 의사결정을 내리게 한다
  (Deloitte Review, 22호).
- 팀 성과:
  직장에서의 포용은 팀 성과를 17% 향상시킨다(Deloitte).
- 안정성:
  포용성이 있는 조직은 직원유지성이 19% 높아진다(CEB 보고서).
- 수익성:
  조직의 인적 다양성은 수익성을 33% 향상시킨다(McKinsey 보고서).

기업평판 조사업체인 글래스도어(Glassdoor)가 2020년 실시한 설문에 따르면, 취업대상자의

- 76%가 기업평가 시 다양성을 중요한 요소로 꼽았으며,
- 80%가 다양성, 형평성, 포용성 노력을 중시하는 회사에서 일하고 싶어하고,
- 50%가 다양성과 포용성을 촉진하기 위해 더 많은 투자를 할 회사를 찾고 있으며,
- 40%는 회사가 성소수자(LGBTQ+)에 더 포용적이기를 원했고,
- 44%(여성)는 기업이 포용적이지 않을 경우 입사를 포기하겠다는 의사를 밝혔다.

3.2 자아범주화 · 유사성-매력 패러다임 · 사회정체성이론

자아범주화(self-categorization)

사람들은 자신의 특성을 다른 이들과 비교하여 나와 유사한지 다른지를 판단하고, 그들을 나와 같은 집단인 내집단(in group) 그리고 나와 다른 외집단(out group)으로 구분한다. 이를 자아범주화(self-categorization)라고 한다.

사회정체성(social identity)
유사성-매력 패러다임(similarity-attraction paradigm)

이를 기반으로 그 사회에서 내가 누구인지, 어디에 속한 사람인지에 대한 자신의 정체성을 구축하는 사회정체성(social identity) 과정을 거친다. 사람들은 자신과 유사하다고 생각되는 사람들에게 끌리고 상호작용을 추구하는 반면, 자신과 다른 특성을 가진 사람들을 배타적으로 대하는데 이는 유사성-매력 패러다임(similarity-attraction paradigm)에 지배받기 때문이다.

차별의 표적(discrimination target)

내집단 편애가 발생하면, 다수 집단의 구성원들은 고용, 승진 등에서 소수 집단 구성원들의 희생을 발판으로 유리한 위치를 점한다. 대다수의 동료들과 다른 특성을 가진 소수 그룹에 속한 구성원(예: 여성, 노령, 흑인 근로자)들이 차별의 표적(discrimination target)이 되면서, 조직 내에서 인간적 관계 형성 및 의사소통에 어려움을 겪게 된다.

이질성(heterogeneity)

차별의 표적이 된 구성원들은 조직에 대한 애착이 떨어지고, 결근을 자주 하며, 퇴사할 가능성이 높아지는 등 동료들 간 이질성(heterogeneity)은 상호관계 형성과 업무 태도에 전반적으로 부정적 영향을 미치게 된다.

그룹토론문제
(1) 조직다양성의 장점과 단점을 강조하는 이론들을 살펴보았다. 어느 이론이 타당하다고 생각하는가?
(2) 조직다양성의 긍정적 효과를 최대화하기 위한 방안에는 어떤 것이 있을지 논의해 보자.

■ 다양성에 따른 조직유형 분류

조직행동학자 테일러 콕스(Taylor Cox)는 다양성 관리에 있어서 조직의 문화적 유형 파악의 중요성을 강조하며, 조직형태를 다음 세 가지로 제시하였다.

획일적(단일) 조직

일원론적 조직이라고 한다. 이러한 유형의 조직은 대부분 백인 남성으로 구성된 동질적인 인력구조를 가지고 있다. 백인 남성이 관리직의 대부분을 차지하는 반면, 소수집단 구성원과 여성은 낮은 임금을 받는 하위직을 차지한다. 이러한 유형의 조직에서는 소수집단에 대한 편견과 차별이 발생하기 쉽다.

소수집단에 속해 있는 구성원들에 대한 차별은 다양한 형태로 나타난다.

- **차별정책(discriminatory policies)**: 동등한 기회를 박탈하거나 불평등한 보상을 하는 조직정책

- **성희롱(sexual harassment)**: 성희롱 역시 차별의 한 형태로 적대적이고 모욕적인 업무환경을 조성하는 언어적 · 물리적 성적 행동을 가리킨다. 조직 내에서 소수집단에 속하는 여성에 대한 성희롱이 다수이지만, 여성 상사의 남성직원에 대한 성희롱도 발생한다.

- **위협(intimidation)**: 아프리카계 미국인 근로자의 책상에 교수형 올가미를 걸어두는 경우가 간혹 발생하는데, 이는 아프리카계 근로자들에 대한 위협이라고 할 수 있다.

- **조롱과 모욕(mockery & insults)**: 아랍계 근로자들에게 폭탄을 옮겨본 적이 있느냐, 혹은 테러집단에 있었던 적이 있느냐는 식의 지나친 농담을 건네는 경우도 차별의 한 형태이다.

- **무례함(incivility)**: 공격적 태도, 중간에 말 끊기, 끼어들기, 무시하기. 여성근로자들은 남성근로자들이 그들의 말을 중간에 끊고, 무례하게 끼어드는 것을 자주 경험한다고 보고한다.

다원적(복수) 조직

복수형 조직은 일원론적 조직보다는 이질적인 배경을 가진 소수집단 구성원을 포함하는 조직을 말한다. 이러한 유형의 조직은 소수집단 구성원의 채용 및 승진에 공정하고 평등한 기회와 대우를 보장하기 위해 주기적으로 제도적 검토를 시행하고, 다수 집단에 속하지 않는 구성원을 포용하기 위한 노력을 한다. 그러나 소수 구성원의 대표성은 여전히 거의 없다. 따라서 일원론적 조직에서는 나타나지 않았던 조직 내에서의 집단 간 갈등이 발생할 수 있다.

다문화 조직

세 번째 유형은 다문화 조직으로 소수 구성원들을 조직 내의 모든 계층으로 통합한다. 소수 구성원과 다수 구성원 모두가 조직 내에 고르게 분포되어 있다. 다문화 조직은 다양성을 수용할 뿐만 아니라 서로 다른 특성을 가진 구성원들 모두의 가치를 인정한다.

출처: https://brownkutschenkovargo.weebly.com/theories-of-managing-diversity.html

일원론적 조직

차별정책(discriminatory policies)
성희롱(sexual harassment)
위협(intimidation)

복수형 조직

다문화 조직

4. 다양성, 형평성, 포용성(DE&I)

흔히 DE&I라고 알려진 다양성, 형평성, 포용성(DE&I: Diversity, Equity, & Inclusion)
은 오늘날 해외기업과 투자자들 사이에 가장 중요한 화두이다. 그러나, 한국 기업의
DE&I 점수는 최하위권에 머무르고 있다.

 ChatGPT DE&I란?

DE&I(Diversity, Equity, & Inclusion)는 다양성, 형평성, 포용성을 일컫는 말로 다양하고 포용적인 환경을 추
구하는 일터 및 사회를 구성하는 세 가지 주요 요소이다.

- **다양성(diversity)**은 사람들 간 이질성을 말하는 것으로 단순히 인종, 성별, 성적 취향, 나이, 지위, 물리적
  능력, 종교 등에서의 차이 그 이상의 의미를 갖는다.

- **형평성(equity)**은 모든 사람이 그들의 배경과 상관없이 동일한 기회와 자원에 접근할 수 있는 것으로 각기
  다른 특성을 가진 개인들이 같은 목적을 달성하기 위해 서로 다른 자원과 지원이 필요할 수 있다는 것을 인
  식하는 것을 말한다.

- **포용성(inclusion)**은 각기 다른 특성을 가진 사람들이 모두 존중받고, 고유의 가치를 인정받는 것을 말한다.
  다양한 관점의 적극적인 추구의 가장 근본적인 가치가 되는 개념으로 모든 사람들이 각자의 장점을 기반
  으로 사회에 공헌할 수 있다는 인식을 기반으로 한다.

다양성은 존재의 이질성을 말한다. 성별, 인종, 민족, 문화, 연령, 세대, 사회경제적
지위, 학력과 학교, 근무연한에서 종교, 가치관, 세계관, 태도, 신념에 이르기까지 여
러 측면에서 다양성이 존재한다. 특히, 소수에 속하는 사람들이 어느 정도의 비율로
분포하고 있는지가 다양성의 핵심 지표가 된다.

형평성은 차별을 금지하고 실질적 평등, 공평성을 보장하는 것이다. 형평성은 일률
적인 동일한 대우가 아니라, 실질적으로 공평한 대우를 하는 것이다. 공평한 대우는
절차와 시스템의 형평성이 요구된다. 평등과 형평은 혼용되서 자주 쓰이지만, 엄격하
게 말해서 다르다.

- **평등(equality)**은 각 개인이나 그룹의 사람들이 자원과 기회를 똑같이 부여받는
  것을 말하고,

- **형평성(equity)**은 모두 같은 결과물을 만들 수 있도록 각 개인이 처한 서로 다른
  상황을 인지하고 고려하여 자원과 기회를 배분하는 것을 말한다.

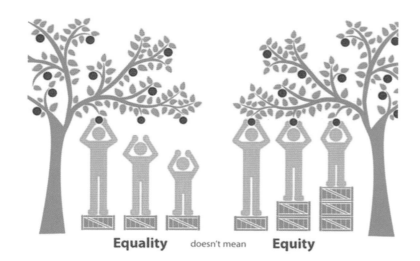

왼쪽이 평등, 오른쪽이 형평이다.

왼쪽의 평등은 형식적인 평등을 나타내고, 오른쪽의 형평은 실질적인 평등을 나타낸다.

평등:

키가 서로 다른 사람들에게 똑같은 높이의 받침대를 주면?

→ 그래, 평등하다.

→ 뭐가?

→ 똑같은 높이의 받침대를 준 것! 같은 목표달성을 위해 똑같은 자원을 공평하게 주었다.

→ 그러나 키 큰 사람은 유유히 나무열매를 딸 것이고, 작은 사람은 팔짝! 팔짝! 팔짝!

동등한 기회 및 자원제공이라는 형식적 평등, 그러나 사람의 개인 차이를 고려하지 않았으니 이는 실질적 평등이라 할 수 없다.

형평:

키가 서로 다른 사람들에게 다른 높이의 받침대를 주어 나무열매에 똑같이 손이 닿게 해주었다.

→ 키가 작은 사람에게는 높은 받침대, 큰 사람에게는 낮은 받침대를 주어 열매에 손이 닿을 수 있는 높이를 똑같이 만들어 준다.

→ 키가 작은 사람에게 높은 받침대를 제공하면 과일을 딸 수 있다. 상황을 고려한 편의가 제공되면 장애인들도 동등하게 일할 수 있다.

→ **이것이 형평이며, 실질적 평등이다.**

포용성은 다양한 사람이 섞이는 것뿐 아니라 각자의 가치를 인정받고, 존중받는 것을 말한다.

- 포용성은 사람이 그룹 밖으로 완전히 배제되거나(exclusion),
- 형식적으로는 같이 있는 듯 하나 실제로는 겉도는 **통합**(integration)이 아니라,
- 모든 구성원들이 자신의 고유의 특성과 상관없이 조직에 **통합**되고, 존중받고, 소속감을 가지는 것(inclusion)을 말한다.

—
통합(integration)

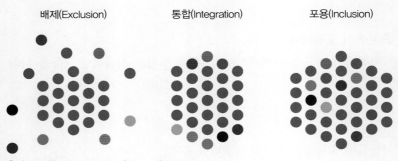

배제(Exclusion)　　　통합(Integration)　　　포용(Inclusion)

출처: https://futurechosun.com/archives/67199

포용성을 위해서는 서로의 차이를 인정하고 그 차이와 가치를 존중하는 문화가 필수적이다. 조직의 포용성이란 모든 직원이 환영받고 존중받으며, 가치를 인정받고 필요한 지원을 받아 최고의 업무수행능력을 발휘할 수 있는 환경을 만드는 것이다. **포용성의 기본은 '존중'이다.** 기업들은 채용뿐 아니라 기업의 포용적인 문화조성을 위해 직원들을 꾸준히 교육시키고, 포용적인 문화를 체화하도록 하여야 한다. 의도 자체만으로는 소수집단을 기업에 포용하고 흡수할 수 없다.

—
마이크로 어그레션(micro aggression)

포용성을 저해하는 주요 요인으로 꼽히는 미묘한 차별과 편견, **마이크로 어그레션**(micro aggression)은 '아주 작은(micro)'과 '공격(aggression)'의 합성어이다. 미세하지만 공격적 차별을 일컫는 것으로 먼지차별, 미세공격 등으로 불리운다. 서베이멍키(Survey Monkey) 조사 결과 미국인의 26% 이상이 직장에서 마이크로 어그레션을 겪었고, 22%는 잘 모르겠다는 애매한 답을 했다. 너무 미세해서 차별을 받고 있음에도 눈치를 채지 못하는 경우도 있다. 상대가 의도적으로 한 말이나 행동이 아니어도 당사자

가 모욕감이나 적대감을 느끼면 먼지차별에 해당한다.

예시)

- 여자 검사에게: "저, 검사님 좀 뵐 수 있을까요?"
- 남자 간호사에게: "와~ 남자 간호사 보기 드문데"

■ **DE&I는 기업에게 위험 아니면 기회??**

DE&I 이슈는 기업에게 새로운 기회가 되기도 하지만 위험요소이기도 하다. DE&I는 ESG(Environmental, Social, and Governance)와 함께 오늘날의 기업들에 양날의 검이 되고 있다.

프라다는 검은 얼굴에 빨간색 입술을 가진 원숭이 모양의 열쇠고리를 출시하여 **흑인 희화 논란**으로 불매운동에 직면한 바 있고,

미국의 유명 게임업체 액티비전 블리자드는 **사내 성차별과 성희롱 논란** 확산으로 게임 유저들의 불매운동 선언과 계정 탈퇴에 직면하여 주가가 무려 13% 하락하기도 하였다.

프랑스 뷰티 제품 기업 세포라(Sephora)는 캘리포니아 칼라바스 매장에서 직원들이 고객을 인종차별했다는 이유로 미국 흑인 가수에 의하여 고소를 당했다. SNS로 고소 사건이 확산되면서, 세포라는 큰 위기에 직면하게 되었다.

이를 계기로 세포라는 미국 상점 운영을 일시 중단하고 전 임직원에게 인종평등훈련을 진행하였으며, 소셜 미디어에 인종차별 반대 캠페인을 진행한 활동가를 고문으로 임명했다. 세포라의 뷰티 브랜드에도 다양성을 반영한 제품을 선보이기 시작했으며, 미국 유통 및 패션 부문 기업 최초로 판매 상품의 15%를 흑인 소유 기업 들이 만든 물건으로 구성하겠다는 '15퍼센트 서약(15 percent pledge)'에 동참하는 등 DE&I 기업으로 거듭나 면서 호평을 받기 시작했다.

투자자들도 DE&I 요구

투자자들도 ESG에 대한 요구와 함께 DE&I 이슈에 적극 대응하며, 2021년 자산소유자 다양성 헌장(The Asset Owner Diversity Charter) 발표를 통해 자산소유자들의 모든 투자산업 전반에 걸친 다양성개선조치 를 공식화한다.

2021년 유니온 퍼시픽에 제출된 DE&I 관련 주주결의안은 81.4%의 지지를 받았다. 당시 주주들은 DE&I 프 로그램 이해를 위한 공식적 데이터를 요구하여 보호대상 계층의 모집, 승진관련 계획, 목표지표, DE&I 평 가를 위한 프로세스를 구체적으로 검토하였다.

전 세계 직원 수 738,000명 이상으로 전문적 컨설팅 서비스를 제공하는 엑센츄어는 다양성과 포용성 지수에서 1위를 기록한 회사로, 성별 균형을 위해 노력한 결과 직원의 47%가 여성이다. 또한, 장애인 직원들의 효율적 업무수행 지원을 위해 32개의 글로벌 센터를 설립하였다. 액센츄어는 2025년까지 남아프리카공화국, 영국 및 미국에서 인종 다양성을 높이기 위한 채용 노력을 진행할 예정이다.

KAISER PERMANENTE®

전 세계에 304,000명의 직원을 보유한 의료업계 회사인 카이저 퍼머넌트는 노동력의 67%가 인종, 민족, 문화적 소수자로 구성되어 있고, 72%가 여성이다. 다양성 지수 상위 50개 회사 중 하나로 기업평등지수에서 높은 점수를 받아 성소수자 평등을 실천하는 일하기 좋은 회사로 선정되었다. 또한, 인종차별을 해결하기 위해 1억 달러의 공동 투자와 자금 지원을 제공하며, 서로 다른 배경을 가진 구성원 모두를 포용하는 일터를 만 드는 데 헌신하고 있다.

전체 인력 중 여성 비율 19%, 관리직은 32%, 이사진 50%.

영국 물류회사인 '로열 메일(Royal Mail)'의 다양성 보고를 살펴 보면, 직위가 높을수록 여성 인력 비율이 높다.

흑인과 아시안 등 소수인종의 비율은 14%. 장애인 비율 13%.

성소수자(LGBTQ+) 부문 통계를 보면 트랜스젠더 1%, 레즈비언과 게이 5%, 연령대로 따지면 50세 이상이 48%나 된다. 이 밖에 부양책임을 가진 사람의 통계를 내는 것도 신선한데, 자녀를 양육하는 사람이 28%, 그 밖의 부양책임을 지는 사람이 9%로 보고되고 있다.

수많은 글로벌기업이 다양성 지표에 대한 상세한 정보를 공개하는 DE&I 보고서를 발간하고 있다. 그러나 한국 기업의 경우, 이사회의 여성 임원 비율, 직원의 성별 비율, 근로형태, 장애인 등 소수자 고용에 대해서 일부 정보를 공개하고 있으나, 구체적 내역 및 공개수준이 상당히 제한적이다. 지속가능 보고서(sustainability report)에서 다양성 정보를 공개하는 기업도 소수에 불과하다. 한국에서 다양성 이슈에 주로 언급되는 사항은 여성, 연령, 장애인 정도로 성소수자 부분은 거론조차 되지 않는다. 성소수자 통계를 내는 것조차 차별적이라 인식할 수도 있다. 구글코리아 같은 외국계 기업이 성소수자 지지모임을 만들고, 퀴어 문화축제(queer culture festival)를 공개 지지하는 것과 비교된다.

지속가능 보고서(sustainability report)

한국은 외국인과 이민자 유입도 적고 단일민족이기 때문에 인종 다양성에 대해서는 그다지 고려를 하지 않는다. 단일민족이라는 이데올로기가 고의적이지 않은 순혈주의와 외국인에 대한 배타성으로 이어지고, 글로벌기업이라고 해도 외국인 직원이 거의 없다. 여성 비율은 세계 최하위권으로 딜로이트 글로벌 조사 결과에 따르면, 한국의 여성 임원 비율은 세계 72개국 중 네 번째로 낮은데 마지막 하위 세 국가들이 중동국가임을 고려할 때 산업화된 나라 중에서는 꼴찌이다. 또한, 이사회 내 여성 비율 세계 평균이 19.7%인데 반해 한국은 4.2%이다. 최근 여성 이사를 1인 이상 두는 것이 법률상 의무화되었지만, 자산규모 2조 이상 상장기업에만 적용된다. 또한, 장애인 고용의무를 법적으로 규정(민간기업의 경우 3.1%)하고는 있으나, 장애인 고용을 거부하고 벌금을 내는 경우가 대부분이고, 그나마 장애인을 고용하는 기업도 자회사 형태로 장애인 표준사업장을 따로 만들어 운영하는 실태이다.

다양성, 형평성, 포용성 면에서 한국 기업은 세계 평균에 비해 한참 뒤쳐져 있다. 여성이라는 이유로 온몸을 천으로 뒤덮어 가린 차도르(chador)를 입고 다니는 중동과 어깨를 나란히 하고 있는 한국! 깊게 고민해야 할 부분이다.

그룹토론문제	(1) 인종문제야 그렇다 치고 한국은 거의 모든 부문에서 다양성, 형평성, 포용성 정도가 세계에서 바닥에 가깝다. 그 이유는 무엇이라고 생각하는가? (2) 이를 개선하기 위한 방도로는 어떤 것이 있을지 생각해 보자.

■ 평등인가 형평성인가?

SK하이닉스에 기숙사 내 여성전용 주차장을 두고 입주자들 사이에 갈등이 빚어졌다. 지상과 지하 3층까지 주차장 중 입주자들이 가장 선호하는 지하 1층 주차장의 80%가 여성전용으로 구성되며 불만을 샀다. 가뜩이나 기숙사 주차 자리가 부족한 가운데에 절대 다수인 남자 직원들이 편리한 주차 구역을 이용하기 어렵다는 점까지 겹치면서 본격적으로 주차장 갈등이 표면화되었다.

갈등이 깊어지자 회사에서는 여성전용 주차장을 운영하는 게 안전상의 이유였다고 해명했지만, 구성원들의 불만은 더 커졌고, 결국 기숙사 입주자 대상 투표를 실시했으나 투표 과정에서 또 한 번 논란이 발생했다. 투표 대상 중 남자 직원 비율이 훨씬 크다는 점 때문에 남여 비율에 맞춰 투표권을 차등 지급했기 때문이다. 여성 1명 1표, 남성 1명 0.4표. 직원들의 원성은 더 커졌다.

직원 한 명이 이 문제를 온라인 커뮤니티에 올리면서 SK하이닉스 내부만이 아니라 온라인 상에서 젠더 갈등으로 점화됐다. 중요한 것은 주차장 공간 부족이었는데 여성전용 주차장 적절성 여부로 불똥이 튄 것이다. 결국 통합주차장으로 변경하자는 의견이 70%가 넘어 기존 여성전용 주차장을 일반 주차장으로 바꿀 것으로 보인다.

SK하이닉스 주차장 갈등으로 표면화된 반도체업계의 젠더 이슈가 앞으로도 다양한 방식으로 터져나올 수 있다. 반도체업계 특성상 남자들이 절대 다수를 차지하는 조직이 대부분인데, 성평등과 젠더 이슈에 민감도가 높은 MZ세대들이 주류가 되면서 향후 중요한 쟁점이 될 수 있다.

출처: https://biz.newdaily.co.kr/site/data/html/2023/06/23/2023062300051.html

그룹토론문제	(1) 여성의 안전문제로 지하 1층에 여성전용 주차구역을 따로 만든 것, 이것을 평등과 형평의 시각에서 논해보자. (2) 이것은 공평의 관점에서 어떻게 해석할 수 있는가? 이는 형식적 공평인가 실질적 공평인가? 그렇다면 혹은 그렇지 않다면 합리적인 근거를 제시해 보자.

5. 다양성 관리를 위한 조직의 노력

서구의 기업들은 기업 내 다양성에 대한 편견을 없애고, 다양성을 효과적으로 활용하기 위해 1960년 대부터 수많은 노력을 해왔다. 사실 내막을 보면, 성별 및 인종차별로 소송이 제기되어 패소하면, 수천 억의 배상금을 지불해야 했던 뼈!!저린 경험을 하면서! 어떻게든 DE&I를 정착시키겠다는 굳은 결심을 한 것!

여튼, 문제는 그동안 많은 다양성 유도 및 촉진 프로그램들이 있었지만, 관리자들의 차별과 편견에 대한 지적질을 통해 편견을 억제하고 통제시키는 방식으로 진행을 하다 보니 오히려 부정적 결과로 이어지더라하는 것이다. 최근 DE&I를 지향하는 경영 트렌드에서 강조되는 것은 자연스럽게 소수집단 구성원들과의 접촉을 증가시키고 스스로 좋은 사람이라는 느낌을 가지도록 하여 다양성을 촉진하는 방식이다. DE&I를 위해 서구조직에서 시행하고 있는 다양한 조직의 노력을 살펴보자.

전통적 형태의 다양성 교육

다양성 교육

가장 보편적으로 사용되고 있는 방식으로 지휘 및 통제로 행동 변화의 필요성을 대놓고 가르친다. 관리자들에게 다양성 문제와 관련해서 어떻게 행동해야 할지를 지시하고 교육시킨다. 그러나 인간의 청개구리 본성! 이거 하라고 하면 저게 하고 싶어진다. 더 큰 문제는 이 교육 내용이 부정적이고 위협적이어서 교육을 받는 대상자들이 상당한 불쾌감을 느낀다는 것이다.

소송이라도 걸리면 회사는 거액을 배상하고, 너님은 집에 혹은 감옥에 갈지도 모른다는 협박성 발언의 교육. 교육 참가자들을 성차별·인종차별주의자, 잠재적 범죄자로 몰아가는 듯한 분위기도 기분 xx 드럽다.

\# 그래서 지금 내가 조직에 해가 된다고?

\# 그래서 지금 내가 교정 프로그램 대상이라고?

\# 그래서 나 꼰지른 xx 누구냐고? 아, 뒷골 땡겨!

그나마 다양성 교육이 효과적인 경우는 의무교육이 아닌 자발적 선택에 의한 교육일 경우이다. 한국 기업에서 직원들에게 매년 의무적으로 하는 법정교육, 그거 시켜봐야

자발적 선택에 의한 교육

듣지도 않는다.

고충처리절차

성과평가, 연봉, 승진 결정 등에 대한 불만이 있을 경우 이에 대한 이의를 제기할 수 있는 절차와 소통채널을 제공하는 방식이다. 한마디로 신고채널 오픈!!

　도움이 될 수도 있지만, 대부분 비아냥의 대상이 되거나 보복을 당할 위험에 처하게 된다. 한국에도 성차별, 성희롱, 직장갑질 등에 대한 신고제도와 피해자 법적보호장치가 있지만, 실효성에 대한 신뢰가 없어 신고 자체를 하지 않는 경우가 많다.

캠퍼스 리크루팅

새로운 인재를 발굴하기 위해 대학 캠퍼스 방문 활동에 자발적으로 참여하는 경우 다양성에 대한 긍정적 태도를 가지게 된다. 특히, 여성이나 소수인종의 채용을 위한 행사에 참여하는 경우 자신의 행동에 대한 정당화 차원에서 다양성을 지지하게 된다.

멘토링

다양한 성별·인종의 신입 혹은 주니어 직원들에게 업무 관련 조언을 하고 지원하는 활동을 하면서 이들에 대한 긍정적 태도를 가지게 된다. 멘토(mentor)들은 공식적으로 자신에게 할당된 멘티(mentee)들이 자신과 다른 성별·인종인 경우에도 지도와 조언을 하면서 그들이 중요한 프로젝트를 담당할 자격이 있고 지원과 기회를 얻어야 한다고 믿게 된다.

업무상 접촉

제2차 세계대전 중에 흑인들과 함께 전투에 참여한 백인 병사들이 흑인들에 대한 긍정적 태도를 가지고, 그들을 동등한 병사로 여기게 되었다.

이게 바로 접촉가설(contact hypothesis).

고정관념과 편견을 약화시키는 매우 효과적인 방법이다.

출처: Google

접촉가설(contact hypothesis)

접촉가설은 다른 사람들과의 긍정적이고 가까운 접촉이 상호 간의 이해를 향상함으로써 편견과 고정관념이 감소하는 것을 강조하는 이론이다. 현장에서 협력하고 같이 업무를 진행해야 하는 업무순환(job rotation), 교차훈련(cross-training), 다기능팀(cross-functional team), 자율경영팀(self-managing team) 등의 경우 다양한 성별, 인종이 섞여 있을 가능성이 크기에 다양성 관리에 효과적이다.

다양성 위원회, 다양성 담당임원

사내에 다양성 위원회, 태스크포스(taskforce), 다양성 담당임원(CDO, Chief Diversity Officer)이 있는 경우, 관리자들이 다양성 관련 사회적 책임감을 느끼게 된다. 특히, 주변에 다양성 위원회의 멤버나 다양성 담당임원이 있을 경우, 다양성 관점에서 문제가 될 수 있는 결정을 자율적으로 하는 경향을 보인다.

다양성 담당임원(CDO, Chief Diversity Officer)

- 문제해결과정에 관리자들을 참여시키고,
- 여성이나 소수인종과 같은 타 집단과의 접촉을 늘리고,
- 변화를 이끄는 사회적 책임을 맡도록 장려하여 좋은 사람으로 보이고 싶은 욕구를 자극하는 것이 도움이 된다.

그러나 자신과 비슷한 부류의 사람들에게 더 친밀감을 느끼는 인간의 본성을 고려하면 다양성의 효과적 관리는 조직의 끊임없는 노력이 필요한 부분이다. 직장에서 소수자 차별, 왕따 등의 문제는 때로 극단적인 문제 상황으로 치닫는 경우에 많기에 성차별, 세대갈등과 같은 문제들에 대한 기업들의 세심한 관리가 요구된다.

핵 심 용 어

- 다양성(diversity)
- 성별 다양성(gender diversity)
- 인종 다양성(race, ethnic diversity)
- 연령 다양성(age diversity)
- 고용상 연령차별금지법(Age Discrimination in. Employment Act: ADEA)
- 세대 다양성(generational diversity)
- 콜 포비아(call phobia)
- 표면적 다양성(surface-level diversity)
- 심층적 다양성(deep-level diversity)
- 정보처리이론(information processing theory)
- 내집단(in group)

- 외집단(out group)
- 자아범주화(self-categorization)
- 사회정체성(social identity)
- 유사성-매력 패러다임(similarity-attraction paradigm)
- 차별의 표적(discrimination target)
- 이질성(heterogeneity)
- 획일적(단일) 조직
- 다원적(복수) 조직
- 다문화 조직
- DE&I(Diversity, Equity, & Inclusion)
- 마이크로 어그레션(micro aggression)

연 습 문 제

01 다양성과 다양성 관리에 대해 간략히 설명하라.

02 다양성 유형을 결정짓는 네 가지 요인은 무엇인가?

03 고용상 연령차별금지법(Age Discrimination in Employment Act: ADEA)에 대해 설명하라.

04 연령다양성의 장점에 대해 논하라.

05 콜 포비아(call phobia) 증상은 무엇인가?

06 표면적 다양성(surface-level diversity)과 심층적 다양성(deep-level diversity)의 차이를 비교하라.

07 심층적 다양성을 결정짓는 요소에는 어떤 것들이 있는가?

08 정보처리이론(information processing theory)의 논점은 무엇인가?

09 다양성의 단점을 설명하는 이론에 대해 설명하라.

10 DE&I(Diversity, Equity, & Inclusion)의 개념에 대해 설명하고, 각각의 차이에 대해서 논하라.

11 평등(equality)과 형평성(equity)의 차이를 설명하고 각자와 관련된 공정성에 대해 논하라.

12 마이크로 어그레션(micro aggression)의 개념에 대해 설명하라.

13

인적자원관리의 새로운 트렌드와 미래

학습목표

- 1차에서 4차까지 산업혁명의 특징에 대해 설명할 수 있어야 한다.

- 4차 산업혁명시대에 필요한 인간 고유의 능력에 대해 설명할 수 있어야 한다.

- 기업 내 · 외부 환경과 여건 변화에 따른 인적자원관리의 변화 방향을 이해해야 한다.

- 인공지능의 상용화가 어떻게 인적자원관리를 변화시키는지 이해해야 한다.

- 인적자원관리의 새로운 트렌드와 문제점 및 해결방안을 설명할 수 있어야 한다.

1. 4차 산업혁명과 사회 변화

바야흐로 4차 산업혁명의 시대를 맞았다. 4차 산업혁명이 등장하기 전까지 인류는 18세기 후반부터 약 백 년 간격으로 총 세 차례의 산업혁명을 겪었다.

1차 산업혁명
기계화 혁명
2차 산업혁명
대량생산 시스템
3차 산업혁명
지식정보혁명

- 1차 산업혁명은 증기기관을 기반으로 한 기계화 혁명과 기계생산
- 2차 산업혁명은 전기를 기반으로 한 대량생산 시스템과 노동력 절약
- 3차 산업혁명은 컴퓨터를 기반으로 한 지식정보혁명

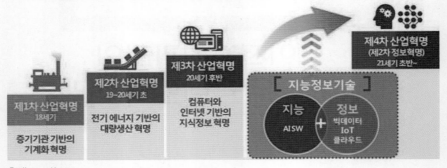

출처: https://itwiki.kr

Industry 4.0
정보통신기술(ICT: Information and Communication Technology)

'4IR(4th Industrial Revolution)' 또는 'Industry 4.0'은 독일이 자국 제조업의 경쟁력을 강화하고 주도권을 이어가기 위해 구상한 차세대 산업혁명을 말한다. 세계 최고 수준의 제조업 역량을 자랑하던 독일은 중국과 한국 등 후발 국가들의 기술 추격과 빠른 고령화로 인한 생산인구 부족으로 위기를 맞았다. 이를 극복하기 위해 정보통신기술(ICT: Information and Communication Technology)과 제조업을 융합하여 생산에 투입되는 인력을 최소화하는 자동생산체계를 구축하는 'Industry 4.0'이라는 전략을 추진하였다.

2016년 다보스포럼 연설에서 세계경제포럼 회장 클라우스 슈바프는 독일의 'Industry 4.0'에 의해 탄생한 자동화 기술의 확산이 제조업뿐 아니라 경제 전반의 생산과 사회구조의 변동을 가져온 현상을 4차 산업혁명으로 지칭하였다.

Klaus Schwab, 1938

4차 산업혁명의 기술혁신으로 물류·글로벌 공급망이 큰 전환을 맞으며, 새로운 시장이 열리고 경제성장을 견인하고 있다. 이와 동시에 "저기술·저임금"과 "고기술·고임금"으로 노동시장이 양분화되고 있다. 이러한 양분화는 노동시장을 교란시켜 더 큰 불평등을 야기하고 사회적 긴장을 고조시킬 수 있는 부담으로 작용하기도 한다. 그럼에도 불구하고, 4차 산업혁명으로 인한 변화는 이미 시작되었고, 새로운 시대에 발맞추어 인적자원관리에도 변화가 요구되고 있다.

4차 산업혁명은 '초연결성', '초지능화', '융합화'에 기반하여 모든 것이 상호 연결되고 보다 지능화된 사회로 발전한다는 특징이 있다.

- **초연결성**(hyperconnectivity): 정보통신기술을 기반으로 하는 사물인터넷(IoT: Internet of Things) 및 만물 인터넷(IoE: Internet of Everything)의 진화를 통해 인간–인간, 인간–사물, 사물–사물을 대상으로 한 초연결성이 기하급수적으로 확대되는 것
- **초지능화**(superintelligence): 인공지능(AI)과 빅데이터의 결합과 연계를 통해 기술과 산업구조의 초지능화 강화
- **융합화**(convergence): 초연결성, 초지능화에 기반하여 기술 간, 산업 간, 사물–인간 간 경계가 사라지는 대융합의 시대

초연결성(hyperconnectivity)
초지능화(superintelligence)
융합화(convergence)

4차 산업혁명에서 변화를 이끄는 5개 기술로는 사물 인터넷(IoT), 로봇 공학, 3D 프린팅, 빅데이터, 인공지능(AI)이 꼽힌다.

사물인터넷(IoT: Internet of Things)

사물인터넷(IoT: Internet of Things)

모든 사물이 인터넷에 연결되는 것을 말한다. 각종 기기에 통신 및 센서기능을 장착해 데이터를 주고받는다.

로봇 공학(Robotics)

로봇 공학(Robotics)

로봇의 설계, 조립, 작동, 사용과 함께 로봇의 제어, 센서 피드백, 정보 처리를 위한 컴퓨터 시스템을 포함

3D 프린팅(Additive manufacturing)

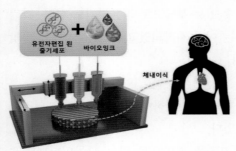

3D 프린팅(Additive manufacturing)

3D 설계도나 모델링 데이터를 바탕으로 원료를 쌓아 제품을 만드는 적층가공 기술

3D 프린팅 + 바이오 기술
= 인공 심장

빅데이터(Big Data)

빅데이터(Big Data)

대량의 데이터로부터 가치를 추출하고 결과를 분석하는 기술

빅데이터 + 의학정보
= 개인 맞춤 의료

◆정부, 정밀의료 키워 개인 맞춤형 진료시대 연다◆

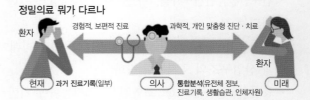

인공지능(AI)

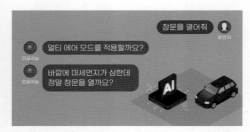

인공지능(AI)

사고, 학습 등 인간의 지능활동을 모방한 컴퓨터 기술

■ 열일하는 로봇들

아마존의 키바(Amazon, Kiva)

아마존의 물류센터를 종횡하는 로봇 키바. 물류 센터 자동화시스템으로 사람 대신 로봇 키바가 움직이며 제품을 분류하고 운송하고 있다. 연 인 건비 약 9,900억 원을 절감한 키바!

그러나 키바도 이젠 옛말!

아마존이 키바를 도입한 건 2010년이다.

2023년 10월 아마존의 시애틀 물류창고에 두 발로 걷는 휴머노이드 로봇 '디지트'가 현장에 투입되었다. 디지트는 물류센터 내에서 걸 어 다니며 18kg 이하의 박스를 운반하는 작업을 수행한다. 빛을 이 용해 거리를 측정하는 라이더와 카메라 등의 센서를 통해 주변 환경을 감지하고 장애물도 피하며 사람과 동일한 방식으로 일한다.

요즈음엔 하루가 멀다하고 새로운 로봇들이 작업현장에 출현한다.

한국 자율주행 '티라로보틱스'

중국 글로벌기업 '긱플러스'

백스터(Baxter)

학습 적응형 스마트 협업로봇!
공장에서 부품 조립, 물건 포장 등을 반복 작업
처리한다. 기존의 산업용 로봇에 비해 저렴하고,
쉬지도 먹지도 않고 24시간 일할 수 있다.

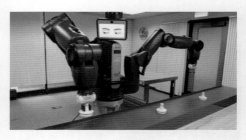

Cray X 파워슈트(Power Suit)

독일의 '저먼 바이오닉(German Bionic)'에서 생산하는
산업현장 파워슈트. 스마트공장 현장과 연결되어 생
산성을 높이는 동시에 무거운 물건을 들면서 발생하는
부상 위험을 줄여주는 역할을 한다. 물건을 들어올리
는 작업이 많은 물류 운송과정에 유용한 장치로 한 번
들어올리는 움직임에 최대 30kg의 힘을 보조한다. 인간
과 AI, 로봇의 협업!

2. 4차 산업혁명시대가 요구하는 인적자원의 역량

앞서 1차에서 4차 산업혁명에 이르는 과정에서의 주요 변화를 살펴보았다. 각 단계에
서 산업구조, 경영방식의 변화와 함께 노동자에게 주어지는 근무형태, 업무 수행에 요
구되는 역량이 다를 수밖에 없으며, 이에 따라 요구되는 인적자원의 역량도 변하게 마
련이다.

2.1 1차 산업혁명

1차 산업혁명은 적은 연료로 강한 힘을 낼 수 있는 증기기관이 공장과 교통수단에 활
용되면서 생산 과정이 기계화되고 제품을 보다 빠르게 생산하여 이송할 수 있게 되었
다. 이로 인해 가내 수공업 중심의 기존 산업이 공장 생산체제로 변화했다.

　과거 수작업, 개인의 손재주에 의존하던 가내수공업자들이 방직기 등의 기계를 운
용하고 관리하는 공장의 근로자로 전환되며, 단순한 일을 하더라도 규율에 따르고 다
른 작업자들과의 조율, 협업하는 능력이 중요해졌다.

2.2 2차 산업혁명

전기와 석유에너지를 활용한 내연기관이 발명되면서 자동화된 대량생산 체계를 구축하게 되었다. 그 여파로 생산이 표준화되고, 한 사람이 전체 생산 과정을 일괄적으로 맡기보다는 작업의 기능적 분화에 따른 분업방식이 정착하게 된다.

　이 시기에는 테일러리즘, 포디즘 등이 적용되면서 업무의 세분화와 기능적 분업으로 과학적 과업관리가 대세였기 때문에 자신에게 주어진 세부업무를 주어진 시간 안에 오차 없이 처리하는 기계적 생산성이 작업자에게 요구되는 핵심역량이었다.

> 기계적 생산성

2.3 3차 산업혁명

자동화 기술과 인터넷 기술의 발달로 필요한 정보를 컴퓨터를 통해 언제 어디서든 송수신할 수 있는 여건이 구축되며, 인터넷이 대중화됨에 따라 정보 기반의 서비스업이 활성화되었다. 새로운 정보와 지식을 빠르게 학습하고 통합하여 새로운 컨텐츠로 가공해내는 능력, 새로운 기회와 아이디어를 탐색하고 발견하는 능력이 중요한 업무역량이 되었다.

> 정보 기반의 서비스업

2.4 4차 산업혁명

18, 19, 20세기 말에 발생한 1, 2, 3차 산업혁명은 사람들의 노동 형태와 업무 내용, 그에 따른 일터에서 요구되는 인적자원의 역량에도 큰 변화를 가져왔다.

- 과거 농업중심사회: 쌀 한 가마니(80kg)를 번쩍 들어서 여유롭게 옮기는 갑돌이는 A급 인재! 쌀 한 말(16kg)을 등에 지고 비틀대는 을돌이는 일당이 아까운 C급 인력
- 현대 로봇중심사회: 쌀 한 가마니 가뿐히 옮기고, 쉬지도 않고 1초에 한 번씩 한 시간 동안 삽질을 3,600번 할 수 있으면 A급 인재? 어림 반푼어치도 없다!

근력이 아닌 뇌력(brainy than brawny)의 시대! 머리를 써야 하는 시대가 왔다!

> 근력이 아닌 뇌력

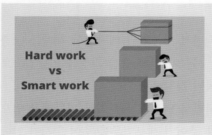

- 쌀 한 가마니 우습게 들어올리는 갑돌이도,
- 10자리 숫자들의 곱셈을 주판으로 귀신 같이 해내던 갑순이도,

이제는 조직에서 원하는 인재가 아니다.

　3차 산업혁명 과정을 통해서 인터넷이 대중화됨에 따라 정보 기반의 서비스업이 활성화되었다. 4차 산업혁명이 가져온 초지능, 초연결이라는 특성은 정보와 지식, 아이디어들이 끊임없이 그리고 순식간에 소통되고 통합된다. 이러한 과정이 AI의 도움으로 기하급수적으로 급속화되는 상황으로 이제는 인간의 육체 노동뿐 아니라 기본적 학습이나 반복적 정보처리와 같은 인지적 과정까지도 부분적으로 기계로 대체되고 있다.

　기술과 정보의 시대는 조직이 성공적으로 경쟁하기 위해 자주 급진적인 변화를 해야 하는 유동적이고 역동적인 경제를 만들었다. 그러나 어떤 사람들은 변화된 요구에 대처할 능력이 부족하고 새로운 환경에 적응하지 못하기도 한다.

　아주 아주 옛날 대다수가 농업에 종사하다가 이제는 경제의 4퍼센트 정도만 농산물을 생산한다. 산업혁명? 이것도 예전 일이다. 현재 전체 노동자의 20% 미만이 제조업에 종사한다. 미래학자들은 멀지 않은 미래에 경제인구의 10% 미만이 우리가 필요로 하는 농산품, 공산품을 생산할 것이라 예측한다. 그럼 나머지 90%의 사람들은 무엇을 해야 할까? 농업과 광업에서 제조업으로, 제조업에서 지식산업으로 흐름이 이미 변화되었다.

■ 시대를 잘못 만난 천재?

2024년 4월 방송된 내용이다. "세계에서 가장 빠른 암산 기록을 세운 인도 소년이 화제"라는 내용.

방송 리포터가 기적을 보도하듯이 연신 감탄성 멘트를 날린다:

"다섯 자리 숫자 50개의 덧셈을 무려 25초만에 암산으로 해냈습니다.

대형 화면에 다섯 자리 숫자가 눈 깜짝할 새 지나갑니다.

계산은 커녕 숫자를 기억하거나 제대로 읽기도 어려워 보이는데요.

인도 마하라슈트라 출신의 13살 소년이 이탈리아의 한 TV 프로그램에 출연해 25.19초만에 다섯 자리 숫자 50개 덧셈 문제를 푸는 데 성공했습니다.

덧셈 하나 하는 데 1초도 안 걸린 셈인데요."

인도 소년의 암산 속도는 놀랄만 하다.

이에 바로 딸리는 댓글: "50센트짜리 계산기만 못하다."

이래서 시대를 잘 만나야 한다.

아가야~ 계산기가 있으니 이를 어쩌니...

출처: https://n.news.naver.com/mnews/article/214/0001342187

향후 미래의 기업에서 어떤 역량을 가진 사람들을 가치있게 평가할 것이고, 인간은 이제 어떤 역량을 키우고 개발해야 할지 생각해 보자.

미래 직업의 키워드:
- 창의적이고 복잡한 문제를 해결할 수 있는 역량
- 인간에 가까워진 로봇의 등장에 따라 기계와 공생할 수 있는 협업 능력

미래의 인재상:
- 인간 고유의 관점으로 문제를 인식하고,
- 인간만이 가질 수 있는 다양하고 차별화된 대안을 도출하여 문제를 해결하며,
- 이 과정에서 적절히 AI, 로봇, 기계의 도움을 받아
- 이들과의 협업을 통해 성과를 창출할 수 있는 사람

대분류	특성	요구 역량	구체적 예시	예시 직업
문제인식역량	인간 고유의 인문학적, 감성적, 비판적 상황해석을 더해 기계와 차별화된 관점으로 문제를 인식하는 능력	유연하고 감성적인 인지력	문화적 이해와 감성적 해석을 더함으로써 복합적인 문제를 보다 유연하게 해석할 수 있는 능력	– 소셜디자이너 – 감성서비스 개발자
		능동적 탐색 및 학습 능력	상황과 관련성 있는 다양한 자료를 탐색하고, 학습을 통해 문제와의 관련성을 찾을 수 있는 능력	– 창업가 – 정보활용컨설턴트
		비판적 상황 해석력	일반적 틀에서 벗어나 문제의 핵심을 해석할 수 있는 능력	– 사업기획자 – 관리시스템 개발자
다양성의 가치를 조합하는 대안도출 능력	인간 개개인이 갖는 다양성을 조합하여 기계와 차별화된 대안을 탐색하고 도출하는 능력	구조화된 모니터링 능력	자신과 타인을 전문적이고 계획적으로 모니터링하는 능력	– 소셜 컨시어지 – 심리상담가
		도출 능력	다양한 사람들로부터 창의적 의견과 지식을 도출하는 능력	– 미래예측연구자 – 전문가 관리 코디네이터
		협력적 의사결정력	다양한 사람들의 의견을 종합하여 기준과 과정을 설계하는 능력	– 리더양성가 – 전략부서 근무자
		휴먼클라우드 활용능력	휴먼네트워크의 인적자원을 활용하여 대안을 도출해 수행하는 능력	– 문제해결 도우미 – 분쟁조정사
		시스템적 사고	다양한 유형과 소스의 정보를 체계적으로 조합하여 지식화하는 능력	– 빅데이터 과학자 – 업무환경설계자
기계와의 협력적 소통역량	기계를 이해하고 협력하는 방안을 찾아냄으로써 기계를 이용하는 인간이 되는 능력	디지털 문해력	ICT 기기 특성과 디지털 정보를 이해하고 활용하는 능력	– 생산공정관리자 – 클라우드 기반 정보 서비스 제공자
		정교한 첨단기술 조작능력	첨단기술과 기기를 정교하게 조작하고 감수, 보정할 수 있는 능력	– 자동화기계 검사원 – 공연설계사
		휴먼–컴퓨터 조합력	기계로부터 얻을 수 있는 정보와 사람의 의견을 체계적으로 연결하여 종합하는 능력	– 무인이동체 개발 및 운영자 – 윤리적 가치 기반 프로그래머

출처: 4차 산업혁명 시대의 이해

(1) 향후 인간이 갖추어야 하는 능력으로 문제인식역량과 다양성의 가치를 조합하는 대안도출능력 그리고 기계와의 협력적 소통능력을 꼽았다. 이중에서 가장 중요한 능력은 어떤 것이라고 생각하는가?

(2) 그 이유는 무엇인가?

(3) 혹시 다른 능력이 필요하다면 무엇이겠는가?

(4) 내가 직장을 갖는다면 어떤 능력이 가장 중요하겠는가?

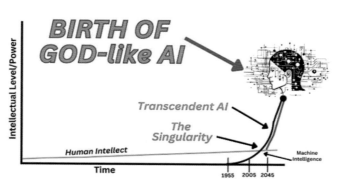

인간 고유의 문제인식 및 대안도출능력, 기계, 로봇, AI의 효과적 활용능력 등이 새로이 요구되는 상황에서 직업세계도 급격하게 변화하고 있다. 특히, 2023년부터 급격히 상용화되기 시작한 ChatGPT 등의 생성형 인공지능은 산업계와 근로자들에게도 많은 변화를 가져오고 있다. 인공지능이 인간의 지능을 넘어서는 이른바 "특이점(singularity: 어떤 기준을 상정했을 때, 그 기준이 적용되지 않는 점)"의 도래가 멀지 않았다는 전망까지 나오는 상황이니 AI에 의한 인간 근로자의 대체에 대한 우려가 커질 수밖에 없다.

ChatGPT
생성형 인공지능
특이점(singularity)

©Getty Images Bank

골드만 삭스는 2023년 3월 보고서를 통해 미국과 유럽에서 최대 3억 개의 일자리가 AI의 위협을 받을 수 있다고 밝혔다. 미국 일자리의 2/3가 AI를 통해 부분 자동화되고, 미국과 유럽에서는 업무 4개 중 최대 1개가 완전 자동화될 수 있다고 발표했다. 특히, 반복적인 데이터 입력, 법무 행정, 수학적 기술이 필요한 직업(심지어 의료직까지)이 모두 AI 도입에 따른 영향을 받게 될 전망이라고 밝혔다.

4차 산업혁명으로 사라질 직업

잡코리아가 4,147명을 대상으로 미래에 사라질 직업에 대해 설문조사를 했다.

텔레마케터: 챗봇
전화받는 사람이 없다!!

모델:.
AI가 더 이쁘다.

톨게이트 수납원:
자동인식으로 통행료 징수

비서: AI비서
영국 비서 16만 3천 명 퇴출

은행원:
인터넷 은행과 핀테크 세상

캐시어:
무인계산대가 편하다!

많은 사람들이 AI가 일자리를 대체하는 것에 위기감을 느끼고 있다.
실제로 AI가 대체하는 직업들도 많이 있다.

그러면 사람들은 이제 모두 손을 놓아야 하는 것인가?
노숙자가 내 미래인 거야? 그런 거야??

아니다!

AI의 영역과 사람의 영역은 다르다. AI를 설계하고 프로그램화시키는 것은 사람이다. **AI는 일자리를 빼앗는 것이 아니라, 일을 더 효과적으로 하도록 도와줄 뿐이다.** 미래에는 반복적이고 정형화된 문제들은 AI가 대체할 것이고, 인간은 AI를 활용하여 창의력과 고도의 전문성을 발휘하는 고부가가치 업무에 집중하게 될 것이다.

출처: https://v.daum.net/v/20171118050007739?f=m&rcmd=rn

고부가가치 업무

■ 4차혁명으로 새로 생길 직업

4차 산업혁명시대에 첨단과학기술이 등장하면서 새로운 기술과 기법을 적용하고 운용하기 위해 새로운 직업들이 출현하며 직업세계의 변화가 생기고 있다.

데이터 소거원
유럽사법재판소의 판결 "잊혀질 권리"
인터넷에 떠도는 원치 않는 정보를 삭제하라!

기억대리인
발달된 문명사회, 홍수 같은 정보사회에서 깜빡깜빡!!
기억대리인이 대신 기억해 준다.

아바타 개발자
나 대신 아바타가 움직인다!

인공장기개발자
수명은 길어지고, 기술은 발달하고…
장기도 갈아 끼우는 세상!

노년플래너
고령사회, 노인들의 건강, 일, 경제,
정서 및 죽음관리가 필요하다!

로봇 엔지니어
로봇이 지배하는 시대!
난 로봇을 지배한다!

융합화(convergence)

4차 산업혁명의 특징 중 하나는 융합화(convergence).
융합형 직업은 사람들이 가진 소질과 관심의 결합에서부터 기술과 지식, 과학기술과 타 영역의 연결을 통해 새로운 직업창출(job creation)이 가능하다. 신선한 식재료로 요리를 해주는 요리사와 농부의 결합, 홀로그램 기술에 인문학 콘텐츠 기획력을 접목한 홀로그램 전시기획자가 될 수도 있다.

그룹토론문제

(1) AI와 로봇이 지배하는 시대에도 굳건히 남아서 인간의 능력이 필요한 직업에는 어떤 것이 있을지 위에 나온 예들 이외에 다른 직업 3가지를 생각해 보자. 그 이유는 무엇인가?

(2) 융합형 직업의 사례로 어떤 직업들이 있을 수 있을지 3가지를 생각해 보자. 이유는 무엇인가?

3. 인적자원관리 환경의 변화와 새로운 도전

초연결, 초지능, 융합화로 특징지어지는 4차 산업시대로 넘어가면서 급격한 기술변화가 기업 경영현장에 도입되며 일하는 방식이 크게 변화하고 있다. 사물인터넷, 로봇공학, 3D 프린팅, 빅 데이터, 인공지능, 모바일 등으로 지능화된 정보통신기술이 기존의 경제와 산업, 사회 전반에 융합되어 다양한 혁신이 진행되고 있다.

디지털전환(DX: Digital
Transformation)

디지털전환(DX: Digital Transformation)이라고도 불리는 차세대 산업혁명의 진전은 생산공정, 유통, 제품 및 서비스뿐 아니라 인적자원관리 분야에도 막대한 영향을 끼치고 있다. 인간에게 새롭게 요구되는 역량, 변화하는 직업세계, 인력 확보 및 고용관계에 이르기까지 인적자원관리의 환경 자체에 격변이 일어나고 있다. 인적자원관리와 관련하여 내·외부 조직환경에서의 세 가지의 변화를 살펴보자.

- **내부구성원**: 인적자원관리의 타깃인 조직 구성원들의 세대교체로 인한 MZ세대의 대두
- **외부환경**: 긱 이코노미와 긱 워커의 급부상에 따른 기존 인적자원관리 시스템의 한계
- **경영트렌드**: 애자일 경영 등에 따른 조직관리, 경영활동에 대한 관점의 변화

3.1 MZ세대로의 노동시장 중심축 이동

인적자원관리의 대상인 구성원의 특성이 최근의 기술발달만큼이나 빠르게 변화하고 있다. 조직에 비교적 순응적이었던 기존 세대와 달리 1980년대 이후 출생한 MZ세대는 개인적 관점을 중요히 여기고 자신의 욕구에 충실하다. 더구나 오늘날 국내 기업들에서 MZ세대가 구성원들의 대다수를 차지하게 되면서 이에 상응하는 인적자원관리가 요구된다.

■ **경영환경도 VUCA! 2030세대도 VUCA!!**

오늘날 기업들이 당면한 기술, 경영환경을 VUCA라고 표현한다.

VUCA는 새로운 주력 구성원이 된 2030세대를 설명하기에 적절한 특성들이다.

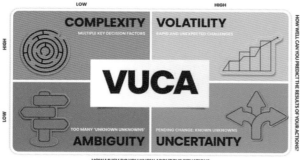

VUCA

가변성(Volatility)
- 가치관, 인생관에서 일관성을 유지하기보다 쉽게 변화(현실성과 실리 추구!)
- 단기적 관점, 초단타 매매, 단기투자(초단기 결과! 눈 앞의 이익!)
- 장기비전 수용 곤란(못 기다려!)

가변성(Volatility)

불확실성(Uncertainty)

불확실성(Uncertainty)
- 극단적 불확실성, 모험 회피(철밥통, 신의 직장 선호!)
- 동시에 극단적 불확실성, 모험 추구(코인, 주식, 영끌: 인생은 한 방!)
- 미래의 보상보다 즉각적 만족 추구(지금 당장!)

복잡성(Complexity)

복잡성(Complexity)
- 나와 다른 사고방식에 대한 회피적 수용(이해 포기! 쌩까면서 각자 살자!)
- 개인주의, 복잡·다양한 관계(개인 취향 존중, 수많은 온/오프라인 네트워크!)

모호성(Ambiguity)

모호성(Ambiguity)
- 세상에 딱 정해진, 항상 맞는 **정답은 없다.** 극단적 상대주의(답정너! 거부!)
- **깊은 사고 포기**(아 몰라! 머리 아파!)

VUCA스러운 특성을 갖는 MZ세대들은 조직에서 원하는 것도 다르다.

키워드는 개인, 성장, 자유, 공정.

조직에 원하는 것이 다르니 조직에 대한 관점, 직장생활을 하는 방식도 다를 수밖에 없다.

	X세대	M 특히 Z세대
선호하는 조직	수직적 조직	협업적·수평적 네트워킹형 조직
정보 획득 방식	• 신문과 방송 등 전통적 미디어 • 문자정보, 인쇄된 문서 선호	• 인터넷, 모바일, SNS 등 다양한 채널 • 문자보다 시각, 동영상 정보 선호
시간 관념	업무 시간 총량이 근무 평가의 기준(근태 관리)	결과가 중요, 얼마나 많은 시간을 들였는지는 중요하지 않음
삶에 대한 태도	직업이 자신을 정의한다고 생각	일과 인생의 조화를 중요시

조직구성원의 세대교체가 이루어지고 이전과 다른 가치관, 사고방식, 일에 대한 선호를 가진 직원들을 이전의 인적자원관리 시스템 및 관행으로 효과적으로 관리하는 것

은 이제 불가능하다. 새로운 시대의 인적자원은 새로운 시스템으로 관리하여야 한다.
VUCA world, VUCA people. 사람 맞춤형 관리, 똑똑한 관리가 필요하다.

3.2 긱 이코노미로의 전환

4차 산업혁명, 디지털 전환 시대에 빠르게 등장한 개념이 공유경제이다. 집, 자동차, 의류, 가구, 시간 등 모든 것이 공유 플랫폼을 통해서 교환되고 공유된다. 이 과정에서 급증한 새로운 트렌드는 긱 이코노미(gig economy).

긱 이코노미(gig economy)

긱 워커(gig worker)는:

고용주의 필요에 따라 단기로 계약을 맺거나 일회성 업무를 하는 초단기 노동 제공자를 말한다.

1920년대 미국 재즈 공연장에서 연주자를 그때그때 섭외하여 단기 계약을 맺는 것을 "긱(gig)"이라고 불렀던 것에서 유래한다.

    디지털 플랫폼을 통해서 일자리를 쉽게 찾을 수 있게 되면서 긱 워커들이 점점 증가하고 있다. 2027년에는 미국 전체 근로자의 50% 이상이 긱 워커로 활동할 것으로 예측된다. 통계청에 따르면, 한국도 긱 워커가 전체 취업자 2,600만 명 중 1천만 명으로 추산된다. 한국도 절반 이상의 근로자가 긱 워커가 될 날이 멀지 않을 것으로 보인다. 긱 워커의 증가와 경제규모를 고려할 때, 긱 이코노미 출현은 기업의 인적자원관리 측면에서도 주요한 의의를 가진다.

■ 긱 워커 전성시대

독립근로자(independent worker), 부캐(본 캐릭터 외 두 번째 캐릭터), N-잡러라는 이름으로 표현도 다양한 긱 워커들! 자신의 본업을 벗어나 다양한 경험을 해보면서 **멀티커리어**(multi-careerism)를 만들고, 본업, 부업, 겸업으로 긱 워크를 추구하는 새로운 사회 트렌드를 몸으로 보여주는 사람들이다.

2021년 사람인 조사에 따르면 성인남녀 1,247명을 대상으로 '긱 워커'에 대해 설문한 결과 10명 중 6명 (58.4%)이 '긱 워커'가 될 의향이 있는 것으로 나타났다.

독립근로자(independent worker)
N-잡러
멀티커리어(multi-careerism)

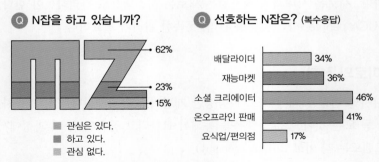

Q N잡을 하고 있습니까?

- 62%
- 23%
- 15%

■ 관심은 있다.
■ 하고 있다.
■ 관심 없다.

Q 선호하는 N잡은? (복수응답)

- 배달라이더 34%
- 재능마켓 36%
- 소셜 크리에이터 46%
- 온오프라인 판매 41%
- 요식업/편의점 17%

출처: https://www.enewstoday.co.kr/news/articleView.html?idxno=1559381

긱 워커의 유형은:

- 플랫폼 종사자와 1인 개인사업자(배달 · 배송 등)
- 하루 단위로 일하는 시간제, 일용, 임시근로자
- 고용계약 기간이 1년 이상 정해진 근로시간을 채워서 일하는 사람들 중 퇴근 전후, 또는 주말에 부수입을 위해 긱잡을 하는 전일제 근로자(N잡러)

크몽
4년간 거래액
10배 이상 급증

탤런트뱅크
2020년 전년대비
약 **240%** 성장

원티드 긱스
출시 **1년** 만에
긱 워커 **36배** 증가

출처: https://blog.naver.com/knoc3/222916563619

주요 채용 플랫폼들은 긱 워커 매칭을 향후 기업의 주된 사업으로 인식하고 있다.

크몽, 탤런트뱅크, 원티드 긱스 등 긱 이코노미에 전문화된 채용 서비스가 급증하는 추세이다.

2000년대 이후 한국에서도 평생직장의 개념이 사라지고 공유경제에 따른 온라인 마켓플레이스가 활성화되면서 긱 워크가 새로운, 이제는 대세가 되어 가는 노동형태로 자리잡고 있다. 긱 워커 플랫폼 "뉴워커"에서 1,085명을 대상으로 설문한 결과,

긱을 하면서 만족했던 부분은:

▲ 원할 때 자유롭게 업무 가능(57.9%)
▲ 다양한 일 경험(14.3%)
▲ 구직 프로세스 신속(13.6%)으로 집계되었다.

긱 워커의 입장에서는 일정 자격 요건을 갖춘 경우, 원하는 시간에 자유롭게 일하고 프로젝트(건)별 수수료를 받으면서 다양한 직업, 전직의 가능성을 탐색할 수 있는 기회가 된다.

출처: https://lifejump.co.kr/NewsView/22TXQZR23C/GWN2

긱 워커는 4차 산업혁명과 디지털로의 전환에 따른 공유경제의 자연스러운 산물인 동시에 한 회사에 매이는 대신 주체적으로 시간을 활용해 일하고 싶어하는 MZ세대의 요구와 일할 사람이 필요하지만 상용직 채용이 부담스러운 기업들의 상호 필요성이 만들어낸 결과이기도 하다.

그러나 이런 새로운 경제, 노동시장, 근로형태의 출현은 기업의 인적자원관리에 있어서 많은 과제를 부여한다. 인사정책 및 인적자원관리의 대상이 정규직과 비정규직으로 구분되어 있는 현실에서 긱 워커 관리가 쉽지만은 않은 게 현실이다.

긱 워커 탄생이라는 새로운 환경에서 기업들은:
- 입사, 배치, 승진, 퇴사라는 사내 경력관리의 표준을 변경하여 대안적 경력경로를 설정할 필요성이 생겼고,
- 사내 다양한 직군의 직무분석을 통해 상용직을 유지해야 할 업무와 긱 워크를 병용할 수 있는 업무를 분류하여야 하며,
- 소속이 없어서 임금교섭력이 제한적이고, 보장된 보상이 없으며, 해고가 자유로운 긱 워커를 위한 새로운 형태의 교육개발 및 복리후생제도를 마련해야 할 것이다.

2022년 노동법이 바뀌면서 플랫폼 종사자들도 고용보험에 가입하고 실업급여도 받을 수 있게 되었으나, 긱워커는 임시직이기 때문에 근로기준법에 근거한 산재보험 등 다양한 측면에서 일반 근로자들이 누리는 혜택을 받기 어렵다. 기업은 물론 정부 차원에서도 긱 이코노미에 부합하는 효율적인 제도 및 인사시스템을 만들기 위해 노력해야 할 것이다.

플랫폼 종사자

3.3 새로운 경영방식의 확산

7장에서 설명한 바와 같이 애자일 방식은 IT, 소프트웨에 개발과정의 프로젝트 관리 방식으로 제안되었으나 지금은 대부분 기업들에서 관심을 가지고 시행하는 경영관행의 '대세'가 되었다. 물론 그 실체가 애매하다는 점과 제조업 등의 업계에는 적합하지 않다는 비판도 있으나, VUCA로 특징지어지는 현대의 기업환경과 VUCA스러운 MZ세대 직원들의 요구를 고려할 때, 당분간 경영계의 화두가 될 것으로 보인다.

애자일이 현업에 적용되면서 스크럼, 셀, 스쿼드, 스프린트, 칸반 등의 다양한 기법들이 적용되고 있지만, 다양한 산업분야로 확산되면서 일하는 방식으로서 애자일의 기본 이념, 가치, 문화, 직원들 간 상호작용과 같은 소프트한 측면들이 강조되고 있다.

애자일 기본성명(Agile
Manifesto)

애자일 기본성명(Agile Manifesto)

공정과 도구보다 **개인과 상호작용**을
포괄적인 문서보다 **작동하는 소프트웨어**를
계약 협상보다 **고객과의 협력**을
계획을 따르기보다 **변화에 대응하기**를

애자일에 대한 가치적 접근방식은 조직환경이
나 구조의 변화를 요구하면서 인적자원관리의
제도와 관행에도 새로운 접근방법을 요구하고
있다.

자유로운 네트워크
자율성 부여
투명한 정보 공개

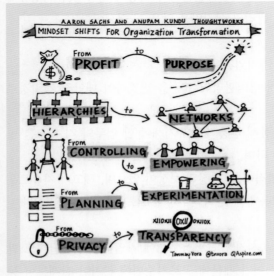

새로운 경영 트렌드는

▶ 이익 중심에서 가치 추구로
▶ 위계형 보고체계에서 자유로운 네트워크로
▶ 통제형 관리에서 권한 위양, 자율성 부여로
▶ 정해진 계획 수립·실행이 아닌 즉각적 수
   정으로
▶ 비밀주의에서 투명한 정보 공개로

기존의 경영관점, 방식에서의
탈피와 변화를 요구한다.

이런 문화와 관점의 전환(shift)은 조직으로 하여금 애자일이라고 불리우는 새로운
문화와 일하는 방식을 도입하게 하고, 인적자원관리에서의 변화를 추구하게 한다.

일의 의미
쌍방향 소통

새로운 트렌드를 반영한 향후의 인적자원관리는:
- 경제적 보상과 함께 일의 의미(비전, 미션, 가치, 자율성, 성장 가능성) 부여
- 일을 통한 개인의 '성장과 발전'을 위한 교육훈련 적극 운영 및 지원
- 직원들의 자율성을 부여하는 하이브리드 근무, 재택근무, 유연근무제 강화
- 인사제도 적용 이전, 전 구성원들과의 쌍방향 소통을 통한 공감 조성
- 조직 내 업무분배와 그에 대한 평가의 공정성
- 즉각적인 보상과 개인화된 메시지
- 연공서열을 벗어난 직급체계와 성과 중심의 승진을 추구해야 할 것이다.

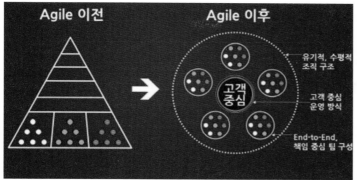

출처: ING 생명

애자일 방식에 따른 인적자원관리(Agile HR)는:

- 투명성, 직원들 간의 신뢰, 의사소통 강조를 통해 **팀 협업**을 개선
- 지속적이고, 정기적 피드백을 통하여 효과적인 HR 솔루션 개발을 촉진
- **민첩한 방법론** 활용으로 HR 시스템의 신속한 학습 및 최적화 등의 적응력 강화
- 대시보드와 시각화 활용에 기반한 실시간 성과 확인으로 효과적이고 투명한 관리를 가능하게 해준다.

팀 협업
민첩한 방법론

4. 인적자원관리의 새로운 트렌드

비즈니스에서 디지털 트랜스포메이션(디지털 전환)이 본격화되면서 기업경영의 각 분야에서 디지털 기술들이 접목되기 시작했고, HR 업무에도 다양한 변화들이 생겼다.

4.1 인적자원 정보시스템

3차 산업혁명과 4차 산업혁명으로 인한 정보화와 기술의 급격한 발전은 인적자원관리 분야에도 큰 영향을 미쳤다. 3차 산업혁명으로 인해 정보화시대가 되면서 인적자원 정보시스템이 인적자원관리분야에 도입되었다.

인적자원 정보시스템(HRIS: Human Resources Information System)

인적자원 정보시스템(HRIS: Human Resources Information System)은 경영자의 결정을 지원하기 위해 조직의 인적자원에 관한 정보를 획득, 저장, 분석, 검색 및 배포하는 데 사용되는 시스템으로 직원들의 인사 기록 유지 및 갱신뿐 아니라 잠재력 있는 구성원을 파악하여 재능과 기술을 개발하는 활동들을 지원한다.

1950년대 급여지급을 지원했던 초기급여정산시스템부터 오늘날의 클라우드 기반 전사적 시스템에 이르기까지 정보화와 기술은 채용, 선발, 교육, 성과 관리, 복지 및 승계 계획과 같은 다양한 인적자원관리 기능에 영향을 미쳤다.

사람에 대한 분석(people analytics)
빅데이터(big data)
HR 어낼리틱스(HR analytics)

구글에서는 2010년 전후 사람에 대한 분석(people analytics) 프로젝트들을 진행하여 효과적인 팀의 특징(Aristotle project)이나 리더의 속성(Oxygen project)을 파악하는 등, 빅데이터(big data)에 기반한 HRIS의 기능을 확대하였다. HRIS를 빅데이터, AI와 연결하여 인적자원관리의 최적화 솔루션을 찾아내는 이러한 접근들은 HR 어낼리틱스(HR analytics)의 급격한 발전과 조직 내 활용에도 크게 기여하였다.

서비스형 소프트웨어(사스 · SaaS)

국내의 경우, 거의 모든 대기업이 HRIS를 채택하고 있으며, 인적자원관리 기술을 보다 효율적으로 적용한 온라인 HR 서비스를 제공하기 위해 HRIS를 채택하는 중소기업들도 점차 증가하고 있다. 뿐만 아니라, 스타트업들도 클라우드 기반 인적자원(HR)관리 시스템 혹은 HR 솔루션을 경쟁적으로 도입하고 있다. 최근의 HR 솔루션들은 빅데이터를 바탕으로 인사관리의 전체 과정 관리가 클라우드 컴퓨팅 환경에서 '서비스형 소프트웨어(사스 · SaaS)'로 운영된다. 이런 HR 솔루션들은 워크데이, SAP, 오라클 등의 글로벌 소프트웨어(SW) 기업들이 제공하는데 현재 워크데이가 시장을 주도하고 있는 상황이다.

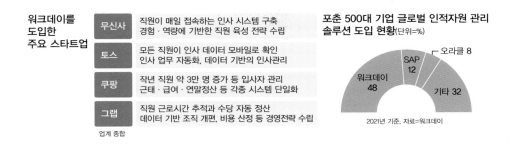

인적자원 정보시스템을 통하여 기업들은:

- 업무 및 직원 기반의 정보의 체계적 관리 및
- 최적화 · 자동화 작업을 통한 효율적 관리를 추구하고,
- HR팀과 회사의 모든 직원들이 실시간으로 정보를 공유한다.

HRIS는 시스템화된 정보로 조직 구성원들 간 정보의 투명성을 보장함으로써 정보의 혼란을 방지하는 주요한 기능을 하고 있다.

4.2 AI 기반의 인적자원관리

HRIS의 업그레이드 버전이 바로 인공지능에 기반한 인적자원관리이다.

인적자원관리분야에서 AI 도입의 주요 목적은:

- 기존 채용과 인력관리과정에서 과도하게 지출됐던 비용 감소
- 자동화를 통한 HR 업무 프로세스 최적화
- 객관적 데이터 기반 의사결정을 통한 공정성 확보에 있다.

프로세스 최적화

인적자원관리는 사람의 주관성과 개입 가능성이 비교적 높은 분야이다. HR 담당자가 경험을 바탕으로 채용하고, 평가하고, 보상을 결정하다 보니 공정성 논란이 가장 많은 경영분야이다. 객관적 데이터 분석을 통해 판단을 하는 AI 평가는 HR 담당자들의 방패막이 되어 준다. 기업이 HR 업무에 AI를 활용하고자 하는 분야는 주로 성과평가, 보상, 채용 · 선발분야이다.

HR 분야에서 AI가 활용되는 분야를 살펴보자.

(1) 채용과 선발

국내기업의 AI 활용 현황을 살펴보면 삼성과 SK가 자체적으로 AI 분석 기술을 활용하여 자기소개서 분석, 역량검사, 인터뷰를 진행하여 지원자를 평가하고 있다. 이외 롯데그룹, LS그룹, SK하이닉스, 기아자동차 등 100여 개의 기업들이 AI 면접을 도입하였으며, AI 분석 결과를 참고하여 심층면접 여부를 가리고 있다.

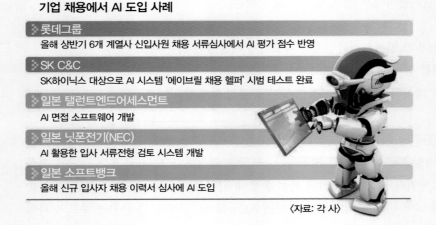

기업 채용에서 AI 도입 사례

▶ 롯데그룹
올해 상반기 6개 계열사 신입사원 채용 서류심사에서 AI 평가 점수 반영

▶ SK C&C
SK하이닉스 대상으로 AI 시스템 '에이브릴 채용 헬퍼' 시범 테스트 완료

▶ 일본 탤런트엔드어세스먼트
AI 면접 소프트웨어 개발

▶ 일본 닛폰전기(NEC)
AI 활용한 입사 서류전형 검토 시스템 개발

▶ 일본 소프트뱅크
올해 신규 입사자 채용 이력서 심사에 AI 도입

〈자료: 각 사〉

대기업 인사담당자는 "AI가 채용 당락에 직접적인 영향을 주지는 않지만, 해외에서는 적극 활용한다"며 서류 검토를 AI가 대신해주면 시간 단축 효과가 크다는 것을 강

조한다. 과거 국내기업의 채용에서 몇십 명의 사원을 채용하는 데 몇천 개에 이르는 지원 서류들을 눈x이 빠지게 일일이 다 검토하였으나, AI가 초기평가를 하면 서류검토 작업이 효율적으로 진행된다.

■ **유니레버: 신속한 AI 채용**

AI 채용

'도브' 비누와 '바셀린' 로션을 생산하는 다국적 기업 유니레버의 인공지능(AI) 채용 실험은 세계적으로 유명하다.

이 회사에 입사지원을 하면 최종 면접을 보기 전까지 회사 관계자를 볼 수 없다. 지원서 접수 후 3~4단계에 이르는 전형을 모두 AI가 진행하기 때문이다.

유니레버의 AI 활용 채용시스템

1 지원자가 채용 사이트 방문 입사지원

2 AI가 지원자의 링크드인 프로필에서 정보 끌어와 이력서 작성

3 AI 알고리즘이 지원서 살펴 직무에 적합한 지원자 선발

4 온라인 게임(직무수행능력평가)

5 질문에 대답하는 동영상 촬영

6 AI가 동영상 속 지원자의 응답 속도, 표정 등을 토대로 평가

7 선정된 지원자 대상으로 인사담당자 최종 면접

유니레버는 1년에 약 3만 명의 직원을 채용하고, 180만 건이 넘는 입사지원서를 처리한다. 그만큼 많은 시간과 비용이 소요되기 때문에 채용 과정을 간소화하면서 효율적으로 개선하는 방안을 오랫동안 고민해왔다. 유니레버 측은 AI를 채용 시스템에 도입한 뒤 면접과 평가에 할애되는 직원들의 노동 소요가 약 7만 시간 감소했다고 보고했다.

출처: https://www.hankyung.com/economy/article/2020102754501

■ **AI에게 잘 보여야 취직한다!**

서류심사에 이은 면접도 실제 인사담당자나 채용할 부서의 관리자가 직접 인터뷰를 하기 전에 AI에게 1차 검증을 맡기는 경우가 많아졌다.

자기소개서(자소서)

무하유는 국내에서 약 920만 명이 이용하는 인공지능(AI) 표절 검사기 '카피킬러(copy killer)'의 개발사로 인사관리(HR) 솔루션 분야로 사업을 확장했다.

기업을 대상으로 자기소개서(자소서) AI 평가 서비스인 '프리즘'을 제공하고 있고 롯데, LG유플러스, 농협 등 300여 개사가 이용 중이다.

2022년 대화형 AI 면접 서비스 '몬스터' 출시!!

시선 추적, 표정 분석 등 비언어 평가뿐 아니라 응시자의 답변 내용도 평가한다.

면접 질문 예시

- 본인이 어떤 사람인지 자기소개를 해주세요.
- 무하유에 지원하게 된 동기는 무엇인가요?
- 본인이 생각하는 좋은 회사는 무엇인지, 좋은 회사라고 생각하는 회사의 예시를 들어 설명해 주세요.
- 본인이 좋아하지 않는 사람의 유형과 그 이유를 말해주세요.
- 회사를 다니면서 가장 중요하게 생각하는 가치가 무엇인지 말해주세요.
- 지원하는 직무를 위해 노력한 것이 있었나요?
- 성공했던 경험을 남들의 기준이 아닌 나의 기준에서 말해주세요.
- 자기가 생각하는 본인의 장점과 역량이 무엇인지 말해주세요.

→ 면접을 마치면 요약본과 평가 내용을 채용 담당자에게 제공하는데, 정량평가부터 불성실(중도 포기 · 미완결 답변 · 내용 부족 등), 부정행위 등 정성평가 결과도 제공한다.

→ 화상 면접을 하면서 미리 준비한 대본을 힐긋거리면 '커닝 의심' 판정을 내린다.

4번 문항 결과

[자소서기반질문] 폭포수 모델을 사용하여 팀 프로젝트를 진행한 경험이 있다고 하였는데, 해당 모델의 특징과 단점을 설명해 주세요.

답변 내용 평가	컨닝의심	대리시험	미완결 답변	답변 내용 부족
88.16	의심	안전	없음	없음

문항4 답변 요약

폭포수 모델은 단계적으로 프로그래밍을 하는 기법으로 앞의 단계가 완료되어야 뒷 단계를 이어갈 수 있지만 요구 사항이 갑자기 변하면 모든 일정과 단계에 부담을 줍니다.

문항4 답변 스크립트

바로 폭포수 모델은 어 폭포가 위에서 아래로 떨어지듯이 단계적으로 프로그래밍을 하는 기법을 의미합니다 단계는 계획 요구사항 분석 설계 구현 테스트 유지 보수 이 단계로 이루어지는데 어 아무래도 폭포처럼 위아 위에서 아래로 떨어지는 모델이기 때문에 앞의 단계가 완료 돼야지 뒷 단계를 이어갈 수 있다는 특징이 있습니다 하지만 이 점이 단점으로 작용을 하기도 해서 이제 각 단계가 종결이 되어야만 다음 스텝을 진행을 할 수 있고요 그리고 요구 사항이 갑자기 변하게 되면은 모든 일정과 단계에 부담을 준다는 단점이 있습니다

: 애자일 조직 설명할 때 나온 폭포수 모델("기억에 전~혀 없는 폭포수 모델??")

AI 면접 응시자가 탈락 사유를 문의할 경우 이를 설명하도록 정부 가이드라인이 바뀌어 채점절차, 기준에 대한 '설명 가능한 AI 면접'의 필요성이 커지고 있다.

설명 가능한 AI 면접

(2) 직원관리 및 평가
직원관리와 평가에도 AI 기술이 활용되고 있는데,

- 직원의 업무 성향과 성과, 승진 적합도 예측
- 부서 이동 적합도와 교육이 필요한 직원 여부 평가
- 승진이나 부서 이동 결정평가 등의 역할을 한다.

국내에서는 신한은행이 시중은행 최초로 정기 인사에 자체 개발한 'AI 승진 추천 모델'을 도입했는데, 직원들의 다면 평가, 자격증, 자기계발, 부서장 추천 등 각기 다른 가중치가 적용된 항목들로 최적화시킨 모델을 활용하여 승진 여부를 결정하고, 학연이나 지연 등 주관이 개입될 수 있는 요소들을 배제시켰기기 때문에, 공정하고 효율적 HR 관리라는 평가를 받고 있다.

AI 승진 추천 모델

직원 부서배치 등 인사 시스템에 AI를 적용하는 사례도 증가하고 있다. 국민은행은 직원 인사에 'AI 알고리즘 기반 인사 시스템'을 처음 적용했다. AI가 직원 및 영업점의

AI 알고리즘 기반 인사 시스템

요구를 세심하게 반영해 최적의 인력 배치 솔루션을 제시했고, 이에 인사 업무의 효율성이 증가하고, 인사 시스템의 공정성에 대한 신뢰도가 향상되었다는 긍정적 평가를 받고 있다.

(3) 이직·퇴사 분석 및 예측

이직·퇴사 분석과 예측

AI 기술이 활용되는 또 다른 HR 분야는 바로 이직·퇴사 분석과 예측으로 AI 기술로 과거 임직원들의 이직·퇴사 원인을 파악하여, 조직 문화를 개선하고 인재 유지 전략에 활용할 수 있다. 이직·퇴사 등의 인력 변동에 대한 예측은 조직의 인력계획, 채용, 재배치 등에도 중요한 자료를 제공한다.

인재 유지방안

- 글로벌 식품기업인 네슬레는 약 9천 명의 임직원 데이터를 바탕으로 AI 분석 기술을 도입하여 이직·퇴사 원인을 분석하고 인재 유지방안을 도출하고 있다.
- 미디어 리서치 기업 닐슨은 나이, 성별, 재직 연수, 성과평가 등 HR 데이터를 활용하여 이직·퇴사 가능성이 높은 인재를 추려내어 부서 이동이나 개별 면담, 밀착 관리 프로그램 등의 조치를 함으로써 인재 유지율을 48% 증가시키는 성과를 달성했다.

▌ AI의 모든 것: AI의 다양한 인사관리!

4차 산업혁명 이후 AI가 점점 우리의 일상에 들어오고 있다.

특히, 기업에 있어서 AI들이 생산공정, 유통부터 인적자원관리까지 스며들고 있다.

AI 활용 1: 가상비서

가상비서

직원들이 **가상비서**를 통해 휴가를 신청하려면 시스템으로 들어가서 '0월 0일에 휴가를 신청해 주세요.'라고 요청하면 된다. 그러면 AI가 사용자 대신 휴가를 신청하고, 관리자에게 메모를 보내며, 달력에 휴가를 표시하고, 회의를 취소하는 등 필요한 작업을 해준다.

삼성 가상비서 "샘"
vs.
LG 가상비서 "김래아"

AI 활용 2: 온보딩

온보딩

온보딩 프로세스에서 모든 입사 과정과 의사소통 과정을 사람 대신 AI가 자동 진행하고 개인화된 메시지를 전달한다. **메타버스 연수원**을 활용하기도 한다.

AI 활용 3: 직원 설문

직원 설문
기업문화조사

챗GPT 또는 GPT 대규모 언어 모델을 직원만족도 및 기업문화조사를 위한 설문에 사용할 수 있다. (챗GPT를 통해) '안녕하세요. 저는 기업 문화 담당 어시스턴트입니다. 요즘 어떻게 지내고 계시는지 궁금합니다' 등의 메시지를 띄우고, 대화를 통해 빠르게 설문조사를 진행. 실시간 조사가 가능하며, 양적, 질적 데이터 분석과 보고서 정리까지 순식간에 완료!

AI 활용 4: 역량평가와 제안

역량평가

AI를 사용해 직원이 가진 모든 스킬을 입력한 후 '직원의 역량이 어느 정도 수준인가? 전문가가 더 많은가? 초보자가 더 많은가? 기록되지 않는 스킬이 있는가?' 등의 현 상태를 파악할 수 있다.

AI와 생성형 AI는 실제로 시스템에 들어가서 (직원들의) 학습 역량을 진단하고, 각 직원에게 '**당신은 스킬 역량이 낮습니다**(AI 너!! 어따 대고 지적질이야?? 기분 x구려!!). 역량을 강화하기 위한 교육 과정은 다음과 같습니다.'라고 개인화된 교육훈련 프로그램을 디자인해줄 수 있다.

출처: https://www.itworld.co.kr/news/298945

4.3 AI 도입에 따른 인적자원관리의 편향성과 공정성

인적자원관리의 다양한 업무에 AI가 활용되고 HR 솔루션이라는 이름으로 대부분의 기업들이 이를 활용하고 있다. AI 활용의 현 주소를 살펴보자.

나우앤서베이가 대한민국 직장인 800명을 대상으로 2023년 AI 이용 현황에 대한 조사를 한 결과, 생성형 AI 사용 중 사용자가 가장 불편하게 느꼈던 점은 AI의 동문서답(24.4%).

일상생활에 있어서 AI의 동문서답! 이해하고 싶지는 않지만, 그래! 이해해 준다.
이 ㄸ멍x이!! 한 마디와 함께 사용 종료. 문제는 이 ㄸx청이가 편향성을 가지고, 꼴에 AI라고 객관적·과학적 데이터를 근거로 했다며 기업 HR 업무에 그 편향성을 버젓이 반영한다면?

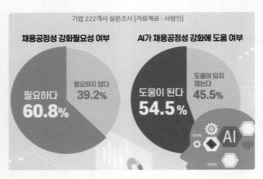

채용, 성과평가와 같은 인사결정에 기업들이 AI를 대거 도입하게 된 배경에는 인간의 편향성을 극복하고 데이터 기반의 알고리즘에 의한 "객관적이고! 과학적인!" 의사결정을 하여 공정성을 확보하고자 하는 의도와 기대가 가장 큰 작용을 했다.

AI의 편향성 사례

- **2016년** 마이크로소프트 AI 챗봇 '테이'가 유대인 등 특정 집단 혐오 발언
- **2016년** 노스포인트 미사법부에 납품한 재범 가능성 예측 AI '콤파스'의 흑인 차별
- **2018년** 아마존 AI 채용 프로그램이 여성 지원자 차별
- **2019년** 애플 애플카드의 AI 대출 시스템이 성별 따라 대출 한도 차별
- **2020년** IBM AI 안면 인식의 편향성을 인정하고 관련 사업 철수
- **2021년** 메타 AI가 흑인 출연 영상을 '영장류' 콘텐츠로 분류

그러나 AI 도입 후 그간 발생한 일련의 사건들은 AI의 공정성에 대한 기대를 깨고, 오히려 AI 활용에 대한 회의감과 우려를 낳고 있다.

■ NYC 144:

AI 너!! 성차별, 인종차별 금지!

기업들은 대규모 채용이나 승진·연봉 심사를 할 때 AI를 활용하고 있다. 이력서와 업무 성과 검토, 기초 면접 등 사람이 일일이 하기 어려울 정도로 **업무량이 늘었기 때문이다.** 월스트리트저널과 NBC에 따르면, 2008년 금융위기 이래 구직·이직 수요가 치솟은 데다, 구직자들도 온라인으로 지원서를 대량으로 보낼 수 있게 되면서 기업들도 인사자동화 소프트웨어에 의존하게 되었다. 그런데 고용주가 채택하는 **AI가 특정**

집단에 대한 편견이나 혐오를 확증편향적으로 학습, '알고리즘(algorithm, 어떤 문제를 해결하는 절차나 명령어의 집합) 차별'을 한다는 문제가 불거지며 논란의 중심에 서게 되었다.

알고리즘 차별은 중립적으로 보이는 정보 기술이 채용·승진은 물론 교육, 의료, 은행 대출과 보험 가입에 이르기까지 편향된 기존의 데이터에 근거하여 차별을 구조화하는 현상을 말한다.

세계 최대 전자상거래 기업 아마존의 기존 임원급 엔지니어들과 구직자들은 대개 남성이다. 이에 **채용 알고리즘이 여성성을 드러내는 키워드를 쓰거나, 여자 대학을 졸업한 지원자들을 서류 심사에서 자동으로 불이익을 주는 식으로 10년간 운영되었다는 사실이** 드러나며 사회를 시끄럽게 하였다. 아마존은 이 프로그램을 중단하고 인사에서 자동화보다는 사람의 판단을 늘리는 쪽으로 제도를 바꾸는 방식으로 대응하였다.

if a machine leaning tool is employed that has a decisive impact on eliminating a job applicant or evaluating an employee for promotion, the company will be subject to the NYC 144.

이 사건을 발단으로 기업이 직원 채용과 승진을 결정할 때 사용하는 인공지능(AI)의 인종·성(性) 차별 가능성 등을 차단하는 법이 뉴욕에서 2023년 6월 발효되었다. AI 인사 프로그램 등이 신규 채용이나 승진 및 연봉 심사 때 인종과 성별에 기반한 차별을 할 가능성을 미리 공개해 차별을 막는 법, NYC 144!!

Insight
New York City Adopts Final Regulations on Use of AI in Hiring and Promotion, Extends Enforcement Date to July 5, 2023

'NYC 144' 법률에 의거:

뉴욕시에 거주하는 구직자에 대한 AI 챗봇(chatbot, 음성이나 문자로 인간과 대화할 수 있는 컴퓨터 프로그램) 면접 도구, 이력서 검토 소프트웨어 같은 대규모 자동화 프로그램을 사용하는 기업들은 해당 도구의 인종 및 성별 가능성을 매년 제3기관에서 감사 받고, 그 결과를 공개해야 한다. 이를 위반하는 경우, 건당 최대 1,500달러(195만 원)의 벌금을 부과받으며, 이 자료는 구직자나 직원들이 인종·성 차별을 고발하는 소송에서 증거로 사용될 수 있다. 다만 기업이 특정 집단을 배제해야 하는 이유를 합리적으로 증명할 수 있으면

알고리즘(algorithm, 어떤 문제를 해결하는 절차나 명령어의 집합)

알고리즘 차별
차별을 구조화

NYC 144
AI 챗봇(chatbot)

면책된다.

일각에선 'NYC 144'법이 AI의 인종·성 차별만 규제할 뿐, 연령이나 장애 등 다른 요소에 대한 차별 가능성을 포함시키지 않은 한계가 있다고 지적한다. 미국에서는 1960~70년대부터 인종·성·종교·가족·재산·장애 등을 이유로 한 차별을 막는 법이 시행되어 왔으나, AI가 인간을 빠르게 대체하면서 그 사각지대가 커지고 있다.

뉴욕과 비슷한 법이 캘리포니아·뉴저지·코네티컷주와 워싱턴DC 등에서 곧 제정될 전망이며, 일리노이·메릴랜드주는 직장 내 근로자 감시나 신규 채용 시 AI 사용을 아예 금지하는 법을 시행 중이다.

이 사건은 기업들의, 특히 HR 분야에서의 AI 사용에 대해 윤리적 경종을 울렸다. 그러나 4차 산업혁명 후 AI가 인적자원관리의 중요한 부분을 책임지고 있다는 측면에서 AI 활용을 아예 배제하기는 쉽지 않은 상황이다. **기업들은 알고리즘 생성 단계에서부터 세심한 주의를 기울여 AI의 무분별한 활용 가능성 자체를 사전에 차단하는 노력을 해야 할 것이다.**

출처 : https://www.chosun.com/international/us/2023/07/07/23YV5OGV5ZGOPNMWWDD7XP4BKA/?utm_source=naver&utm_medium=referral&utm_campaign=naver-news

AI 기술을 올바르게 활용하기 위해서 유의해야 하는 사항들이 있다.

편향성

- AI 기술을 활용하더라도, AI 기술에도 편향성이 존재한다는 것을 인지해야 한다. AI 모델을 수립하기 위해 활용되는 데이터들은 대부분 과거 또는 기존 직원들에게서 비롯된 것으로 과거 또는 기존 직원들의 성향에 친숙하게 모델링되어 있을 확률이 높다. AI는 인간의 주관과 편견도 무차별적으로 학습하기 때문에, 기존 데이터에 반영되어 있는 주관과 편견으로 인한 오류를 최소화할 수 있는 조치들이 필요하다.
- AI 기술이 분명 효과적이라 하더라도 사람이 해야 하는 일이 분명 존재한다는 것을 알아야 한다. HR은 결국 사람을 관리하고 사람을 평가하는 일이다. AI가 활용되더라도 사람의 의사결정이 아예 제외될 수는 없다. 사법시스템에서 AI가 기존 판례에 부합하는 훨씬 정확한 판결을 내리지만, 보조수단으로만 활용하는 것과 같다. 누가 AI가 내리는 무기징역, 사형선고를 받아들일까?
- 구글의 경우, 과거 승진평가에 AI 도입을 시도했으나 '사람들이 사람들의 의사결정을 하도록 해야 한다'는 취지 하에 최종적으로 AI 기술을 거부했고, 대신 끊임없는 토론을 통해 대상자의 승진 여부를 결정했다. 물론 구글처럼 AI 기술 자체를 거부하는 것은 오늘날 그다지 바람직한 방법은 아니다. AI 분석 데이터는 자

료로서 분명히 활용도가 있다. 여기서 구글이 강조하고 싶었던 것은 AI의 비효용성이 아니라 기술이 모든 것을 해결할 것이라는 기술만능주의에 대한 경계였을 것이다.

미국 고용기회균등위원회(The U.S. Equal Employment Opportunity Commission: EEOC)는 AI와 기계학습, 기타 신기술들을 채용 및 기타 직원 대상 의사결정에 안전하게 사용할 수 있도록 규정하는 AI 및 알고리즘 공정성 이니셔티브(Artificial Intelligence and Algorithmic Fairness Initiative)를 발표한 바 있다. 또한, 키워드를 기반으로 이력서를 평가하는 스캐너, 영상 인터뷰 소프트웨어, 테스트와 모니터링 소프트웨어 등으로 구성되는 채용 프로세스, 즉 알고리즘과 AI 기반 채용 과정에서 장애인 차별 소지가 있다며 이를 방지하기 위한 지침을 발표하기도 했다.

미국 EEOC는:
- 지원자가 알고리즘 및 AI 기반 툴에 의해 공정하게 평가받는 데 필요한 합리적인 편의 시설을 지원받지 못하는 경우
- 지원자가 장애로 인해 특정 항목을 충족시키지 못하도록 유도함으로써 장애인을 선별해내는(screen out) 의사결정 방식을 사용하는 경우
- 의사결정 툴에 장애 관련 문의나 건강검진을 통합하여 사용하는 경우

를 장애인 채용 방지를 위해 AI 기반 채용 툴을 사용하는 대표적 예로 지정하고 있다. 이 툴을 사용한 기업은 소프트웨어 공급업체와 상관없이 AI 편향성에 책임을 져야 한다.

AI 편향성 진단 시스템의 작동 방식
❶ 프리프로세싱: 데이터 누락이나 편향성을 점검해 보완
❷ 인프로세싱: 알고리즘을 왜곡하는 특정 변수 제거·완화
❸ 포스트프로세싱: 결과 값이 합리적으로 나오도록 조정

뉴욕시는 2021년 통과된 지역법(local law 1894 A)에 따라 자동화된 의사결정 툴의 일부로 AI를 사용하는 고용주나 취업지원 및 채용 중계업체들은 해당 툴의 편향성 및 차별성의 잠재 여부를 판단하기 위해 **편향검사**를 통과하도록 하고 있다.

■ 우버(Uber)의 유색인종 차별 소송 사건

Ex-Uber driver takes legal action over 'racist' face-recognition software

UK driver alleges his account was illegally deactivated when Uber software decided he was not who he said he was

📷 Uber has used the software since April 2020 to try to prevent unlicensed and un-vetted drivers working through the app. Photograph: Russell Hart/Alamy

Courier sues Uber Eats over 'racist' facial recognition dismissal

Image credit: Shutterstock / Rodrigo Reyez Marin

A former Uber Eats courier has brought legal action against the food delivery company, alleging he was unfairly dismissed because of the company's "racist" facial recognition

간접 인종차별(indirect race discrimination)

영국에서 한 흑인 운전기사에 의해 간접 인종차별(indirect race discrimination)로 우버가 제소된 사건이 발생했다. 이유는 우버의 안면 인식 소프트웨어가 흑인의 피부를 인식하는 데 오류를 발생시켰기 때문이다.

우버의 승차호출(ride-hailing) 앱에 운전기사가 로그인할 때 사용되는 자동 안면 스캐닝 및 인식 소프트웨어는 이 운전기사의 검은 피부를 인식하지 못했고, 이에 해당 기사의 계정을 바로 비활성화시켜 버렸다. 이 운전기사는 2016년부터 2021년까지 무려 5년을 우버 플랫폼에서 일해 왔음에도 **바로 해고 조치**된 셈이다.

당시 영국 가디언은 "최소 35명의 운전기사들이 이 소프트웨어의 오류로 인해 우버 등록이 종료됐다"는 IWGB(Independent Workers' Union of Great Britain, 영국독립노동자조합)의 주장을 게재했다. IWGB는 우버 앱이 '**인종차별적 알고리즘**'이라며 "우버 플랫폼에서 일하는 수백 명의 운전기사와 택배기사들이 정당한 절차나 불법 행위의 증거 없이 일자리를 잃었다"고 강조했다. 그리고 해당 앱을 우버가 즉시 폐기하고 등록 해지된 운전기사들을 바로 복직시켜야 한다고 논평했다. 다른 흑인 운전기사들 또한 우버 앱이 얼굴 인식에 실패해 우버에 얼굴 사진을 다시 제출했지만, 며칠 뒤 우버는 등록 종료한다는 메시지만 보내왔다고 가디언에 밝혔다.

우버의 얼굴 인식 알고리즘 제소는 이게 끝이 아니다. 우버의 푸드 딜리버리 서비스 '**우버이츠(Uber Eats)**'에서 근무했던 배달원이 우버를 같은 이유로 제소했다. 우버이츠 배달원들은 근무 교대를 시작하면서 신분 확인을 위해 셀카를 찍어 우버 앱에 전송해야 하는데, 흑인인 이 배달원의 얼굴을 제대로 인식하지 못해

타 인종보다 더 많은 셀카를 제출하도록 했다는 이유에서다.

이뿐만이 아니다. 이전에도 우버는 여성에 대한 임금차별로 소송을 당한 적이 있다. "여성·유색인종 직원은 남성·백인·아시아계 미국인 직원과 비교해 조직적으로 저평가되었다"면서 "여성·유색인종 직원이 동등하거나 더 높은 성과를 냈는데도 평균적으로 낮은 평가를 받았다"는 이유로 피소되었다.

이 일련의 사건들은 기업 가치관과 편향성이 AI 알고리즘에 반영된 것이 아닌지, AI라는 방패를 들고 특정 집단에 대한 차별을 합리화시키고 더욱 교묘하게 구조화시키고 있는 것은 아닌가 하는 의구심마저 들게 한다.

AI의 편향성을 사전에 방지하고 공정성을 확보하기 위한 법적 조치들은 미국에서 먼저 시행되고 있으나, 한국도 AI의 편향성 테스트를 통해 'AI를 객관성, 과학성으로 포장하고 있는 인식'이 실제 내부 알고리즘의 비공정성과 편향성을 가리고 있는 것은 아닌지에 대해 경각심을 가져야 한다. 세계 100대 다국적 로펌 중 하나인 핀센트 메이슨(Pinsent Masons LLP)은 자사 웹 사이트에 "의도하지 않았더라도 AI로 인한 위해 (harms)가 발생할 수 있다"며 "편견, 차별, 불공정한 대우, 직원 데이터와 개인정보의 오남용, 그리고 인력 간 상호작용 필요성을 제거하고 직원 복지에 부정적인 영향을 미칠 가능성"을 예로 들었다. 이 모든 이슈들이 기업의 평판에 심각한 위협요소가 될 것임을 인식하고 경계하고 있다.

알고리즘의 비공정성

핵 심 용 어

- 1차 산업혁명/ 2차 산업혁명/ 3차 산업혁명/ 4차 산업혁명
- 초연결성
- 초지능화
- 융합화
- 사물인터넷(IoT: Internet of Things)
- 로봇 공학(Robotics)
- 3D 프린팅(Additive manufacturing)
- 빅데이터(Big Data)
- 인공지능(AI)
- 문제인식역량

- 대안도출능력
- 기계와의 협력적 소통 역량
- VUCA
- 긱 이코노미(Gig economy)
- 애자일 경영
- 인적자원 정보시스템(HRIS: Human Resources Information System)
- NYC 144
- 알고리즘 차별
- AI 편향성

연습문제

01 4차 산업혁명을 이끄는 5개의 대표적 기술은 무엇인지 설명하라.

02 초연결성의 개념에 대해 논하라.

03 초지능화의 개념에 대해서 설명하라.

04 융합화는 무엇을 뜻하는지 설명하라.

05 사물인터넷(IoT: Internet of Things)의 개념에 대해 설명하라.

06 로봇 공학(Robotics)의 개념에 대해 논하라.

07 3D 프린팅(Additive manufacturing)에 대해 설명하라.

08 빅데이터(Big Data)에 대해 설명하라.

09 인공지능(AI)의 개념에 대해 설명하라.

10 문제인식역량은 무엇을 의미하는지 논하라.

11 대안도출능력을 정의하라.

12 기계와의 협력적 소통역량에 대해 설명하라.

13 MZ세대 직원들의 특성을 설명하라.

14 긱 이코노미에 따른 새로운 인적자원관리의 방향은 무엇인지 논하라.

15 애자일 경영 방식을 활용하는 인적자원관리의 특성을 설명하라.

16 인적자원 정보시스템(HRIS: Human Resources Information System)의 개념에
　　대해서 논하라.

17 NYC 144의 배경과 개념에 대해 설명하라.

18 알고리즘 차별의 개념에 대해 설명하라.

참고문헌

Deloitte

EduPure

Gallup

HBR

HR Insight

McKinsey Quarterly

Wikipedia

World at Work & Sibson Consulting

과학기술정책연구원

사례뉴스

시사팩토리

한경경제용어사

나무위키

영국 킹스컬리지 2021년 글로벌 설문조사 보고서

Arie De Geus. (2002). The living company. Harvard Business School Press

Austin, J. T., & Villanova, P. (1992). The criterion problem: 1917-1992.

Barney, J. B. (1991). Firm resource and sustained competitive advantage. Journal of Management, 17, 99-120.

Barney, J. B. (1995). Looking inside for competitive advantage. Academy of Management Executive, 9, 49-61.

Basit, A. A., & Arshad, R. (2015). Effects of needs-supplies fit and demands-abilities fit on employee engagement: A case of Malaysian public university. Global Management Journal for Academic & Corporate Studies, 5, 12-19.

Berg, J. M., Dutton, J. E., & Wrzesniewski, A. (2013). Job crafting and meaningful work. In B. J. Dik, Z. S. Byrne, & M. F. Steger (Eds.), Purpose and meaning in the workplace (pp. 81-104). American Psychological Association.

Borich, C.D. (1980) A needs assessment model for conducting follow-up studies. Journal of Teacher Education, 31, 39-42. http://dx.doi.org/10.1177/002248718003100310

Borman, W. C. (1979). Format and training effects on rating accuracy and rating errors. Journal of Applied Psychology, 64, 410-421.

Borman, W. C., Hough, L. M., & Dunnette, M. D. (1976). Development of behaviorally based rating scales for evaluating U. S. Navy Recruiters. (Technical Report TR-76-31). San Diego, CA: Navy Personnel Research and Development Center.

Byrne, D. (1971). The attraction paradigm. New York: Academic Press.

Caplan, R. D. (1987). Person-environment fit theory and organizations: Commensurate dimensions, time perspectives, and mechanisms. Journal of Vocational Behavior, 31, 248-267.

Cascio, W. F. (1998). Applied psychology in human resource management (5th Ed). Upper saddle river. Prentice Hall.

Crandall, Christian S., and Amy Eshleman. "A justification-suppression model of the expression and experience of prejudice." Psychological bulletin 129.3 (2003): 414

Dean, R. A., & Wanous, J. P. (1984). Effects of realistic job previews on hiring bank tellers. Journal of Applied Psychology, 69, 61-68. https://doi.org/10.1037/0021-9010.69.1.61

Dougherty, T.W., Dreher, G.F. (2000). Human resource management in manufacturing. In: Swamidass, P.M. (eds) Encyclopedia of Production and Manufacturing Management. Springer, Boston, MA . https://doi-org-ssl.libproxy.snu.ac.kr/10.1007/1-4020-0612-8_415

Drucker, P. (1954) The practice of management. New York: Harper Row.

Dunnette, M. D. (1963). A note on the criterion. Journal of Applied Psychology, 47, 251-254.

Fiske, S. T., & Taylor, S. E. (1991). Social cognition (2nd ed.). New York: McGraw-Hill.

Flanagan, J. C. (1954). The critical incident technique. Psychological Bulletin, 51, 327-358

Forsyth, P (2002). Career management. NetLibrary, Inc. Oxford, U.K.: Capstone Pub.

Fulmer, I., & Li, J. (2022). Compensation, benefits, and total rewards: A bird's-eye (re) view. Annual Review of Organizational Psychology and Organizational Behavior, 9, 147-169.

Goldberg., & Caren B. (2005). Relational demography and similarity-attraction in interview assessments and subsequent offer decisions: Are we missing something? Group & Organization Management 30, 597-624.

Guion, R. M. (1961). Criterion measurement and personnel judgments. Personnel Psychology, 4, 141−149.

Hackman, J. R., & Lawler, E. E. (1971). Employee reactions to job characteristics. Journal of applied psychology, 55, 259.

Hackman, J. R., & Oldham, G. R. (1976). Motivation through the design of work: Test of a theory. Organizational behavior and human performance, 16, 250−279.

Harasim, L. (2017). Learning theories: The role of epistemology, science, and technology. In M. Spector, B. Lockee, & M. Childress (Eds.), Learning, design, and technology (pp. 1−39). New York: NY: Springer.

Hassan, S. (2016). Impact of HRM practices on employee's performance. International Journal of Academic Research in Accounting, Finance and Management Sciences, 6, 15−22.

Hedge, J. W., Borman, W. C., & Birkeland, S. A. (2001). History and development of multisource feedback as a methodology. In D. W. Bracken, C. W. Timmreck, & Church (Eds.), The handbook of multisource feedback (pp. 15− 32). San Francisco: Jossey−Bass.

Herzberg, F. (1966). Work and the nature of man. Cleveland, OH: World Pub. Co.

Hillgren, J. S., & Cheatham, D. W. (2000). Understanding performance measures: An approach to linking rewards to the achievement of organizational objectives. Scottsdale, AZ: World at Work.

Horwitz, S. K., & Horwitz, I. B. (2007). The effects of team diversity on team outcomes: A meta−analytic review of team demography. Journal of Management, 33, 987−1015.

Kakar, A., Rauza, D., Raziq, A., Akhtar, T., & Mohammad, N. (2023). Person−organization fit and turnover intention: The mediating role of need−supply fit and demand− ability fit. Global Business and Organizational Excellence. https://doi.org/10.3389/ fpsyg.2023.1137945.

Kristof−Brown, A., & Guay, R. P. (2011). Person−environment fit. In S. Zedeck (Ed.), APA handbook of industrial and organizational psychology, Vol. 3. Maintaining, expanding, and contracting the organization (pp. 3−50). American Psychological Association. https://doi.org/10.1037/12171−001

Kuncel, N. R., Klieger, D. M., Connelly, B. S., & Ones, D. S. (2013). Mechanical versus clinical data combination in selection and admissions decisions: A meta−analysis. Journal of Applied Psychology, 98, 1060−1072.

Lambert, J. R. (2015). The impact of gay−friendly recruitment statements and due process employment on a firm's attractiveness as an employer. Equality, Diversity and Inclusion: An International Journal, 34, 510−526.

Lambert, J.R., Basuil, D.A., Bell, M.P., & Marquardt, D. J. (2017). Coming to America: Work visas, international diversity, and organizational attractiveness among highly skilled Asian immigrants. International Journal of Human Resource Management, 30, 1-27.

Latham, G. P., & Wexley, K. N. (1981). Increasing productivity through performance appraisal. Reading, MA: Addison-Wesley.

Lawler, E. E. (1967). The multitrait-multirater approach to measuring managerial job performance. Journal of Applied Psychology, 51, 369-381.

Marianne, B., & Mullainathan, S. (2004). Are Emily and Greg more employable than Lakisha and Jamal? A field experiment on labor market discrimination. American Economic Review, 94, 991-1013.

Milhem, W., Abushamsieh, K., & Arostegu, M. N. P. (2014). Training strategies, theories and types. Journal of Accounting - Business & Management, 21, 12-26.

Muchinsky, P. M. (1997). Psychology applied to work: An introduction to industrial and organizational psychology. Pacific Grove, CA: Brooks/Cole Publishing Company.

Noe, R., Hollenbeck, J., Gerhart, B., & Wright, P. (2023). Human resource management: Gaining a competitive advantage. 13th edition.

Österberg, J., & Rydstedt, L. (2018) Job satisfaction among Swedish soldiers: Applying the Job Characteristics Model to newly recruited military personnel, Military Psychology, 30, 302-310.

Patterson, D. G. (1922). The Scott Company graphic rating scale. Journal of Personnel Research, 1, 361-376.

Paul, D. H., & Schooley, C. (2014). Disrupt the employee performance process to align with business and customer outcomes. Forrester.

Perkins, L. A., Thomas, K. M., & Taylor, G. A. (2000). Advertising and recruitment: Marketing to minorities. Psychology and Marketing, 17: 235-255.

Phillips, J. M. (1998). Effects of realistic job previews on multiple organizational outcomes: A meta-analysis. Academy of Management Journal, 41(6), 673-690.

Pierce, J., Jussila, I., & Cummings, A. (2009). Psychological ownership within the job design context: Revision of the job characteristics model. Journal of Organizational Behavior, 30(4), 477-496.

Pulakos, E. D., Hanson, R. M., & O'Leary, R. D. (2008). Performance management in the United States. In A. Varma, P. Budhwan and A. Denisi (Eds.), Global performance management. London: Routledge.

Roulin, N., Bangerter, A., & Levashina, J. (2015). Honest and deceptive impression management in the employment interview: Can it be detected and how does it impact evaluations? Personnel Psychology, 68(2), 395−444.

Schneider, K. P. (2014). Cognitive sociolinguistics: Social and cultural variation in cognition and language use Amsterdam: John Benjamins, 107−132.

Smith, P. C., & Kendall, L. M. (1963). Retranslation of expectations: An approach to the construction of unambiguous anchors for rating scales. Journal of Applied Psychology, 47, 149−155.

Sparrow, P. (1995). Organizational competencies: A valid approach for the future? International Journal of Selection and Assessment, 3, 168−177.

Spencer, L. M., & Spencer, S.M. (1993) Competence at work: Models for Superior Performance. John Wiley & Sons, New York.

Tajfel, H. (1974). Social identity and intergroup behavior. Social Science Information, 15, 1010−118.; Tajfel H, Turner JC. (1985). The social identity theory of intergroup behavior. In S. Worchel, and W.G. Austin (Eds.), Psychology of Intergroup Relations (2nd ed., pp. 7−24). Chicago: Nelson−Hall.

Taylor, F. W. (2012). The principles of scientific management. Kindle Edition, Dover Publication.

Thomas, K. M., & Wise, P. G. (1999). Organizational attractiveness and individual differences: Are diverse applicants attracted by different factors? Journal of Business and Psychology, 13, 375−390.

Thoms, C. L. V., & Burton, S. L. (2016). Learning, development, and training: The influence of synergies through educational evolution. International Journal of Adult Vocational Education and Technology, 7, 85−104.

Tims, M., Bakker, A. B., & Derks, D. (2012). Development and validation of the job crafting scale. Journal of vocational behavior, 80, 173−186.

Tims, M., Bakker, A. B., Derks, D., & Van Rhenen, W. (2013). Job crafting at the team and individual level: Implications for work engagement and performance. Group & Organization Management, 38, 427−454.

Townsend, K., Cafferkey, K., McDermott, A. M., & Dundon, T. (2020). Elgar introduction to theories of human resources and employment relations.

Tsui, A. S., Egan, T. D., & O'Reilly, C.A. (1992). Being different: Relational demography and organizational attachment. Administrative Science Quarterly, 37, 549−579.

Watson, W. E., Kumar, K., & Michaelsen, L. K. (1993). Cultural diversity's impact on interaction process and performance: Comparing homogeneous and diverse task groups. Academy of Management Journal, 36, 590−602.

Williams, S. B., & Leavitt, H. J. (1947). Group opinion as a predictor of military leadership. Journal of Consulting Psychology, 11, 283 - 291.

Williamson, O. E. (1975). Markets and hierarchies: Analysis and antitrust implications: A study in the economics of internal organization. New York: Free press.

김형배 (2010)『노동법』. 박영사

박현웅 (2022)『나를 위한 생존 법률 시리즈 1탄: 직장인이 꼭 알아야 할 근로 기준법』. 서울대학교 평생교육원.

정권택 (2015)『인재경영을 바라보는 두 시선』. 삼성경제연구소

최진남, 성선영 (2021)『스마트 조직행동』. 생능출판사

2024년 채용 트렌드 키워드 https://blog.naver.com/specter_official/223292059924

2030 노동조합 https://www.donga.com/news/article/all/20230208/117782476/1

2요인 이론 https://www.simplypsychology.org/herzbergs-two-factor-theory.html

4대보험 https://www.jobaba.net/thema

4차 산업혁명 https://itwiki.kr/

4차 산업혁명시대의 이해 https://teachingsaem.cmass21.co.kr/

AI 역량검사 https://m.blog.naver.com/mosfnet/221978165523

AI 활용 https://www.itworld.co.kr/news/298945

Consulting 현안 https://shiftee.io/ko/blog/article/2023-hr-trends-predicted-by-hr-managers

GE KIPOST(키포스트)(https://www.kipost.net)

GSAT https://www.joongang.co.kr/article/25148381#home

GSAT 합격 https://www.catch.co.kr/News/RecruitNews/296233?SubCode=14

Job crafting https://en.moovijob.com/blog/article/job-crafting-add-a-little-bit-of-yourself-to-your-job

KRS http://www.casenews.co.kr/news/articleView.html?idxno=2082

MBTI https://weekly.khan.co.kr/khnm.html?mode=view&code=115&artid=202202181357401

MBTI 열풍 https://www.joongang.co.kr/article/25085521#home

MBTI 채용 https://www.mk.co.kr/news/society/10231727

MZ세대 이직 https://blog.naver.com/PostView.naver?blogId=businessinsight&logNo=22325 6978220&proxyReferer=

NCS https://blog.naver.com/careerners/222338829786

N잡 https://www.enewstoday.co.kr/news/articleView.html?idxno=1559381

OECD 임금현황 https://www.statista.com/chart/13182/where-the-gender-pay-gap-is-widest

OKR https://shiftee.io/ko/blog/article/okrManagement

OKR비교 https://medium.com

ONET https://www.dol.gov/agencies/eta/onet

RJP https://infuture.kr/1483

RJP https://www.aihr.com/blog/realistic-job-preview/

RJP https://www.slideshare.net/Chandan58/hrm-selection-chpt-11

SK 하이닉스 https://biz.newdaily.co.kr/site/data/html/2023/06/23/2023062300051.html

The Borgen project https://borgenproject.org/topic-1-introduction-to-human-resources-management/

XY이론 https://hrd100.tistory.com/192

XY이론 https://www.fastcompany.com/90909444/why-commanding-employees-doesnt-make-them-more-productive

가고 싶은 회사 https://www.fortunekorea.co.kr/news/articleView.html?idxno=24568

갈등이론 https://www.investopedia.com/terms/c/conflict-theory.asp

갑질 https://news.unn.net/news/articleView.html?idxno=528553

강화이론 https://businessjargons.com/theories-of-compensation.html

강화이론실험 https://www.verywellmind.com/operant-conditioning-a2-2794863

건강검진 https://www.nhis.or.kr/magazin/150/html/sub6.html

게이미피케이션 https://cinegamification.com/introduction/how-does-gamification-work/

경력개발 지원방안 https://www.kird.re.kr/newsletter/html/vol125/sub02.html

경력개발제도 https://www.hankyung.com/thepen/lifeist/article/202103238386Q

경력개발제도 실시 https://www.outsourcing.co.kr/news/articleView.html?idxno=1989

경력관리 https://dbr.donga.com/article/view/1303/article_no/9703/ac/search

경력관리 https://leapcoaching.ie/career-management/

경력관리의 개념 https://www.mbaknol.com/human-resource-management/career-management-definition-and-meaning/

경력시장 https://www.joseilbo.com/news/htmls/2023/09/20230903496565.html

공동결정제도 https://www.hankyung.com/article/2016052218201

공정성 https://ko.wikipedia.org/wiki/%EA%B3%B5%EC%A0%95%EC%84%B1_%EC%9D%B4%EB%A1%A0

공정성 이론 https://m.blog.naver.com/james_parku/110143334450

공휴일 https://www.nodong.kr/holyday/2031556

공휴일 https://www.nodong.kr/holyday/2031556

교육요구도 평가 https://m.blog.naver.com/derich68/222023612429 매트릭스

교육평가 https://kitaboo.com/training-evaluation-evaluate-training-effectiveness-impact/

교육평가 요구도 https://www.indeed.com/career-advice/career-development/training-needs-assessment

교육평가모델 https://www.infodiagram.com/slides/kirkpatrick-levels-training-model-chain-/

교육훈련개발 효과 https://www.bizhankook.com/bk/article/25884

국가직무능력표준 https://brunch.co.kr/@publichr/10

그레셤 법칙 https://blog.naver.com/mosfnet/221307277287

근로계약서 https://flex.team/blog/2021/10/05/employment-contract/

급여명세서 https://shiftee.io/ko/blog/article/howToCalculateRegularWage

기여주의 https://post.naver.com/viewer/postView.naver?volumeNo=30502373&memberNo=9353678

긱워커 매칭 플랫폼 https://blog.naver.com/knoc3/222916563619

긱워크 만족도 https://lifejump.co.kr/NewsView/22TXQZR23C/GWN2

꼭 알아야 할 노동법 https://mus.nocutnews.co.kr/news/5559902

노동3권 https://encykorea.aks.ac.kr/Article/E0067919; https://blog.naver.com/hradvisor/221764338328

노란봉투법 https://blog.naver.com/irishmocha/223265727465

노사관계 https://www.theclassroom.com/cons-of-supply-side-economics-12082412.html

단체협약 https://news.kbs.co.kr/news/view.do?ncd=7594416

델파이기법 https://background-knowledge-bank.tistory.com/184

도른자 https://www.joongang.co.kr/article/25208181

도른자 https://www.mk.co.kr/news/culture/10877992

도제학습 brunch.co.kr/@elfpenguin/541

레벨제 https://jobsn.chosun.com/site/data/html_dir/2022/07/12/2022071201963.html

로의 8직군 http://ajohnsoncoun5150.blogspot.com/2015/04/ann-roe-personality-development-theory.html

리네이밍 https://www.linkedin.com/pulse/why-organizations-renaming-hr-functions-jacob-morgan

리더포비아 www.chosun.com/economy/weeklybiz/2023/09/21/VK2U6N65BBBZXF33ARQZ7CYANQ/

리더학습 https://www.explorepsychology.com/albert-bandura/

리스킬링 https://blog.naver.com/mosfnet/222142128549

리스킬링 시스템 https://dbr.donga.com/article/view/1101/article_no/10251/ac/a_view

마이크로어그레션 https://ko.surveymonkey.com/mp/what-is-dei/

맹자 https://www.mk.co.kr/economy/view/2013/1363431/

미국대선주요정책 http://www.iminju.net/news/articleView.html?idxno=59127

미래 직업 https://v.daum.net/v/20171118050007739?f=m&rcmd=rn

민권법 https://www.linkedin.com/pulse/hr-best-practices-vs-fit-ali-reda

법정복지제도 http://pbrking.com

법정의무교육 https://shiftee.io/ko/blog/article/5LegalCompulsoryEducation

병가 https://shiftee.io/ko

보상 https://www.aihr.com/blog/types-of-compensation/

복지후생 https://biaos.tistory.com/24

복지후생유형 https://m.blog.naver.com/sohee4463/222946986751

블라인드 채용 https://www.seoul.co.kr/news/newsView.php?id=20170627001034

사내복지 https://www.joongang.co.kr/article/25051249#home

산업재해 https://www.comwel.or.kr/comwel/comp/disa.jsp

산업재해현황 https://www.safety1st.news/news/articleView.html?idxno=2534

산재보상 https://www.easylaw.go.kr/CSP

산재보험 http://www.sanjae.net/html/consulting_3_8.html

산재보험료 https://www.khanews.com/news/articleView.html?idxno=223498

산재현황보고 https://www.safety1st.news/news/articleView.html?idxno=2534

상여금 https://content.heumtax.com

새로 생길 직업 https://brunch.co.kr/@dailynews/161

샐러던트 https://blog.naver.com/mika731/222014840869

선택의 기로 https://brunch.co.kr/@jeonhyemidesign/32

성과관리 https://felipecastro.com/en/okr/what-is-okr/

성과관리시스템재설계 https://www.hbrkorea.com/article/view/atype/ma/category_id/7_1/
article_no/474

성과관리의 목적 https://brunch.co.kr/@1068cc274e35486/4

성과관리의 본질 https://www.saramin.co.kr/zf_user/hr-magazine/view?hr_idx=778

성과관리의 역사 https://brunch.co.kr/@choihs0228/263

성과급 https://www.donga.com/news/Economy/article/all/20210207/105324054/1

성과측정 https://www.e-hcg.com/bbs/board.php?bo_table=gallery&wr_id=130&page=3

성선설와 성악설 http://newsteacher.chosun.com/site/data/html_dir/2016/01/14/2016
011400012.html

성장 마인드셋 https://m.blog.naver.com/mitox/221815241600

성차별 https://n.news.naver.com/mnews/article/003/0010386433

세대차이 https://www.hankookilbo.com/News/Read/A2023042501340000197?did=NA

소득세 https://m.post.naver.com/viewer/postView.naver?volumeNo=27123357&memberNo
=25828090

수명 및 출산율 https://www.joongang.co.kr/article/25031666#home

수저계급론 https://www.donga.com/news/Economy/article/all/20170309/83241310/2

수평적 기업문화 https://b2b.fastcampus.co.kr/resource_insight_flatculture

수평적 문화의 조건 https://signalm.sedaily.com/ReportView/2321

스키너 https://blog.naver.com/leechland/220820155086

승진과 이직 https://www.chosun.com/economy/weeklybiz/2023/09/21/VK2U6N65BBBZ
XF33ARQZ7CYANQ/

실버택배 https://www.etoday.co.kr/news/view/1805683

애덤스의 형평성 이론 https://slidebazaar.com/items/adams-equity-theory/

애자일 성과관리 https://dbr.donga.com/article/view/1201/article_no/8853

업스킬링 https://www.ciokorea.com/news/274291

여성고용 및 임금현황 https://www.fnnews.com/news/202309061834591007

여성고용률 https://www.fnnews.com/news/202309061834591007

여성임원고용률 http://imnews.imbc.com/news/2023/econo/article/6546343_36140.html

역량주의 인사관리 https://blog.naver.com/imu7777/150140922811

역량특징 https://brunch.co.kr/@publichr/10

연령차별 https://n.news.naver.com/mnews/article/346/0000052732

열정페이 https://m.khan.co.kr/world/world-general/article/201508131613231#c2b

영화 인턴 https://brunch.co.kr/@hsleey0yb/351

온보딩 https://www.zendesk.kr/blog/customer-onboarding/

외국인취업율 https://www.dhdaily.co.kr/news/articleView.html?idxno=15060

우아한 형제들 https://story.baemin.com/3020

울리치 모델 https://101hrm.com/dave-ulrich-hr-model/

위험성 평가 http://www.safetynews.co.kr/news/articleView.html?idxno=63553

위험성 평가기법 https://www.safety1st.news/news/articleView.html?idxno=2471

위험요소 https://www.safety1st.news/news/articleView.html?idxno=2471

위험평가 인정 https://kras.kosha.or.kr/information/danger2_page

유니레버 https://www.hankyung.com/economy/article/2020102754501

유럽노동자경영참여 https://www.hani.co.kr/arti/economy/economy_general/782625.html

육각형모델 https://kicat-kr.tistory.com/11

의무교육 http://www.lawissue.co.kr/view.php?ud=202308090818348548204ead0791_12

이랜드 도제학습 http://www.casenews.co.kr/news/articleView.html?idxno=2082

이직 https://www.edaily.co.kr/news/read?newsId=03109446635706008&mediaCode
    No=257

이직시장 https://www.ajunews.com/view/20230925150441743

인사계획 https://link-springer-com-ssl.libproxy.snu.ac.kr/referenceworkent
    ry/10.1007/1-4020-0612-8_415

인사관리 https://borgenproject.org/topic-1-introduction-to-human-resources-management/

인사관리의 역사 https://www.visier.com/blog/the-100-year-history-human-resources-department/

인사관리의 중요성 https://www.bamboohr.com/blog/why-is-human-resources-important

인사팀의 리네이밍 https://n.news.naver.com/mnews/article/015/0004917012

인센티브의 진실 https://www.wanted.co.kr/events/22_10_s01_b13

인적자원개발 https://www.workhuman.com/blog/human-resource-development-hrd/

인종차별 https://moveforhunger.org/hunger-is-a-racial-equity-issue;

임금계산 https://shiftee.io/ko/blog/article/difference-between-average-wage-and-standard-salary#%EC%9E%84%EA%B8%88-%EC%A7%80%EA%B8%89%EC%9D%98-4%EB%8C%80-%EC%9B%90%EC%B9%99_1

임금피크제 https://shiftee.io/ko/blog/article/prosAndConsOfWagePeakSystem

임금피크제 https://www.bbc.com/korean/news-61604154

자원준거관점 https://www.projectguru.in/importance-resource-based-view/

잡크래프팅 https://blog.naver.com/nemopv/223047149754

잡호핑 https://www.superookie.com/contents/591ead738b129f4f393c1c3a, https://www.m-i.kr/news/articleView.html?idxno=735298

장래희망 https://www.metroseoul.co.kr/article/2019082800130

재해유형 https://www.ksam.co.kr/p_base.php?action=story_base_view&no=58&s_category=_3_11_

전략적인적자원관리 https://brunch.co.kr/@publichr/27

전략적인적자원관리 https://www.aihr.com/blog/strategic-human-resource-management/

정리해고 https://www.hankyung.com/article/202401154438i

조작적 조건 https://courses.lumenlearning.com/wm-introductiontobusiness/chapter/reinforcement-theory/

조직유형 https://brownkutschenkovargo.weebly.com/theories-of-managing-diversity.html

조직이론 https://pro-egineer.tistory.com

중소기업산재보험현황 https://www.si.re.kr/node/64457

직급제변화 https://www.news1.kr/articles/?4983104

직급체계 변화 https://blog.naver.com/eon_consulting/221833739840

직급체계에 따른 임금체계 개선 https://blog.naver.com/eon_consulting/221833739840;

직급체계유형 https://m.elabor.co.kr/report/view.asp?b_idx=83908&atc_idx=1&comm_
type=1

직무분석 http://en.wikipedia.org/wiki/Job_analysis.

직무분석에 대한 오해 http://www.valuse.co.kr/bbs/board.php?bo_table=perspective&wr_
id=41

직업심리검사 http://www.globaljobs.co.kr

직업심리학 https://m.blog.naver.com/4569song/128636522

직원유지 https://blog.workday.com/en-us/2022/secret-employee-retention-employee-
engagement.html

직위·직급·직책 https://shiftee.io/ko/blog/article/job-titles-and-responsibilities

직장 내 괴롭힘 방지법 http://snaptime.edaily.co.kr

직장인과 직업인 https://brunch.co.kr/@rmfkdwy/38;

진로선택이론 https://m.blog.naver.com/wind0631/150136300282

채용공정성과 AI 도입 https://n.news.naver.com/mnews/article/417/0000497762

채용과 선발 https://ko.strephonsays.com/recruitment-and-vs-selection-9224

채용오류 https://papago.naver.com/?sk=en&tk=ko&hn=0&st=10%20Most%20Common%20
Recruitment%20Errors

첫 직장 구하기 https://www.mk.co.kr/news/economy/9533698

콜포비아 https://mobile.hidoc.co.kr/healthstory/news/C0000751133

토스 https://dbr.donga.com/article/view/1201/article_no/10065/ac/search

퇴사전략 http://www.mhns.co.kr/news/articleView.html?idxno=217030

트렌드코리아 https://blog.naver.com/PostView.naver?blogId=chaosmos_&logNo=22323129
9877&proxyReferer

특성-요인이론 https://yidang97.tistory.com/37; https://hcmc.tistory.com/86

포용성 https://futurechosun.com/archives/67199

폭포수방법 https://svprojectmanagement.com

하버드모델 https://www.personio.com/hr-lexicon/harvard-hrm-model/

하버드모델도형 https://slidebazaar.com/items/harvard-hr-management-model-
powerpoint-template/

한국기업 노조현황 https://n.news.naver.com/mnews/article/025/0003337071?sid=102

한국임금체계 https://n.news.naver.com/mnews/article/277/0005097344;

한국채용문제점 https://hlab.im/acca/hrtopic/45/recruitment-problem

한비자 https://jmagazine.joins.com/forbes/view/279281

핵심인재양성 http://www.nterway.com/magazine/view.asp?gubun=report&idx=83&Gotop
age1=4

호손실험 https://www.youtube.com/watch?v=On-VRdbsRs4

홀랜드 모형 https://blog.naver.com/suseongpsylang/221422557707

홀랜드의 이론 https://icdl.tistory.com/333

찾아보기